AF547361

Kay Willinger, **Canon PowerShot G7 X fotoguide**

Kay Willinger

Canon PowerShot G7 X fotoguide

VERLAG PHOTOGRAPHIE

1. Auflage

www.verlag-photographie.de

Die Deutsche Nationalbibliothek verzeichnet diese Publikation in der Deutschen Nationalbibliografie; detaillierte bibliografische Daten sind im Internet über http://dnb.d-nb.de abrufbar.

Alle Lehrbeispiele, Screenshots und Monitorbilder, wenn nicht anders angegeben, stammen vom Autor.

Autor und Verlag haben sich bemüht, die Sachverhalte und Gerätefunktionen korrekt wiederzugeben und zu interpretieren. Trotzdem können bei aller Sorgfalt Fehler nicht völlig ausgeschlossen werden. Wir sind unseren Lesern deshalb stets dankbar für konstruktive Hinweise. Eine Haftung des Autors bzw. des Verlags für Personen-, Sach- und Vermögensschäden ist ausgeschlossen.

Warennamen werden ohne Gewährleistung der freien Verwendbarkeit benutzt.

Printed in EU

ISBN 978-3-943125-35-1

Inhalt

Das Konzept

Ehe wir uns in die faszinierende Welt der Kamerafunktionen begeben und uns auf das Abenteuer neue Bilderwelten zu entdecken einlassen, möchten Autor und Verlag einige Gedanken zum Konzept dieses fotoguides loswerden.

Die ersten Schritte mit Ihrer Canon PowerShot G7 X zu erleichtern, die Bedienung der Kamera besser kennenzulernen aber auch Wege aufzuzeichnen, wie man ohne ständige Suche im Menü nach einem geeigneten Einstellprogramm zu technisch guten Bildern gelangt, sind uns wichtige Anliegen.

Egal welche Kamera Sie einsetzen, das Prinzip der fotografisch digitalen Bildaufzeichnung bleibt weitgehend identisch. Das Objektiv projiziert ein Bild, das der lichtempfindliche Sensor in einem lichtdichten Gehäuse aufnimmt, ein Prozessor verarbeitet und auf einem Speichermedium ablegt.

Für die Aufzeichnung eines Bildes wird eine bestimmte Lichtmenge benötigt, in Abhängigkeit von der Lichtempfindlichkeit (ISO-Wert) des Sensors. Die Lichtmenge ist steuerbar durch die Dauer der Einwirkung (Belichtungszeit) und die Lichtdurchlässigkeit des Objektivs (Blende). Die Unterschiede der Lichtfarbe (Farbtemperatur) werden durch den Weißabgleich gesteuert.

Die Qualität einer Abbildung definiert sich über die Identität mit dem Objekt. Hierbei spielen die Variablen Helligkeit (Belichtungssteuerung), Kontrast (in geringem Umfang manuell steuerbar in der Kamera über PictureControl) und Farbe (Sättigung) eine maßgebliche Rolle. Die Grundeinstellung der Kamera für die Kontrastwiedergabe und Farbsättigung ist dabei so abgestimmt, dass sie den meisten Motivsituationen gerecht wird. Ehe man an diesen beiden Parametern „schraubt", sollte man die richtige Belichtungssteuerung in den Griff bekommen. Hier kann man sich auf die Mehrfeldmessung weitgehend verlassen, aber zur Sicherheit häufiger die Funktion Belichtungsserie mit ± einer ganzen oder 2/3 Belichtungsstufe einsetzen. Dieser Serienvergleich zeigt oft recht deutlich, dass blasse Farben und geringer Kontrast durch Überbelichtung verursacht wurden und noch sattere Farben durch leichte Unterbelichtung zu erzielen sind.

Damit haben wir die Grundzüge einer fotografischen Aufzeichnung umrissen, viel mehr ist da nicht. Ihre PowerShot G7 X steuert alles, wenn Sie wollen vollautomatisch. Zuerst liegt somit das Ziel vor uns, Bilder richtig zu belichten, und da bieten moderne Kameras viele Wege an – fast zu viele.

Sicher gehen wir im Buch auf die Automatikprogramme und motivorientierten Einstellungen ein, auch machen wir keinen Bogen um Kreativfilter und Verfremdungstechniken mit dem Verweis auf die vielen Möglichkeiten nachträglicher Bildbearbeitung am Computer. Viele Anwender wollen spontan ein verändertes Bild am Kameradisplay betrachten, es direkt drucken oder über das Internet verschicken.

Viele Programme haben schlicht die Aufgabe, das Fotografieren bequem zu machen, und das mit einer hohen Trefferquote technisch guter Bilder. Wer aber mehr will als nur gut belichtete Erinnerungsfotos von Familie und Urlaub, wer Fotografieren als kreative Herausforderung sieht oder die Kamera zur Lösung kommunikativer Aufgaben einsetzt, der verlangt individuelles Eingreifen in den Aufnahmevorgang und benötigt vertieftes Hintergrundwissen.

Für die Buchreihe wurde ganz bewusst der Reihentitel „fotoguide“ und nicht „kameraguide“ gewählt, weil wir nicht nur Kamerafunktionen wie in einer Bedienungsanleitung beschreiben wollen, sondern zeigen, dass zu einem Bild auch Gestaltung gehört und diese durch fototechnische Möglichkeiten optimiert werden kann. Überspitzt formuliert bedeuten Motivprogramme nicht, dass man bei deren Verwendung ein gutes Motiv bekommt. Es sind vorprogrammierte Kameraeinstellungen, die mit etwas erhöhter Wahrscheinlichkeit auf bestimmte Motivbegebenheiten passen.

Informationen zur Technik und zur Funktionsweise der G7 X verständlich aufzubereiten und übersichtlich darzustellen, Tipps und Hinweise zur Fotopraxis zu geben, die über die Bedienungsanleitung der Kamera hinausgehen, sind Ziele des Buchs. Im Mittelpunkt steht dabei immer das Bildergebnis. Wir zeigen, welches Potenzial für aussagekräftige Fotos in der Canon PowerShot G7 X steckt. Diese Kamera bietet auf jeden Fall viel Spaß beim Fotografieren und beim Filmen. Entdecken Sie Ihre Kreativität zusammen mit den technischen Möglichkeiten Ihrer Kamera. Dazu wünschen wir viel Erfolg und zahlreiche außergewöhnliche Aufnahmen und Filme.

Die Kamera: Canon PowerShot G7 X

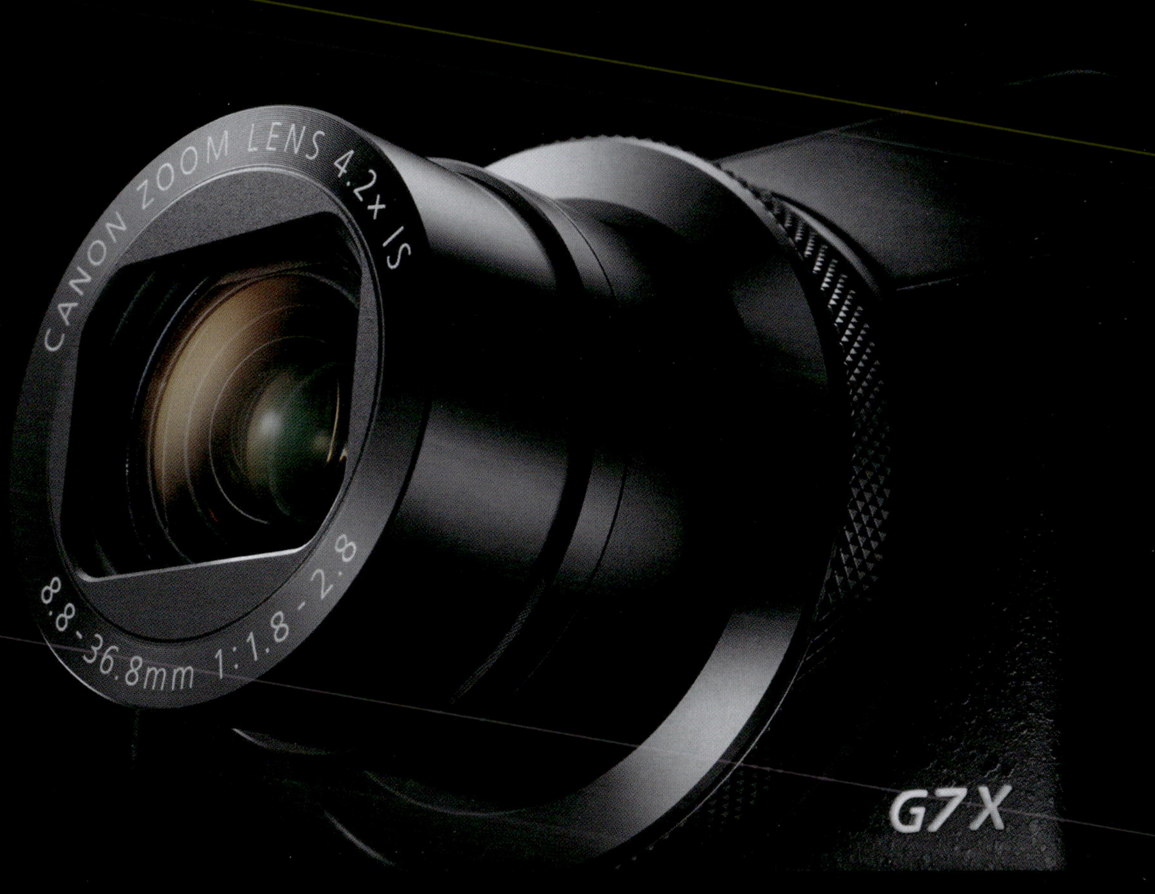

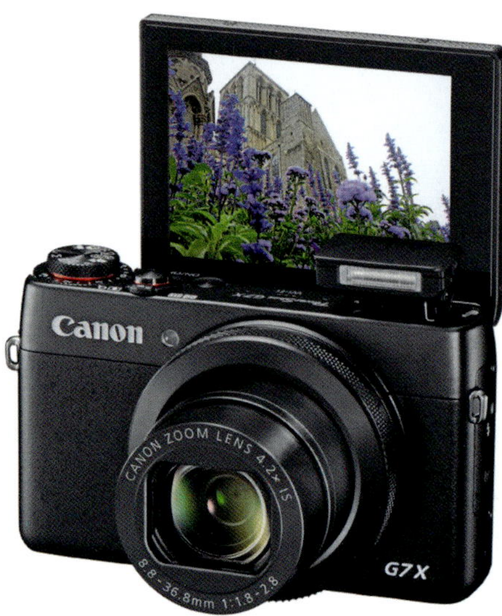

Durch Kippen und Kehren kann das Display auch ungewöhnlicher Kamerahaltung angepasst werden.

Highlights der Kamera

Qualität, verpackt im Taschenformat, so präsentiert sich die PowerShot G7 X, die mit Spitzenleistungen beim Objektiv und der digitalen Fototechnik glänzt. Ihre fototechnischen Möglichkeiten sind überwältigend. Die Handhabung orientiert sich an professionellen Ansprüchen. Die Bedienelemente sind übersichtlich angeordnet und unterstützen zügiges, intuitives Fotografieren. Die hohe Qualität der G7 X manifestiert sich auch im robusten formschönen Metallgehäuse.

Eine Kamera auf dem Weg zur Spiegelreflex-Qualitätsklasse. Daran ist ein optisches 4,2fach-Zoom mit hoher Anfangslichtstärke von 1:1,8 im Weitwinkelbereich und 1:2,8 im Telebereich als optischer Qualitätsbeitrag entscheidend mit beteiligt, genauso wie der 1,0 Zoll Bildchip (Back illuminated CMOS) mit rund 20,2 Megapixel Auflösung beim Seitenverhältnis 3:2. Auf Details gehen wir später noch ein. Die enorme Lichtempfindlichkeit und geringe Rauschanfälligkeit des Sensors bis ISO 12800 kombiniert mit der hohen Anfangslichtstärke selbst bei der längsten Brennweite, sind vor allem dann von großem Vorteil, wenn eine Szene in der Dämmerung und Dunkelheit zur Kamera greifen lässt. Diese außergewöhnliche Low-Light-Eigenschaft, die auch unter sehr schwachen Lichtbedingungen Aufnahmen aus der Hand zulässt, ist ein besonderes Highlight der G7 X. Wenn wir schon beim Thema Freihand und verwacklungsfreie Bilder sind, sei auf den fünfachsig optimierten Bildstabilisator hingewiesen, der eine Verbesserung beim Verwackeln um drei Lichtwerte (1LW = 1 Blendenwert oder 1 Zeitstufe oder eine Verdopplung des ISO-Wertes) bewirkt.

Die Datenverarbeitung und Steuerung erfolgt im DIGIC 6 Bildprozessor, der eine enorme Reaktions- und Verarbeitungsgeschwindigkeit ermöglicht und so zuverlässig schnelle Bewegungen im Bruchteil einer Sekunde einfängt.

Topp-Technik

- 1,0 Zoll CMOS Bildsensor mit 20,2 Megapixel
- 8,8 bis 36,8 mm (KB äquivalent 24 bis 100 mm) optische Brennweite
- 8,4fach Digitalzoom ZoomPlus, kombiniert mit Digital-Telekonverter bis 17fach
- klappbarer 3 Zoll-LCD-Touchscreen (TFT) mit rund 1.040.000 Bildpunkten
- IS gegen Verwackeln, 5-achsiges Lensshiftsystem
- WiFi certified WLAN
- NFC zum Smartphone
- Smart Auto für 58 Aufnahmesituationen für Foto und 21 Aufnahmesituationen für Film
- Kreative Aufnahme
- Full HD Film-Aufnahmen
- Hybrid Auto Filmtagebuch
- HDMI für den TV-Bildschirm
- Manual Control, die flexible manuelle Belichtung
- My Colors und Bildeffekte
- RAW Dateiformat in den Belichtungsprogrammen M, P, Tv und Av

Bedienungsanleitung und Buch

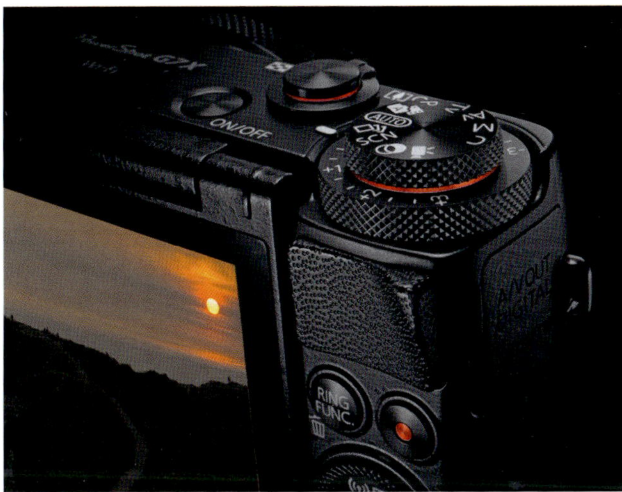

Eine Kompakte mit praktischem Zugriff auf wichtige Bedienelemente. Das äußert sich auch im Zubehör wie beim elektronischen Sucher, Filter und Unterwassergehäuse bis zur kritischen Amateur-Tauchgrenze von 40 Meter unter dem Meeresspiegel.

Sie haben sich schon durch die Bedienungsanleitung gearbeitet? Diese PDF-Datei kann ausgedruckt noch nützlich sein. Dazu dieses Buch mit weiterführender Anleitung und „fotografischer Lebenshilfe". Ein Buch mit dem Anspruch, die Vielfalt zu sortieren, Zusammenhänge sichtbar zu machen und zu vielen Themen notfalls Lücken zu füllen.

Informationen zur Technik und zur Funktionsweise der PowerShot G7 X verständlich aufbereiten und übersichtlich darstellen, Tipps und Hinweise zur Fotopraxis geben, die über die Bedienungsanleitung der Kamera hinausgehen, sind wichtige Ziele des Buchs. Im Mittelpunkt steht dabei immer das Bildergebnis. Durch die Vielseitigkeit der G7 X erschließt sie Ihnen viele fotografische Situationen und Sie werden mit dieser Kamera auf jeden Fall viel Spaß beim Fotografieren und beim Filmen haben.

Aufnahmemodi in Hülle und Fülle

Viele Programme haben schlicht die Aufgabe, das Fotografieren bequem zu machen, und das mit einer hohen Trefferquote technisch guter Bilder. Wer aber mehr will als nur gut belichtete Erinnerungsfotos von Familie und Urlaub, wer Fotografieren als kreative Herausforderung sieht oder die Kamera zur Lösung kommunikativer Aufgaben einsetzt, der verlangt individuelles Eingreifen in den Aufnahmevorgang und benötigt vertieftes Hintergrundwissen.

Mit elf Grundeinstellungen über das Moduswahlrad bietet die Canon PowerShot G7 X erheblich mehr, als für eine perfekt belichtete Fotografie notwendig ist. Zumindest für die klassischen Programme M, Av, Tv und P gilt das; für die Belichtungsmodi der Profis also. Mit „C" steht Ihnen ein Programm zur Verfügung, das Sie nach eigenen Wünschen voreinstellen können. Wer sich stärker auf die Kameraprogrammierung verlassen möchte, dem bietet die Kamera die unter „kreativ vorgedacht" zusammenfassbaren Programme sowie AUTO oder SCN.

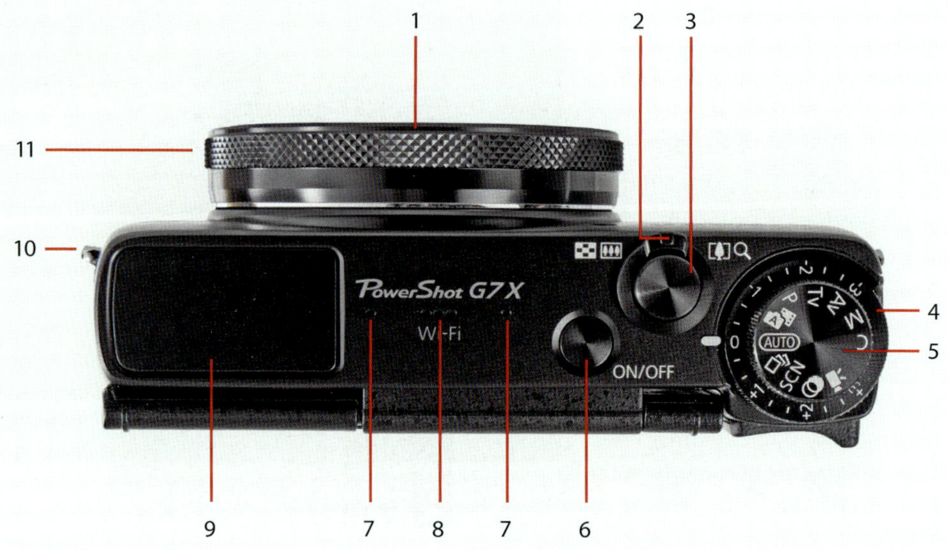

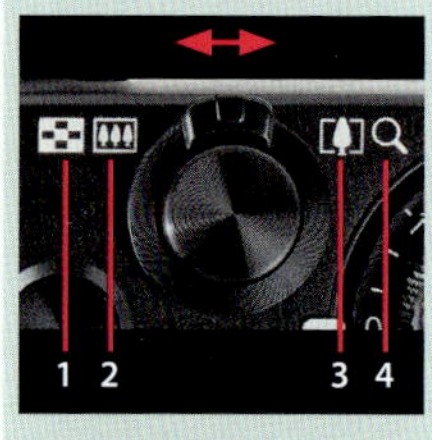

Zoomregler

1 Indexeinstellung
2 Brennweite in Richtung Weitwinkel verändern
3 Brennweite in Richtung Tele verändern
4 Vergrößern bei Bildwiedergabe

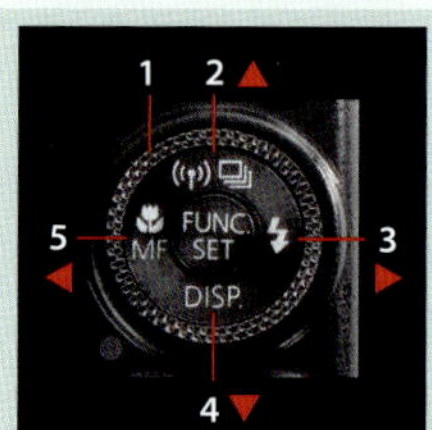

Multifunktionsrad

1 Einstell-Wahlrad
2 WLAN/Serienbild
3 Blitzmodus
4 Displayanzeige
5 Makro/ manueller Fokus

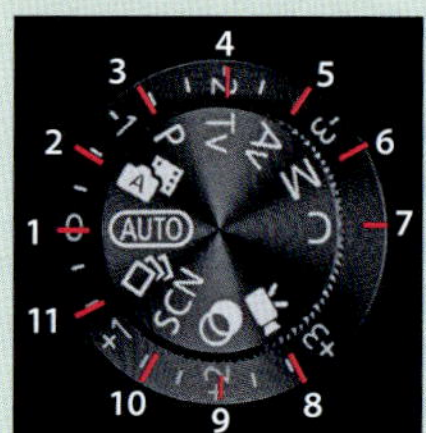

Modus-Wahlrad

1 Automatikmodus
2 Hybrid Auto
3 Programmautomatik
4 Zeitautomatik
5 Blendenautomatik
6 Manuelle Einstellung
7 Benutzereinstellung
8 Filmmodus
9 Kreativfilter-Modus
10 Scenemodus
11 Kreativ-Aufnahme

1 Objektiv
2 Zoomregler
3 Auslöser
4 Belichtungskorrektur-Wahlrad
5 Modus-Wahlrad
6 Ein-Ausschalter
7 Stereomikrofon
8 Lautsprecher
9 Blitzgerät
10 Riemenöse
11 Ringsteuerung
12 Monitor
13 Wahltaste für Ringsteuerung/ Löschtaste
14 Filmtaste
15 Einstellungswahlrad (Multifunktionsrad)
16 Funktions- und Bestätigungstaste
17 Kontrollleuchte
18 Menütaste
19 Wiedergabetaste
20 Digitalanschluss, USB-Verbindung (Mini-B)
21 HDMI-Anschluss
22 Mobilgeräte-Funktionstaste
23 Schalter zum Blitz ausklappen
24 WLAN-Antennenbereich
25 NFC-Bereich
26 Stativ-Gewindeanschluss
27 Speicherkarten- und Akkufachabdeckung
28 Akkuverriegelung
29 Speicherkartenfach
30 Akkufach
31 Abdeckung DC-Kuppler

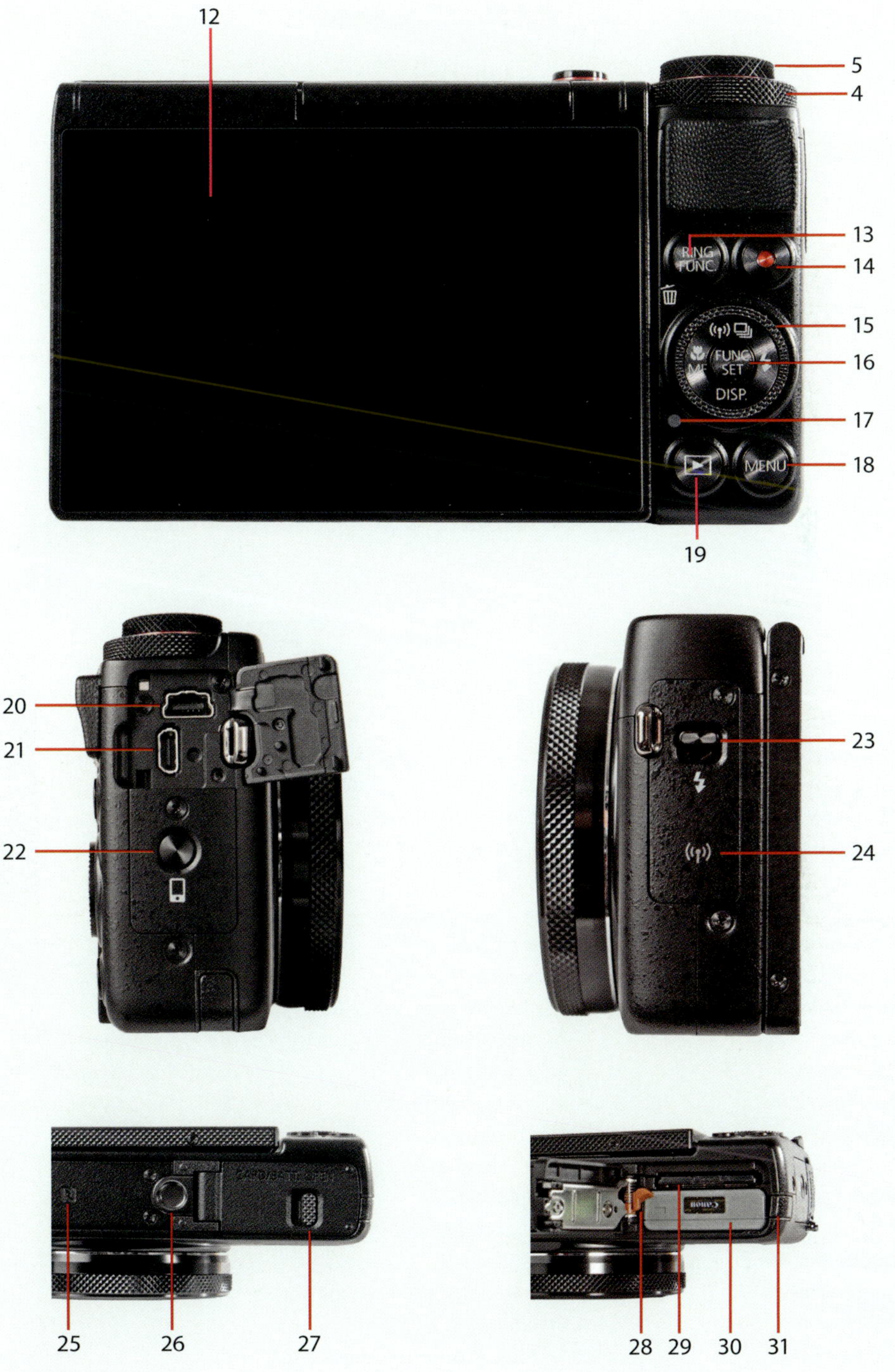
12
5
4
13
14
15
16
17
18
19
RING
FUNC.
FUNC.
SET
DISP.
MENU
20
21
22
23
24
25
26
27
28
29
30
31

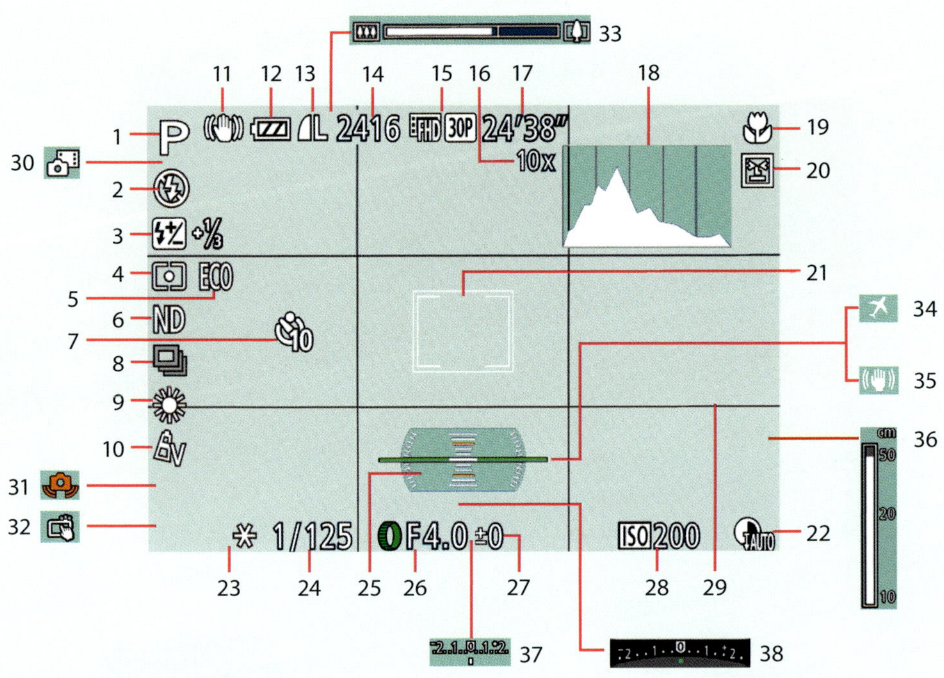

Monitoranzeigen – Aufnahme

1 Aufnahmemodus, Scenesymbol
2 Blitzmodus, LED-Licht
3 Blitzbelichtungskorrektur, Blitzleistung
4 Lichtmessverfahren
5 Eco-Modus
6 ND Filter
7 Selbstauslöser
8 Auslösemodus AEB-Aufnahmen Fokus-Aufnahmereihe
9 Weißabgleich Korrektur Quecksilberdampflampen
10 My Colors
11 IS-Modus
12 Akkuladestand
13 Bildqualität (Kompression) Auflösung
14 Verbleibende Aufnahmen
15 Filmqualität
16 Digitalzoom, Digital-Telekonverter
17 Verbleibende Zeit
18 Histogramm
19 Fokussierbereich, AF-Speicherung
20 Blinzelwarnung
21 AF-Rahmen, Rahmen für Spotmessung
22 Kontrastkorrektur
23 AE-Speicherung, Blitzbelichtungsspeicherung
24 Verschlusszeit
25 Elektronische Wasserwaage
26 Blendenwert
27 Belichtungskorrekturstufe
28 ISO-Empfindlichkeit
29 Gitternetz
30 Modus Hybrid Auto
31 Touchauslöser
32 Verwacklungswarnung
33 Zoombalken
34 Zeitzone
35 Bildstabilisierung
36 MF-Anzeige
37 Belichtungsstufe Einstellhilfe für manuelle Belichtungssteuerung
38 Belichtungskorrekturanzeige

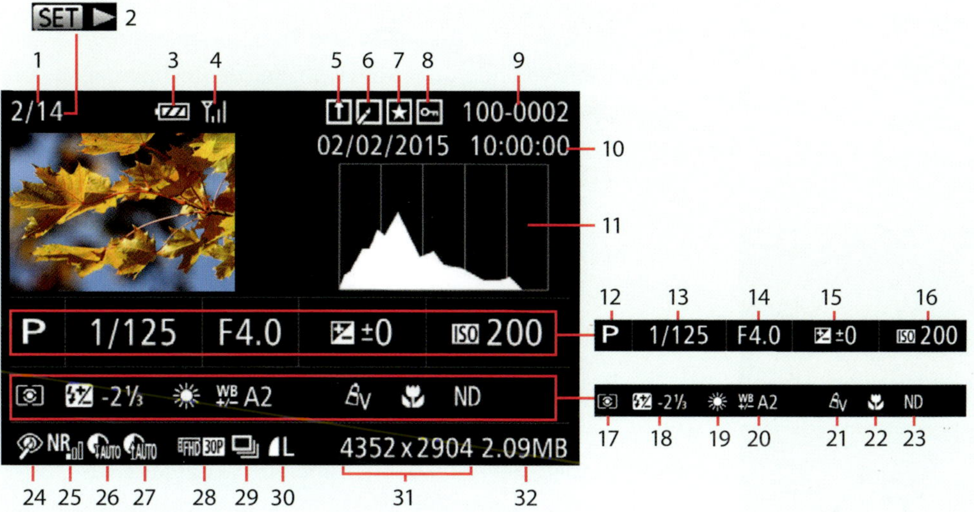

Monitoranzeigen – Wiedergabe

1 Movies
2 Nummer des angezeigten Bildes (links), Gesamtzahl gespeicherter Bilder
3 Batterieladestand
4 WLAN-Signalstärke
5 Bild-Sync. (automatisches Bildersenden)
6 Bildbearbeitung
7 Favoriten
8 Bildschutz (Löschschutz)
9 Ordnernummer/Dateinummer
10 Datum (links)/Uhrzeit der Aufnahme
11 Histogramm
12 Aufnahmemodus
13 Verschlusszeit; Bildqualität; Bildfrequenz (Film)
14 Blendenwert; Bildqualität (Film)
15 Belichtungskorrekturstufe; Belichtungseinstellstufe
16 ISO-Wert Wiedergabegeschwindigkeit
17 Lichtmessverfahren; Bildrate für Sternezeitraffer-Movie
18 Blitz; Blitzbelichtungskorrektur
19 Weißabgleich
20 Weißabgleichkorrektur
21 My Colors; Korrektur für Quecksilberlampen; Effekt kreative Aufnahme; Effekt Sternenzeitraffer
22 Fokussierbereich
23 ND Filter
24 Rote-Augen-Korrektur
25 High ISO NR
26 Kontrastkorrektur
27 i-contrast, Schattenkorrektur
28 Kompression (Bildqualität), Filmtagebuch Auflösung, MP4 (Film)
29 Gruppenanzeige
30 Bildqualität (Kompression), Auflösung, Movies für Filmtagebuch, RAW, MP4
31 Foto-Auflösung oder Filmwiedergabezeit
32 Dateigröße

Monitoranzeigen der Filmsteuerung

Beenden
Lautstärkensteuerung
Wiedergabe
Zeitlupe
Zurückspulen/vorheriger Film
Vorheriges Bild
Nächstes Bild
Vorspulen/nächster Film
Ändern (Schneiden)
Anzeige nach Anschluss an einen PictBridge-kompatiblen Drucker
Clip löschen bei Filmtagebuch 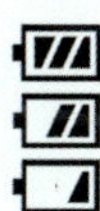

Batterieladestand

Voll geladen
Etwas entladen
Fast leer, bald aufladen
Rot blinkend: Akku ist leer

Die Notbremse

In der Vielfalt aller Einstellmöglichkeiten kann es jedem passieren, den „Rückweg" nicht oder nur mit Schwierigkeit zu erreichen.

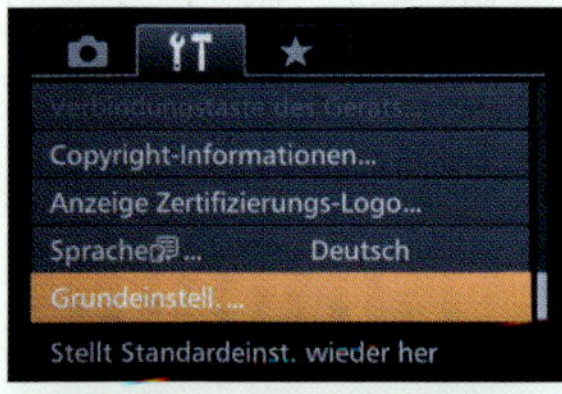

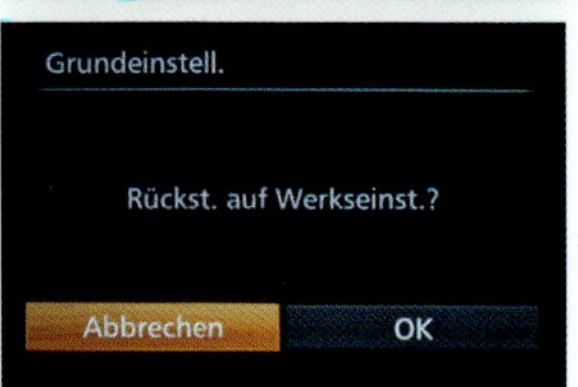

Scheuen Sie sich nicht, im Werkzeug-Menü (Wählen Sie MENU -> Werkzeug-Symbol) die unterste Zeile (am besten über AUF am Einstellungs-Wahlrad zu erreichen) zu nutzen. Mit „Grundeinstell. ..." bezeichnet, führt ein Druck auf ▶ zu Werkeinstell. Bestätigen Sie durch OK und Druck auf FUNC. SET um die Orientierung in MENU und FUNC. SET Angeboten zur Modifizierung der Kamera wiederzufinden.

Einstellungen individuell

Registerkarten, Menütabellen und Funktionen erinnern an die Möglichkeit, Veränderungen am Verhalten der Technik der Kamera vorzunehmen. Mehr in den Klassik-Belichtungssteuerungen, weniger in den anderen Steuerungen. In allen Fällen jedoch meistens zumindest in der Nähe plausibler Veränderungen. Regeln und Ausnahmen berühren „endlos" viele Positionen. Was wann sein oder nicht sein darf, kann man auch aus den Funktionen- und Menütabellen im Bedienungshandbuch über Pictogrammauflistungen erfahren.

Grundlagen der Foto- und Aufnahme-Technik und der Bildgestaltung sind das Rüstzeug für herausragende Fotos – und selbst für ganz alltägliche Schnappschüsse. Verständnis für Ursache und Wirkung sollte der Anfänger sich aneignen – der „alte Hase" öfter einmal wieder auffrischen. Wer Ursache und Wirkung kennt, der kann jede fotografische Aufgabe gut meistern. Er vermag sogar die „Denkart" moderner Belichtungsprogramme nachzuvollziehen. Gesichtserkennung, sogar eine Auslösung auf ein Lächeln, Blinzeln oder zugekniffene Augen verlieren vom Geheimnisvollen, sobald der Fotograf sich traut, auch ohne Hilfestellung perfekte fotografische Treffer zu erzielen.

Die Bedienung Ihrer PowerShot G7 X basiert auf ein paar Knöpfchen und vor allem auf einer Hierarchie aus Menü und FUNC. SET Einstellungen, die vor allem beim Wunsch nach Modifikation wichtig werden. Folgen Sie der Hierarchie, um sich nicht auf der Suche nach einer besonderen Leistung zu verirren.

Hohe Lichtstärke des Objektivs, Blende, Belichtungszeit und dazu der ISO-Wert der Lichtempfindlichkeit bestimmen den Arbeitsbereich einer Kamera. Ich bewege mich innerhalb der Grenzbereiche der G7 X und zeige in Beispielbildern, was zu erreichen ist. Dazu kommt guter Rat für alternative Lösungswege und alternativer Einsatz, vor allem der „vorgedachten" Funktionen und Programme.

Optische Grundlagen führen geradewegs zu den Motiven, die man innerhalb der vier begrenzenden Seiten als Bildausschnitt festzuhalten wünscht. Mit Super-Weitwinkel von 24 mm bis zur Tele-Brennweite mit 100 mm Brennweite (Angabe als KB-Vergleichswert) bietet die G7 X einen wichtigen Brennweitenbereich. Man darf unterstellen, dass dieser Bereich die wohl am meisten benutzten Brennweiten abdeckt. Greift man zu durch digitale Aufbereitung und durch Kombination von Ausschnitt und Hochrechnung gepushten Brennweiten, so stehen immerhin 1700 mm Brennweite als Maximum zur Verfügung. Nur dass es sich ab den Brennweiten ab 100 mm nur noch um digital umgerechnete Bildausschnitte handelt, mit den in oberen Regionen deutlichen Qualitätsverlusten. Aber hier spielt die Frage des Verwendungszwecks eine entscheidende Rolle. Sollen die Bilder „nur" der Kommunikation per Internet und Smartphone dienen, reicht die Qualität auch bei extremen Einstellungen aus, setzt man sich großformatige Drucke zum Ziel, sind die Einstellgrenzen enger gezogen. Auch sollte man in seine Überlegungen das immer höher werdende Auflösungsvermögen und steigende Bildschirmformat von Fernsehern der Zukunft gerade bei der Bildgröße und Einstellung der Qualität vorrausschauend berücksichtigen.

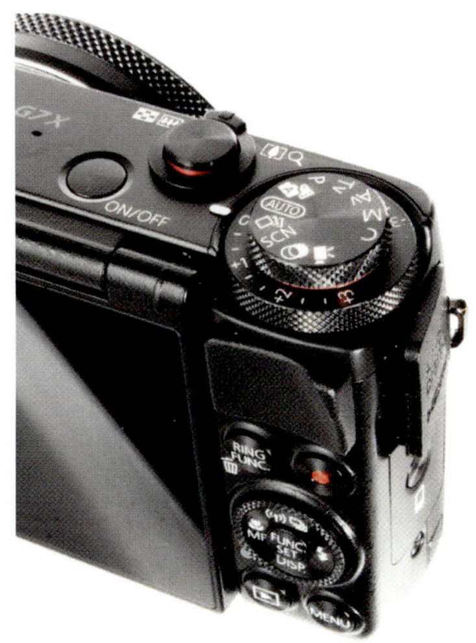

Tasten, Knöpfe und Wahlräder stehen zur Bedienung der Kamera bereit. Dazu die Nutzung des Touchscreens zur Bedienung und die Ringsteuerung rund um das Objektiv an der Kamerafront. Einstellungswahlrad und Ringsteuerung sind nach eigenem Geschmack mit Funktionen belegbar und können teilweise Aufgaben auch gleichzeitig bewältigen – eine Duplizität, bei der man sich nicht verunsichern lassen darf.

Training mit der Kamera

Jedes technische Potenzial ordne ich dem Begriff „Fototechnik" zu. Unter „Aufnahmetechnik" verbuche ich den praktischen Umgang mit der Kamera. Wer „on location" nicht erst nachdenken und nach den passend zugeschnittenen Funktionen der Kamera suchen will, der sollte ordnen und trainieren. Ordnen um sich die Vielfalt der Möglichkeiten selbst zurechtzulegen. Trainieren um weniger suchen zu müssen. Außerdem alles weglassen oder verdrängen, was man für die eigene Praxis nie oder selten verwenden will.

Ähnlich wichtig scheint mir auch die grundlegende Einsicht, dass alle Basis-Belichtungsprogramme (P, M, Av und Tv) für das Spitzen-Bild-Dateiformat RAW verfügbar sind. Alle anderen Programme mit besonderen Funktionen schalten auf JPEG um.

Drücken, Schieben, Drehen

14 Möglichkeiten zähle ich bei der Betrachtung der an der Kamera vorhandenen Bedienelemente. Ein Element wie das Einstellungswahlrad zähle ich doppelt, denn es reagiert auf Drehen wie auf Druck und der Touchscreen ist ebenfalls auf meiner Liste der Bedienelemente. Nun möchte ich etwas Ordnung in das Angebot bringen, Aufgaben und Variationen ansprechen und versuchen, Prioritäten zur Vereinfachung zu setzen.

Die Taste „MENU" führt zur Anzeige der „Menü-Reiter" zur Grundeinstellung der Kamera. Man bekommt darunter fast ausschließlich „Balken" der Menü-Hierarchie zu sehen.

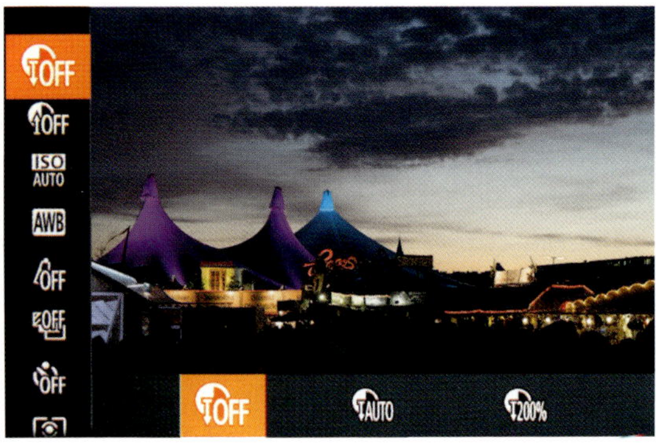

Displaydarstellung nach Druck auf FUNC. SET-Taste

Ein Druck auf „FUNC. SET" blendet meistens am Rand ein, was man im gewählten Modus beeinflussen kann. Die „Bedienungseingriffe" blenden sich in aller Regel in das Live-Bild der Kamera ein. Manche der Veränderungen zeigen zudem die Auswirkung des Eingriffs zeitgleich an.

Das wichtige Bedienungselement zur Vorbereitung der Kamera auf eine Aufnahme ist das Modus-Wahlrad. Man sollte es „Belichtungsprogramm-Wahlrad" nennen, doch nachdem die Hersteller Belichtungsprogramme zu Modi erklärt haben, will ich nicht weiter zur Verwirrung beitragen.

Teilen Sie die Modi in zwei Gruppen auf. Die vier „Grundlagen-Programme" M, P, Av und Tv sind das Rüstzeug der Aufnahmetechnik. Nur in ihnen ist in der PowerShot G7 X das professionelle RAW-Dateiformat erlaubt. Alle anderen Modi erlauben nur das JPEG-Dateiformat. Es sind jene kreativen Besonderheiten, bei denen man sich Gedanken über den realen Nutzen machen sollte. Gut gewiss für den schnellen Erfolg. Aber manches Mal auch mit vom Hersteller ungenannten Risiken versehen. Als Beispiel nenne ich

Kompakte Tastengruppe

RING FUNC. Wahltaste für die Ringsteuerung. Im Wiedergabe-Modus-wird sie zur Löschtaste.

Makro- und MF-Taste leitet manuelle Fokussierung ein.

Die DISP.-Taste zur Änderung des Informationsumfangs auf dem Display und weitere wechselnde Aufgaben.

Wiedergabetaste.

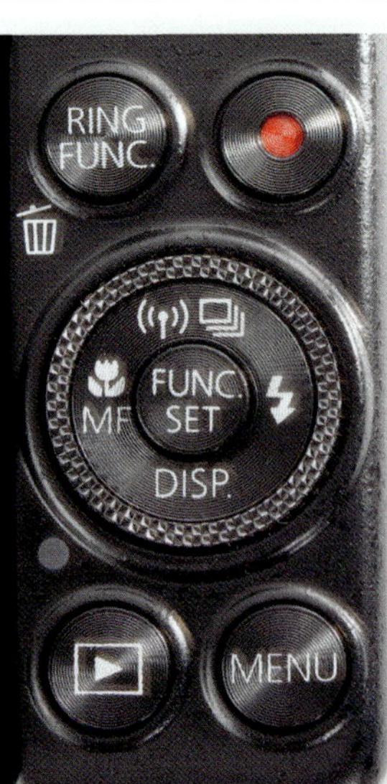

Movietaste

Drehbares Einstellungswahlrad mit Drucktastenfunktion. Die FUNC. SET Taste im Zentrum des Wahlrades ruft je nach Modus verschiedene Feineinstellungen eines Modus auf und dient als OK-Taste.

MENU-Taste zur Wahl individueller Kamera-Einstellungen steuerbar über das Wahlrad durch Drehen und Drücken.

schon einmal „My Colors“. Ausgelegt, um sofort auf eine Aufnahme zu wirken oder Änderungen später an einer realistischen Aufnahme vorzunehmen. Die ungenannte Ausnahme: Eine Custom-Funktion mit Wirkung auf Farbe, Schärfe, Kontrast und noch mehr ist nachträglich mit Kamerafunktionen nicht möglich.

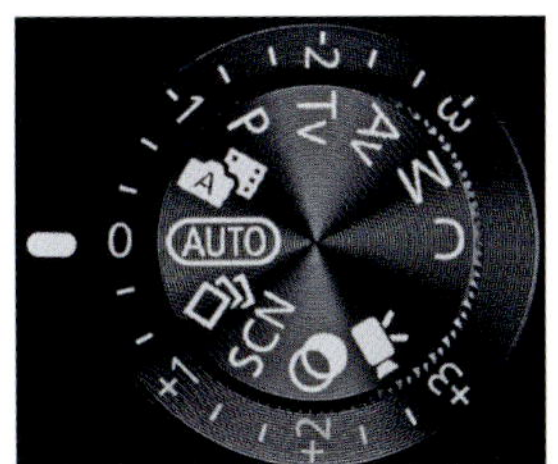

Belichtungsmodus wählen

Ganz bewusst möchte ich Ihnen ersparen, jene Bedienelemente erklärt zu bekommen, die so eindeutig sind. Für wichtig halte ich jedoch Bedienelemente wie das Zoom-Hebelchen. Die Variationsbreite von Weitwinkel zu maximaler Brennweite ist recht kurz. Man ist schnell am Ziel, schnell auch über das Ziel hinausgefahren. Ich rate zu kurzem Antippen des Zoomhebels, um sich an die gewünschte Brennweite heranzutasten oder zum Zoomstufen-Modus. Und ich rate dazu, genug Luft um das Motiv herum zu lassen statt auf eine knappe Begrenzung des Bildausschnitts Wert zu legen. Diesen Bildausschnitt erreicht man später direkt in der Kamera im Modus „Ausschnitt“ oder am PC selbst mit der einfachsten Software zur Bildbearbeitung und bekommt dazu noch die Gelegenheit, schiefe Kamerahaltung auszugleichen.

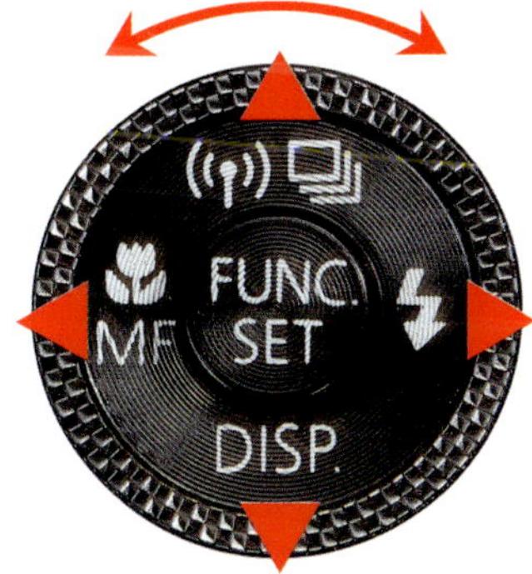

Multifunktionsrad: Das geriffelte Einstellrad arbeitet als Drucktaste in vier Richtungen und ist auch durch Drehen zur Einstellung nutzbar. Die vier Richtungstasten sind mit festen Funktionen belegt, auf die wir noch im Einzelnen zu sprechen kommen.

Noch einen guten Rat zum Training möchte ich vermitteln, wenn es um Funktionen geht, die nur in Kombination von z.B. zwei Bedienelementen arbeiten. Allen voran als Beispiel der angetippte, halb gedrückte Auslöser. Er fordert Feingefühl, was ohne Übung in einer ungewollten Auslösung endet. Noch mehr Feingefühl wenn – Fortsetzung des Beispiels – dieser angetippte Auslöser ohne Durchdrücken zu halten ist, um mit gleichzeitigem Druck auf die RING FUNC Taste die gemessene Belichtung kurzfristig zu speichern um mit diesem Wert einen anderen Motivausschnitt zu belichten. Eine sehr nützliche Methode, insbesondere zusammen mit der Spotmessung. Diese Messwertspeicherung erkennen Sie am eingeblendeten Sternchen im Display. Die Aufnahme danach erfolgt irgendwann später, wobei die fixierte Belichtung unverändert bleibt, aber die Fokussierung aktuell vorgenommen wird. Zugleich erlaubt Ihnen die G7 X den gespeicherten Belichtungswert zu shiften, indem Sie über das Multifunktionsrad (Wahlrad) die Zeit-Blendenkombination verändern, bei gleichbleibendem Belichtungswert. Mit diesem „Programm-Shift“ verschieben Sie die Belichtung zugunsten einer kleineren oder größeren Blende beziehungsweise zugunsten einer kürzeren oder längeren Belichtungszeit im Rahmen aller möglichen Kombinationen von Blende und Zeit, die in jedem Fall zu korrekter Belichtung führen.

Feingefühl und Vorsicht ist beim Umgang mit den Bedienungselementen nötig. Das gilt für Knöpfchen, Tasten und den Ring ebenso wie für den Touchscreen. Eine leichte Berührung genügt, um eine der Folgen der Berührung zu aktivieren. Statt einer gekonnten Belichtung sehen Sie dann vielleicht ein Menü oder eine Fotografie, die Sie im Moment eigentlich gar nicht beabsichtigten. Vor allem der Touchscreen, in schmalen Grenzen mehr oder minder empfindlich einstellbar, nimmt eine leichte Berührung als Befehl zum Auslösen, zieht blitzschnell einen Rahmen um den Verursacher und belichtet. Bitte üben Sie – nicht nur weil das Löschen von Fotos so frustrierend sein kann. Und wer der Touchscreenfunktion einmal überdrüssig wird, kann sie im Menü auch deaktivieren.

Maßgeschneiderte Bedienung

Sollte es auf den vorhergehenden Seiten gelungen sein, Ordnung zu schaffen, so geht es jetzt darum, eine in der Bedienung für Sie maßgeschneiderte PowerShot G7 X zu kreieren:

- Ringsteuerung am Objektiv
- Funktionszuweisung für die Tasten „RING FUNC." und Movie
- Customer-Modus „C"

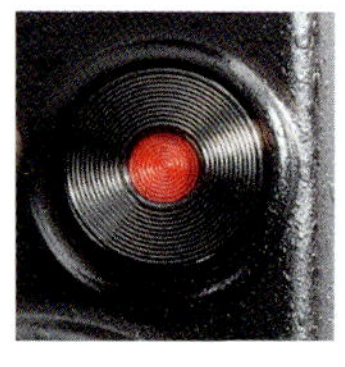

Über die Taste mit dem roten Punkt starten und stoppen Sie eine Filmaufnahme, oder aktivieren die Taste nach persönlichem Geschmack zugeordneten Funktion.

Eine individualisierte Kamera bietet den Vorteil einer persönlichen Ordnung, in der die dem Fotografen wichtigsten Dinge schnell erreichbar sind. Funktionen wie die Belichtungsspeicherung.

Bei meiner G7 X genügt ein Druck auf den Film-Auslöser, um den gerade gemessenen Belichtungswert bis zur Aufnahme oder bis zu neuem Druck auf den Film-Auslöser zu speichern. Nachdem das Belichtungsprogramm individualisiert und durch die persönliche AEL-Taste unter dem Film-Auslöser realisiert ist, wird sich diese persönliche Einstellung immer wieder melden, da ich alles unter der Modus-Wahlrad Position „C" gespeichert habe.

Für die Anpassung von Ring, Wahlrad, Direktwahl-Taste und Film-Auslöser und der getrennten Zuordnung zu den Belichtungsmodi M, Av, Tv und P werden nur plausible Eingriffe zur Wahl geboten. So kann zum Beispiel dem Modus entsprechend unter Av die Bedienung der Blende aber nicht die Verschlusszeit dem Ring oder dem Wahlrad zugeordnet werden.

Nach der komprimierten Übersicht wollen wir uns jetzt die PowerShot G7 X etwas genauer anschauen.

Kameradisplay

Monitor, Display, Bildschirm, Sucher – alle Begriffe meinen dasselbe: die Anzeige auf der Rückseite der Kamera, die Sie auch während der Motivsuche und Aufnahme mit wichtigen Informationen versorgt.

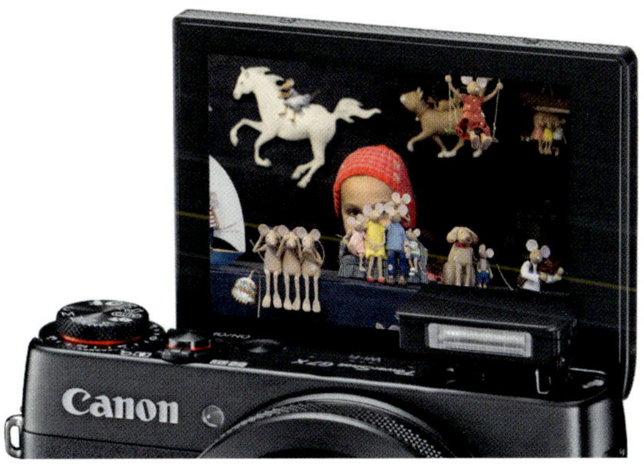

Selbstporträts und Gruppenfotos unter Sucher-Sichtkontrolle erleichtert das hochgeklappte und damit nach vorn weisende Display. Damit das Bild nicht auf dem Kopf steht, muss im Menü die Funktion „Displ spiegeln" aktiviert sein. Display bis 45 Grad im unteren Scharnier geschwenkt, ist vorteilhaft für Aufnahmen bei nach unten gerichteter Kamera, zum Teil auch für das Überkopf-Zielen bei hochgehaltener Kamera.

Vor allem während der Wartezeit auf den richtigen Moment zum Druck auf den Auslöser drängen sich die Informationen an den Rand. Mit wachsender Aufnahme-Erfahrung kann und sollte man per Druck auf die Taste „DISP." die Informationen reduzieren. Man gewinnt mehr Überblick auf die Aufnahme-Szene und bekommt nur das Allernotwendigste wie die Rahmen zur Messung der Belichtung beziehungsweise Fokussierung zu sehen.

Klappen, Schwenken, Berühren

Die Besonderheiten des Displays liegen in der Beweglichkeit, für die man sich mit der G7 X zu einem System entschloss, die ein Abklappen nach unten erfordert, um bis zu 45 Grad gekippt vor allem bei nach unten weisender Kamera aber auch über Kopf bessere Sicht zu bekommen.

Alternativ und ähnlich vielseitig zu verwenden ist die mechanische Lösung, wenn man das Display im unteren Scharnier abklappt und im oberen Scharnier schwenkt. Das lässt sich bis zur

Technische Daten

Klappbares Display mit einer Diagonalen von 7,5 vm (3,0 Zoll); Seitenverhältnis 3:2, PureColor II G Touchscreen LCD (kapazitiv); rund 1.040.000 Bildpunkte; Bildfeldabdeckung rund 100%; Helligkeit einstellbar in fünf Stufen.

Geradeaus blicken!

Monitor-Displays bieten nicht aus jedem Winkel, aus dem man auf sie blickt, die gleiche Helligkeit. Für die Fotografie sollte man sich angewöhnen, geradeaus und nie seitlich auf den Monitor zu blicken. Nur dort ist die volle Helligkeit zu sehen, während von der Seite gesehen ein Bild dunkler scheint. Für optimale Bewertung von Helligkeit, Schärfe und Farbe nutzt nur die direkte Sicht. Erfahrung damit baut zudem die Sicherheit auf, die man zum Vergleichen und Beurteilen einer Aufnahme braucht. Dann lässt sich auch sehr gut abschätzen, ob und wann eine Korrektur der Belichtung notwendig ist.

Umkehr der Anzeige realisieren, um mit Blick auf die Kamera das Objektiv auf sich selbst zu richten. Eine Selbstporträt-Stellung also. Eine neue Variante eines beweglichen Monitors, die weniger flexibel als die „übliche" Lösung, z.B. bei steil nach oben gerichteter Kamera im Hochformat kaum hilfreich ist.

Die nächste Besonderheit ist die Display-Oberfläche, die als Touchscreen auf Berührung reagiert. Im Einstellungsmenü können Sie den Touchscreen aktivieren und getrennt davon auch als Auslöser verwenden. Wird er als Auslöser verwendet, so löst er allerdings aus, bevor man andere Vorteile mittels Berührung nutzen kann. Ich empfehle die Touchauslösung nur für den Fall, dass andere Nutzung absehbar nicht nötig ist.

Touchscreen

Wir werden noch an verschiedenen Stellen des Buchs auf das berührungsempfindliche Display die G7 X eingehen, wollen uns jetzt aber bereits eine Übersicht verschaffen, was uns bei der Touchfunktion erwartet.

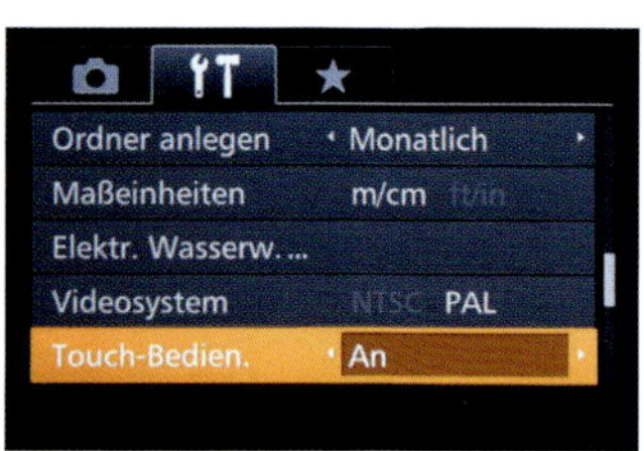

Touchscreen kann in den Grundeinstellungen auch vollständig deaktiviert werden.

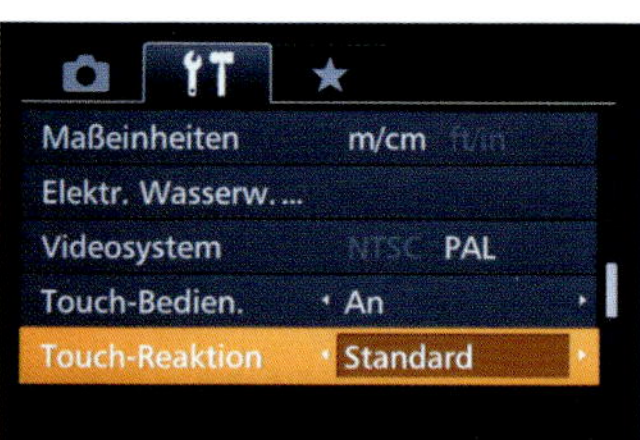

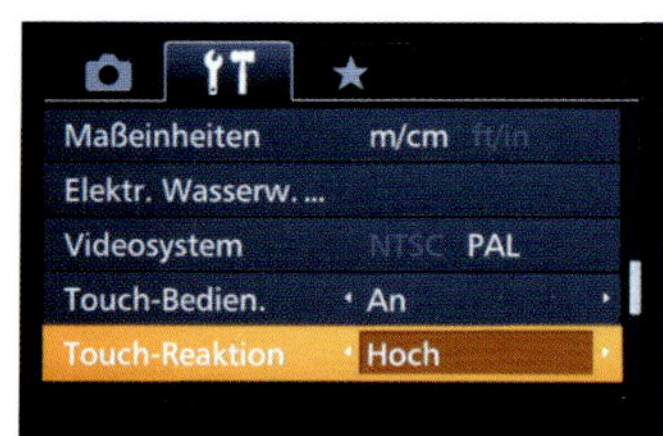

Die Empfindlichkeit von Touchscreen ist in zwei Stufen einstellbar.

Wer es von seinem Smartphone gewohnt ist, sanft und behende mit der sensiblen Oberfläche umzugehen, wird sich auch bei der Kamera schnell zurechtfinden.

Nicht jeder wird die Funktion unbegrenzt einsetzen wollen, da sie im Aufnahmemodus häufiger ungewollt auslöst, wenn man versucht, die Kamera in eine stabile Aufnahmeposition zu bringen oder die Schärfe unbeabsichtigt mit dem Daumen auf eine Randzone legt. Auch ist es ratsam die Kamera zum Auslösen mit beiden Händen zu greifen und mit dem Zeigefinger auszulösen. Da liegt der mechanische Auslöser günstiger als das Display. Mit eingeklapptem Display wäre noch ein Touchauslösen mit dem Daumen denkbar. Bei ausgeklapptem Display dagegen, ist eine Touchauslösung ohne die Kamera zu verkanten und zu verwackeln kaum realisierbar.

Positiv zu vermerken ist: Touchauslösung irgendwo auf dem Display – nicht zu nah am Rand –, Touch AF mit gezielter Anwahl eines Motivbereichs oder für Reihenaufnahmen den Finger solange auf der Oberfläche belassen bis die Serie beendet werden soll. Auch Bedienvorgänge lassen sich alternativ zu den Pfeiltasten mit dem Finger am Display ausführen. Das gilt für die Funktionsanzeigen genauso wie für das Blättern und Auswählen im Menü. Bei einer Balkenanzeige tippen Sie leicht auf den gewünschten Einstellpunkt. Mit etwas Übung ist man mit Touchscreen-Bedienung deutlich schneller im Vergleich zur Bedienung mit Tasten und Rädern.

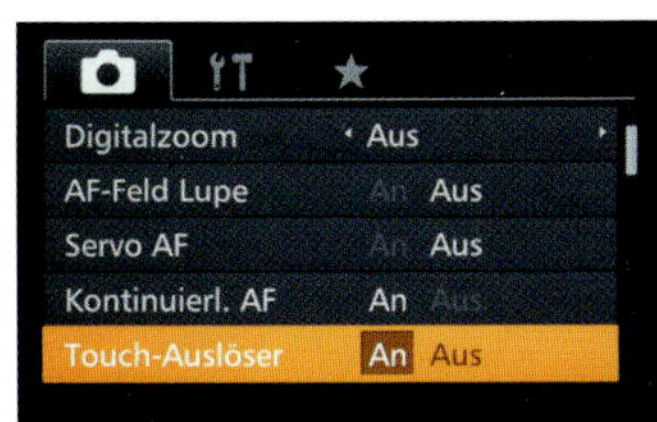

Touchauslöser kann unabhängig von den übrigen Touchfunktionen im Aufnahmemenü deaktiviert werden.

Die wahre Stärke des Touchscreen offenbart sich mir im Wiedergabemodus, wie schnelles Blättern im Bildbestand oder einfaches Vergrößern durch Fingerspreizen oder Funktionszuordnung durch bestimmte Bewegungsmuster, die Sie von der Mitte des Displays aus starten. Folgende Funktionen sind zuweisbar:

„Favoriten" um Bilder entsprechend zu markieren oder die Markierung zu löschen; „Nächst. Favorit" oder „Voriger Favorit", zum nächsten oder vorhergehenden bereits markierten Bild wech-

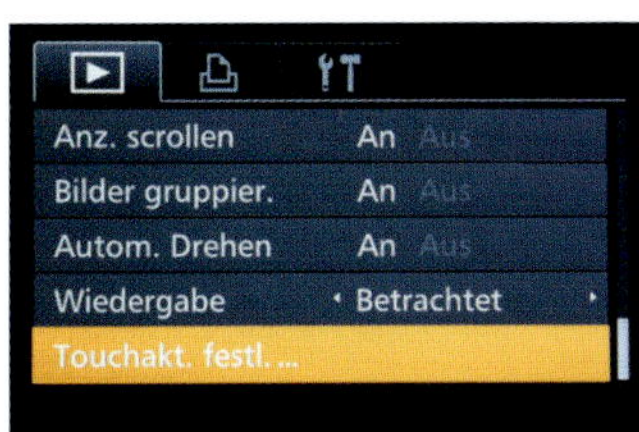

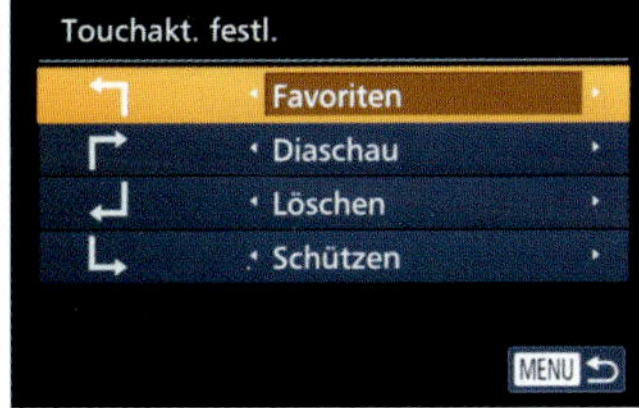

Den vier Touchaktionen lassen sich über die Pfeiltasten oder Das Wahl radverschiedene Befehle zuordnen.

seln;"Nächste Datum" oder „Vorheriges Datum", „Ähnliche Bilder"; „An Kamera", „An Smartphone", „An Computer", „An Drucker", „An Webservice" bei geöffneter WLAN-Verbindung; „Diaschau"; „Löschen"; „Schützen"; „Drehen".

Zum Blättern streifen Sie mit dem Finger langsam nach links oder rechts über den Bildschirm. Bei schneller Bewegung springt die Anzeige in den Scrollmodus. Wollen Sie zurück in die Einzelbildanzeige, berühren Sie das Display in der Mitte.

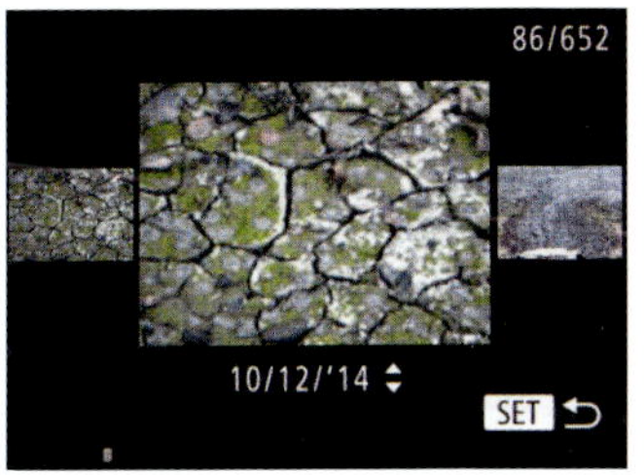

Scrollmodus aktivieren Sie durch schnellen Wischer über das Display.

Zum Starten eines Films berühren Sie den eingeblendeten Richtungspfeil. Wollen Sie die Lautstärke verändern, streifen Sie vertikal über den Bildschirm.

Zum Löschen des angezeigten Bilds drücken Sie die Löschtaste und berühren das eingeblendete Löschen-Zeichen.

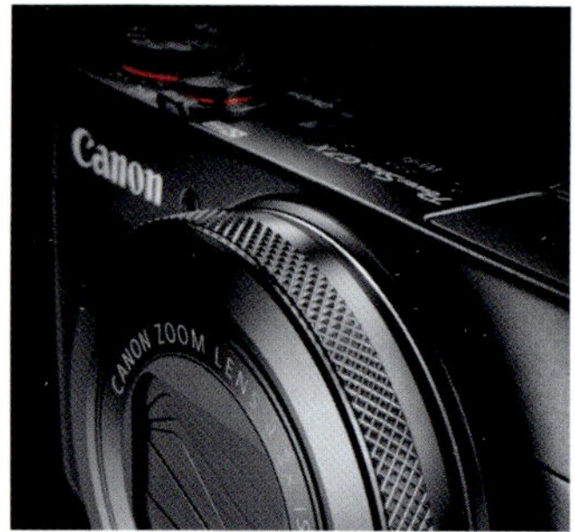

Die Ringsteuerung können Sie in den Aufnahmemodi Av, Tv und P individuell mit unterschiedlichen Steuerungsfunktionen belegen.

Ringfunktion und Ringsteuerung

Wohl in Rückbesinnung auf klassische Bedienfunktionen über Objektivringe, mit denen man in „alten Zeiten" Blende, Schärfe und Brennweite gesteuert hat, findet man, wie schon an der PowerShot G1 Mark II, einen Bedienungsring rund ums Objektiv. Diesem Ring kann man ganz nach eigenen Anwendungsvorlieben unterschiedliche Einstellungen zuordnen:

ISO-Steuerung, manuell fokussieren, Weißabgleich korrigieren, Zoomstufen anpassen, Kontrast korrigieren, Schatten korrigieren, Seitenverhältnis anpassen oder Funktionen BLende, Zeit oder ISO der Benutzereinstellung „C" zuweisen.

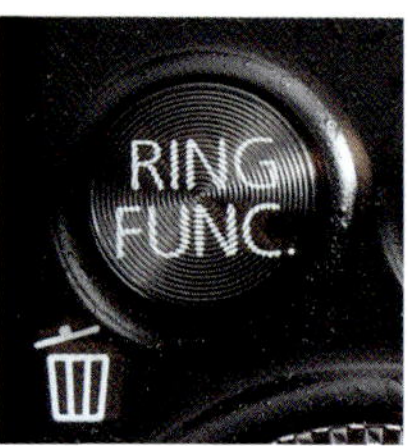

Über die RING FUNC.-Taste steuern Sie die Ringfunktionen.

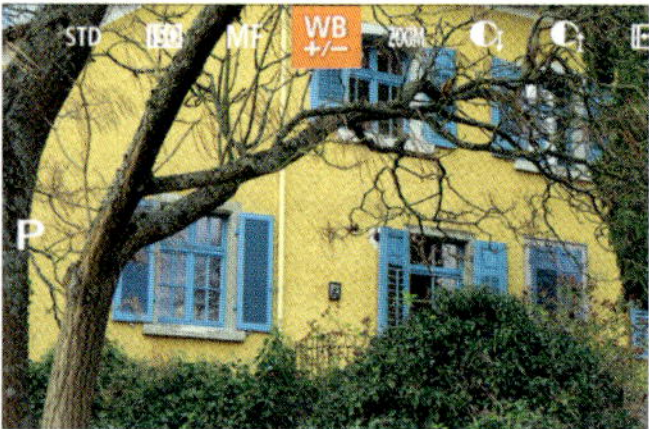

Mit der RING FUNC.-Taste gelangen Sie in das Auswahlmenü in dem Sie mit dem Einstellrad oder Richtungstasten der Ringsteuerung eine Funktion zuordnen können.

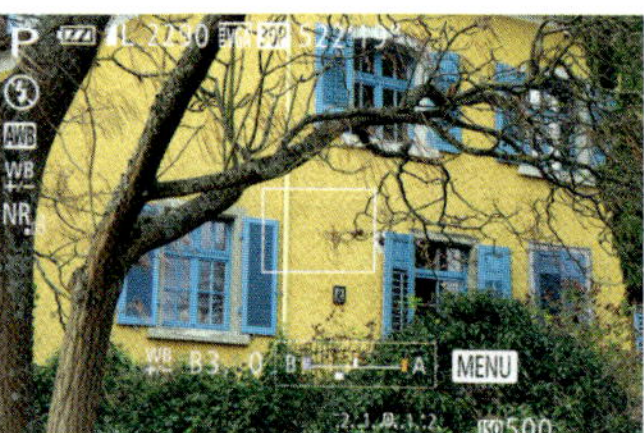

Mit der Ringsteuerung oder dem Wahlrad wird die Funktion auf den gewünschten Wert konfiguriert. Die Einstellungen klappen auch über die Touch-Bedienung.

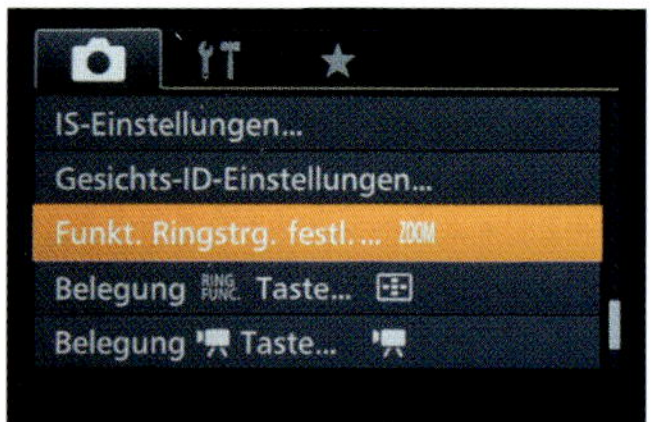

Im Aufnahmemenü unter „Funkt. Ringstrg. festl." steht Ihnen eine breite Funktionsauswahl für die Ringsteuerung zur Verfügung.

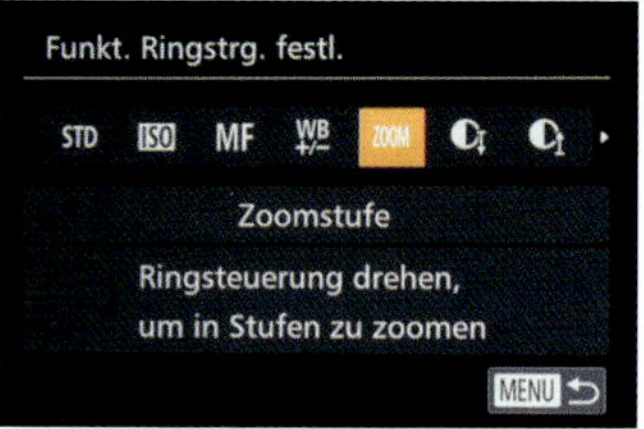

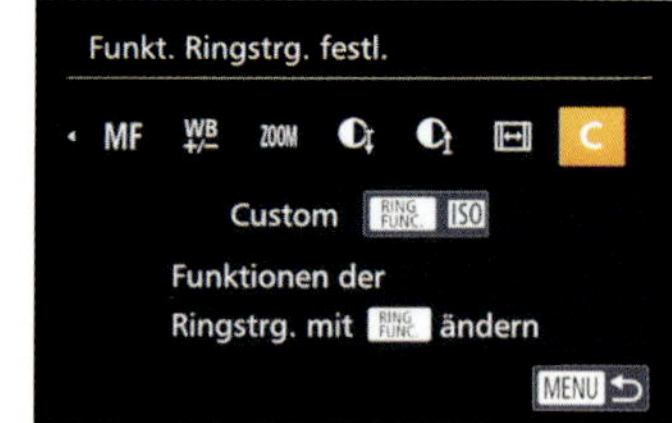

Wer die Vorteile der Ringsteuerung voll ausnutzen will, konfiguriert sich zum Beispiel auf den Customer-Modus eine neue Funktionszuordnung wie die Zeit- oder Blendensteuerung im entsprechenden Belichtungsmodus.

Im Touchmodus kann je nach verwendetem Belichtungsmodus („M", „Av", „Tv", „P") am rechten Displayrand ISO, Tv (Blende) oder Av (Zeit) angewählt und über die Ringsteuerung eingestellt werden.

Der Bildchip: seine Leistung

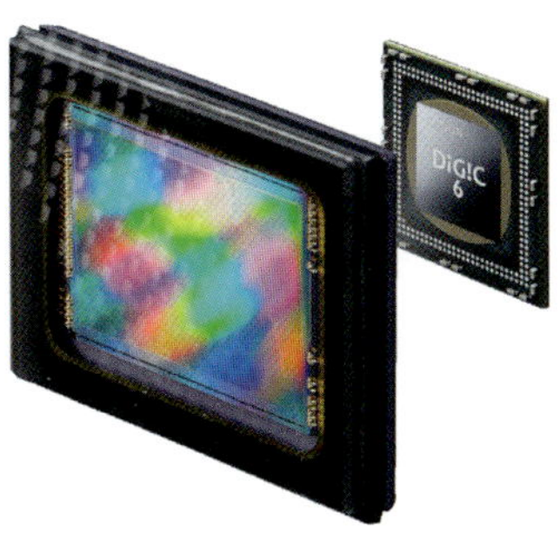

Bildchip und DIGIC 6 Prozessor sind für Bildqualität und Arbeitstempo verantwortlich.

Bevor wir uns in die Tiefen der Menüsteuerung und der FUNC. SET-Steuerung begeben, wollen wir uns auf das Kernstück digitaler Bildaufzeichnung einlassen.

Fragt man nach den Qualitätskriterien einer Kamera, so steht die Auflösung in Pixelzahl auch heute an oberster Stelle. Zu Recht, oder nur aus Gründen des Marketings wollen wir hier nicht weiter vertiefen. Eins steht aber fest, kleine Details lassen sich nun einmal besser mit zu viel als zu wenig Pixeln abbilden. Detailgetreu sozusagen. Natürlich spielen auch Argumente rund um das Objektiv, die optische Leistung der Linsen und der Umgang der Fototechnik mit dem Licht eine große Rolle.

Gegenargumente sind sinnvoll, wenn man an immer mehr Pixel auf winzigem Raum denkt, die fast mehr Rauschen als Detailinformation bringen. Hinzu kommt, dass Weitwinkelbilder extrem viele kleine Details enthalten, die dann im Rauschen untergehen können.

In der PowerShot G7 X findet man zwischen optischer Leistung und Auflösung des Bildchips einen gute Balance. Ein zu großer optischer Brennweitenbereich erfordert Kompromisse bei der Bildqualität und der Lichtstärke. Zu viele Pixel auf dem Bildchip fördern das Rauschen, das aus kleinstem Pixel-Format und Chip-Erwärmung herrührt.

Mit einem für diese Kameraklasse recht großen Chipformat von einem Zoll und 20,2 MP effektiven Pixel bietet die G7 X eine gute Voraussetzung für technisch sehr gute Bildergebnisse. Weniger Rauschen durch größere Sensoren ist der Gewinn. Das größere Chip-Format lässt als weiteren Gewinn über die übliche Blende 8 hinaus Abblendung bis auf Blende 11 zu. Der 1,0 Zoll Chip erweitert die Grenzen, ab denen Beugungserscheinungen an der geschlossenen Blende die Bildqualität beeinträchtigen.

Die Bildqualität von diesem Chip hängt von einigen weiteren Faktoren ab. Sehr viel hat auch der „Signal-Prozessor" DIGIC 6 damit zu tun. Er bewertet die analogen elektrischen Ladungen jedes einzelnen Pixels und leitet daraus einen Digitalwert ab. In der G7 X wird das Bildsignal zu einem 14-Bit-Wert gewandelt, was immerhin bedeutet, 16384 unterscheidbare Helligkeiten zur Verfügung zu haben. Der Prozessor gibt sie unverändert weiter an das RAW-Dateiformat, wo sie praktisch in zwei Byte mit zusammen 16 Bit aufbewahrt werden. Ergebnis ist ein 42-Bit Bildsignal für jedes RGB-Pixel.

Für das JPEG-Format muss sich der Signal-Prozessor wirklich bemühen, denn jetzt sind alle Umrechnungen nötig, die für die Umsetzung der Helligkeit auf 8 Bit und damit ein 24-Bit Farbbild sorgen und zudem die Auflösung auf das JPEG-Dateiformat komprimieren. Das fordert Bewunderung heraus für Aufgaben der HDR-Funktion, die zudem für offenere Schatten und Lichter mit erkennbarer Zeichnung sorgt. Kein Makel, wenn man daran erinnert, dass HDR-Funktionen zum JPEG-Format gute Ergebnisse liefern, die man jedoch vom RAW-Bild abgeleitet noch besser machen kann.

Die Leistung des Signal-Prozessors DIGIC 6, die praktisch mit jeder Funktion der Kamera zu tun hat, schließt auch alles rund um die Lichtempfindlichkeit des Bildchips ein. Genau genommen hat der Bildchip einen definierten Empfindlichkeitsbereich. Praktisch einen „Nennwert". Diesen Bereich kann die Elektronik prinzipiell so nehmen wie er zu erkennen ist, ihn abschwächen oder auch verstärken. Stellt man nun eine Lichtempfindlichkeit ein, die nachvollziehbar und für den Fotografen verständlich gemacht wurde, indem man sie „ISO-Wert" nannte, dann findet genau die Einstellung der Elektronik auf jenen Wert der Lichtempfindlichkeit statt, die nachvollziehbar sich auch an die Lichtempfindlichkeit der Fotografie auf „chemischem Sensor" namens „Film" anlehnt. Vielleicht mit dem Unterschied, dass digitale Lichtempfindlichkeit größere Dynamik abbildet. Mehr differenzierbare Helligkeit und Farbe also, als einst der Film. Eine Umsetzung zu einer Wiedergabe auf Papier aus dem Fotolabor, dem Tintendrucker oder in diesem Buch reduziert den Spielraum wieder. Selbst zwischen Monitorbild und Papierbild sind Unterschiede erkennbar. Doch das dynamische, reichhaltigere Digital-Original verbessert die Umsetzung tiefster Schatten, hellster aber nicht absolut überbelichteter Lichter zu erkennbaren Details in der Wiedergabe bei geringerer Dynamik.

RGB intern

RGB ist das Kürzel für die Farben Rot, Grün und Blau, die den Filtern vor den einzelnen Chip-Pixeln entsprechen. Im RAW-Format wird dies als Information weitergegeben. Im JPEG-Format wird die Farbinformation auf 8 Bit zu einem 24-Bit Farbwert reduziert, mit der Information zu Farbraum und Farbprofil versehen sowie zu einem JPEG-eigenen Farbraum (YCbCr, verlustbehaftet) gewandelt.

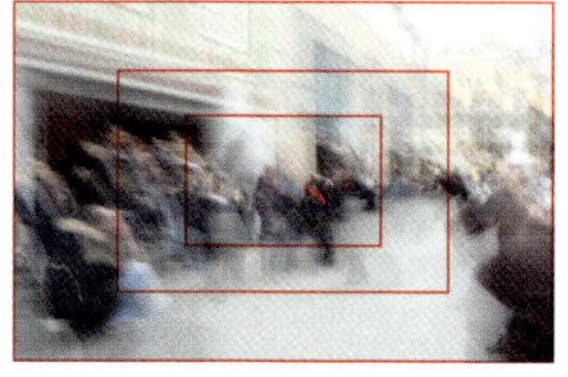

KB-Format im Vergleich mit APS-C (mittlerer Rahmen) und dem 1 Zoll Bildchip der PowerShot G7 X; Abbildung im Maßstab 1:1.

Schnelle Speicherkarten

Der Weg vom Aufnahme-Chip in die SD-Speicherkarte ist ein Weg mit Umwegen. Über 20 Millionen farbige Bildpunkte werden durch den Bildprozessor DIGIC 6 verarbeitet und je nach gewählter Auflösung in eine, bei JPEG komprimierte, Bilddatei gepresst. Auch Filme werden in ein platzsparendes Format umgesetzt.

Nur Näherungswerte stehen zum Abschätzen des Fassungsvermögens einer SD-Karte zur Verfügung, da die Komprimierung nicht nur von der gewählten Auflösung, sondern auch vom eigentlichen Bildinhalt abhängig ist. Homogene Flächen im Bild erlauben stärkere Komprimierung als Bilder, in denen sehr viel kleine Details sichtbar werden.

Wichtig wird damit der Grundgedanke, welche Karte mit welcher Kapazität genutzt werden sollte. Einsetzbar sind SD-Karten, SDHC-Karten und SDXC-Karten. Stets sollte man auf die Geschwindigkeitsklasse achten. Karten, die hohe Datenmengen schnell aufnehmen können, sind zu bevorzugen. Ein dem Buchstaben „C" ähnliches Symbol zeigt eine Zahl, die als Mindest-Datenübertragungsrate zu verstehen ist. Eine hohe Zahl ist zu bevorzugen, doch ab „C4", erst recht bei „C10", wird die Speicherkarte der Kamera gerecht.

Die erste Generation der Speicherkarten ist die SD-Karte mit einer niedrigen Kapazität. Ihr folgte die SDHC-Karte, in der „HC" für High Capacity und damit einem Aufnahmevermögen bis 32 GB steht. Die Karte mit „Open End" Aussicht hat ihre Karriere erst begonnen. Schnell und mit einer Kapazität bis 64 GB heute schon vertreten, soll ihr Fassungsvermögen bis 1 TeraByte gelangen. Für die heutigen Zwecke sollte eine SDHC-Karte mit 8 GB oder 32 GB genügen. Gut beraten ist, wer seine Bilder auf eher kleinen (8 GB) Karten unterbringt und so den schlimmsten Fall des Datenverlustes auf diese Weise begrenzt. Besser beraten sind die Digital-Fotografen, die stets Datensicherung betreiben und mehr als nur eine Sicherung der Originale in Reserve haben.

SD-Karte vorbereiten

SD-Karten kommen in der Regel bereits formatiert aus der Verpackung. Einige wenige Probleme haben mich dazu gebracht, sicherheitshalber eine Karte in der Kamera in jedem Fall zu formatieren. Dabei richtet die Karte auch ihr eigenes Verzeichnis-System ein. Stellen sich nach langem Gebrauch Probleme ein, so hilft die normale Formatierung weiter. Eine Low Level Formatierung ist angebracht, wenn eine benutzte Karte nicht alles, zum Beispiel vom zwischenzeitlichen Einsatz in einer anderen Kamera, bereinigt.

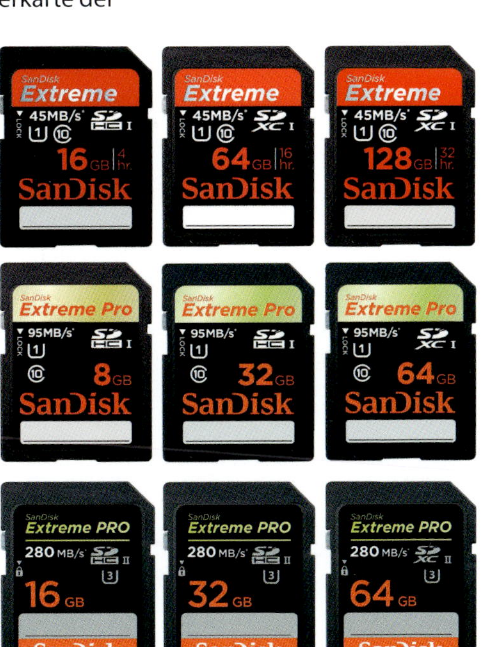

SD-Karten-Familie mit einem Fassungsvermögen zwischen 8 GB bis 128 GB.

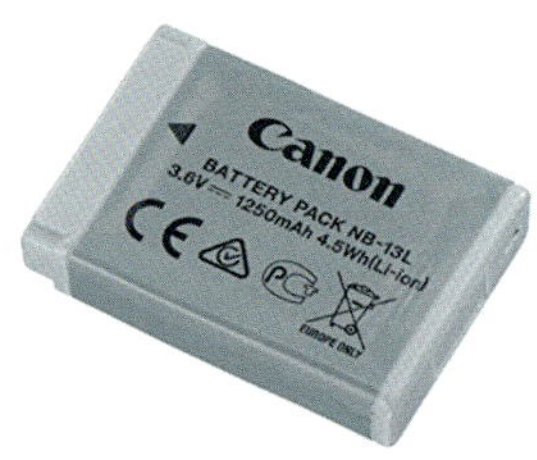

Original Canon Lithium-Ionen Akku NB-13L für die PowerShot G7 X, aufladbar mit dem Ladegerät CB-2LHE.

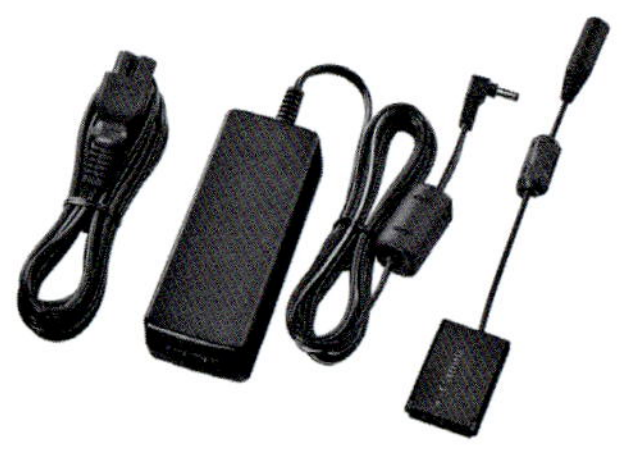

Unverzichtbar für ununterbrochenes Fotografieren im Studio und in Steckdosen-Nähe ist der Netzadapter ACK-DC110.

Stromversorgung

Ohne Strom keine Bilder. Der kleine Akku NB-10L speichert bei 7,4 Volt die Kapazität von 920 mAh. Ziemlich viel für seine Dimensionen, oft zu wenig für viele Stunden aktiver fotografischer Betätigung. Geladen wird der Akku über das externe Ladegerät CB-2LHE.

Ich wiederhole den Rat, genug Ersatzakkus anzuschaffen und nach Möglichkeit für jeden Akku auch ein Ladegerät, was bei den Originalpreisen leider ein sehr kostspieliger Rat ist. Die Begründung: Diese Akkus werden schonend und damit über eine recht lange Zeit aufgeladen. Auf Schnell-Ladung ist sinnvollerweise verzichtet worden. Akkus parallel zu laden macht Sie damit wieder schneller aufnahmebereit, als es zu schaffen wäre mit nacheinander zu ladenden Akkus in einem einzelnen Ladegerät.

Fotografieren besteht aus viel mehr als dem Strombedarf im Moment der Auslösung. Wartezeiten, Zoom-Fahrten, Blitzbereitschaft oder die Anzeige vorhandener Bilder können zu neuen, einmaligen Bildern führen – doch bis es dazu kommt, sind sie Stromverbraucher. Das rot blinkende Akku-Ladestand-Warnsignal ist dann der dringende Alarm zum Akku-Wechsel. Hier ein paar Tipps zur Vermeidung des vorzeitigen Foto-Exkursion-Endes.

- Vor dem Fotoausflug Akkustand kontrollieren. Die praktisch vierstufige Lade-Anzeige ist informativ, aber für eine zuverlässige Aussage unbrauchbar. Besser: Laden bis zum grünen Ladegerät-Signal des Ladegerätes – selbst dann, wenn die Kamera einen voll geladenen Akku signalisiert.
- Geladene Ersatzakkus einstecken; alle verfügbaren Akkus.
- Von No-Name-Akkus lieber die Finger lassen. Original Canon Akkus geben Sicherheit.
- Display, Zoom-Fahrt, pausenloses Fokussieren, aktiver Blitz, lange Rückschau vorhandener Bilder fressen Strom.
- Strom sparen: Display-Helligkeit anpassen (5 Stufen nach Bedarf, Nacht-Modus), ECO-Modus wählen, Stromspar-Modus wählen, kontinuierliche Fokussierung abschalten, AF-Hilfslicht zumindest am Tag abschalten.

Spaß am Fotografieren kann man recht schnell verlieren, wenn die Strom-Grundversorgung nicht mitspielt. Eine Binsenweisheit, der Sie in Ihrer PowerShot G7 X nur durch Nutzung von Ersatzakkus entgehen können. (Aber Achtung bei No-Name- Angeboten; Sie können Garantieansprüche verlieren!) Das Gute daran: Man erreicht spürbare Verlängerung der Betriebsbereitschaft. Das weniger Gute: aufnahmetechnische Einschränkungen. Vergleichbar mit dem Auto an der roten Ampel überlegt man zudem, ob das Ausschalten vor langer Wartezeit wirklich spart und ob der Neustart schnell genug erfolgt. Immerhin braucht auch die Kamera Zeit für die Startphase, Strom für das Ein- und Ausfahren des Objektivs. Somit mag die konsequente Stromsparmethode nur manchmal sinnvoll sein.

Mit ECO-Modus und Stromsparfunktion sind in Ihrer Kamera über das Einstellmenü erreichbar zwei Stromsparer vorgegeben. ECO schaltet nur das Display nach ein paar Sekunden ab. Jede Berührung der Kamera an einer Taste weckt die Display-Beleuchtung wieder auf. Alternativ dazu die Nutzung der Menü-Position „Stromsparmodus". Er ist nur wählbar wenn ECO abgeschaltet ist. Neben einer wählbaren Abschaltzeit für das Display schaltet er die Kamera nach intern festgelegter Wartezeit gänzlich ab. Widerspruch wird intern nur eingelegt, wenn eine WLAN-Verbindung besteht oder die Kamera über USB mit einem anderen Gerät verbunden ist. Es bleibt ein bescheidener Nutzen zumindest in der Zeit, in der man Fotografieren will oder sich die Bilder in der Kamera ansieht.

Ohne einen Blick auf Einschränkungen verrate ich hier die wichtigsten Stromspar-Maßnahmen im Aufnahme-Betrieb, die Sie selbst nutzen könnten:

- Stummschaltung an
- LCD-Helligkeit nach Umgebungshelligkeit zwischen 1 und 5
- Display-Abschaltung auf 1, 2 oder 3 Minuten (Abschaltung nach zehn Sekunden bringt zu viel Hektik ins Fotografieren)
- Servo-AF und Kontinuierlicher AF aus
- AF-Hilfslicht aus
- Safety MF aus
- Bildüberprüfung aus (Wiedergabe nach Aufnahme ist meist verzichtbar)
- IS-Modus nur Aufnahme (dauernd Wackeln verhindern verbraucht mehr Strom)
- Zoom-Fahrten einschränken, Blitz nur notfalls ausfahren
- Wiedergabe einschränken, umfangreiche Bildsichtung und Nacharbeit nachhause verlagern.

Die Speicherbatterie

"Entnehmen Sie den Akku, wenn Sie die Kamera längere Zeit nicht benutzen." Solche Ratschläge sind bekannt und sinnvoll. Nicht vergessen darf man jedoch, dass in der Kamera verborgen eine Speicherbatterie für den Erhalt von Daten wie Datum und Uhrzeit sorgt. Rund drei Wochen hält diese Batterie ohne Akku aus, dann müssen alle Änderungen zur Werkseinstellung neu eingegeben werden. Sobald ein Akku oder Netzadapter Strom liefert, ist die Batterie innerhalb von ca. vier Stunden wieder gefüllt und verrichtet ihren Dienst.

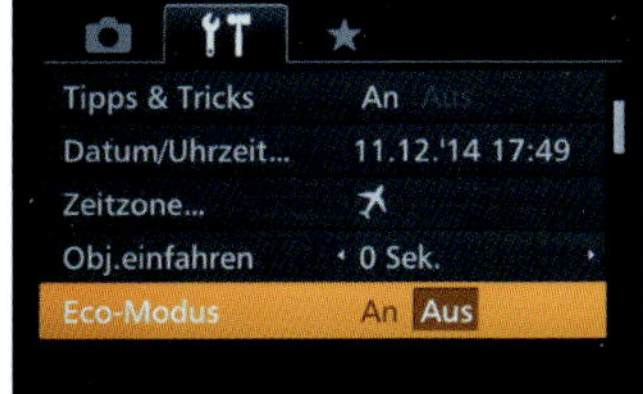

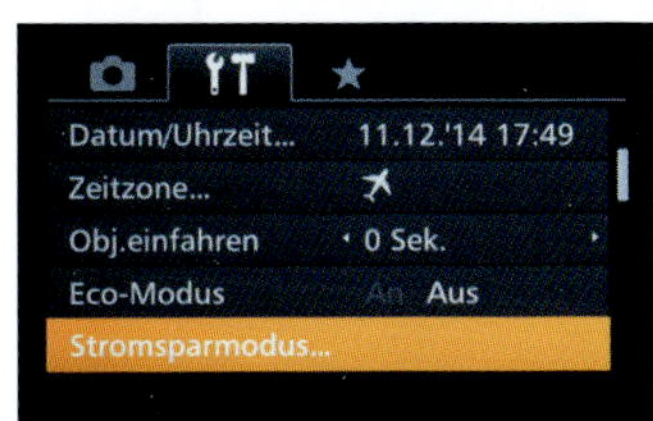

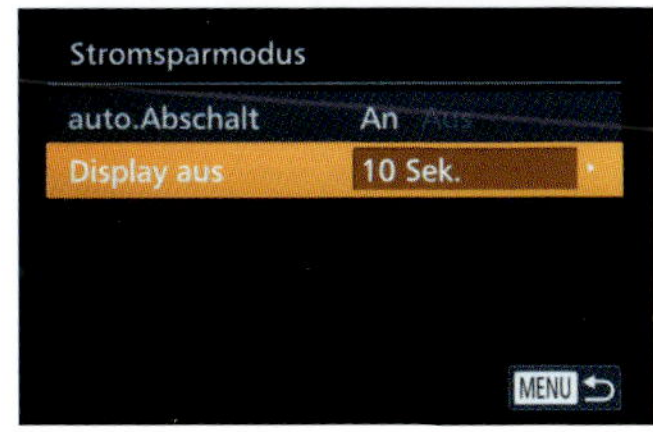

ECO- und Stromsparmodus dämmen den Verbrauch ein wenig ein.

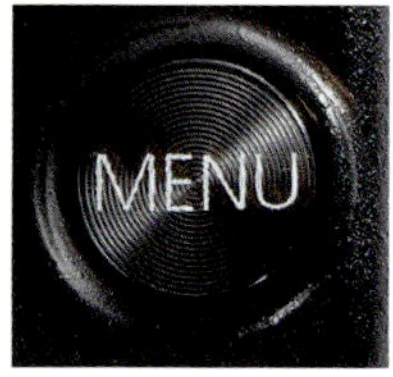

Menüsystematik: Aufnahme

Alles ist möglich, manches wiederholt sich oder hat Ähnlichkeit mit Ergebnissen, die man irgendwo schon einmal gesehen hat. Grund genug, eine persönliche Übersicht in die wichtigste Grundlage der Kamerabedienung zu bringen. Übrigens: Einmal gelernt, lässt sich dieses Wissen auf nahezu alle Kameras eines Herstellers anwenden.

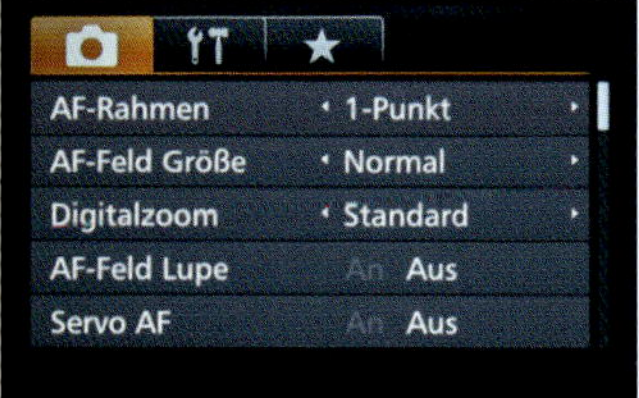

Das Kamera-Symbol steht für das Aufnahme-Menü, das je nach Belichtungsprogramm und Einstellungskombination unterschiedlich sein kann.

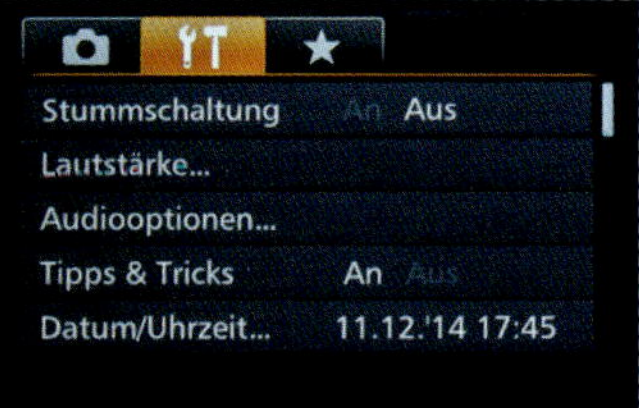

Das Werkzeuge-Symbol steht für das Menü der Kameragrundeinstellungen.

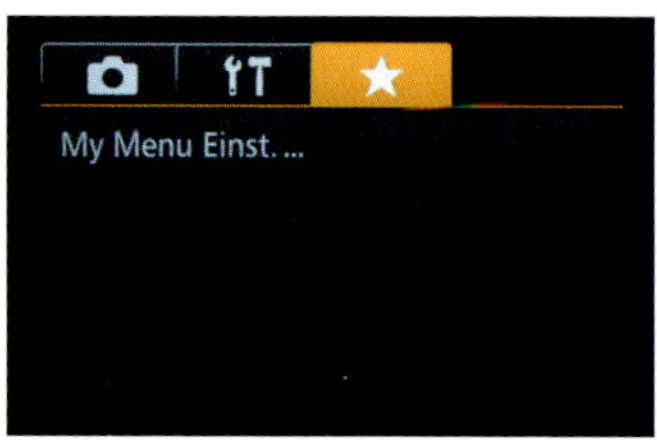

Unter My Menu können Sie aus 32 Optionen bis zu fünf Funktionen in eine Menüliste stellen, die beim Menüaufruf immer zuerst erscheint.

Zurück zur Systematik der Menüs. Ganz am Anfang steht eine Gruppierung, die nach klassischem Vorbild in Form von Karteikarten-Reitern angezeigt wird. Jede Gruppe enthält nur das, was für den damit angesprochenen Bereich wichtig ist. Eine Gruppe für die Aufnahme-Funktionen betreffende Leistungen beispielsweise. Eine weitere Gruppe ist auf Wiedergabe-Funktionen spezialisiert. Viele Kamera-Grundeinstellungen betreffende Aufgaben sind im Menü (Symbol Werkzeug) vereint.

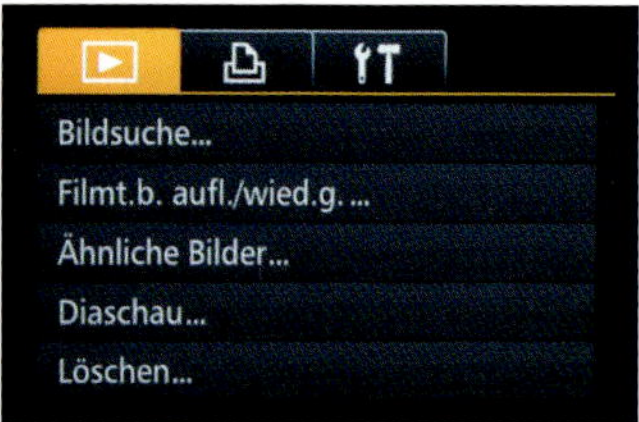

Wiedergabemenü

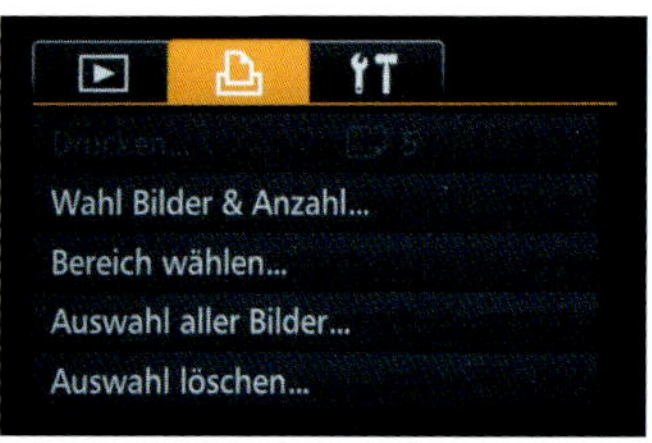

Druckmenü

Das Druckmenü ist auf die Durchführung von Druckaufgaben mit eigenem Drucker, aber auch auf die Ausgabe für weiterzugebende Druckaufträge beim Dienstleister abgestimmt.

Nahezu ohne Ausnahme führt die Wahl einer dieser „Kartei-Menüs“ zur Anzeige von farbigen Schrift-Balken ohne Einblendung eines Fotos oder dessen, was zugleich das Objektiv der Kamera zu sehen bekommt. Mit den Richtungstasten (◀ ▶ ▲ ▼) zur Navigation wird eine weitere Wahl getroffen, indem die angezeigte Funktion an- oder ausgeschaltet wird. Drei Punkte am Ende des

Begriffs signalisieren, dass weitere Untermenüs aufgerufen werden können. Ein kleiner Pfeil im Menübalken zeigt an, ob weitere Wahlmöglichkeiten verfügbar sind. Nur voll gefärbte Balken sind aktiv, da sich schon hier einige Funktionen gegenseitig beeinflussen. Hier wie in allen weiteren Fällen (z.B. auch in FUNC. SET Menüs) gilt der gleiche Grundsatz: voll gefärbt = aktiv, abgedunkelt = inaktiv.

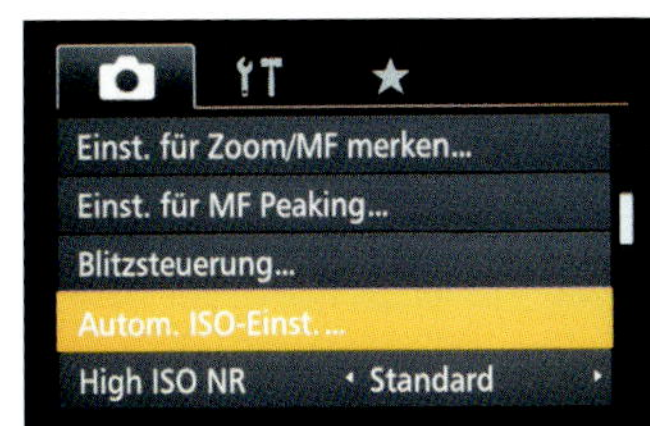

Drei Punkte hinter einem Begriff bedeuten weitere Untermenüs, die Sie über „FUNC.SET" oder linke Richtungstaste aufrufen können. Die Richtungspfeile signalisieren alternative Einstellungen.

Prinzip der Menü-Hierarchie

Die „Karteikarte Aufnahme Menü" verzweigt zur nächsten Ebene. Diese nächste Ebene kann in Abhängigkeit von Einstellungen auf derselben Ebene stehen. Mit einer Einstellung auf dieser Ebene kann bereits die Auswahl beendet sein oder der Einstieg zu einer weiteren Ebene geöffnet werden. Diese Zusammenhänge gelten auch für jede weitere Ebene.

My Menu

Viele Menüangebote der Kamera benötigt man selten oder nie; sie machen das Auffinden für einen selbst wichtige Einstellungen unnötig zeitaufwendig. Um das fotografische Leben zu vereinfachen, bietet die PowerShot G7 X die „My Menu"-Einstellung. Dort suchen Sie sich aus 32 Menüpunkten bis zu maximal fünf Menüpunkte heraus, indem Sie mit der FUNC. SET-Taste neben der ausgewählten Funktion ein Häkchen setzen, die Ihnen dann immer zuerst angeboten werden, sobald Sie den Menüschalter drücken. Wollen

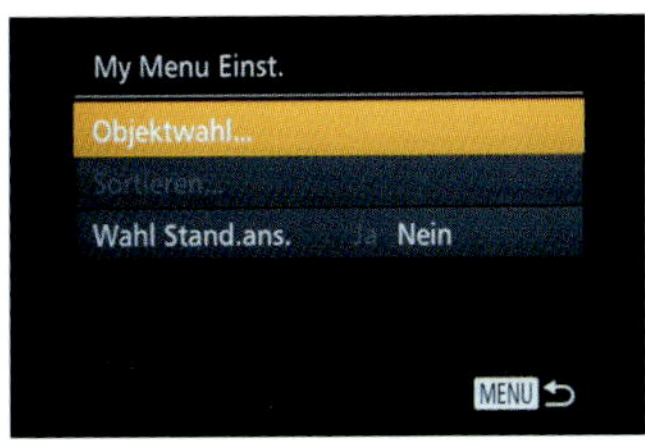

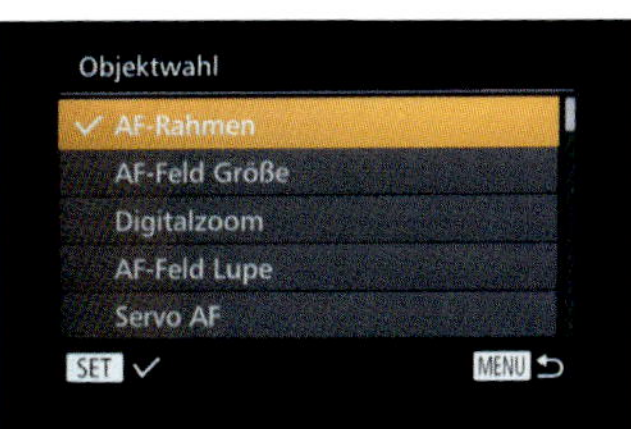

Unter dem Hauptmenü „My Menu" können Sie fünf Untermenüs Ihrer Wahl auflisten, nach eigenem Belieben sortieren und entscheiden, ob Sie es zum Startmenü bestimmen.

Sie das Aufnahme-Hauptmenü als Startmenü, stellen Sie „Wahl Stand.ans." auf „Nein". Da Sie die RING FUNC.- und Videotaste mit unterschiedlichen Funktionen belegen können, reicht das meistens völlig aus. „My Menu" ist ein weiterer wichtiger Schritt zur Individualisierung Ihrer G7 X.

Auswahlangebot für My Menu

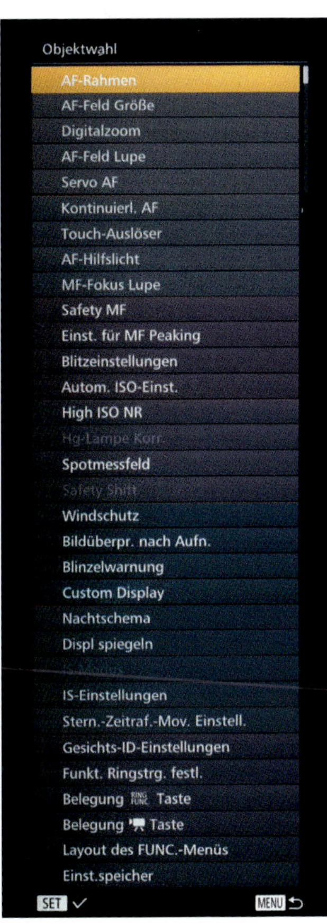

Grundeinstellungen der Kamera

Im Einstellmenü öffnen sich viele Grundeinstellungen, die das Verhalten der Kamera beeinflussen oder Daten bestimmen, die in der Kamera verfügbar sein sollten, bevor man die erste Belichtung vornimmt. Das Datum und die Uhrzeit gehören dazu. Einerseits um die Bilddateien später ordnen zu können, andererseits um zum Beispiel GPS-Daten in stimmigem Zusammenhang den Bildern anzufügen.

Stummschaltung und Lautstärke

Ein leises Auslösegeräusch kann schon auch sinnvoll sein, wenn man sicher sein will, ob man den Auslöser auch wirklich ganz durchgedrückt hat – zum Beispiel bei klammen Fingern oder wenn

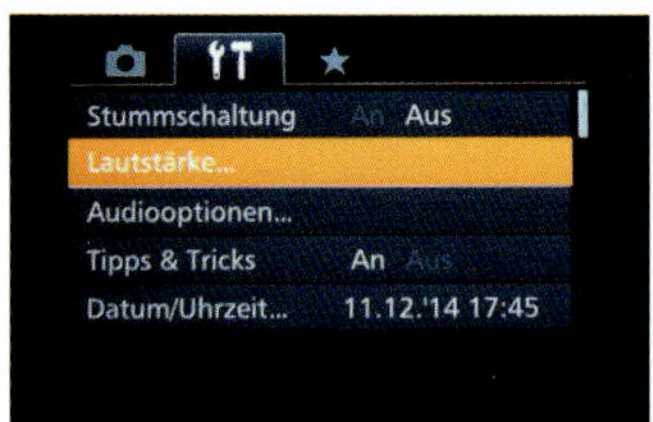

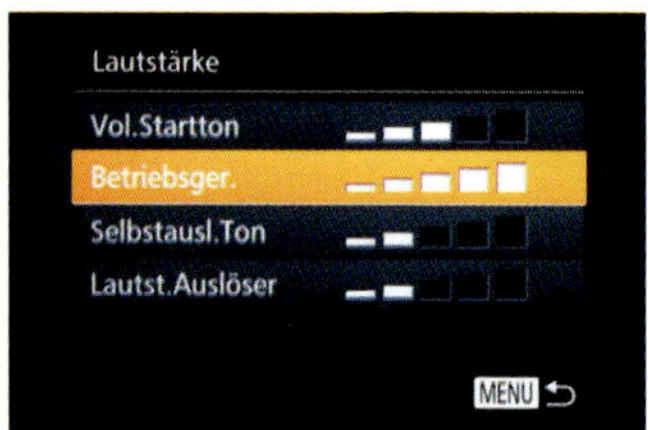

Stummschaltung „Aus" bedeutet, Ihre Kamera macht sich bei einigen Aktionen durch Signaltöne bemerkbar, die Sie aber über die Lautstärkenregelung lauter oder leiser einstellen oder auch ganz abstellen können. Über Stummschaltung „An" bringen Sie alle Töne zum Schweigen.

Sie mit Handschuhen auslösen. Über die Lautstärkeregelung lässt sich jeder Ton in fünf Stufen einstellen. Ständiges Piepen bei jedem Handgriff kann aber auch nerven, Abhilfe: „Stummschaltung an". Über die Audiooption können Sie zwischen zwei Tönen wählen.

Tipps und Tricks

Zum besseren Kennenlernen der Menüpunkte und „FUNC. SET"-Einstellungen sind die kurzen Begriffserklärungen am unteren Rand der Anzeige recht hilfreich. Wer diese Hinweise nicht benötigt, kann sie ja auf „Aus" stellen.

Datum, Zeit, Zeitzone

Mit der genauen Einstellung von Datum und Zeit schaffen Sie sich eine zusätzliche Möglichkeit, Dateien aufzufinden und zuzuordnen, da diese Daten bei der Bilddatei mit gespeichert werden. Wird Ihre Kamera über mehrere Wochen ohne geladenen Akku aufbewahrt, können

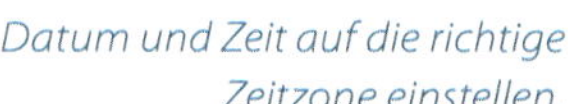

Datum und Zeit auf die richtige Zeitzone einstellen.

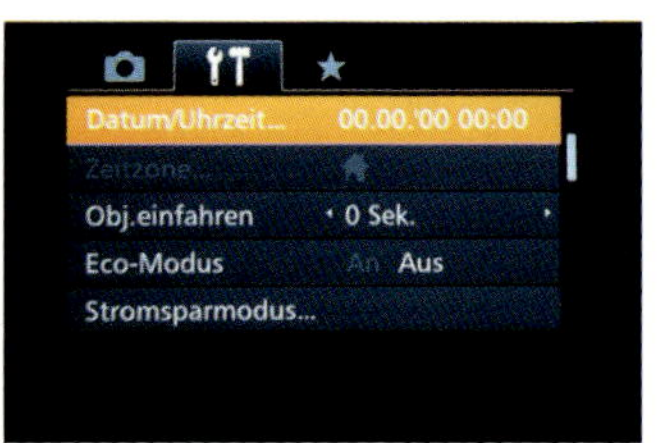

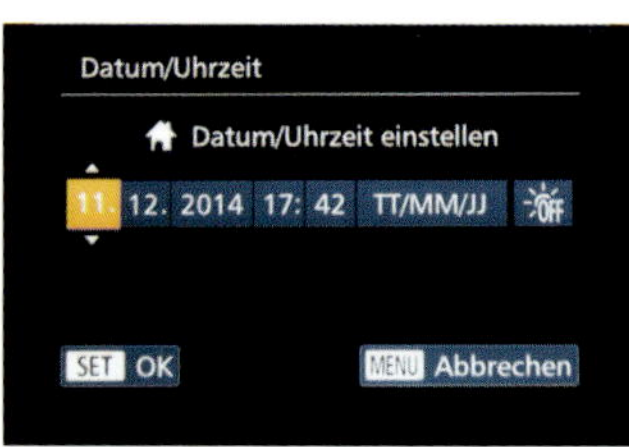

die Einstellungen gelöscht sein, weil der kleine interne Akku leer ist. Geladenen Akku einsetzen und der interne Akku lädt wieder auf. Bevor Sie die Uhrzeit einstellen, überprüfen Sie Ihre Heimatzeitzone unter „Standard" (durch ein Häuschensymbol erkennbar). Für Deutschland gilt die Zeitzone „Paris". Für Ihre Fernreiseziele (Flugzeugsymbol) kann eine weitere Zeitzone eingestellt werden, so dass Sie einfach hin- und herschalten können.

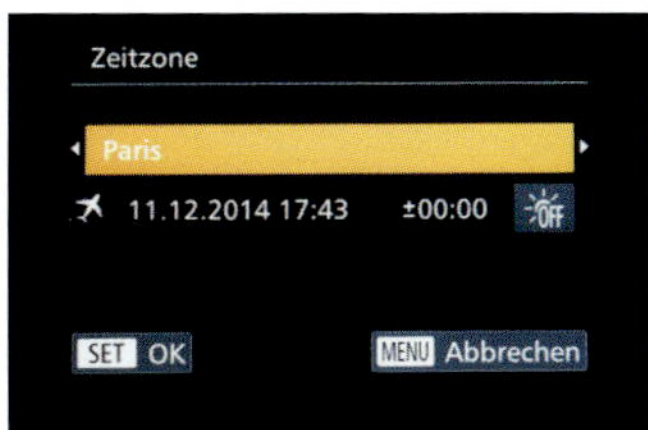

Für Fernreisen lässt sich eine zweite Zeitzone einrichten.

Objektiv einfahren

Im Wiedergabemodus wird das Objektiv bei Einstellung auf „0" sofort eingefahren. Wollen Sie nur schnell einmal zwischen den Aufnahmen ein Bild kontrollieren, ist es sinnvoll die Verzögerung von einer Minute zu wählen um stromfressendes Ein- und Ausfahren des Objektivs zu unterbinden – vielleicht wollten Sie ja auch mit der vorher eingestellten Brennweite ein weiteres Bild aufnehmen.

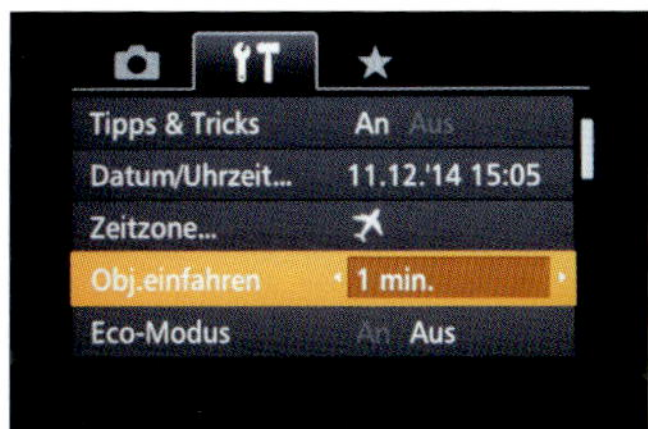

Objektiv fährt mit Umschalten in den Betrachtungsmodus nach einer Minute zurück.

Eco- oder Stromsparmodus

Eine sehr zu empfehlende Einstellung, vor allem dann, wenn Sie keinen aufgeladenen Ersatzakku besitzen, sehr aktiv fotografieren und den Akku zwischendrin nicht aufladen können. Wichtig für das Akkusparen: Bilder, wenn überhaupt, nur kurz am Display betrachten. Der Eco-Modus spart Strom, indem der Bildschirm bereits nach zwei Sekunden abdunkelt und nach weiteren zehn Sekunden ganz abschaltet. Die Kamera bleibt dann noch rund drei Minuten aufnahmebereit, bis dann das Objektiv einfährt und die Kamera abschaltet. Solange der Ruhemodus anhält, genügt ein leichtes Antippen des Auslösers, um das Display wieder zu aktivieren. Bedenken Sie bei Ihrer „Strombedarfsplanung", dass Blitz und Zoommotor kräftig Strom verbrauchen.

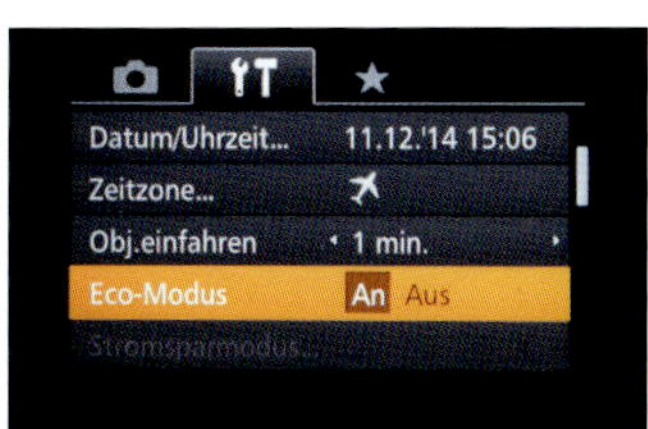

Der Eco-Modus schont den Akku, indem die Kamera im Ruhezustand stufenweise zurückgestellt wird.

Alternativ zum Eco-Modus bietet die G7 X den Stromsparmodus an, bei dem Sie das Akkuschonen Ihrer Arbeitsweise besser anpassen können. Bei aktivierter Abschaltautomatik schaltet sich die Kamera nach knapp drei Minuten ab. Unabhängig vom automatischen Abschalten wird das Display je nach Zeitvorgabe zwischen 10 Sekunden und 3 Minuten abgeschaltet. Canon empfiehlt in seiner Anleitung eine Minute bei aktivierter automatischer Abschaltung.

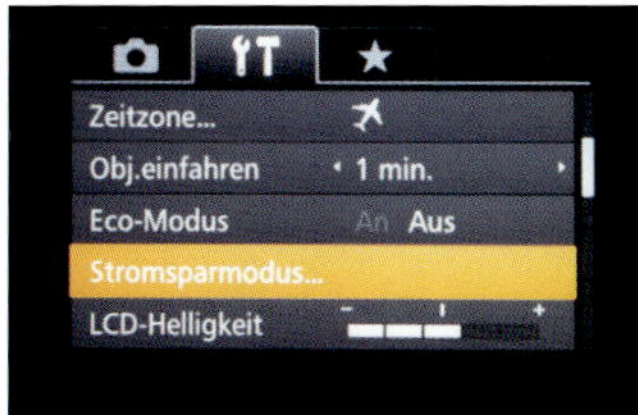

Der Stromsparmodus bietet mehr Freiheit, die Abschaltzeiten nach eigenen Bedürfnissen zu steuern. Das automatische Abschalten der Kamera kann man ganz verhindern und die Displayabschaltung zwischen 10 Sekunden und 3 Minuten einstellen.

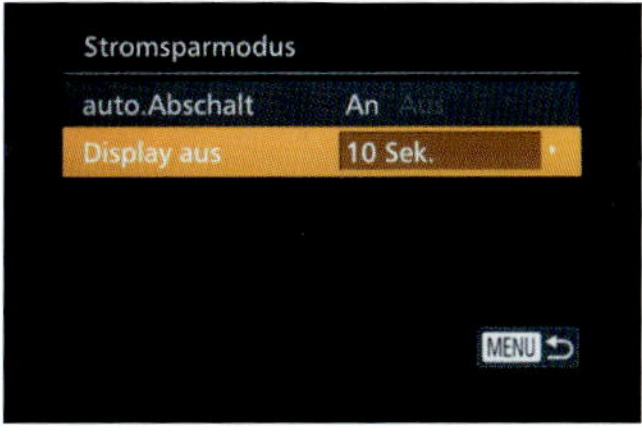

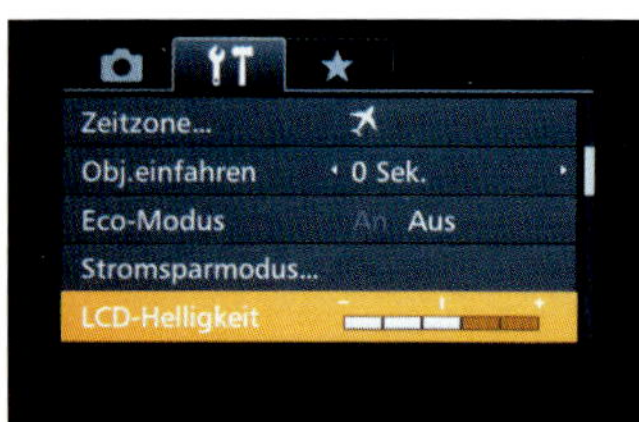

LCD-Helligkeit, Startbild

Das Display kann in fünf Abstufungen dem Umgebungslicht angepasst werden, was insbesondere bei extremen Lichtsituationen wie bei Nachtaufnahmen oder hellem Tageslicht sehr hilfreich sein kann. Da das Display recht viel Strom verbraucht, ist die Eco-Aktivierung sehr zu empfehlen.

Formatieren der Speicherkarte

Mit dem Formatieren löschen Sie alle Daten Ihrer Speicherkarte und bereiten sie optimal für die Datenspeicherung mit der G7 X vor. Fabrikneue Karten müssen Sie in aller Regel nicht vorher formatieren. Wurde die Karte zuvor in einem anderen Gerät eingesetzt, ist ein Formatieren sicherheitshalber sinnvoll.

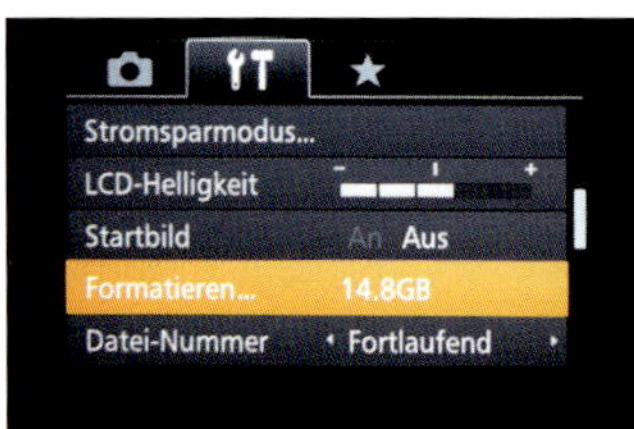

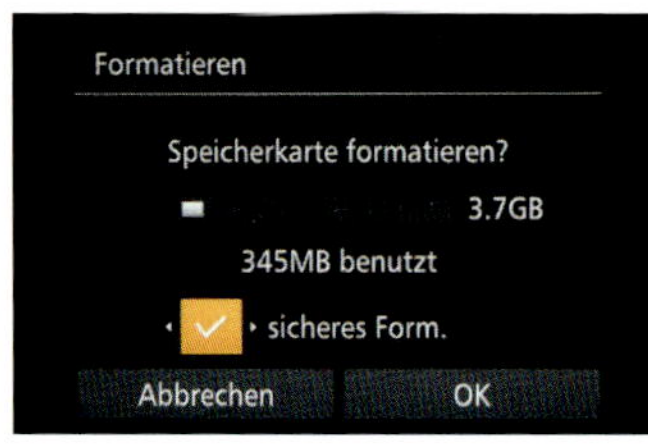

Löscht alle Daten auf der Speicherkarte – aber nicht wirklich. Sie können nach dem Formatieren die alten Daten nicht mehr sehen und sie komplett überschreiben. Erst dann sind sie wirklich von der Speicherkarte gelöscht. Wenn Sie mit der Pfeiltaste ein Häkchen neben „sicheres Form." setzen, werden die Daten komplett gelöscht.

Wurden Daten mit der G7 X versehentlich gelöscht, besteht die Chance die Bilder mit einer Spezialsoftware (zum Beispiel CardRecovery) am PC wiederherzustellen. Durch das Formatieren wird die Datei lediglich aus dem Verzeichnis genommen und der Speicherplatz für das Wiederbeschreiben freigegeben. Erst wenn der Speicherplatz mit einem neuen Bild überschrieben wurde, ist das alte Bild endgültig verloren. Mit der Funktion „sicheres Form." (Formatieren) können Sie auch in der Kamera die Daten direkt löschen, der Vorgang dauert bei voller Speicherkarte deutlich länger.

Bei fortlaufender Nummerierung geht die Bildfolge von 0001 bis 9999, unabhängig vom Ordner und Speicherkarte. Bei automatischer Rückstellung zählt die Kamera immer von 0001 ab, sobald der Ordner oder die Speicherkarte gewechselt wird.

Dateinummer, Dateiordner, Dateierweiterung

Jeder Aufnahme wird von der Kamera eine Dateinummer zugewiesen und in einem Ordner gespeichert, der bis zu 2000 Dateien aufnimmt, wenn Sie keine andere Vorgabe machen. Das vierstellige Nummernsystem reicht von 0001 bis 9999. Wählen Sie „fortlaufend", wird konsequent bis 9999 nummeriert und danach wieder von 0001 begonnen. Das

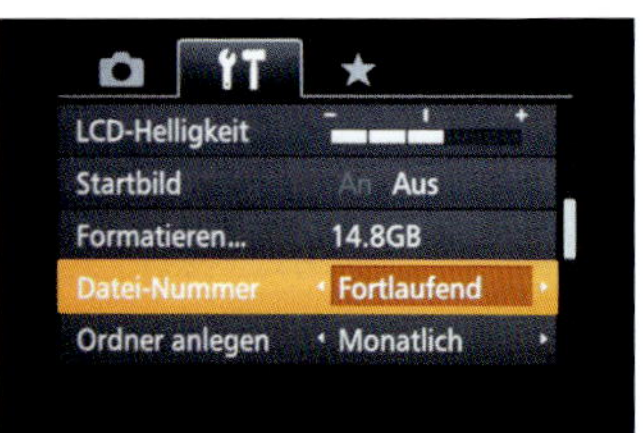

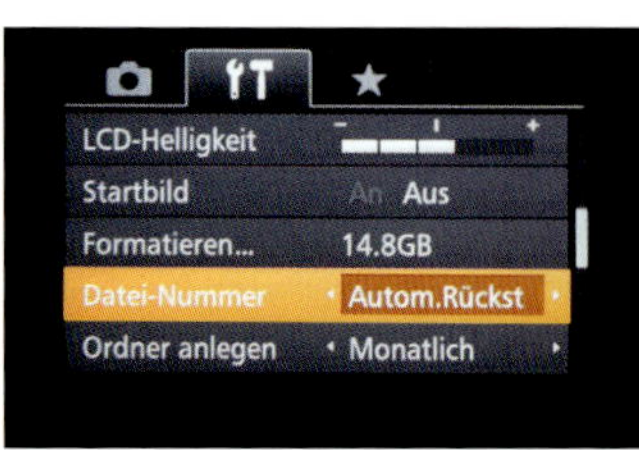

geschieht unabhängig von der verwendeten Speicherkarte. Stellen Sie auf „Autom.Rückst" beginnt die Nummerierung bei 0001, sobald ein neues Verzeichnis angelegt – was auf „monatlich" oder „täglich" eingestellt werden kann – oder die Speicherkarte ausgetauscht wird. Eine fortlaufende Nummerierung hat den Vorteil, dass sich nicht so viele Dateinamen-Dubletten ansammeln, was die Suche mit Dateinamen erschweren würde.

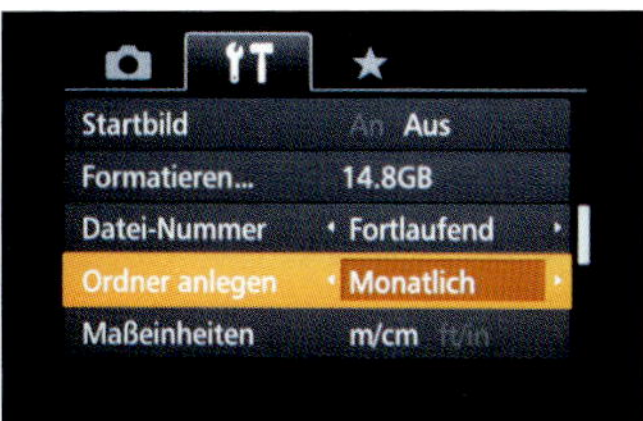

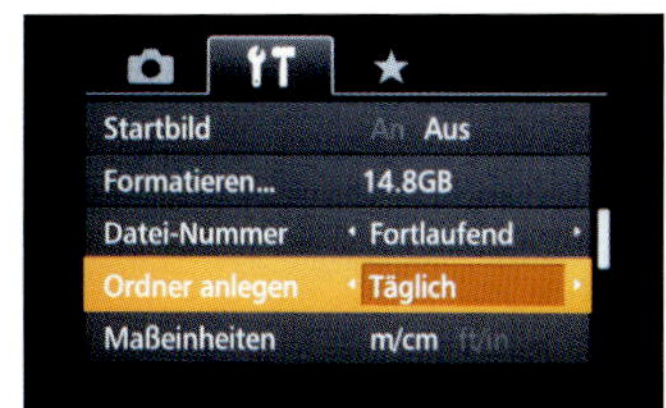

Die Kombinaton aus fortlaufender Dateinummerierung und monatlich neu angelegtem Ordner hat den Vorteil in der Übersichtdarstellung Bilder schneller zu finden. Anhand des Aufnahmedatums ist die Tageszuordnung bequem machbar.

Außer der fortlaufenden Nummer sind weitere Informationen im Dateinamen erkennbar. Vor der Nummer befindet sich ein Dateikürzel: IMG steht für Fotoaufnahme, MVI für Filmaufnahmen und MDG für Filmtagebuchaufzeichnungen. Nach der Nummer befindet sich die Dateierweiterung, durch einen Punkt getrennt. JPG kennzeichnet eine komprimierte JPEG-Datei (JPEG steht für Joint Photographic Expert Group, die diese Bildkompression entwickelte); MP4 ist die Dateierweiterung für Filmaufnahmen mit der G7 X. MP4 kennzeichnet ein Video-Containerformat in dem mehrere Audio- und Videospuren aber auch Untertitel und Grafiken abgespeichert werden können.

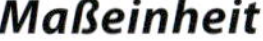

Maßeinheit

Längenmaße finden sich relativ selten im Display. Die Entfernungsmessung nimmt uns der Autofokus ab. Wichtig ist die Einstellung auf eine übliche Maßeinheit, wenn Sie GPS-Informationen nutzen oder bei der MF-Anzeige.

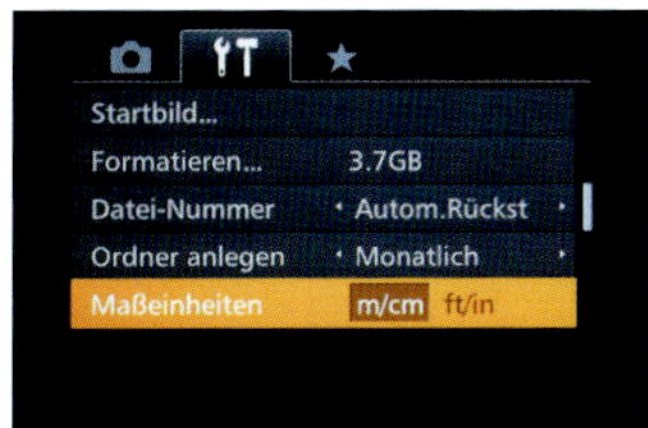

Maßeinheiten ganz nach Ihren Gewohnheiten wählbar.

Die elektronische Wasserwaage kalibrieren

Kontrolle ist oft besser als blindes Vertrauen. Wenn Sie sich späteres Ausrichten der Bilder am PC ersparen wollen, überprüfen Sie ab und zu die Genauigkeit der elektronischen Wasserwaage. Vertrauen Sie

Die elektronische Wasserwaage kann mit einfachen Mitteln umgestellt werden, um sie noch genauer einzustellen oder gezielt in einem bestimmten Winkel abweichen zu lassen.

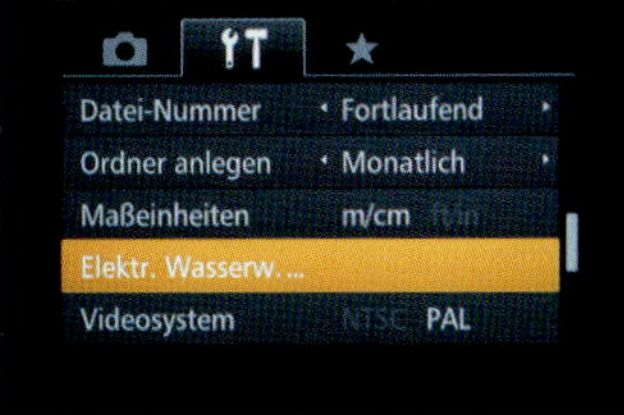

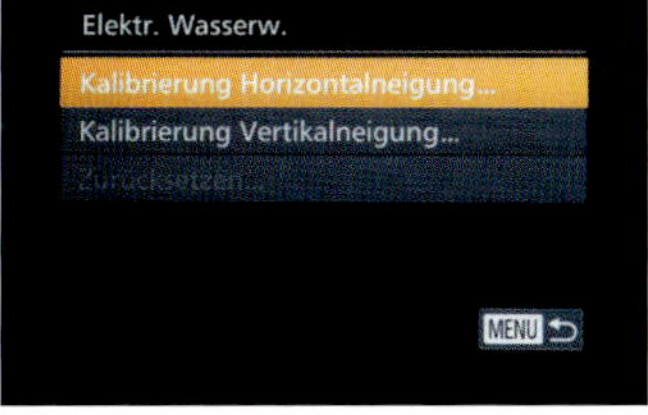

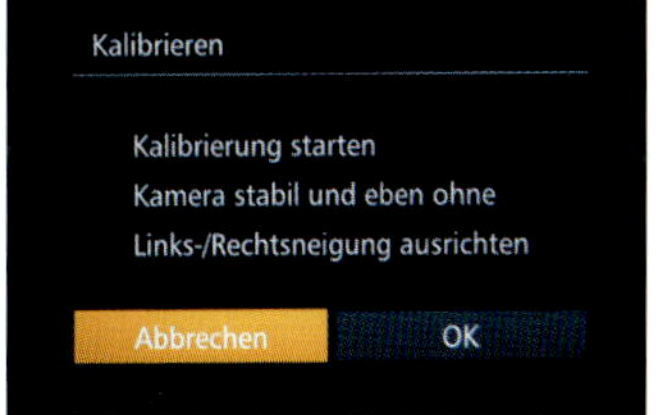

nicht darauf, dass Ihr Tisch auch wirklich gerade steht. Verwenden Sie lieber eine „echte" Wasserwaage mit einer Libelle, richten Sie damit eine stabile Unterlage genau aus, um darauf die elektronische Wasserwaage Ihrer Kamera zu kalibrieren. Die eigene Kalibrierung lässt sich über „Zurücksetzen" wieder löschen.

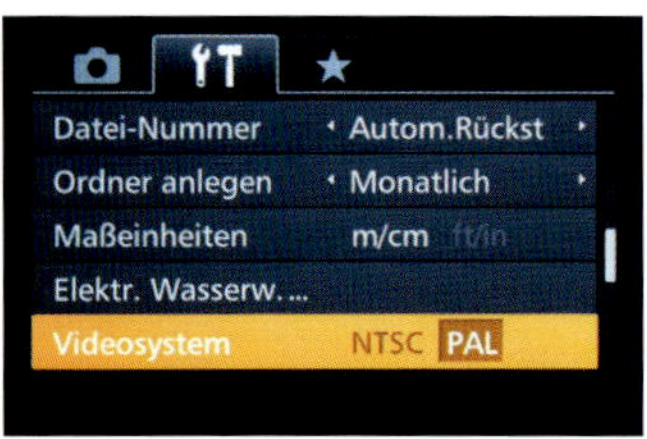

In Deutschland gilt das Videosystem PAL.

Videosystem

Die Einstellung eines bestimmten Videosystems ist dann von Bedeutung, wenn Sie Ihre Filme oder Bilder über ein Fernsehgerät betrachten möchten. In weiten Teilen Europas oder in China liegen Sie mit „PAL" richtig. in Japan oder den meisten amerikanischen Ländern gilt die NTSC-Fernsehnorm.

Touch-Bedienung

Auf „Touch" sind wir bereit auf Seite 24 näher eingegangen.

WLAN-Einstellungen

Auf die zahlreichen Einsatzmöglichkeiten einer drahtlosen Bildübertragung und einer Fernauslösung per WLAN und einem Smart-Gerät kommen wir später im Buch noch ausführlich zu sprechen.

Copyright-Informationen

Der tiefere Sinn einer getrennten Angabe von Autor und Copyright ist schnell erklärt. Sie als Autor haben das Urheberrecht am Bild,

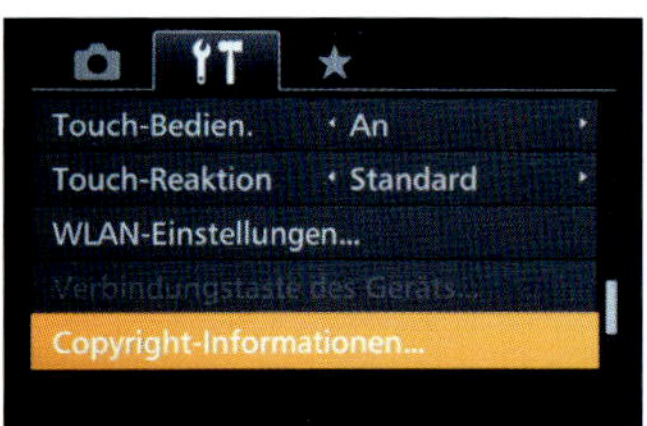

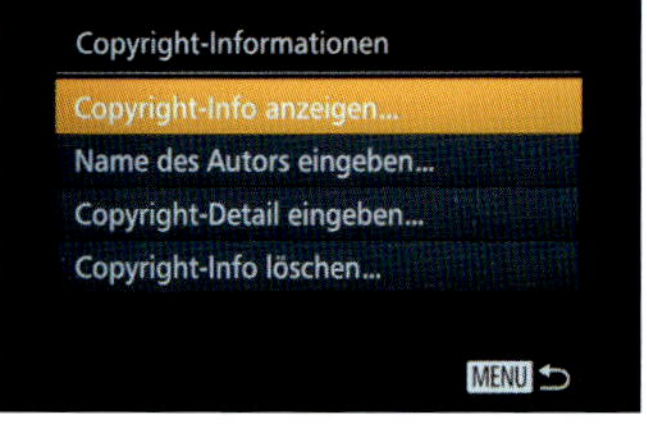

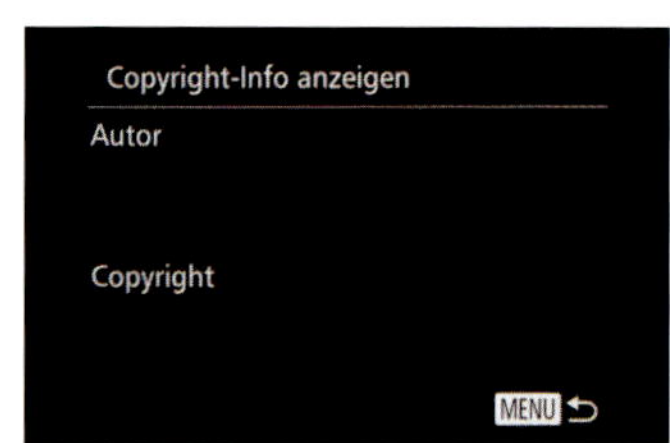

Die Copyright-Angaben werden in der Exif-Datei des Bildes gespeichert. Es kann der Name des Bildautors und des Copyright-Inhabers eingegeben werden, sowie Details zum Copyright.

das Sie zum Beispiel in Deutschland nicht verkaufen können. Was Sie verkaufen können sind die Nutzungsrechte am Bild, und wer die Nutzungsrechte besitzt, hat das Copyright am Bild. Wir können hier im Buch nicht auf die Einzelheiten von Nutzungsrecht und Copyright eingehen, aber auf einige besonders wichtige Punkte wollen wir doch komprimiert hinweisen.

Der Fotograf als der Autor behält immer das Recht an seiner persönlichen Schöpfung, und das auch noch 70 Jahre nach seinem Tod.

Der Bildautor kann die Nutzung seines Werks einem Zweiten (zum Beispiel einer Bildagentur oder einem Verlag) einräumen. Dabei sollten Sie auf die richtigen Rahmenvereinbarungen achten, wie zeitliche Begrenzung, Nutzungsart oder Weitergabe an Dritte oder nur einfache Nutzung. Grundsätzlich hat der Nutzer, wenn nicht ausdrücklich vereinbart, kein Recht das Bild zu verändern. Das Nutzungsrecht schließt die Verpflichtung ein, den Namen des Autors so zu nennen, dass ein Bezug zum Bild hergestellt werden kann. Das alles gilt genauso bei Veröffentlichungen im Internet, was in sehr vielen Fällen missachtet wird. Auch der Bildautor hat wichtige Pflichten, wenn er Nutzungsrechte verkauft. Besonders kritisch sind Personenaufnahmen. Auch Architekturaufnahmen, besonders alle die man von Privatgeländen aus aufgenommen hat, benötigen für die Veröffentlichung die Einwilligung der Besitzer.

Genaueres finden Sie in der einschlägigen Literatur – und Vereinbarungen mit Bildagenturen sollten Sie genau studieren.

Zertifizierungslogo

Da Hersteller wie Canon für ein Produkt eine ganze Reihe von Zertifizierungen nachweisen wollen oder diese vom Gesetzgeber vorgeschrieben sind, finden Sie diese auf der Außenverpackung, auf der Unterseite der Kamera und so auch im Menü der Kamera.

Sprache

Wenn Sie ihre Kamera aus der Originalverpackung holen, den frisch aufgeladenen Akku eingesetzt, die vergessene, schnell noch nachgekaufte Speicherkarte im Schacht versenkt haben und nun das Menü aufmachen, steht alles auf Englisch geschrieben. Das lässt sich schnell ändern. Auf der vorletzten Position der Grundeinstellungen befindet sich das Sprachenmenü, in dem Sie, so hoffe ich, auch Ihre Muttersprache finden.

Das umfangreiche Sprachmenü Ihrer Kamera

Grundeinstellungen

Wenn die Kamera neu ist und man jedes Knöpfchen ausprobieren will, ist schnell eine Kameraeinstellung gespeichert, die man so nicht haben möchte. Die falsche Einstellung ist nicht so schnell aufzuspüren. Da hilft „Grundeinstellung“. Die Kamera wird auf Werkseinstellung zurückgesetzt, mit Ausnahme der Zeit-, Datums- und Spracheinstellung. Auch die Custom-Werte (C) bleiben erhalten. Die stellen Sie auf „0“, indem Sie die „Werkseinstellung“ speichern.

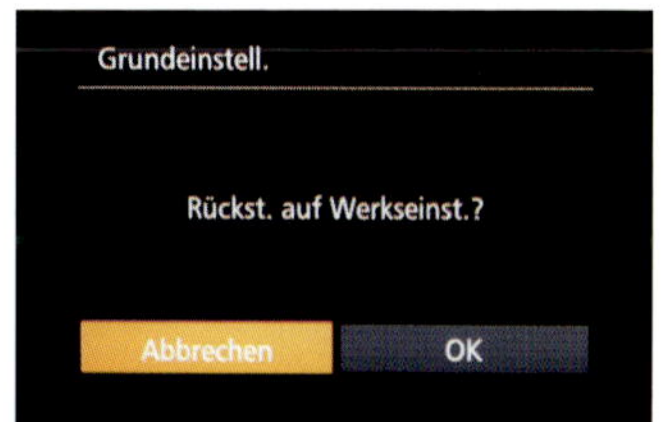

Zurück zur Werkseinstellung

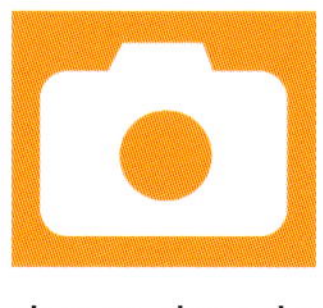

Menü im Aufnahmemodus

Das Kamera-Symbol steht für alle zulässigen Grundeinstellungen zu Foto- und Film-Aufnahmen. Je nach gewähltem Aufnahmemodus werden mehr oder weniger Einstellmöglichkeiten angeboten.

In der Tabelle unten können Sie sich schnell eine Übersicht verschaffen, wann welche Funktionen zur Verfügung stehen, beziehungsweise ob Sie darauf einwirken können, ehe wir uns mit den einzelnen Menüpunkten näher beschäftigen.

AF-Rahmen

Mit „1-Punkt" können Sie Ihre Schärfe punktgenau auch an den Rand des Motivausschnitts legen, besonders praktisch bei Aufnahmen vom Stativ aus, oder wenn Sie Anhänger eines asymetrischen Bildaufbaus sind und Ihr Hauptmotiv lieber seitlich versetzt anordnen.

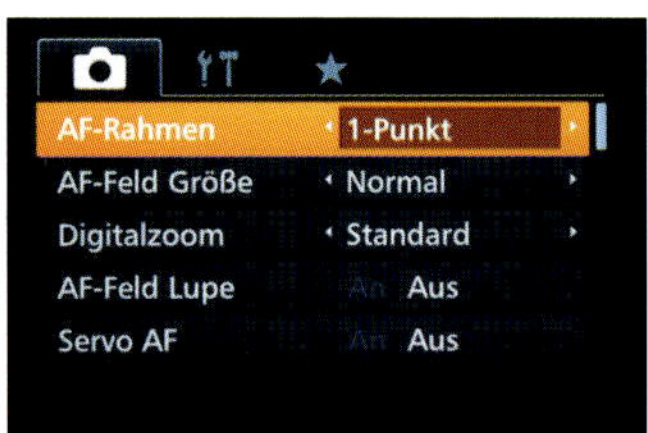

Mit dem Autofokusrahmen „1-Punkt" verstellen Sie das Autofokusmessfeld innerhalb des Displays. Sie aktivieren die Bewegung, indem Sie bei aktiviertem Touch-Modus ein Motivdetail antippen und dann den AF-Rahmen verschieben, was aber auch über die Richtungstasten oder das Wahlrad machbar ist.

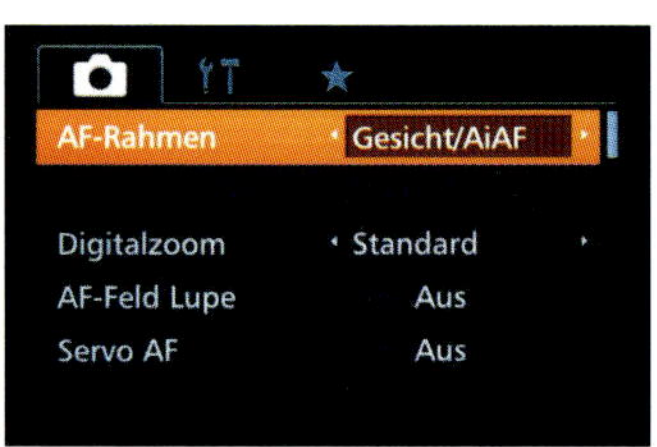

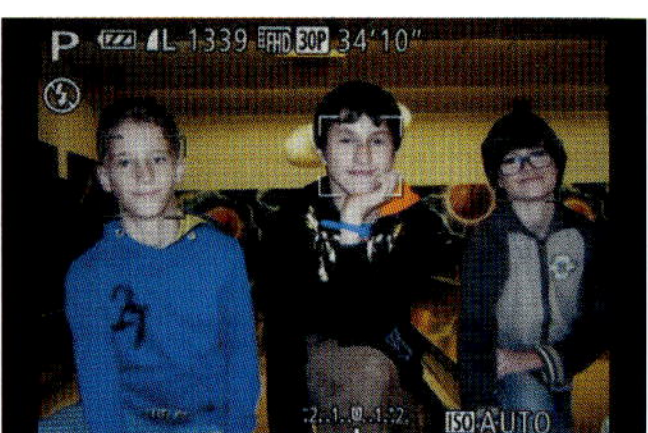

In der Einstellung „Gesichtserkennung" wird das Autofokusmessfeld zum Gesichtserkennungsrahmen und die Schärfe wird bei mehreren erkannten Gesichtern auf das weiß umrahmte Gesicht scharfgestellt.

"Gesicht Ai/AF" empfiehlt sich bei Kinderserien, Familienfesten, eben immer dann, wenn Sie Menschen fotografieren, im „Schnappschuss-Modus" sind und sich möglichst wenig mit dem Thema Schärfe auseinandersetzen wollen. Diese Einstellung verhindert recht verlässlich ein Scharfstellen an den Personen vorbei auf den Hintergrund.

Das AF-Feld wird in den Größen „Klein" und „Normal" angeboten.

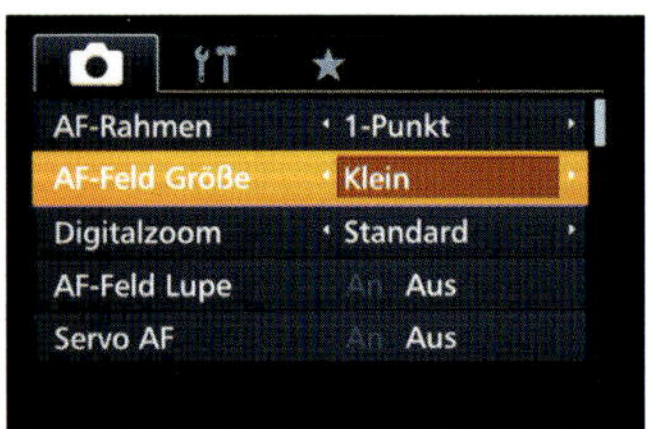

AF-Feldgröße

Im 1-Punkt AF-Rahmen-Modus lässt sich die Größe des AF-Feldes mit der Ringsteuerung verstellen, oder Sie gehen ins Menü und stellen dort die Größe ein. Das ist dann besonders empfehlenswert, wenn Sie der Ringsteuerung spezielle Aufgaben zugeordnet haben. Die Größe des Rahmens ist auch in Verbindung mit der Spotmessung von Bedeutung.

Digitalzoom

Zum Digitalzoom kommen wir später beim Thema Objektiv noch ausführlich zurück. An der Stelle nur kurz der Hinweis, dass diese Funktion nur bei der Einstellung auf „JPG" aktiviert werden kann. Da man davon ausgehen kann, dass eine RAW-Aufnahme in jedem Fall am PC mit spezieller Software nachbearbeitet werden muss, und ein Digitalzoom nichts anderes anstellt, als aus einem bereits aufgenommen Bild in der Kamera einen Ausschnitt anzufertigen.

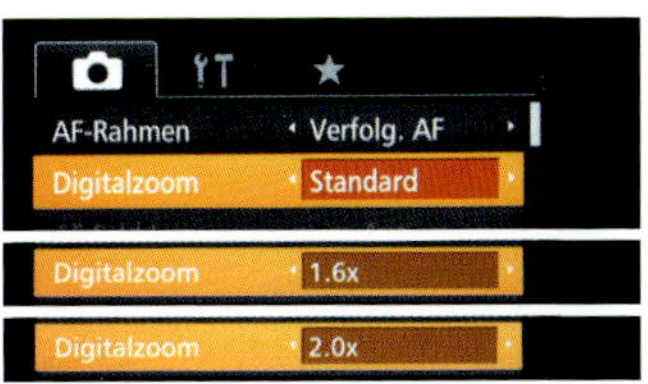

Digitalzoom steht Ihnen nur bei Aufnahmen im JPG-Format zur Verfügung.

AF-Feldlupe

Bei aktivierter AF-Feldlupe erhalten Sie mit halb gedrücktem Auslöser einen kleinen Ausschnitt des Motivs vergrößert in einer zentralen Fläche dargestellt. Das bietet Ihnen die Möglichkeit die Schärfenebene vor dem Auslösen nochmals zu überprüfen – Verwacklungsunschärfe, Hauptursache unscharfer Bilder, können Sie logischerweise damit nicht erkennen. Gerade bei extremen Brennweiteneinstellungen, im Makrobereich oder bei der manuellen Scharfstellung, ist die Feldlupenfunktion eine große Hilfe.

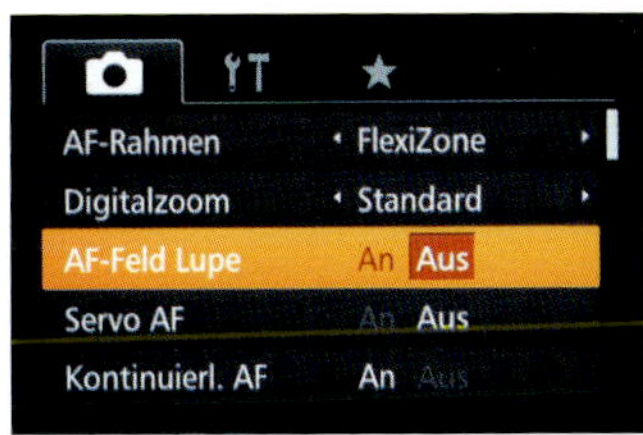

AF-Feldlupe öffnet einen stark vergrößerten Ausschnitt im Zentrum des Displays.

Servo AF

Wenn Servo AF und Kontinuierlicher AF auf „Aus" stehen, haben Sie die Möglichkeit mit halb gedrücktem Auslöser die Entfernungseinstellung und die Belichtung zu fixieren und mit diesen Werten einen anderen Bildausschnitt zu belichten. Zusammen mit der Spotmessung eine elegante und schnelle Methode Belichtungskorrekturen vorzunehmen. Aktivieren Sie Servo AF, so bleibt mit halb gedrücktem Auslöser die Belichtung fixiert, der Autofokus – das Messfeld zeigt sich mit blauem Rahmen – passt sich aber automatisch dem geänderten Bildausschnitt an. Einstellung eignet sich gut für Personen- und Tieraufnahmen, wenn sich die Helligkeit des Hintergrunds schnell ändert. So bleibt die Belichtung auf das Hauptmotiv konstant.

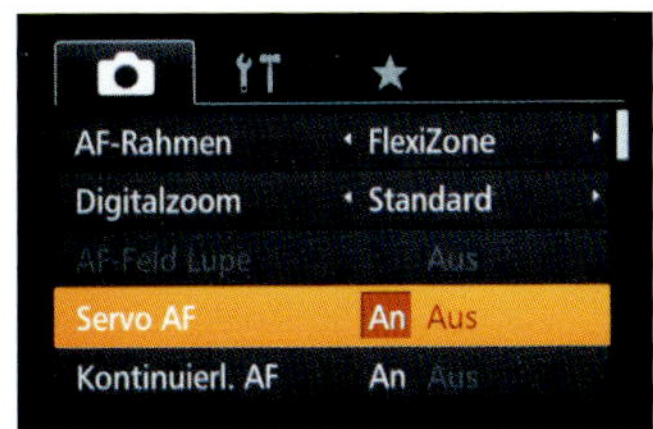

Servo AF, mit halb gedrücktem Auslöser fixieren Sie den Belichtungswert, können Ihr Motiv verfolgen, der Autofokus bleibt dabei aktiv.

Kontinuierlicher AF

In der Grundeinstellung der Kamera ist der Autofokus aktiv, sobald die Kamera in „Aufnahmebereit" steht. Das bedeutet ständiges Nachstellen der Schärfe sobald die Kamera bewegt wird oder sich Dinge im Bildausschnitt bewegen. Das kostet Strom und kann auch etwas nerven. Abhilfe: „Kontinuierl. AF" auf „Aus" stellen und so fokussiert Ihre Kamera, sobald Sie den Auslöser halb durchdrücken.

Auf „Aus" gestellt arbeitet der AF nur bei halb gedrücktem Auslöser.

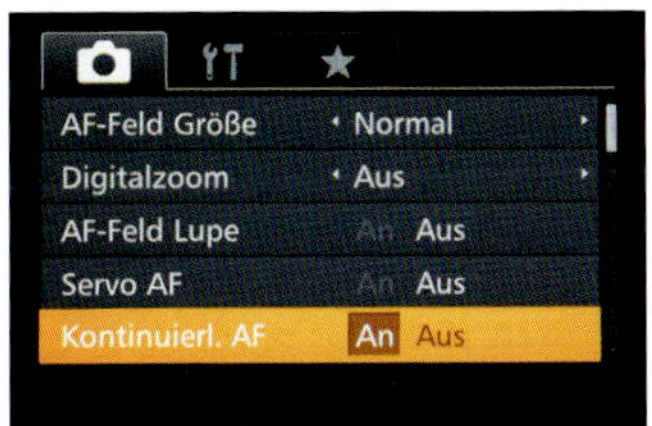

Touch-Auslöser

Auf „Touch-Auslöser" sind wir bereit auf Seite 24 näher eingegangen.

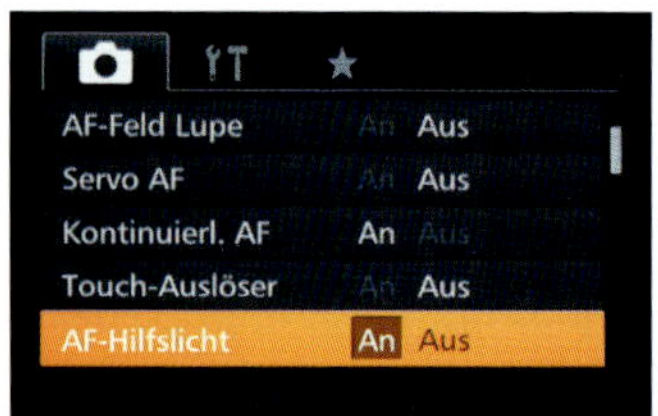

Das AF-Hilfslicht macht den Autofokus auch bei sehr schlechten Lichtbedingungen einsetzbar.

AF-Hilfslicht

Das eingeschaltete AF-Hilfslicht leuchtet bis Helligkeiten von 1/30 s und offener Blende automatisch auf und hilft so dem Autofokus beim Scharfstellen. Die LED direkt neben dem Objektiv leuchtet kurz auf, sobald Sie den Auslöser halb gedrückt halten. Da das Lämpchen Strom verbraucht und der Autofokus erst bei wirklich dunklen Lichtbedingungen das Hilfslicht benötigt, sollten Sie die Funktion nur bei Dämmerungs- und Nachtaufnahmen aktivieren. Suchen Sie sich zum Scharfstellen eine möglichst kontrastreiche Kante, dann klappt es auch im Dämmerlicht ohne Hilfslicht.

Dieses ständig an- und ausgehende Lämpchen, das wie ein Scheinwerfer wirkt, kann sehr stören. Auch muss nicht der ganze Festsaal mitbekommen, wann Sie auf den Auslöser drücken.

Mit MF-Fokuslupe wird das manuelle Scharfstellen deutlich vereinfacht.

MF-Fokuslupe

Im Gegensatz zur AF-Feldlupe lässt sich die MF-Fokuslupe nur im manuellen Betrieb nutzen. Einstellbar auf 2fache Vergrößerung, geht der Wechsel auf 2fach bei aktivierter Lupe sehr schnell über die linke Richtungstaste. Die Darstellung ist formatfüllend; der mit dem Wahlrad oder den Richtungstasten verschiebbare Ausschnitt wird als kleine Grafik im Display eingeblendet.

Es gibt viele Situationen in denen eine manuelle Scharfstellung bessere Ergebnisse bringt als der Autofokus, zum Beispiel im Nah- und Makrobereich. Bei sehr kontrastarmen Motiven oder wenn man mit einer festen Einstellentfernung fotografieren möchte, weil eine Autofokuseinstellung zu langsam wäre, erweist sie sich ebenfalls als sehr nützlich. Auf die Praxis mit der manuellen Scharfstellung kommen wir später noch zurück.

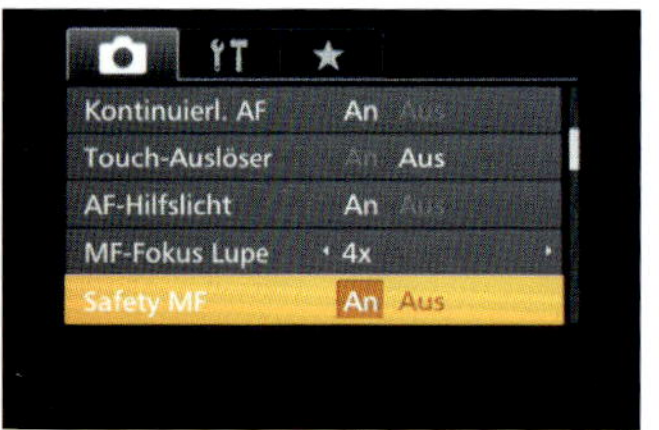

Safety MF kombiniert AF mit manueller Voreinstellung.

Safety MF

Mit Safty MF besitzen Sie einen Modus, der es Ihnen erlaubt, trotz manueller Fokussierung den Autofokus als Einstellhilfe mit zu benutzen, indem Sie den Auslöser kurz antippen. Bei mehreren Schärfeebenen springt die Schärfe bei wiederholtem Antippen von einer Ebene zur anderen. Wenn Ihnen das etwas zu ungenau ist, stellen Sie konsequenterweise Safety MF auf „Aus". Safty MF gibt Ihnen die Möglichkeit die 4fach-Lupe mit Autofokus zu kombinieren.

Einstellung für MF Peaking

MF Peaking bietet eine weitere Hilfe ein Bild manuell scharfzustellen bzw. zu beurteilen, ob und welche Partien besonders scharf wiedergegeben werden. „Peaking", was übersetzt bedeutet den

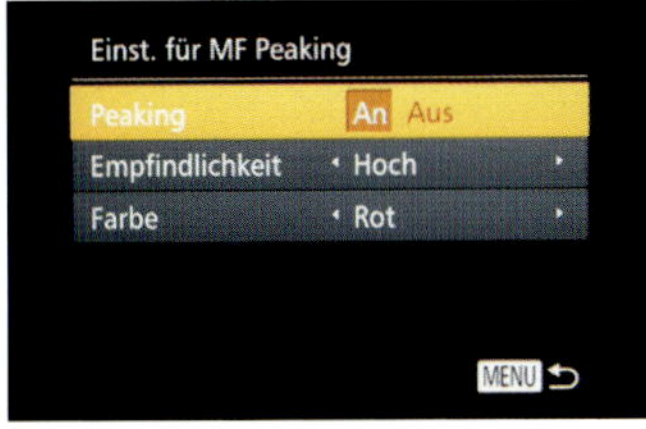

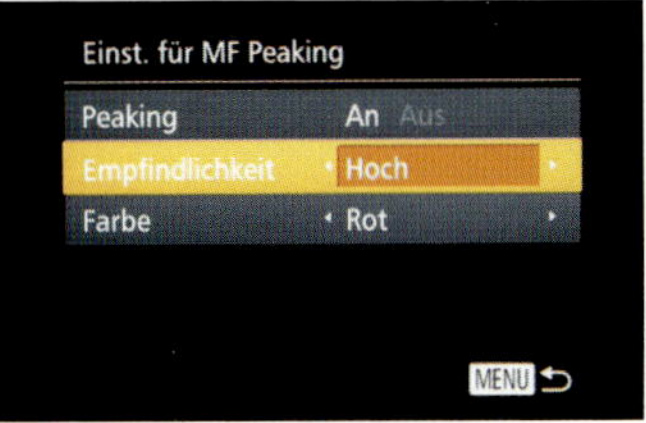

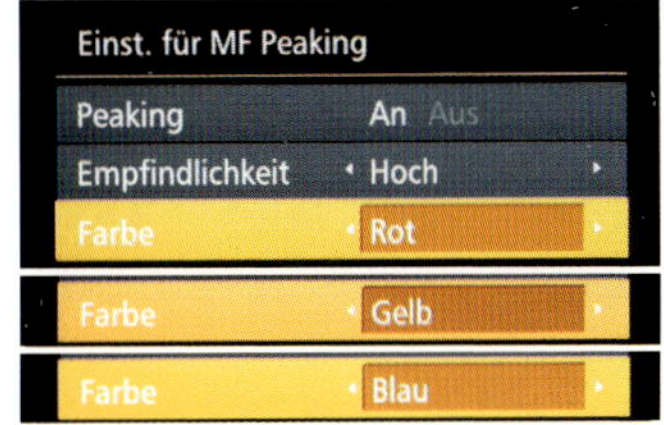

Die Empfindlichkeit von MF Peaking ist „Hoch" und „Gering" einstellbar. Durch farbige Kanten kennzeichnet MF Peaking die Bereiche maximaler Schärfe bei manueller Scharfstellung durch in der Farbe voreinstellbare Säume.

Höchststand, den Gipfel erreicht zu haben, wird im Sucher durch farbige Säume bevorzugt an vertikalen Kanten kenntlich gemacht. In welch engen Toleranzgrenzen das geschehen soll, können Sie mit den Empfindlichkeitsstufen „Hoch" und „Gering" vorgeben. Auch die Farbe ist wählbar. Sie haben die Wahl zwischen Rot, Gelb und Blau und können Sie so dem Motiv anpassen; eine rote Kante wird bei einer roten Blüte wenig hilfreich sein. In der Lupendarstellung ist MF Peaking nicht aktiv. Als recht nützlich erweisen sich die Säume, wenn man die partielle Schärfe einem genau definierten Motivbereich zuweisen möchte, was besonders im Nahbereich häufiger der Fall sein kann.

Blitzsteuerung

Das Menü Blitzsteuerung bietet eine ganze Reihe Hilfen für gelungene Blitzaufnahmen. Das Thema ist so umfangreich, dass wir uns ab Seite 188 zusammen mit dem externen Blitzgerät noch ausführlicher damit auseinandersetzen werden.

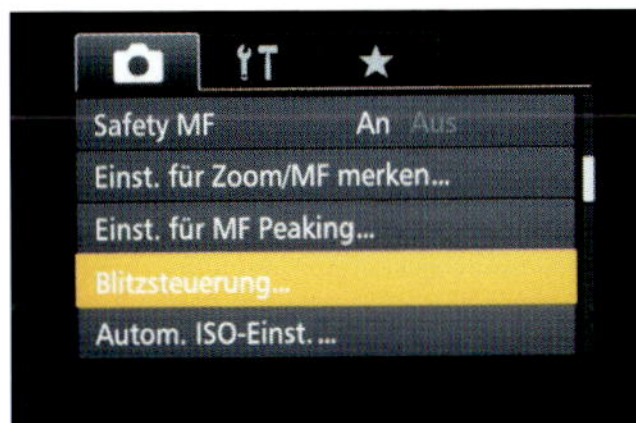

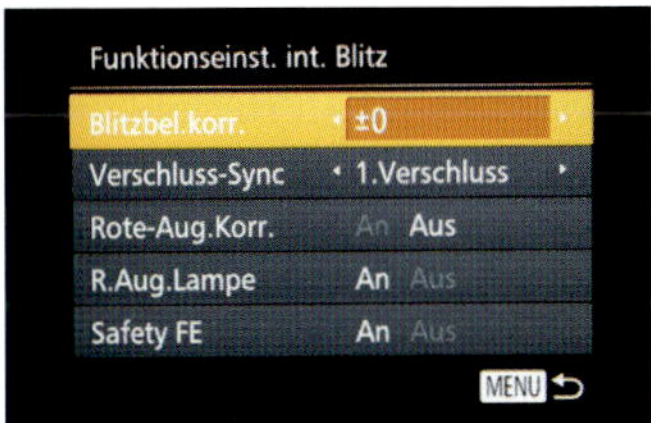

Über „Blitzsteuerung" regeln Sie zahlreiche Sonderfunktionen für das eingebaute Blitzgerät.

Automatische ISO-Einstellung

Auch auf die Automatische ISO-Einstellung kommen wir später im Zusammenhang mit der ISO-Empfindlichkeit noch ausführlich zu sprechen. Nur soviel vorab, überlassen Sie nicht zu viele

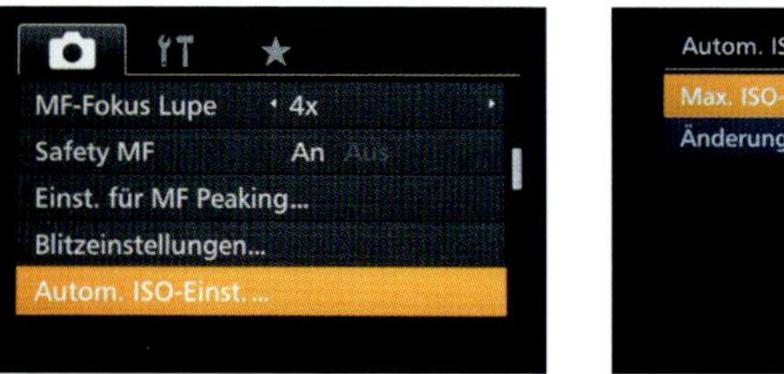

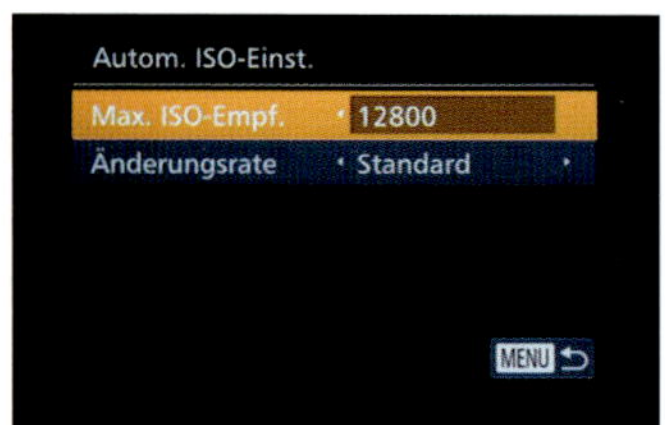

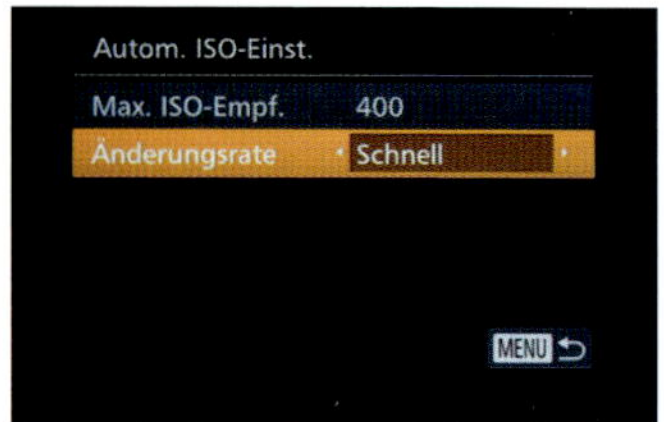

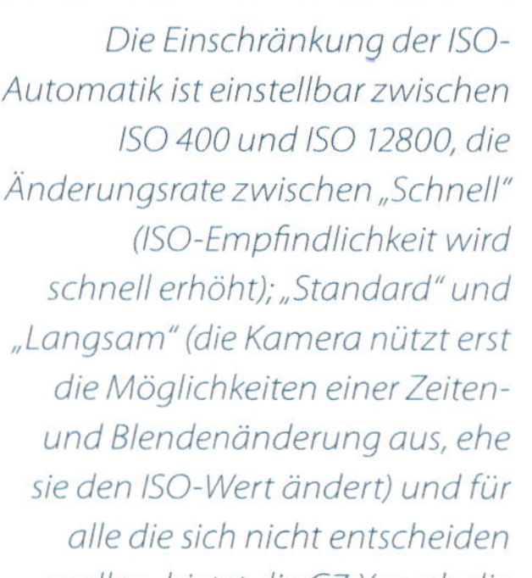

Die Einschränkung der ISO-Automatik ist einstellbar zwischen ISO 400 und ISO 12800, die Änderungsrate zwischen „Schnell" (ISO-Empfindlichkeit wird schnell erhöht); „Standard" und „Langsam" (die Kamera nützt erst die Möglichkeiten einer Zeiten- und Blendenänderung aus, ehe sie den ISO-Wert ändert) und für alle die sich nicht entscheiden wollen, bietet die G7 X auch die „Standard"-Einstellung.

Einstellungen den Automatikfunktionen Ihrer Kamera. Wenn Sie noch wenig Erfahrung mit den Auswirkungen Ihrer Einstellungen besitzen, ist die Automatik sehr zu empfehlen. Für Feinheiten fotografischer Arbeiten erweisen sich Automatikfunktionen nicht immer als die optimale Lösung. Dazu gehört im besonderen Maße die automatische ISO-Einstellung. Mit der „Max.ISO-Empf." besitzen Sie eine sinnvolle Einschränkungsmöglichkeit der Automatik von ISO 400 bis zum Maximalwert von ISO 12800. Die Begrenzungen sollten Sie sinnvollerweise den Helligkeitsbedingungen, der Beweglichkeit Ihres Motivs und einer notwendig kurzen Belichtungszeit beim Einsatz langer Brennweiten anpassen.

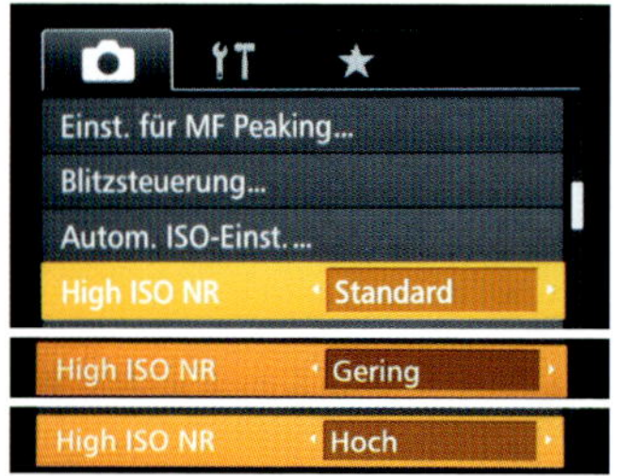

Die Rauschreduzierung steht dem JPG-Dateiformat in den Stärken „Hoch", „Standard" und „Gering" zur Verfügung.

High ISO NR

"NR" steht für Rauschreduzierung, dem Rauschen das besonders bei hohen ISO-Einstellungen und Langzeitbelichtungen bevorzugt auftritt. Rauschen macht sich in Form von verpixelten Flächen, Farbpunkten und aufgerissenen Kanten bemerkbar. Eine Abschwächung dieses Fehlers verspricht „High ISO NR", einstellbar in den Stufen „Hoch", „Standard" und „Gering". Die „High ISO NR"-Einstellung steht nur bei Einstellung auf JPG zur Verfügung, aus den bereits erwähnten Gründen, dass man RAW-Dateien später noch mit NR-Filtern beliebig nachbearbeiten kann.

Spotmessfeld

Zwei Einstellungen bietet die G7 X um das Spotmessfeld auszurichten, „Zentral" oder im „AF-Messfeld". Das Messfeld wird durch zwei eckige Klammern kenntlich gemacht und bleibt immer im Zentrum stehen, auch wenn Sie den Autofokusrahmen auf der Sucherfläche bewegen. Erst bei „AF-Messfeld" lässt sich das Spotmessfeld ebenfalls über den Bildausschnitt verschieben. Praktisch bei Aufnahmen vom Stativ aus, bei Freihandaufnahmen bevorzuge ich die Nachführtechnik mit halb gedrücktem Auslöser. Normalerweise will man die Partie maximaler Schärfe auch optimal belichten. Bei Abweichungen von dieser Vorgabe bleibt die Trennung beider Funktionen durch die Einstellung „Zentral".

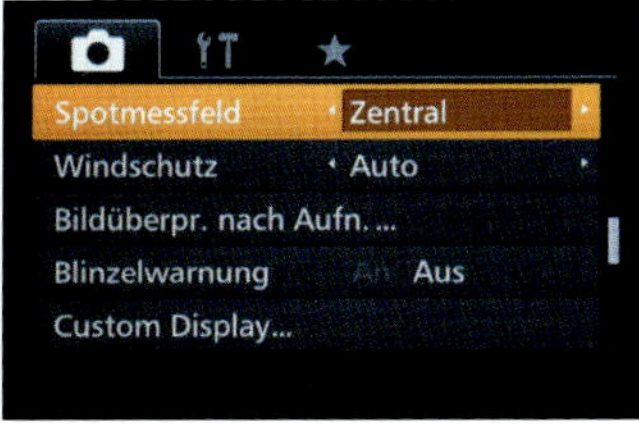

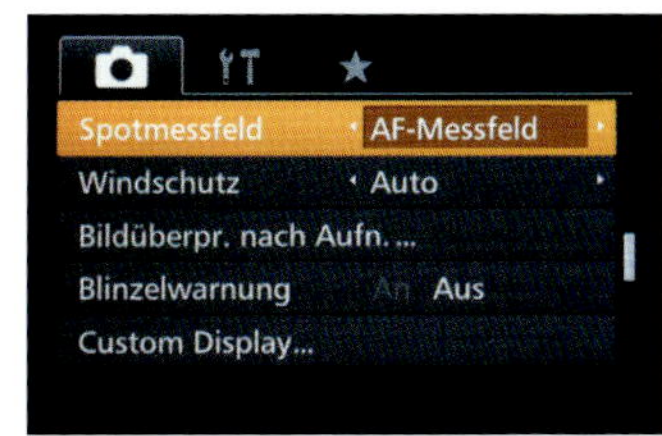

Mit der Spotmessung, etwas Erfahrung und Routine lassen sich sehr schnell Belichtungsvariationen erstellen oder die Belichtung gezielt auf Lichter oder Schattenpartien abstimmen. Die Positionierung des Messfeldes auf das Sucherzentrum oder alternativ die Kupplung an das AF-Messfeld machen die Spotmessung noch variabler.

Windschutz

Zwischen Hauptschalter und Blitzkopf unterhalb des Kameraschriftzugs befinden sich die beiden kleinen Öffnungen des eingebauten Stereomikrofons, die man tunlichst während des Filmens nicht zuhalten sollte. Die richtige Entfernung bei Live-Kommentaren muss jeder für sich austesten. Die Positionierung der Mikrofone ist für derartige Tonaufnahmen gut gewählt, aber mit dem Nachteil behaftet, dass sie recht sensibel auf Windgeräusche reagieren. Dagegen wappnen Sie Ihren Originalton mit dem AUTO-Windschutz, einem Geräuschefilter, der Ihrer Aufnahme einen dumpfen Klang verleiht, sobald sie ihn bei Windstille aktiviert lassen.

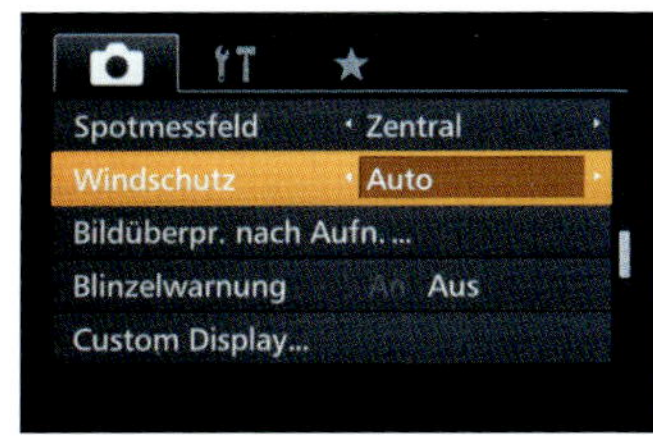

Windschutz nur für Tonaufnahmen bei stärkerem Wind, in allen anderen Situationen deaktiviert lassen.

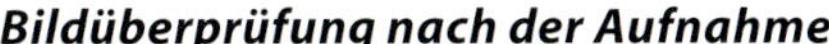

Bildüberprüfung nach der Aufnahme

Wenn Sie nicht unbedingt Strom sparen müssen, dann ist eine Bildüberprüfung nach der Aufnahme recht sinnvoll. Damit haben Sie nochmals die Bestätigung, dass die Aufnahme wirklich auch ausgeführt wurde. Bei Stummschaltung der Kamera besonders hilfreich. „Schnell" reicht völlig aus. Wer es genauer wissen will, kann auf Bildwiedergabe gehen.

Wenn schon Bildüberprüfung, dann sollte die Displayinformation auch aktiv sein. Von „Aus" über „Schnell" bis „Halten" bieten sich noch die Einstellungen „2", „4", und „8 s" an. Bei „Halten" verschwindet das Bild, sobald Sie den Auslöser antippen.

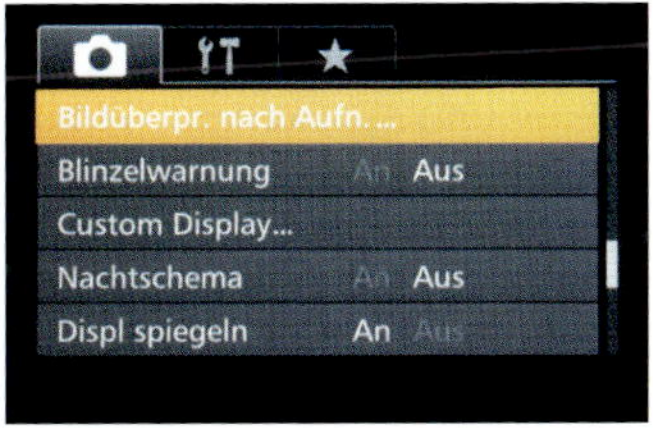

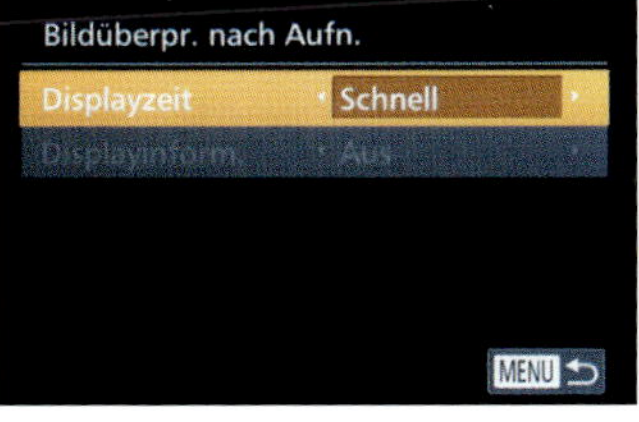

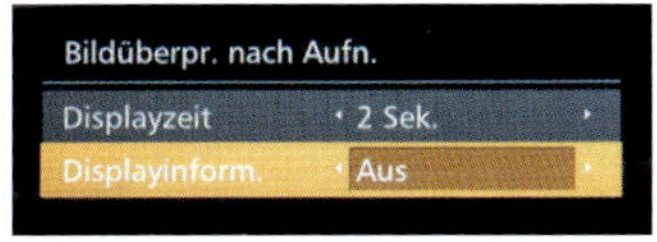

Aufnahmeinformationen werden nach der Aufnahme nicht oder alternativ „Detailliert" angezeigt.

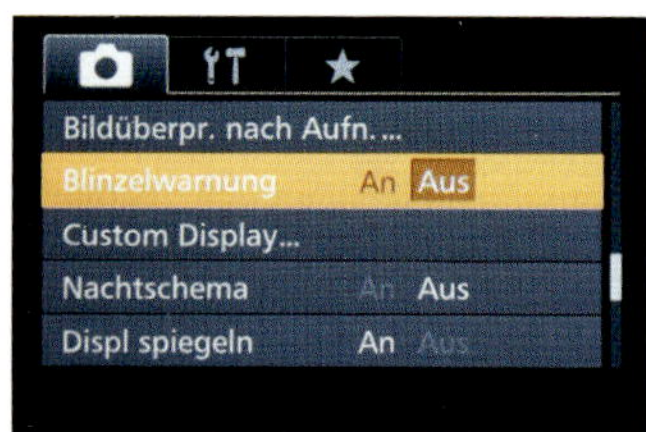

Hundertprozentig verlassen dürfen Sie sich auf die Blinzelwarnung nicht. Bei schräger oder seitlicher Kopfhaltung werden geschlossene Augen auch mal übersehen.

Blinzelwarnung

Bei Familienreportagen eine gute Absicherung vor Enttäuschungen, wenn der sonst gelungene Schnappschuss durch geschlossene Augen verschandelt wurde. Bei voreingestellten Aufnahmeserien klappt die Warnung nur beim letzten Bild, oder sie steht nicht zur Verfügung. Wenn das etwas grimmige kleine Gesicht im Display wild blinkt, dann wissen Sie, dass eine weitere Aufnahme sinnvoll ist.

Custom Display

Spätestens dann, wenn Sie sich mehr auf die Bildgestaltung konzentrieren wollen, werden Sie auf die eine oder andere Information im Display verzichten wollen. Sinnvoll kann es sein, die Anzeigen bei der Display-Umschaltung über „DISP" zu verändern. Die „1" steht für die erste, die „2" für die zweite „DISP"-Anzeige. Auf das Histogramm werden wohl die meisten Anwender zuerst verzichten, die elektronische Wasserwaage ist etwas zu klein und dadurch schlecht abzulesen, auf das Gitternetz sollte man aber nicht verzichten, es stellt eine fast unerlässliche Hilfe dar für die Bildaufteilung (wenn man sich einmal daran gewöhnt hat) und zum Ausrichten der Kamera.

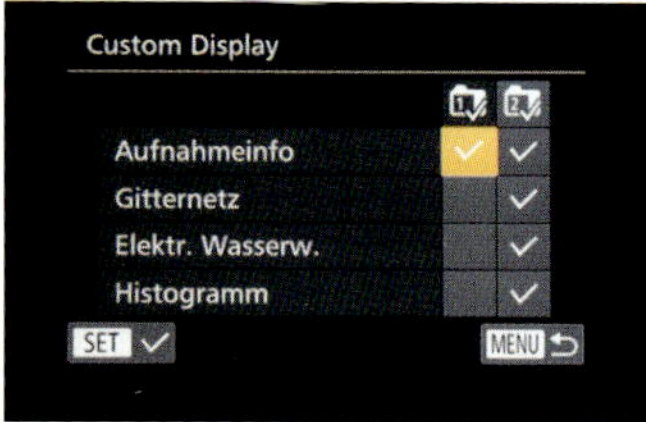

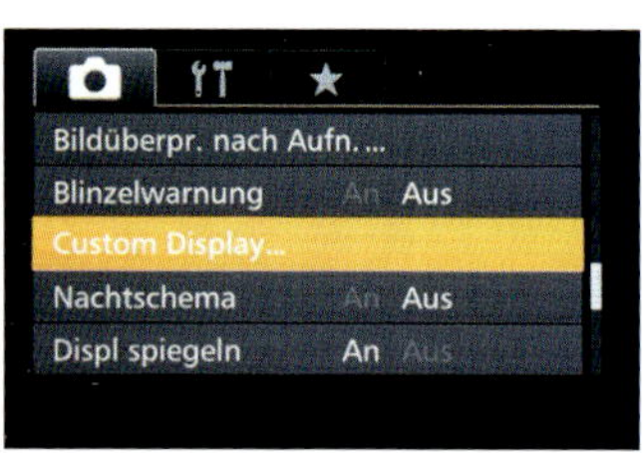

Custom Display bietet Ihnen die Wahl, bestimmte Displayanzeigen zu- und abzuschalten.

Nachtschema

Mit dem lichtstarken Objektiv von Blende 1:1,8 und der hohen Lichtempfindlichkeit von bis zu ISO 12800 sind Sie in der Lage, auch extreme Lichtbedingungen fotografisch zu meistern.

Wenn Sie dann möglichst diskret in dunkler Umgebung bei Veranstaltungen oder in Kirchen fotografieren möchten, ohne durch ein hell leuchtendes Display geblendet zu werden oder unangenehm aufzufallen, dann sind Sie mit der Nachtschema-Einstellung gut bedient. Sollten Sie Probleme mit der Farbe Rot haben, hilft es in den meisten Fällen auch, die Displayhelligkeit auf kleinsten Wert einzustellen.

Der Nachtschema-Modus färbt die Displayanzeige in ein schwach leuchtendes tiefes Rot. Die Anzeigen lassen sich in dunkler Umgebung noch sehr gut erkennen.

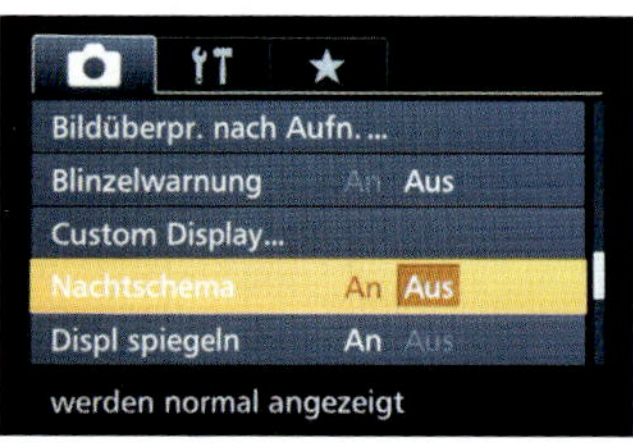

Display spiegeln

Was wäre die heutige Informationsgesellschaft ohne Selfies, den Selbstporträts mit ausgestrecktem Arm. Früher mit Drahtauslöser und Stativ, entstehen sie heute elegant mit umgeklapptem Display. Damit man sich nicht auf dem Kopf stehend betrachten muss, wird das Displaybild automatisch gespiegelt, sobald es ausgeklappt nach vorn gedreht wird.

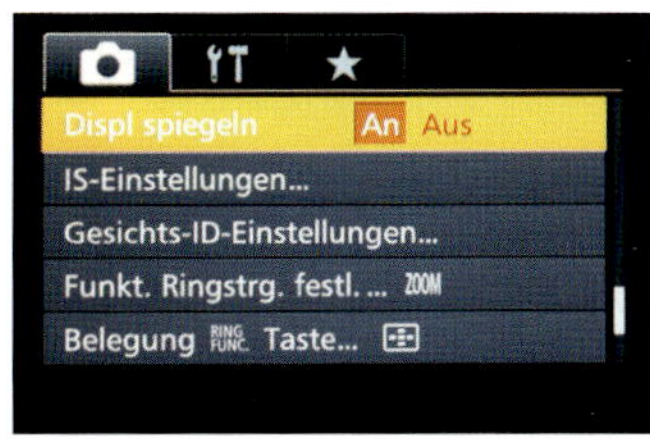

Für Ihre Selfies bitte aktivieren.

IS-Einstellungen

Nicht immer ist ein aktiver „IS Modus" sinnvoll. Bei Aufnahmen vom Stativ oder einer festen Unterlage aus empfiehlt Canon IS abzuschalten. Auf „Kontinuierlich" gestellt, ist die Stabilisierungsfunktion bei eingeschalteter Kamera aktiv. „Nur Aufn." befiehlt der Kamera die Bildstabilisierung nur kurz vor der Aufnahme einzuschalten. Ausführlich werden wir uns ab Seite 109 mit dem Thema befassen.

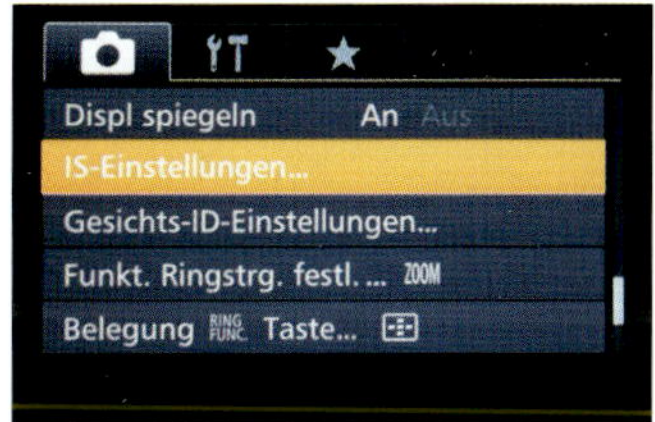

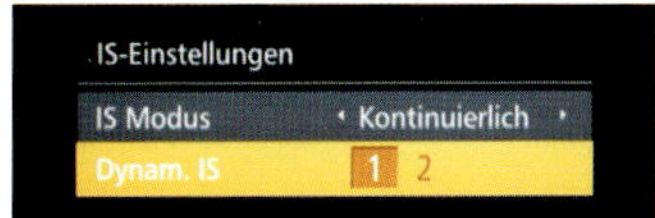

Der Dynam. IS in Stellung „1" verspricht eine ruhigere Bildführung bei Videos aus der Hand beim Gehen, wobei nur die Feinbewegungen wie leichtes Händezittern teilweise ausgeglichen werden.

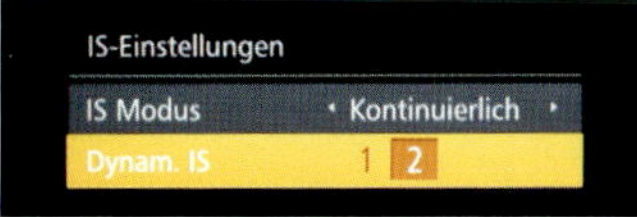

Dynam. IS in Stellung „2" mildert auch etwas gröbere Kamerabewegungen beim Gehen. Dabei wird der Bildausschnitt etwas verkleinert um seitliche Bewegungen innerhalb des Beschnittrahmens herauszurechnen.

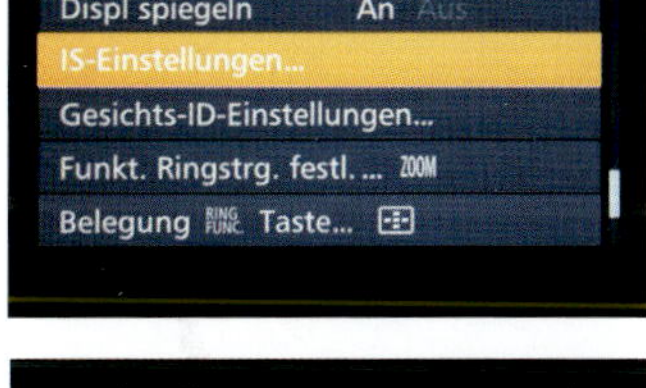

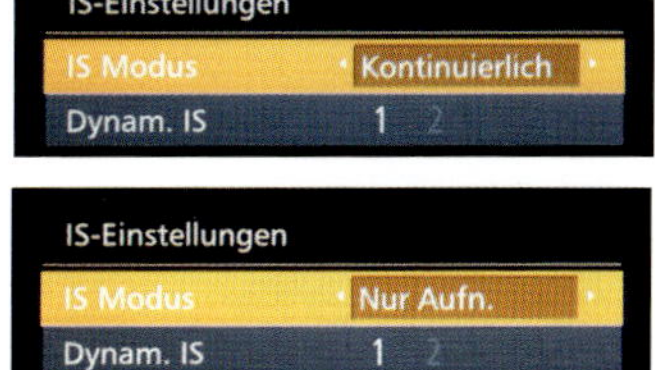

Gute Bildstabilisierungstechniken ermöglichen auch mit extremen Brennweiten Aufnahmen aus freier Hand.

Gesichts-ID-Einstellungen

Ein Thema auf das wir noch ab Seite 116 ausführlich eingehen werden.

Funktionen der Ringsteuerung festlegen

Den handlichen Ring um das Objektiv sollten Sie nicht ungenutzt lassen, auch wenn Sie bevorzugt mit Automatikprogrammen arbeiten und auf die Verstellbarkeit der Blenden- und Zeitwerte weniger zurückgreifen. Die Zuordnung der Zoomstufen oder die ISO-Einstellung zum Beispiel wären interessante Alternativen (Siehe auch Seite 26).

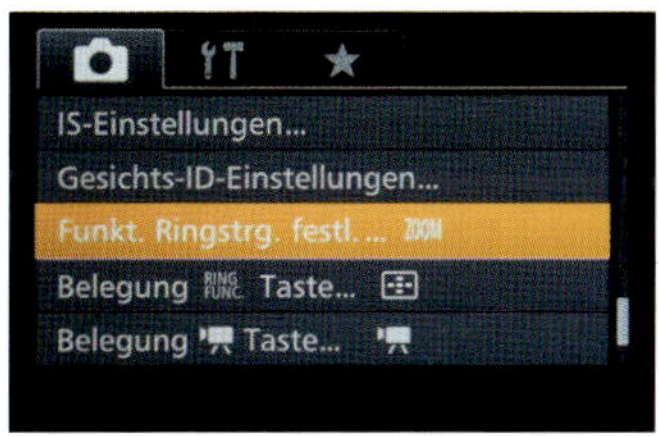

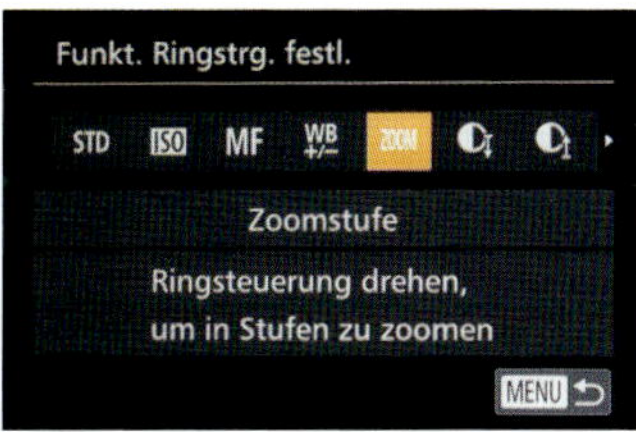

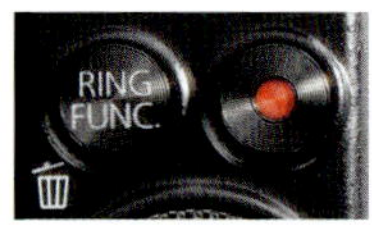

Belegung der RING FUNC.- und Videotaste

Ringfunktions- und Movietaste sind individuell einstellbar. Dadurch lassen sich häufig wiederholte Arbeitsabläufe deutlich vereinfachen, der Zugriff auf bestimmte Kameraeinstellungen kann deutlich verkürzt werden. Dabei sollte man aber immer berücksichtigen, dass durch Umstellungen die ursprünglich zugeordnete Funktion nicht mehr zur Verfügung steht – eine neue Funktion ist aber sehr schnell zugewiesen: Im Menü die Belegungseinstellung anklicken, in der Übersicht mit dem Einstellrad oder den Pfeiltasten die gewünschte Aufgabe auswählen und mit FUNC. SET bestätigen.

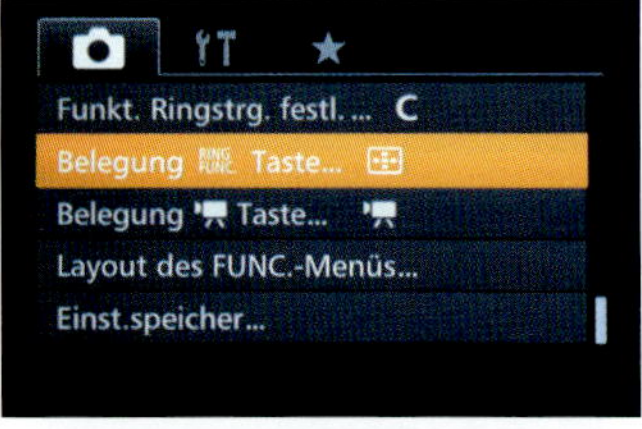

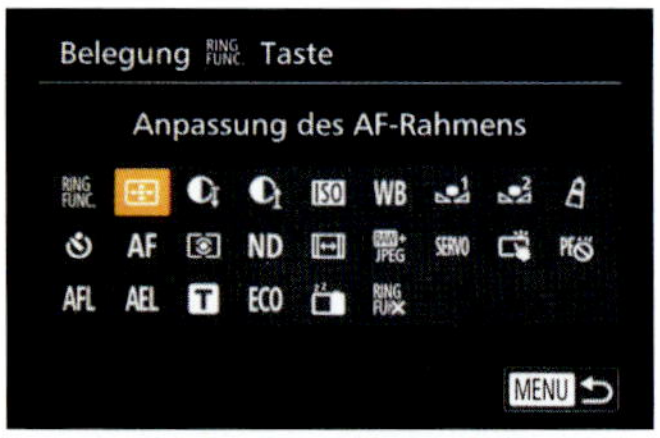

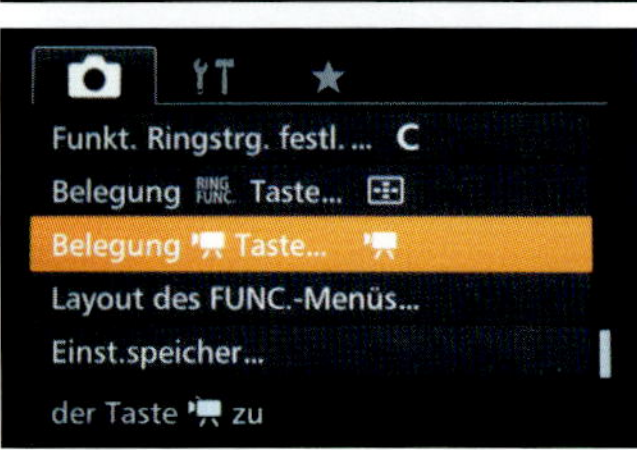

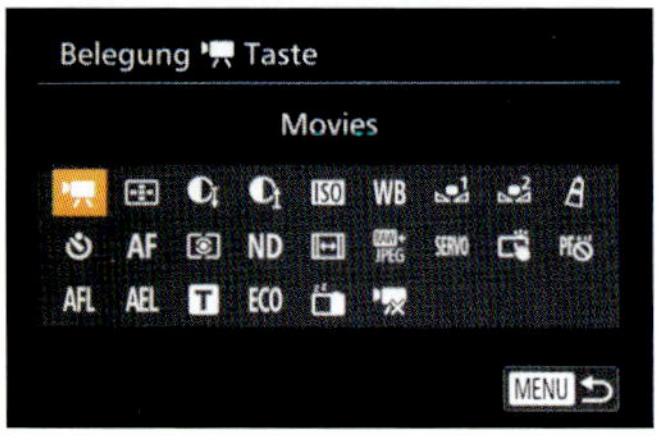

Belegung der Ringfunktions- und Filmtaste mit den dazugehörigen Belegungslisten. Besonders dann, wenn man sich nicht auf Automatikfunktionen wie bei Produktaufnahmen verlassen will, ist z.B. die Zuordnung des manuellen Farbabgleichs sinnvoll.

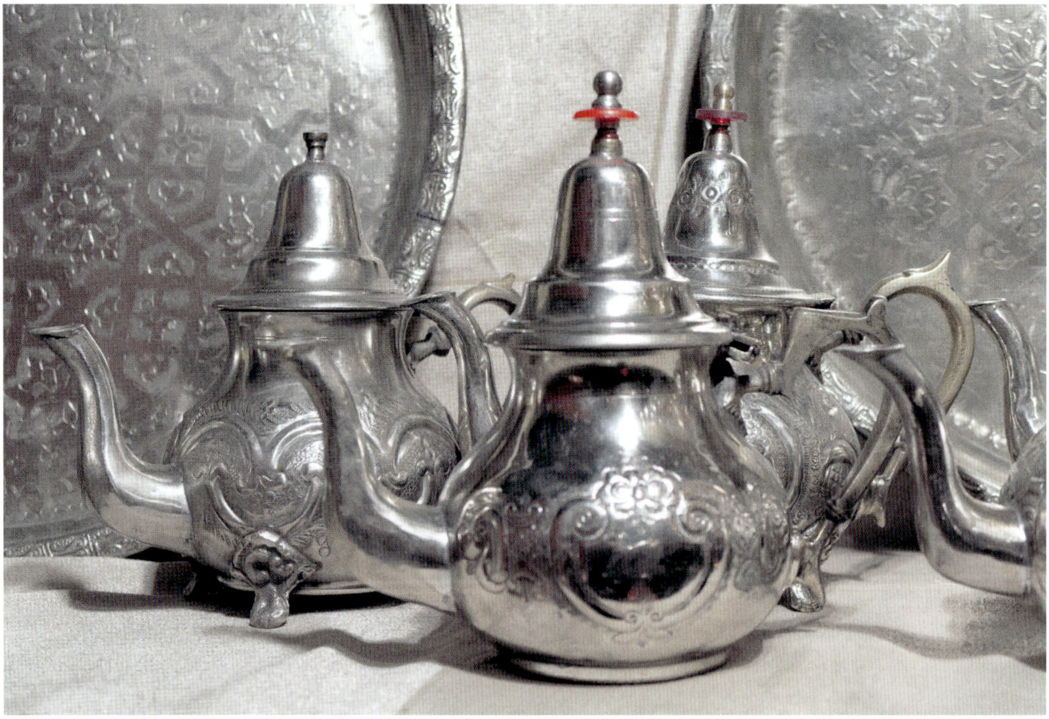

Layout des FUNC.-Menüs

Die komplette Auswahl im FUNC.-Menü kann schon recht unübersichtlich sein. Mit wachsender Praxiserfahrung erkennen Sie, was Sie laufend ändern und welche Funktionen Sie nie oder nur sehr selten verändern. In der Eingewöhnungsphase, wenn alles noch nicht richtig zugeordnet werden kann, sollten Sie die Werkseinstellung nutzen. Der nächste Schritt könnte sein, die Reihenfolge der Funktionen zu ändern; häufig Gebrauchtes nach oben, Ungenutztes ausblenden. Diese Sortiereinstellung öffnen

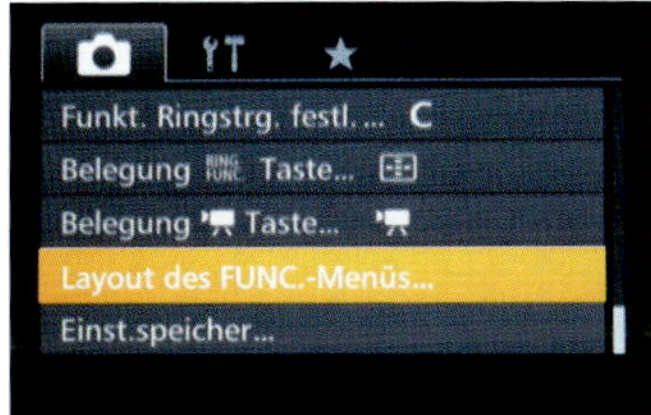

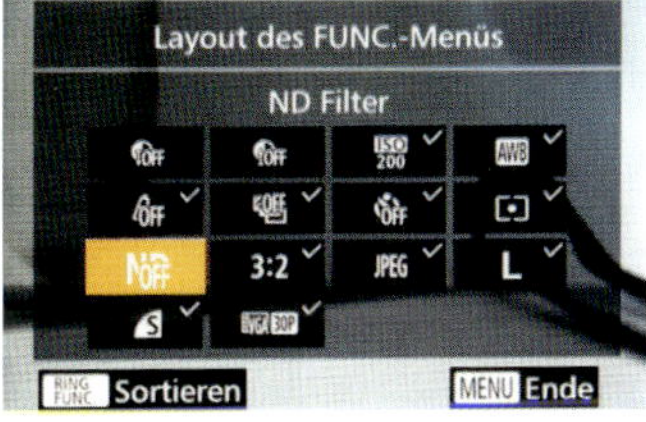

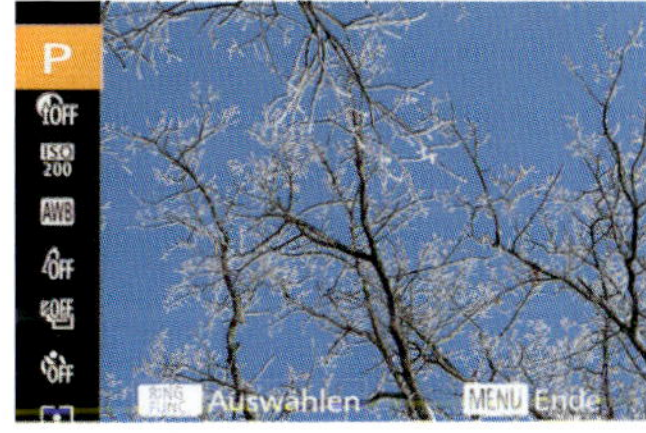

Im Layout des FUNC.-Menüs lassen sich die Reihenfolge der Anzeige im Display ändern und einzelne Anzeigen ausblenden, ohne dass deren Funktion verloren geht.

Sie über die RING FUNC.-Taste, sobald Sie das Layout des FUNC.-Menüs aufgerufen haben. Die Reihenfolge der hintereinander aufgelisteten Funktionen lässt sich beliebig verschieben. Sind alle Einstellmöglichkeiten verinnerlicht, dann ist der richtige Zeitpunkt gekommen, einzelne Funktionsanzeigen auszublenden. Das wäre auch eine gute Option für den „C"-Modus in dem Sie Ihre persönliche Lieblingskonfiguration der Kamera abspeichern können.

Benutzereinstellungen speichern

Im Modus C am Moduswahlrad können Sie ausgehend von Moduseinstellungen „P", „Tv", „Av" oder „M" Ihre von der Kameragrundeinstellung abweichenden Modifizierungen speichern. Nehmen Sie Änderungen in C direkt vor und wollen diese behalten, dann müssen Sie diese auch über „Einst. speichern" sichern. Die vorherigen Einstellungen werden komplett überschrieben.

Die individuellen Einstellungen im Belichtungsmodus „C" bleiben erhalten, auch wenn Sie Ihre G7 X auf Werkseinstellungen zurücksetzen.

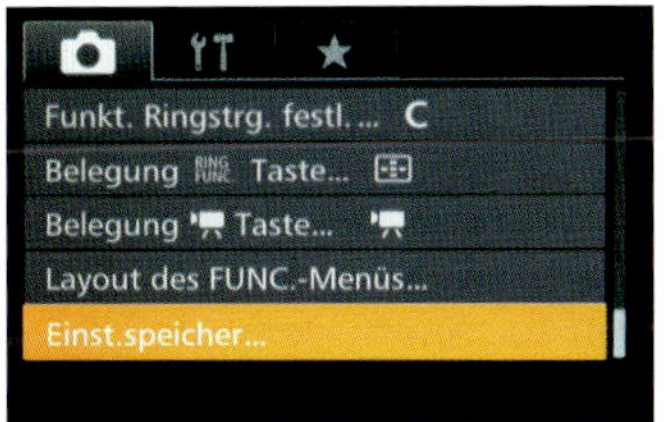

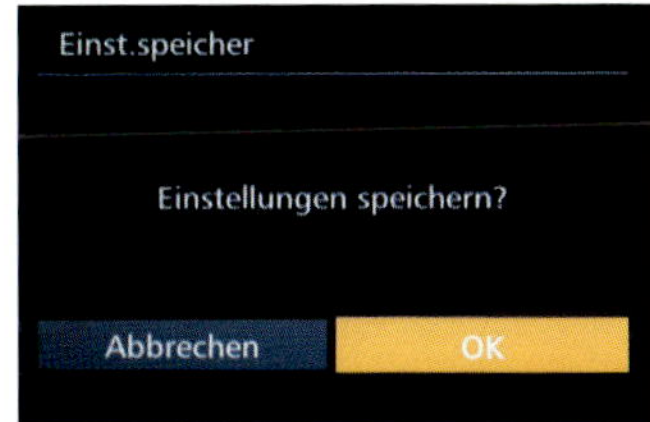

Wer viel fotografiert und sie richtig einsetzt, möchte die komfortablen Customer-Modi an der G7 X nicht mehr missen.

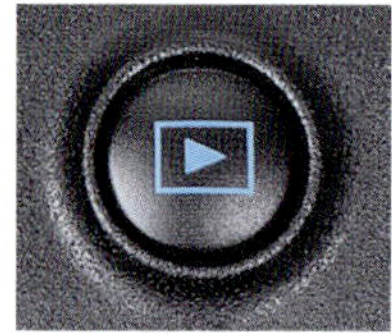

Menüsystematik Wiedergabe

Über den Schalter mit dem blauen Pfeil gelangen Sie, wie Sie sicher schon längst herausgefunden haben, in den Wiedergabemodus, mit den Pfeiltasten lassen sich die Bilder hin und herschalten und wenn Sie die Links- oder Rechtstaste etwas länger drücken, huschen die Bilder im Schnelldurchlauf über den Bildschirm. Drücken Sie die Richtungspfeile nach oben oder unten, springt die Bildansicht auf tageweise gruppierte Bilder.

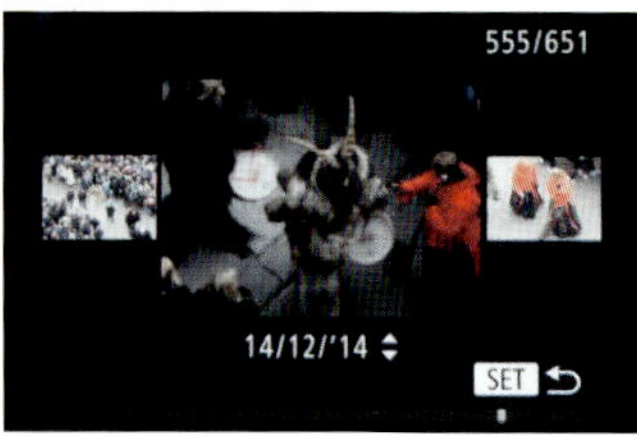

Mit konstantem Druck der rechten oder linken Pfeiltaste aktivieren Sie den Schnelldurchlauf der Bilder.

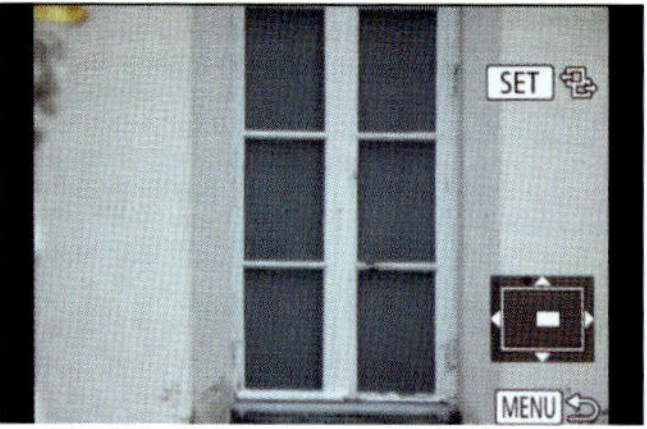

Für eine Ausschnittsansicht bewegen Sie den Zoomregler nach rechts; den Ausschnitt wählen Sie über die Richtungstasten.

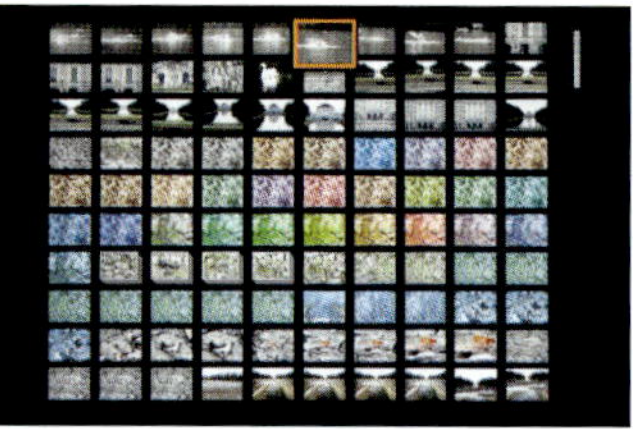

Zoomregler nach links drücken und Sie erhalten eine Indexansicht; über FUNC.SET wird das rot umrandete Bild groß dargestellt.

Ob Sie technische Daten zusammen mit dem Bild anschauen möchten, bestimmen Sie mit der „DISP."-Taste (siehe Details ab Seite 70). Hier schalten Sie über „keine Informationsanzeige", „einfache Informationsanzeige", „detaillierte Informationsanzeige" bis hin zur „RGB-Histogramm- und GPS-Informationsanzeige".

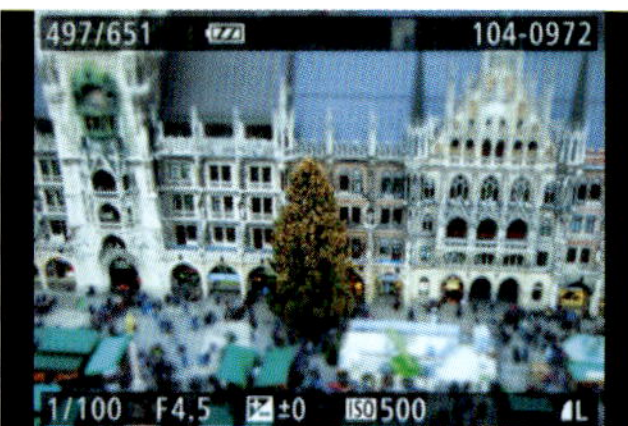

Mit der DISP.-Taste wählen Sie zwischen unterschiedlichen Bildschirmanzeigen, mit oder ohne technische Details...

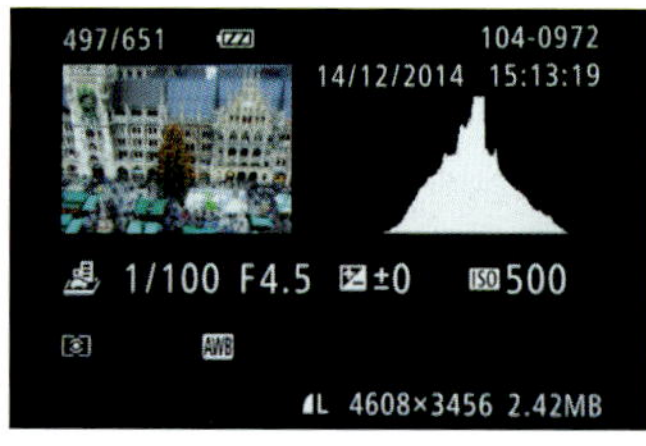

... mit Helligkeitshistogramm und einigen weiteren Daten...

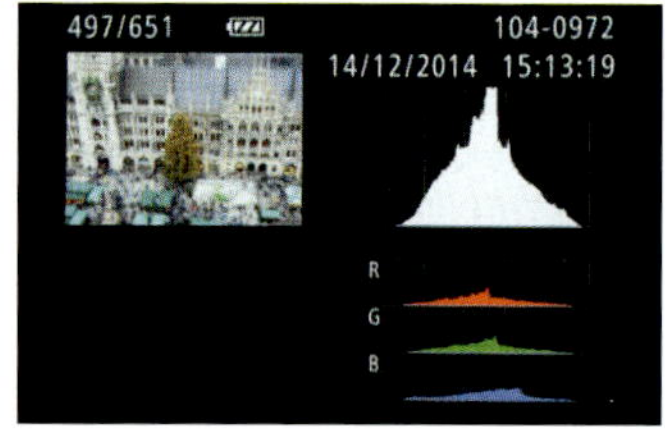

...oder zusätzlichem RGB-Histogramm und den GPS-Daten, sollten Sie diese mit Hilfe Ihres Smartphones aufgezeichnet haben.

Gegenüberliegende Seite: In der Indexansicht sind Bilder schnell auffindbar, weiter erleichtert durch Kennzeichnung als Favorit mit einem Sternchen.

Drei Menüreiter bekommen Sie auf dem Monitor Ihrer G7 X nun zu sehen, wenn sich Ihre Kamera im Wiedergabemodus befindet und Sie das Menü aktivieren. Das Werkzeug-Menü kennen Sie bereits. Mit einem Pfeil-Symbol ist der Menüreiter versehen, der alle Einstellmöglichkeiten zur Wiedergabe bietet. Zugleich ist

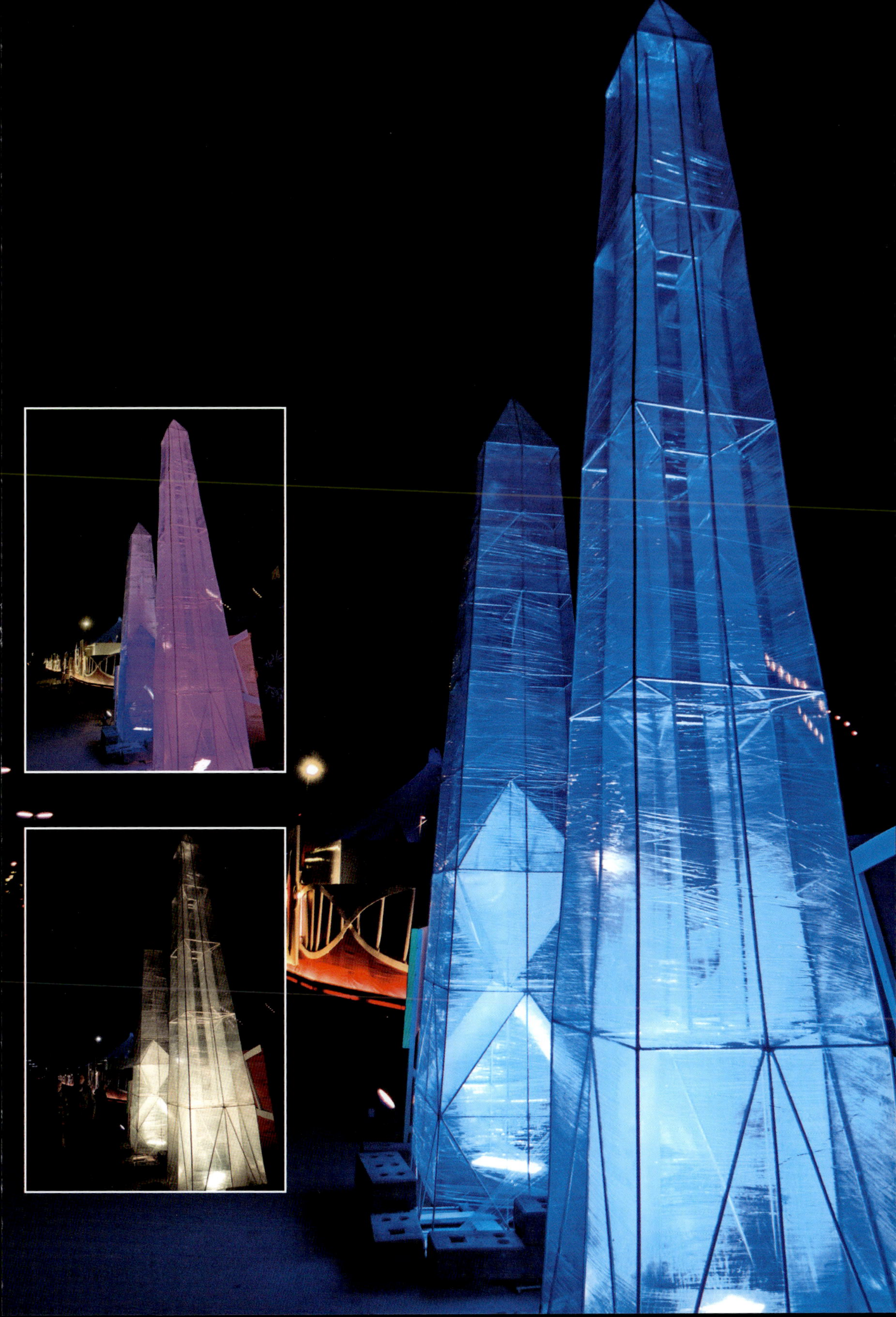

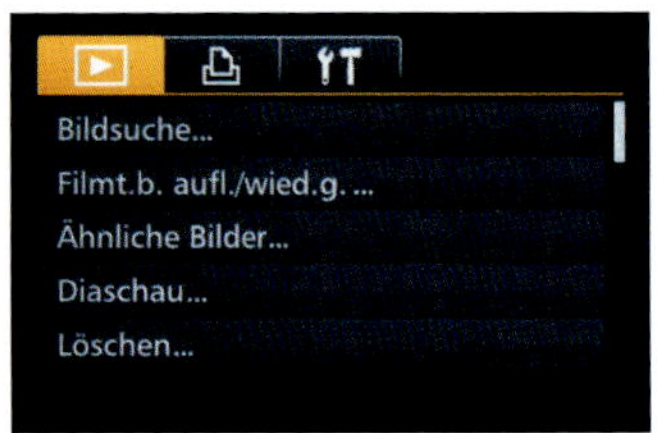

Wiedergabemenü für Kamerafunktionen nach der Aufnahme.

es der Einstieg zu Bearbeitungsfunktionen an Bildern und Filmen, die direkt in der Kamera stattfinden.

Mit einem Drucker-Symbol ist der Menüreiter versehen, der mit dem direkten Druck aus der Kamera auf einen eigenen Farbdrucker zu tun hat. Ein Einstieg zu den Druck-Aufgaben. Die Vorbereitung und Auswahl für beispielsweise den Fotobuch-Druck oder die Ausgabe von Bildern in einem Auftrags-Fotolabor fügt den Bildern Informationen bei, die außerhalb der Kamera abgearbeitet werden. Zum Thema Druck kommen wir später im Buch noch ausführlich zu sprechen; dort werden wir auf die einzelnen Menüpunkte eingehen. Beschäftigen wir uns zuerst systematisch mit den Wiedergabefunktionen.

Wiedergabemenü

Wie erwähnt bietet das Menü im Wiedergabemodus einige Werkzeuge auch für die Nachbearbeitung, die früher mehr dem PC vorbehalten waren. Oft ist man froh, Bilder bereits in der Kamera zum Beispiel beschneiden, vorsortieren oder in der Größe verändern zu können. Gehen wir es weiter systematisch an und betrachten das Wiedergabemenü Zeile für Zeile.

Bildsuche

Indexanzeige und Schnelldurchlauf erleichtern die Bildsuche bereits erheblich, verwenden Sie aber Speicherkarten mit 16 GB oder größer, denn es sammeln sich schnell mehrere Hundert Bilder

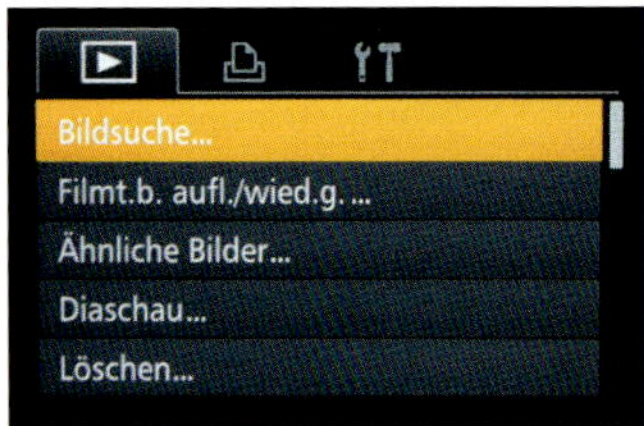

Mit den Kriterien „Favoriten", „Aufnahmedatum", „Gesichtserkennung" und „Foto/Movie" lassen sich Bilder schneller finden.

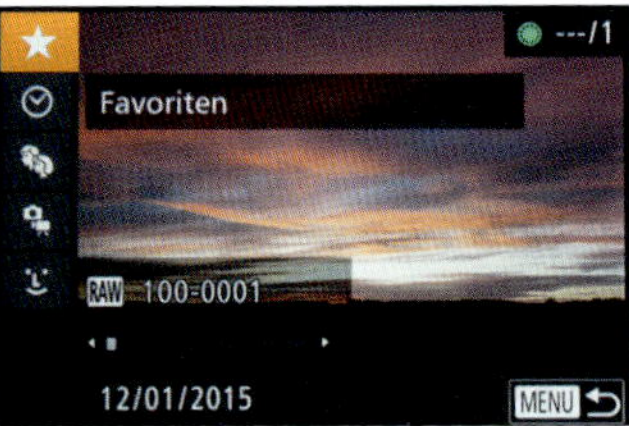

Aktivieren Sie „Favoriten", können Sie die Auswahl mit der rechten Pfeiltaste durchblättern und danach mit FUNK.SET als Vollbild

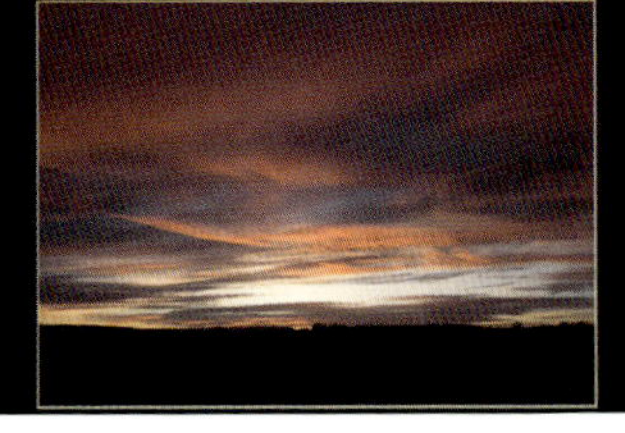

aufrufen. Mit der Pfeiltaste nach oben beendet man den Vorgang. Sie können die Bildsuche auch über das Menü beenden.

an. Damit wird das Suchen nach einzelnen Bildern recht zeitraubend. Vier Suchkriterien erleichtern Ihnen das Leben: „Favoriten", „Aufnahmedatum", „Gesichtserkennung" und „Foto/Movie".

Favoriten, die Sie vorher über den Menüpunkt „Favoriten" markiert hatten, rufen Sie über das Sternchensymbol mit der rechten Pfeiltaste auf. Aktivieren Sie die Favoritensuche mit der FUNC.SET-Taste, wird keine Zahl vor dem Schrägstrich rechts oben im Display angezeigt, eine Vollbildanzeige ist so nicht möglich. Drücken Sie die rechte Pfeiltaste und aktivieren so ein Bild, und es klappt auch mit der Vollbildanzeige.

Die Bildsuche nach Datum ist zwar etwas grob, aber äußerst hilfreich und auch schnell, wenn man nicht an einem Tag die ganze Speicherkarte gefüllt hat. Wenn man es sich zur guten Gewohnheit gemacht hat, die besonders guten und wichtigen Bilder als Favoriten zu kennzeichnen, findet man sich in seinem Bilderberg leicht zurecht. Bevorzugt man mehr Personen- und Familienaufnahmen, bietet die Suche nach „Menschen" eine gute Möglichkeit bestimmte Personen schneller zu finden, wobei man

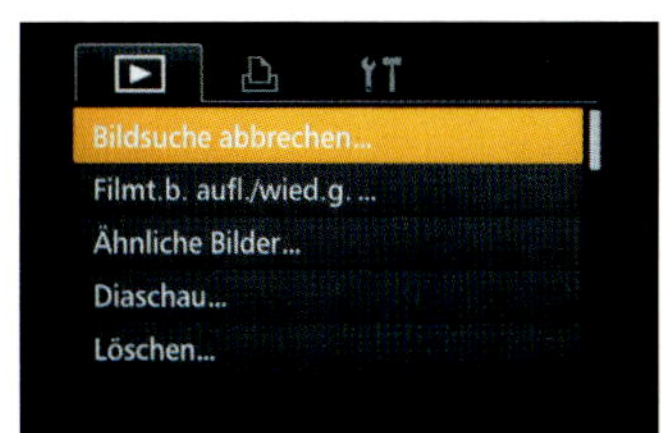

Drücken Sie während der Bildsuche auf die Menütaste, erscheint „Bildsuche abbrechen", was Sie über FUNK.SET bestätigen können.

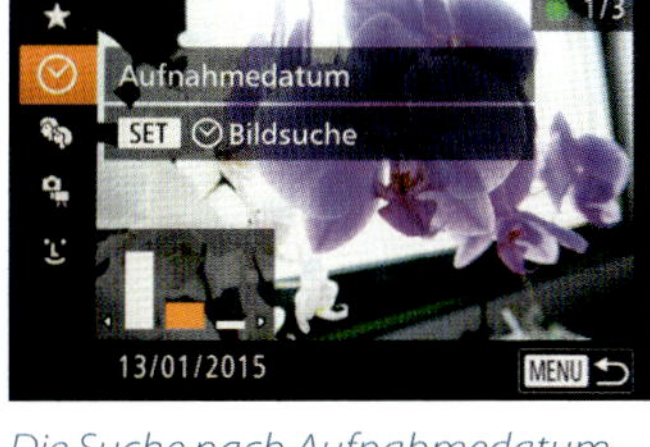

Die Suche nach Aufnahmedatum gibt einen schnellen Überblick über die Bildmengenausbeute des Tages, rot unterlegt im Balkendiagramm unten und als Zahl rechts oben.

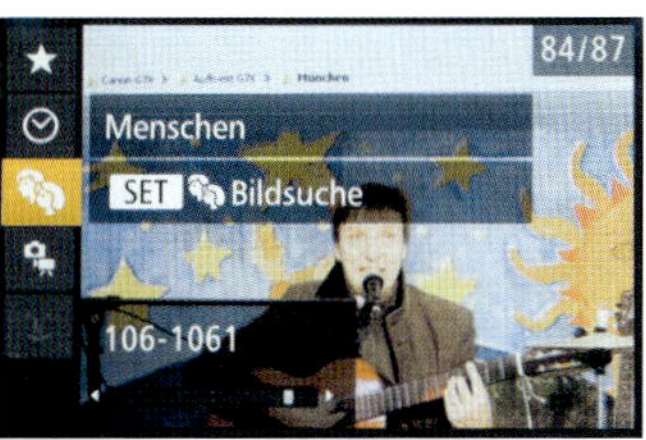

Lassen Sie sich von den wenigen „Ausrutschern" der Kamera bei der Suche nach Personen nicht irritieren. Grundsätzlich klappt die Suche ganz vorzüglich.

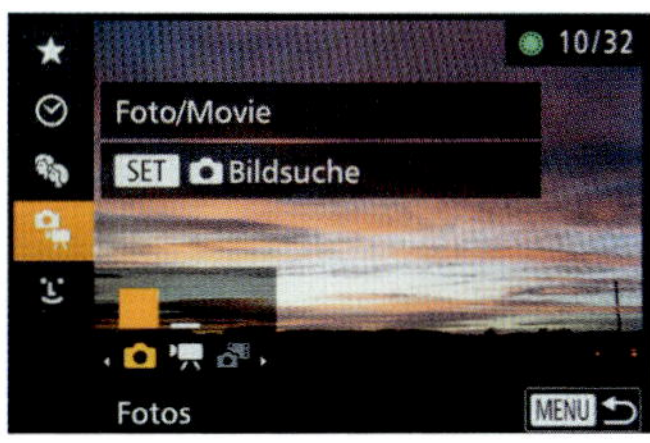

Das Balkendiagramm zeigt die mengenmäßige Verteilung und gibt die Möglichkeit nach Foto-, Film- und Tagebuchdateien zu sortieren.

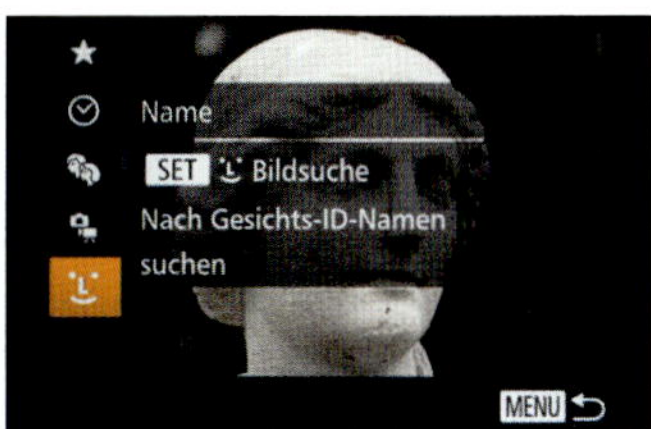

Wurden Gesichts-ID-Informationen gespeichert, öffnet eine weitere Suchoption, um gezielt nach bestimmten Gesichtern zu suchen.

hin und wieder überrascht wird, was die Kamera zum Beispiel in einem abstrakten Muster so als Mensch identifiziert. Ausdrucken und schon haben Sie einen netten Partygag.

Aktivieren Sie Kamera/Movie-Symbol, bietet die G7 X die Suchauswahl nach Stehbilder, Filmsequenzen und Filmtagebücher. Auch in dieser Funktion wird Ihnen über das Balkendiagramm ein Mengenvergleich geboten und rechts oben jeweils die effektive Dateianzahl eingeblendet. Die jeweils aktivierte Gruppe kann chronologisch aufgerufen und bei den Filmen auch abgespielt werden.

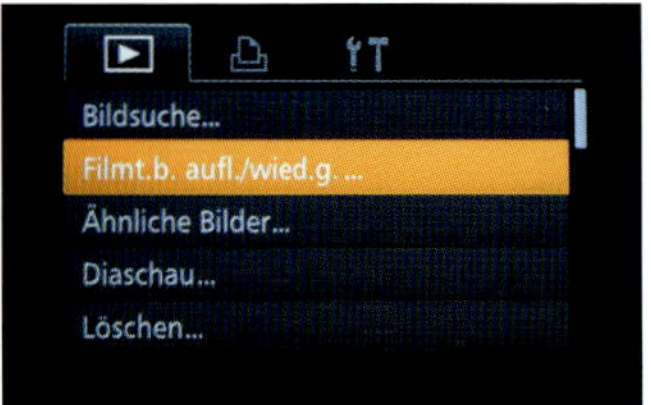

Filmtagebücher nach Datum auflisten und tageweise abspielen.

Filmt.b. aufl./wied.g

Im großen Bilder-Sammelsurium der Speicherkarte erkennen Sie den Tagebuchfilm hinter dem geöffneten Stehbild an dem eingeblendeten Film/Kamera-Symbol. Sie können auch wie oben beschrieben über die „Bildsuche" alle Filmtagebücher hintereinanderreihen, gezielt nach Datum sortiert suchen. Geht aber nur über die Menüeinstellung „Filmt.b. aufl./wied.g", was wohl soviel bedeutet wie „Filmtagebuch auffinden und wiedergeben".

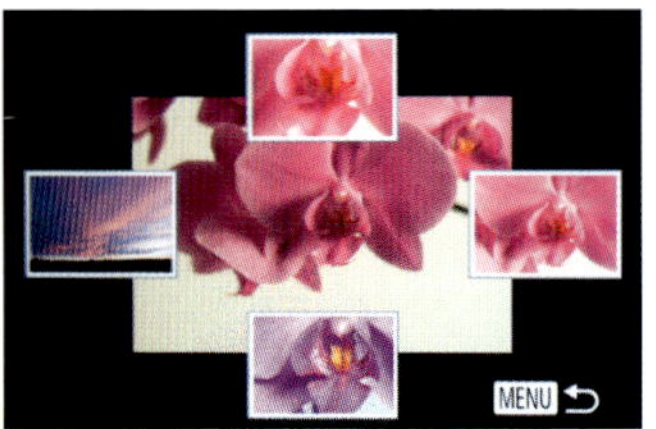

"Ähnliche Bilder", der Zufallsgenerator für die Bildbetrachtung.

Ähnliche Bilder

Eine Funktion über deren Sinn man länger diskutieren könnte. Bilder nach dem Zufallsprinzip aufzurufen macht keinen wirklichen Sinn, es sei denn man möchte beweisen, dass alle Bilder im Speicher ansehenswert sind oder Bilddubletten schneller übersprungen werden. Voraussetzung sind mindestens 50 Bilder im Speicher. Sie wählen ein Bild aus und wählen „Ähnliche Bilder" im Menü. Ihre Kamera sucht vier weitere Bilder aus, die Sie über die Richtungstasten anwählen können. Das gewählte Bild schwingt ins Zentrum, die vier Randbilder werden durch neue ersetzt und so weiter.

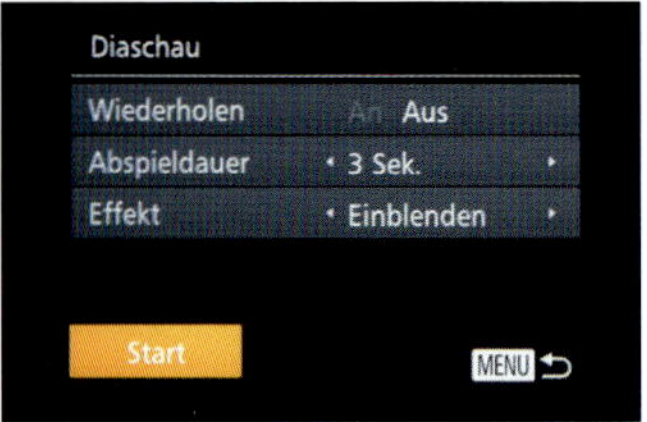

Wiederholen „An" ist die Endlosschleife für Ihre Diaschau. Die Funktion Diaschau können Sie auch auf vorgefilterte Bildauswahlen anwenden.

Diaschau

In 10 Intervallstufen ab 3 Sekunden bis maximal 30 Sekunden können Sie Ihre Bilder als Diaschau auf Ihrem „Mäusekino" betrachten. Die Darbietung professioneller zu gestalten, erlaubt der Überblendeffekt. Schnellen Vor- und Rückklauf starten Sie über die vertikalen Richtungstasten, einen Zwischenstopp erlaubt die FUNC.SET-Taste. Die Einstellzeit von 3 Sekunden ist meist völlig ausreichend, bei besonders attraktiven Bildern lieber kurz die Diaschau anhalten.

Löschen

Wem die Einzelbildlöscherei mit der Löschtaste zu langwierig ist, der greift zum Menümodus „Löschen". Unter „Wählen" und

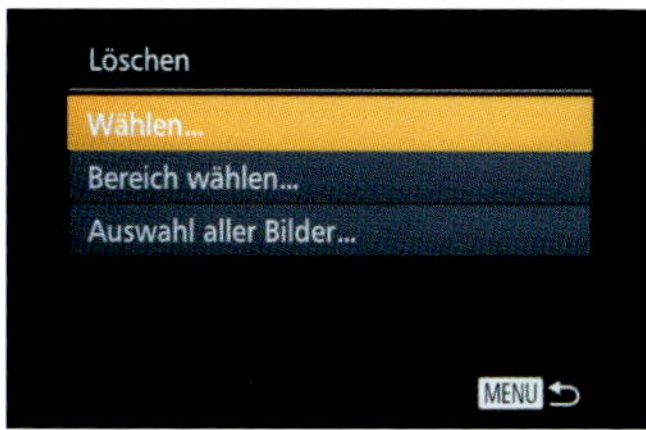

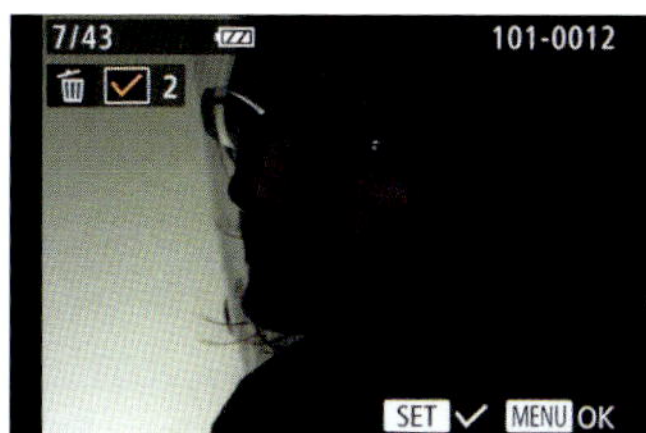

Mit der Einstellung „Wählen" können einzelne Bilder in beliebiger Reihenfolge markiert und mit einem Befehl gelöscht werden.

Häkchen setzen können in beliebiger Reihenfolge Bilder selektiert werden und mit einem Befehl von der Speicherkarte „entfernt" werden. Aber Achtung! Entfernt heißt im einfachen Löschvorgang nur, das dieser Speicherplatz wieder neu beschrieben werden kann; solange verbleibt das alte Bild unsichtbar auf der Speicherkarte. Das gilt auch für das Formatieren der Speicherkarte. Wenn Sie die Daten verlässlich entfernen wollen, hilft nur das Zerstören der Speicherkarte oder ein komplettes Überschreiben.

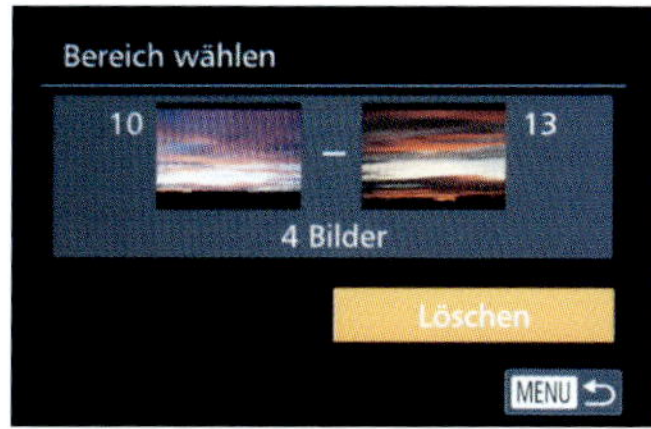

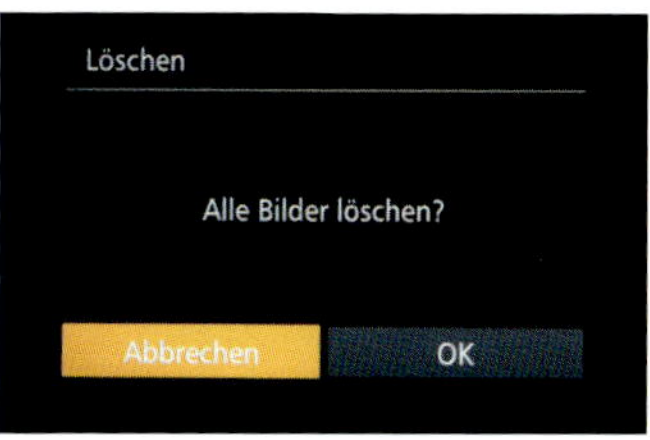

Mit der Einstellung „Bereich wählen" kann eine zusammenhängende Bilderfolge gelöscht werden, mit „Alle Bilder löschen" fast genau das, was der Befehl beschreibt. In beiden Fällen werden alle Bilder verschont, die Sie mit dem folgenden Menüpunkt vorher geschützt haben.

RAW/JPG löschen

Aufnahmen die gleichzeitig im RAW und JPG Format gespeichert wurden, können über den Löschschalter auch getrennt entfernt werden. Will man dadurch

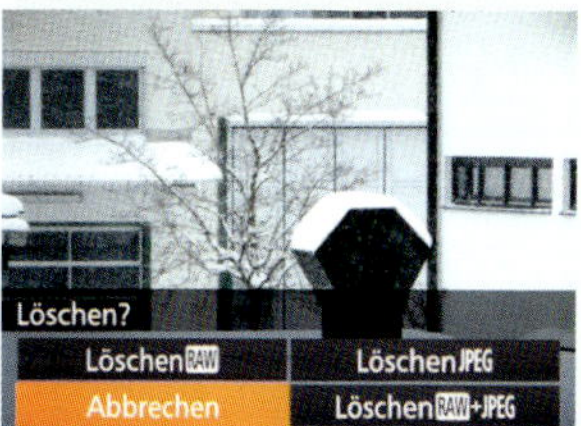

mehr Platz auf der Speicherkarte schaffen, muss man sich von der RAW-Datei trennen, da die JPG allein deutlich weniger Speicherplatz in Anspruch nimmt als die RAW-Datei.

Schützen

Unabsichtlich gelöschte Bilder können einen schon gewaltig ärgern, sie mit spezieller Software zu retten ist sehr aufwendig und klappt auch nicht immer. Bilder sicher zu schützen geht sehr schnell über die Menüfunktion „Schützen". Bild aufrufen, FUNC. SET-Taste drücken und schon ist das Bild vor unabsichtlichem Löschen geschützt, was Sie am eingeblendeten kleinen Schlüsselsymbol erkennen können.

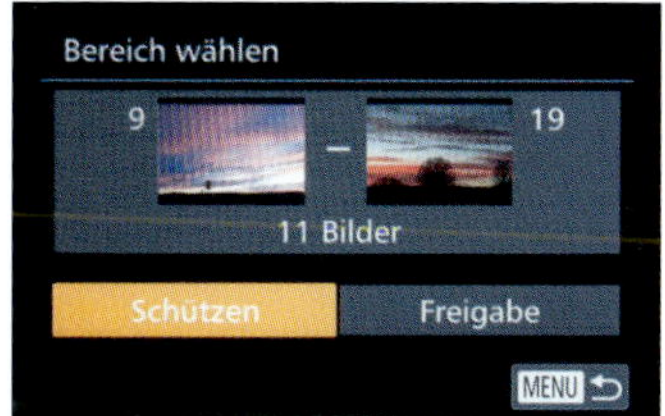

Bereichsauswahl um Bilder zu schützen.

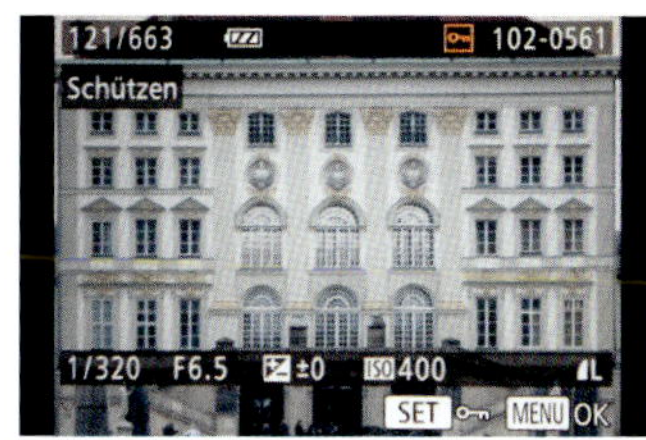

Das rote Schlüsselsymbol im oberen Rand signalisiert, dass dieses Bild erst dann wieder gelöscht werden kann, wenn Sie den Schutz aktiv aufheben.

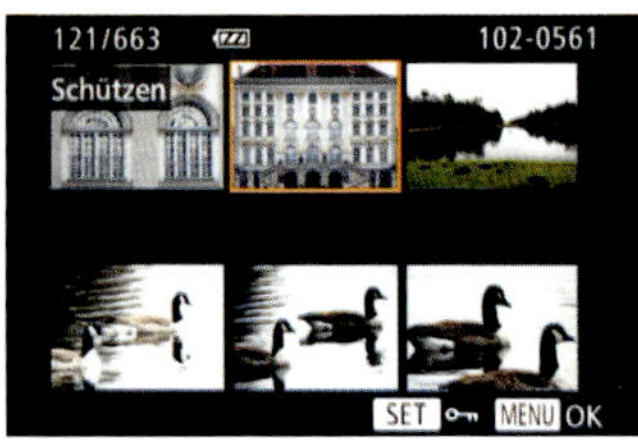

Bilder können Sie auch direkt in einer Indexauswahl schützen.

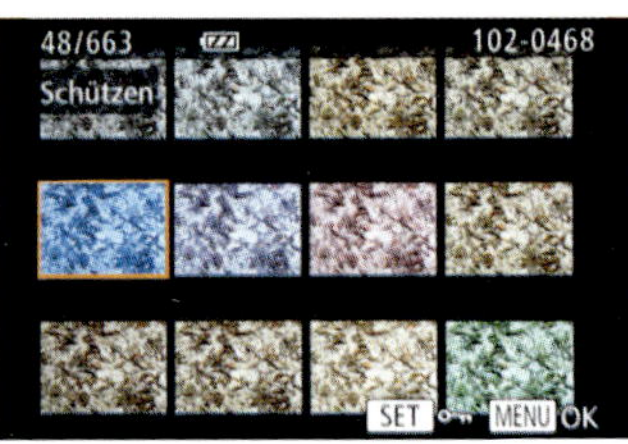

Bilder lassen sich sehr schnell über den Schnelldurchlauf zum Markieren auffinden, oder Sie verwenden die Indexansicht über den Zoomregler, die in zwei Größen – mit 6 oder 12 Bildern – zur Verfügung steht. Sie manövrieren mit den Pfeiltasten den roten Rahmen über die Auswahl und bestätigen den Schutz über die FUNC.SET-Taste. Mit einem zweiten Druck können Sie den Schutz wieder löschen.

Größere zusammenhängende Dateigruppen bestimmen Sie über „Bereich wählen" und schützen diese oder lösen den Schutz mit einem Befehl.

Wollen Sie alle Bilder auf der Karte schützen, nehmen Sie die Auswahl „Alle Bilder schützen". Wollen Sie die Mehrzahl Ihrer Bilder schützen, wählen Sie zuerst diesen Befehl und wählen danach nur diejenigen Bilder an, die nicht geschützt werden sollen. Diesen Befehl können Sie bedenkenlos nutzen, auch wenn Sie bereits einzelne Bilder geschützt hatten. Der doppelte Befehl hebt in dieser Funktion den Schutz im Gegensatz zum Doppelklick bei der Einzelauswahl nicht auf.

Bilder drehen geht um 360° in 90° Schritten.

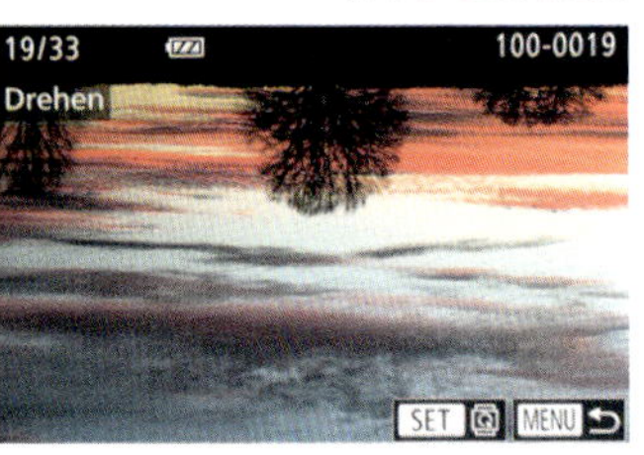

Drehen

Die Menüeinstellung „Drehen" erlaubt Ihnen das Bild mit jeder Bestätigung um 90° zu drehen – Sie können Ihr Bild auch auf den Kopf stellen. Diese Funktion können Sie nur dann ausführen, wenn Sie in der Kamera-Grundeinstellung „Autom. Drehen" aktiviert haben.

Mit Sternchen markierte Bilder sind über die Suchfunktion schnell aufzufinden. Sind Sie sehr kritisch bei der Vergabe, sonst verliert der Stern den Sinn für die Suchfunktion.

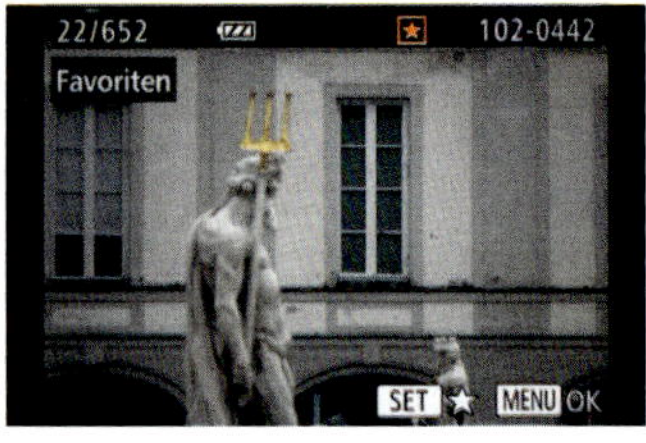

Favoriten

Die durch ein Sternchen markierten Bilder können Sie wie wir bereits auf Seite 52 beschrieben haben für die automatische Bildsuche einsetzen. Empfehlenswert wäre noch, diese Bilder zu schützen.

Einzelne Bilder oder auch alle Bilder auf einmal lassen sich markieren, um sie später in einem Fotobuch auszudrucken.

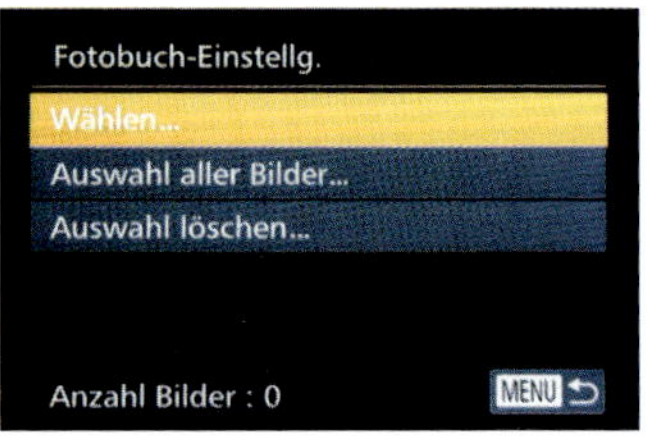

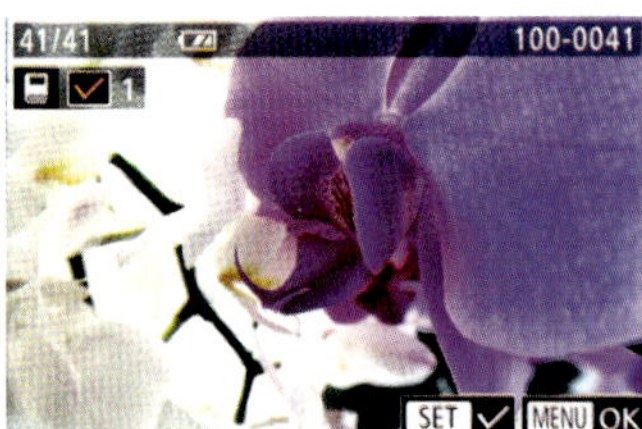

Fotobucheinstellungen

Sie treffen in diesem Menüpunkt eine Vorauswahl von Bildern (bis zu 998 Bilder), die Sie dann in einer gesonderten Datei auf ihrem PC ablegen können, um dann mit einer dafür geeigneten Software ein Fotobuch zu erstellen, das Sie selbst drucken oder einem Fachlabor übergeben.

i-contrast

Die nachträgliche i-contrast-Korrektur im Wiedergabemenü unterscheidet sich in ihrer Wirkung etwas von der bei der Aufnahme. Dort steht Ihnen die Kontrastkorrektur in drei Stufen (AUTO, 200%

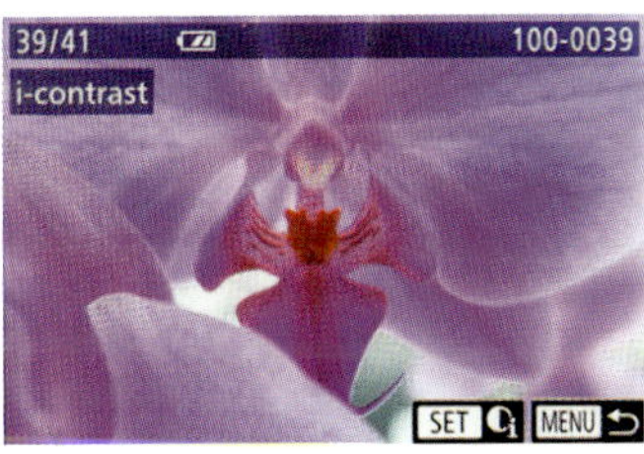

Ausgangsbild ohne i-contrast

i-contrast Auto

i-contrast beeinflusst die Gesamthelligkeit sowie die Gradation; mit i-contrast machen Sie den Bildcharakter weicher.

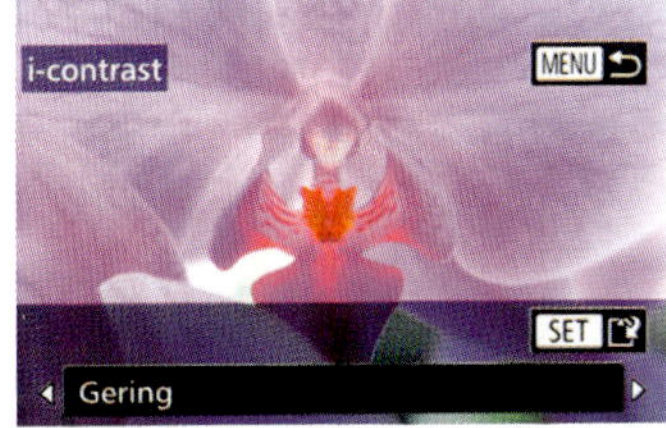

i-contrast gering

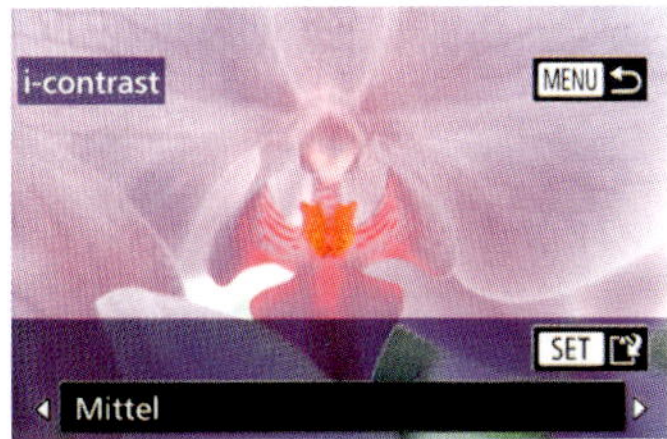

i-contrast mittel

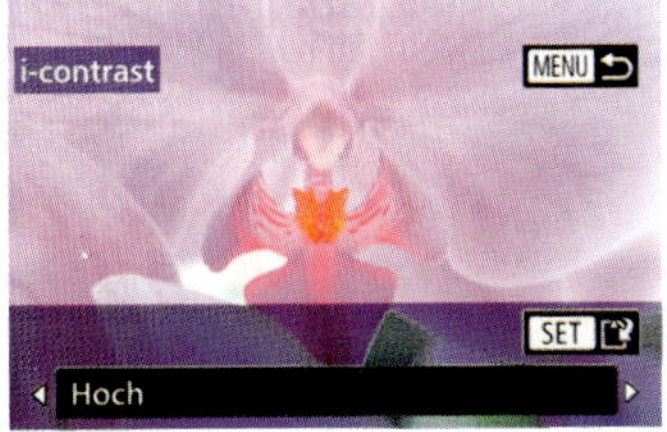

i-contrast stark

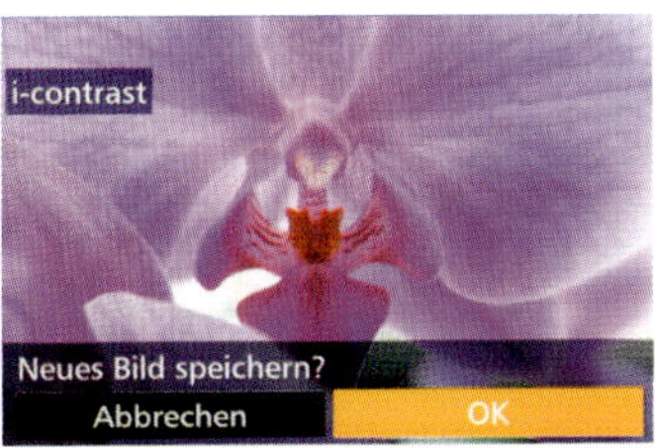

i-contrast Bild speichern

und 400%) und eine (AUTO) Schattenkorrektur zur Verfügung. Allen gemeinsam ist ihre ausschließliche Anwendbarkeit auf jpg-Dateien. Die i-contrast-Funktion ist mit großer Vorsicht zu genießen, da man die Auswirkung auf dem Kameramonitor nur sehr bedingt beurteilen kann. Schnell wird aus einem richtig belichteten Bild ein blasses flaches Bild. Da man das Originalbild nicht verändert, sondern die Korrektur in einer eigenen Datei speichern kann, ist die i-contrast-Korrektur einen Versuch wert.

Rote Augen Korrektur

Auch diese Nachbearbeitung ist den JPG-Dateien vorbehalten. Die Kamera erkennt die Augenpartien, markiert sie mit einem weißen Rahmen und führt die Korrektur durch, sobald Sie die Auswahl mit der FUNC.SET-Taste bestätigen. Unser Bildbeispiel zeigt, dass die roten Reflexe, die von der Reflexion des Blitzlichtes vom Augenhintergrund herrühren, sehr gut korrigiert werden, starke Lichtreflexe von der Augenoberfläche bleiben erhalten. Nach der Korrektur kann das alte Bild überschrieben oder in einer neuen Datei gespeichert werden. JPG-Dateien aus der RAW/JPG-Kombination lassen sich nicht ersetzen, sie müssen als neuer Datensatz abgelegt werden.

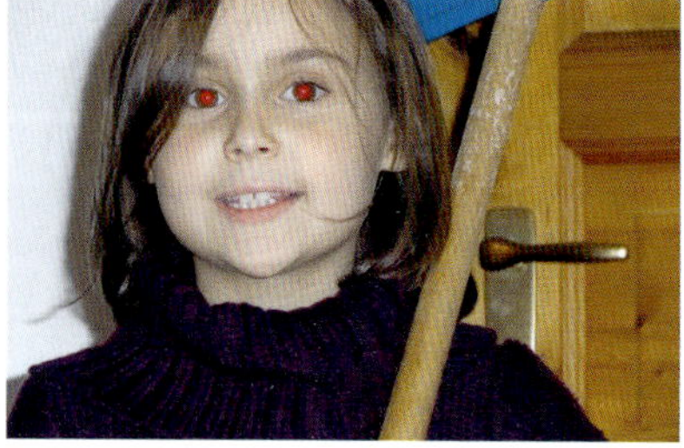

Ohne Rote-Augen-Korrektur

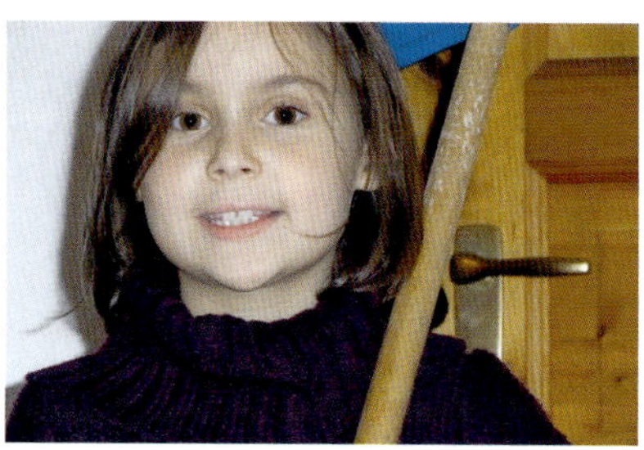

Mit Rote-Augen-Korrektur, weiße Reflexe in den Augen bleiben erhalten.

Ausschnitt

Sicher eines der am häufigsten einsetzbaren Werkzeuge für die Nachbearbeitung. Lieber bei der Aufnahme etwas mehr Raum um das Hauptmotiv belassen und das Bild nachher in aller Sorgfalt exakt in den Ausschnitt setzen, als versehentlich das Motiv falsch zu beschneiden oder durch einen kleinen Verwackler bei der Aufnahme Bildwichtiges abzuschneiden; ein Problem, das bei langen Brennweiten nicht selten auftritt. In Ruhe betrachtet erkennt man eher, das die dezentrale Position des Hauptobjektes die

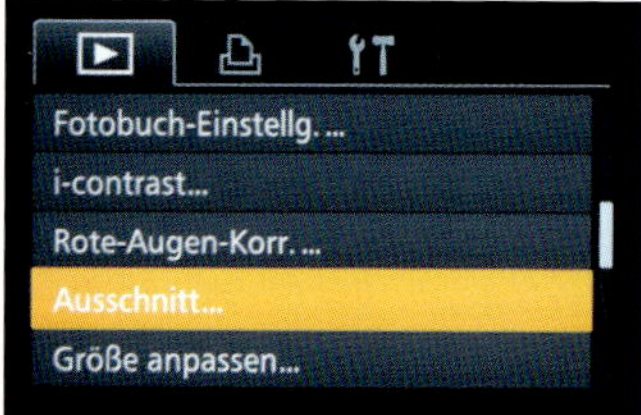

Ausschnittskorrekturen verringern zwar die Bildgröße, verbessern aber in vielen Fällen die gestalterische Qualität der Aufnahme.

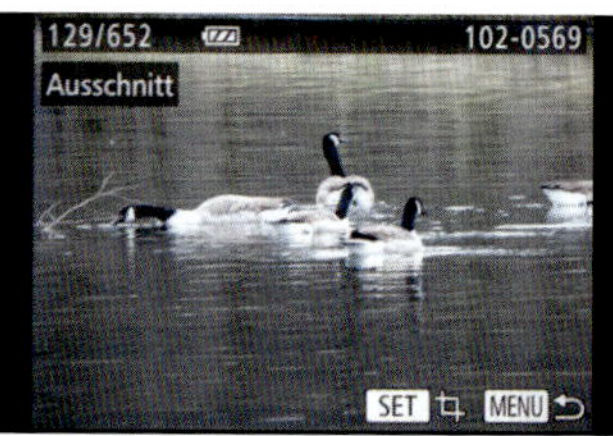

Aktivieren Sie „Ausschnitt", öffnet die Kamera zuerst das volle Bild, mit SET gelangen Sie in den aktiven Ausschnittsmodus.

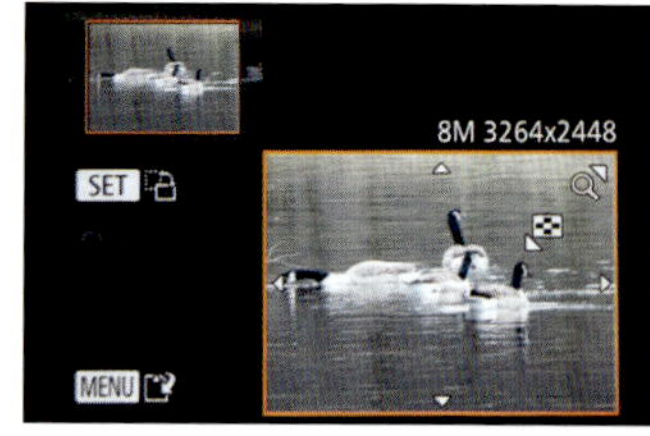

Mit den Richtungstasten bewegen Sie den Ausschnitt, mit dem Zoomhebel ändern Sie die Ausschnittsgröße, mit SET das Format.

Bildspannung erhöht oder Objekte am Rand, die zur Bildaussage nichts beitragen, stören und durch einen Beschnitt verschwinden.

Für Porträts bietet die G7 X noch einen besonderen Komfort. Sobald das Einstellrad und das Porträt-Icon aufleuchtet, hat das Programm ein Gesicht erkannt. Sobald das Einstellrad bewegt wird, springt der Ausschnittsrahmen in den Porträtmodus. Mit der SET-Taste können Sie aus dem Quer- ins Hochformat springen und mit dem Zoomhebel die Ausschnittsgröße nachkorrigieren.

Mit dem Druck auf die Menütaste kommt die Abfrage, wie Sie mit dem bearbeiteten Bild verfahren wollen. Sie können jetzt das Bild in einer neuen Datei speichern oder auch die Bearbeitung verwerfen.

Erkennt das Programm ein Porträt, leuchtet das Porträtsymbol auf, der Ausschnitt erfasst automatisch einen enger gefassten Gesichtsausschnitt.

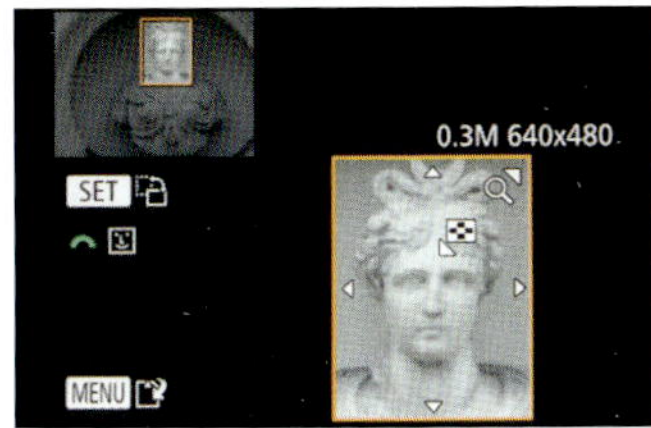

Ein Druck auf die SET-Taste und der Ausschnitt springt ins Quer- bzw. Hochformat.

Größe anpassen

Nicht immer wollen Sie die recht großen Dateien, aufgenommen mit maximaler Auflösung, verschicken, dann werden unter „Größe anpassen" die kleineren Formate „M2" und „S" angeboten. Auch in diesem Modus können Sie die Veränderung in einer neuen Datei abspeichern.

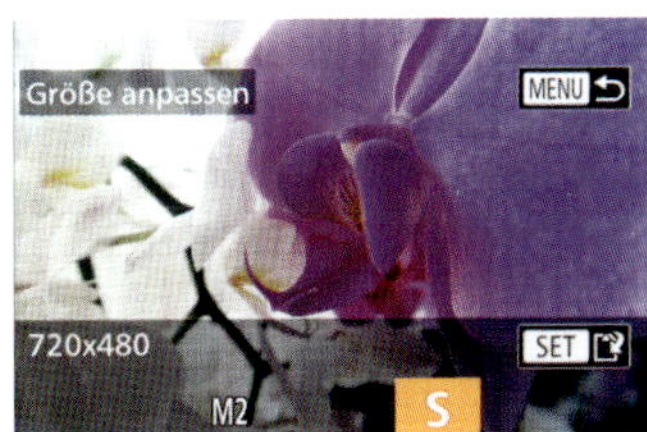

Große Dateien lassen sich in die Formate „M2" und „S" reduzieren und in einer neuen Datei ablegen.

My Colors

My Colors-Funktionen finden Sie gleich zweimal bei Ihrer G7 X, im Aufnahmemenü, wenn Ihr Dateiformat auf JPG steht und hier im Wiedergabemenü. Warum die Einstellung „C", also der Custom-Modus fehlt, ist nicht wirklich nachvollziehbar.

Bei den meisten Einstellungen macht sich der Effekt deutlich bemerkbar, der Einfluss auf die Hauttöne sowie die Grün- und Rottöne ist nur bei genauerem Hinsehen zu erkennen. Ganz im Gegensatz dazu die Blaueinstellung, blauer Himmel

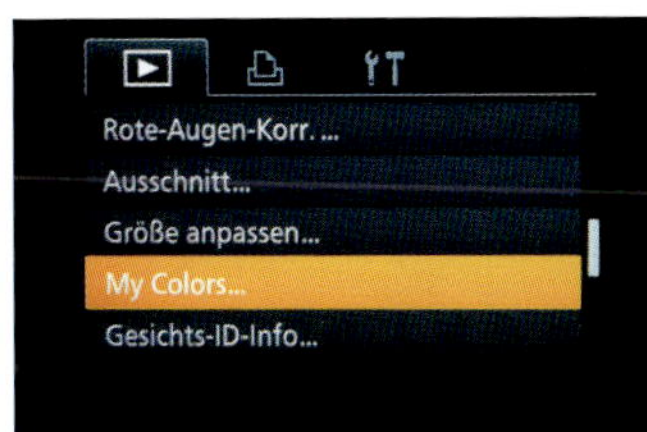

Mit My Colors können Sie im Aufnahme- und im Wiedergabemenü auf die Bilddarstellung einwirken.

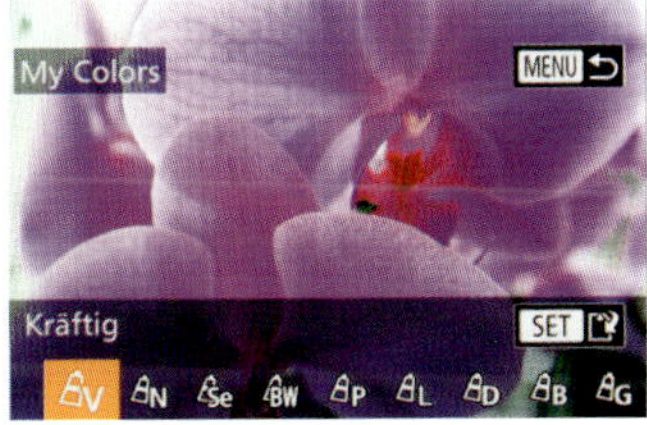

Bis auf My Colors Customers stehen die 10 übrigen Einstellungen im Wiedergabemenü zur Verfügung.

wird zum Beispiel deutlich intensiver. Mit My Colors bearbeitete Bilder lassen sich in einer eigenen Datei speichern. RAW-Dateien sind gegen My Colors immun.

Auch wenn der Druck Unterschiede nicht so deutlich zeigen kann wie eine Bildschirmdarstellung, so sind sie doch erkennbar. Insgesamt gesehen wirkt My Colors sehr zurückhaltend.

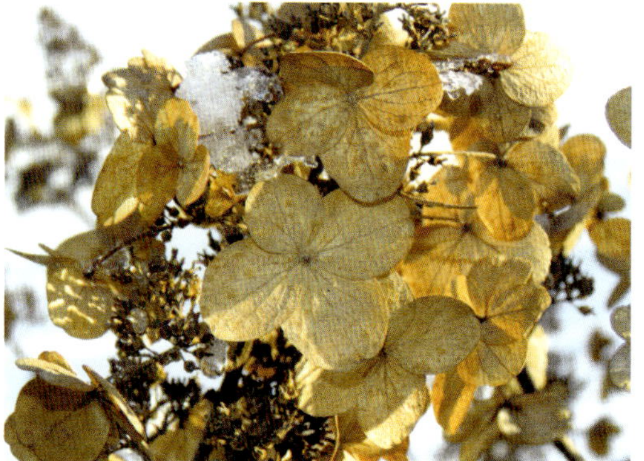

Vergleichsbild ohne My Colors

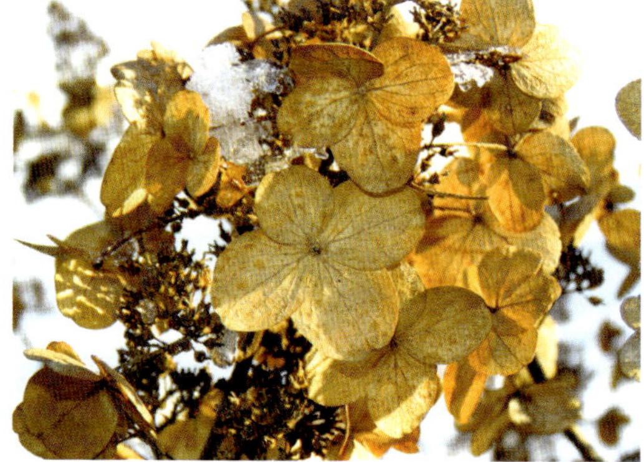

Kräftig „V“

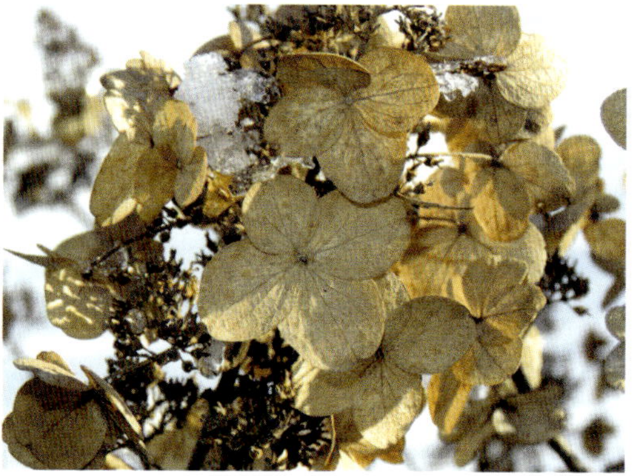
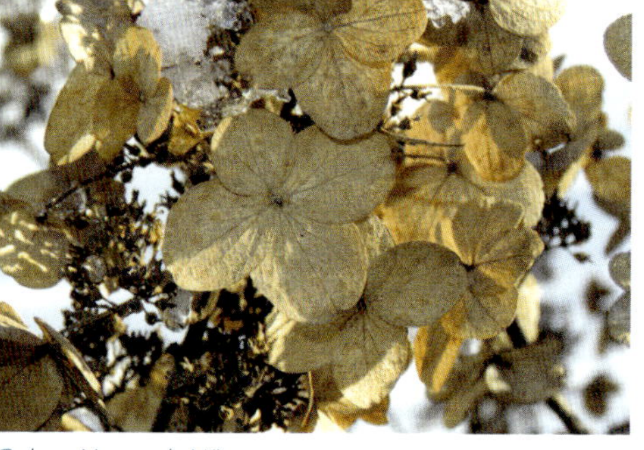

My Colors Normal „N“

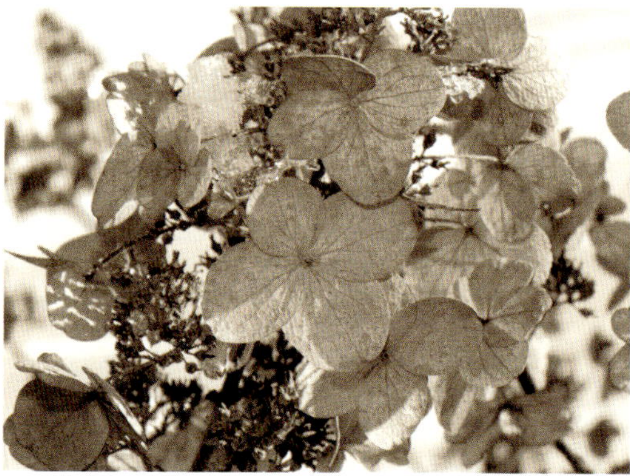

My Colors Sepia „Se“

My Colors Schwarzweiß „BW“

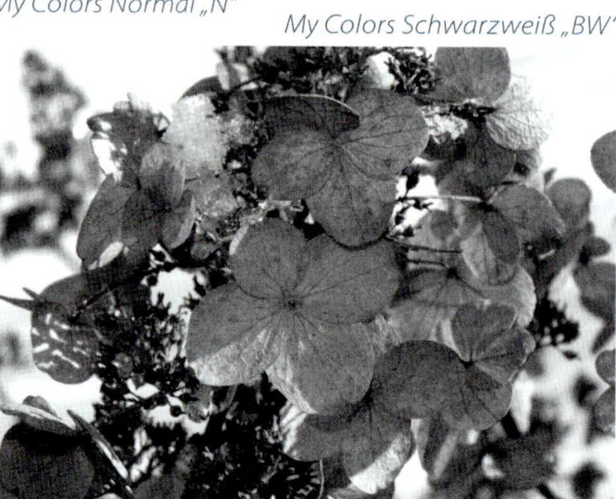

My Colors Diafilm „p“

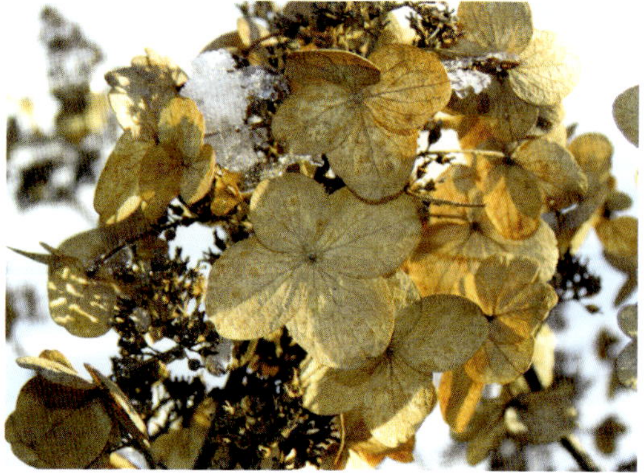

Je nach Farbigkeit und Kontrast des Ausgangsbildes, das Sie mit My Colors bearbeiten, kann die Wirkung mehr oder weniger sichtbar sein. So verbietet es die Logik, ein bereits sehr farbkräftiges kontrastreiches Bild mit „Kräftig“ zu bearbeiten und dann noch einen starken Effekt zu erwarten. Achten Sie – wie bei jeder Nachbearbeitung – zuerst darauf, dass die Gesamthelligkeit des Bildes optimal eingestellt ist. Da helfen automatische Belichtungsreihen sich ein besseres Auge anzutrainieren. Machen Sie eine Zeit lang alle Aufnahmen mit einer automatischen Einstellung von ± 2/3 Blende. Sie werden feststellen, dass Sie fast jede Aufnahme verwenden können; die Unterschiede liegen mehr im Bereich des persönlichen Geschmacks. Feinkorrekturen sind jetzt am richtig belichteten Bild mit My Colors optimal einsetzbar.

Die Gelb-Rot-Töne werden mit „Hautton“ relativ deutlich geändert; ähnliches geschieht mit „Kräftiges Blau“ bei bläulichen Farbtönen.

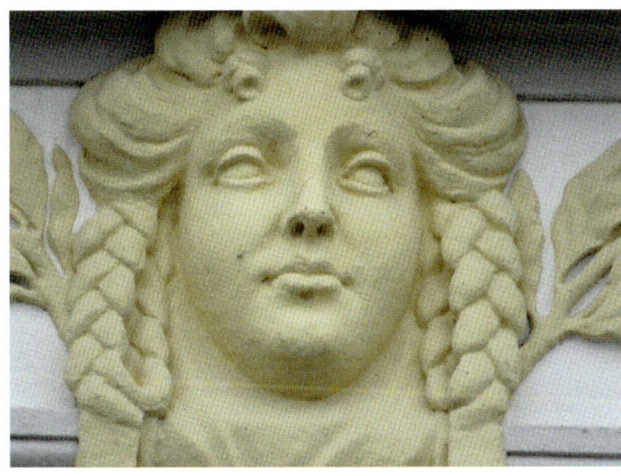

Vergleichsbild ohne My Colors

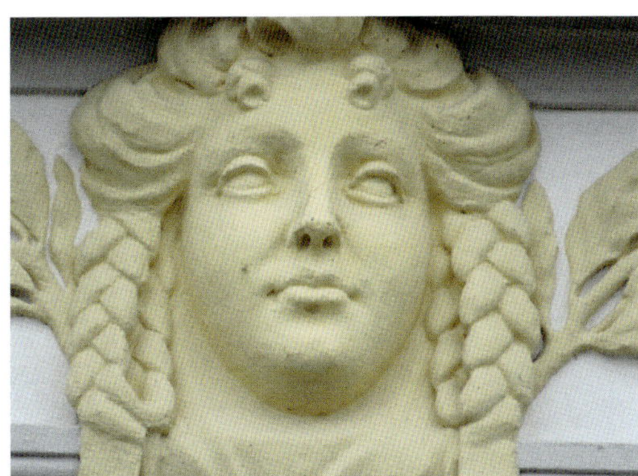

Heller Hautton „L“

Dunkler Hautton „D“

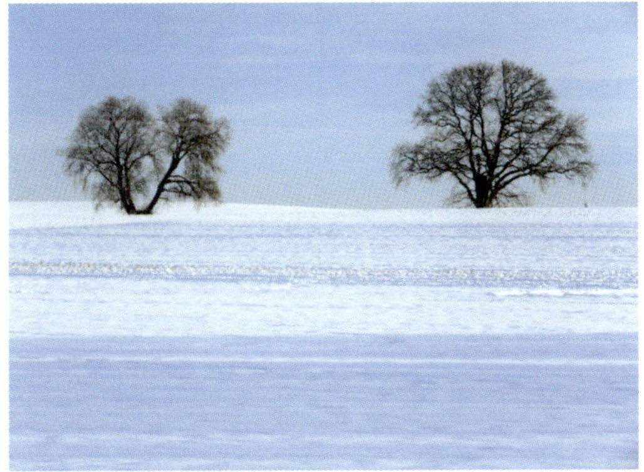

Vergleichsbild

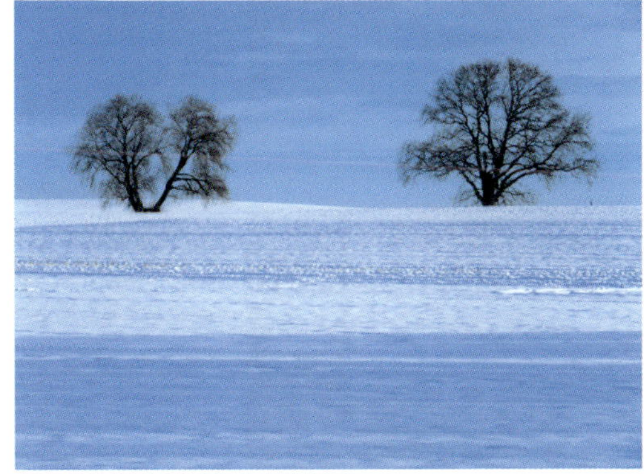

Kräftiges Blau „B“

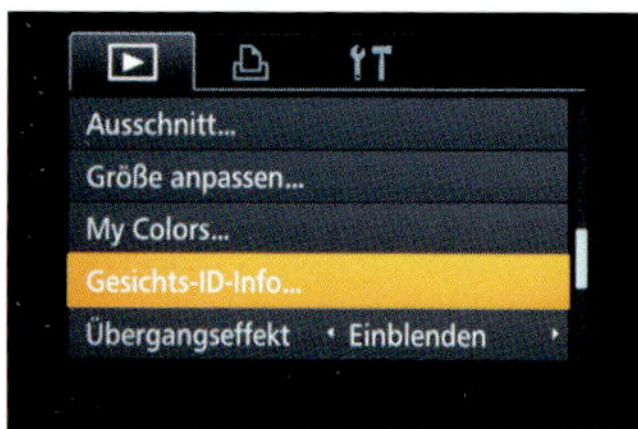

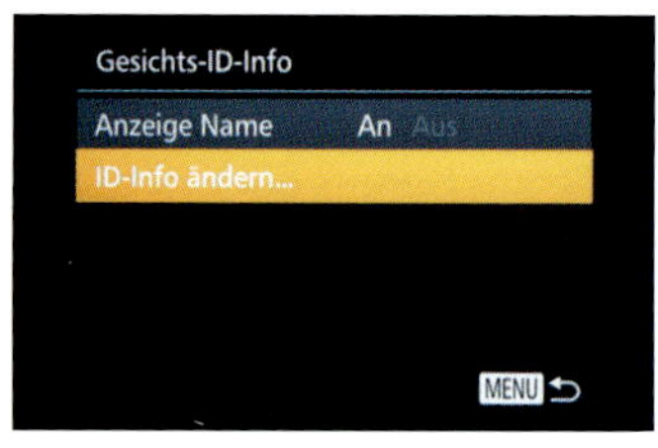

Steht die Anzeige des Namens auf „An", wird ein gespeichertes und bei einer neuen Aufnahme erkanntes Gesicht im Display unter dem Gesicht eingeblendet. Diese ID-Information können Sie im Programm ändern oder auch wieder ganz löschen.

Gesichts-ID-Info

Eine neue ID können Sie zwar in diesem Wiedergabemodus nicht hinzufügen (siehe Seite 116), aber Fehler im Namen korrigieren oder auch komplett löschen. Die Korrektur beschränkt sich aber auf einen Austausch von bereits hinterlegten Namen.

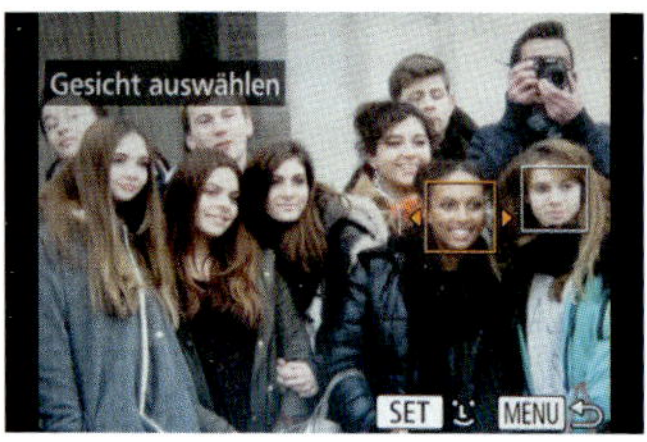

Mit der SET-Taste aktivieren Sie eines der umrandeten Gesichter. Mit den horizontalen Richtungstasten gelangen Sie zum nächsten Gesicht.

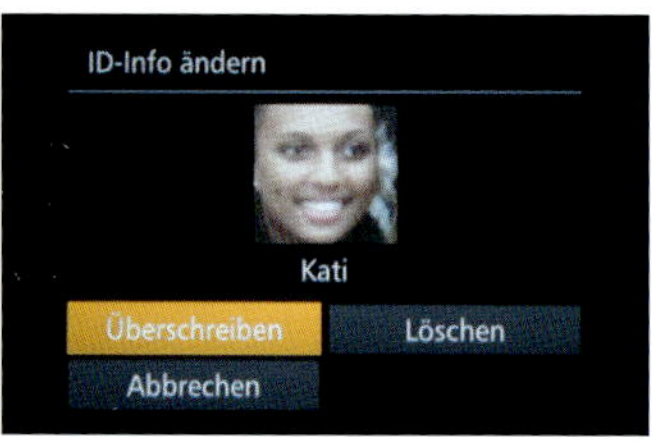

Das mit der SET-Taste bestätigte Gesicht wird in einer neuen Ansicht geöffnet. Wählen Sie „Überschreiben", öffnet sich die Gesamtübersicht der gespeicherten Gesichter.

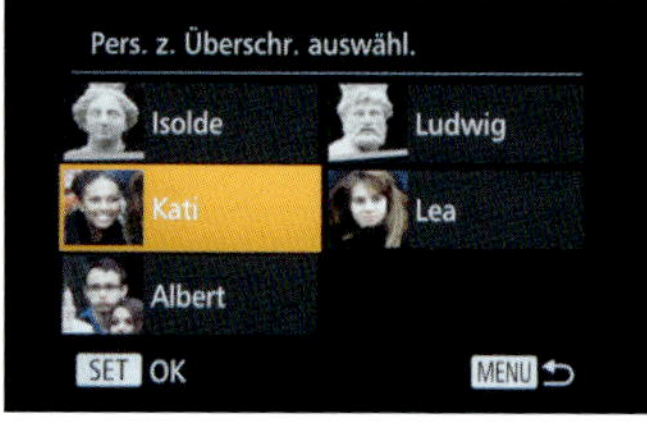

Mit den Richtungstasten wählen Sie den Namen aus, mit dem das bisherige Gesicht beschrieben werden soll. Eine Korrektur ermöglicht das Programm nur bei Verwechslungen von bereits gespeicherten Personen.

Übergangseffekt

Auf den Übergangseffekt sind wir bereits bei dem Menüpunkt „Diaschau" näher eingegangen.

Indexeffekt

Bei eingeschaltetem Indexeffekt und Indexansicht laufen die Bilder nach Druck auf eine vertikale Richtungstaste als ein sich nach oben bzw. unten verjüngendes Bilderband aus dem Display.

Anzeige scrollen

Üben Sie einen längeren Druck auf eine der horizontalen Richtungstasten aus, beginnt der Schnelldurchlauf. Wurde „Anz. scrollen" eingeschaltet, wird die Darstellung verkleinert und links und rechts ein noch kleineres angrenzendes Bild gezeigt. Auf „Aus" gestellt laufen die Bilder in voller Größe durchs „Fenster". Beide Einstellungen ausprobieren und dann entscheiden, wann man das gesuchte Bild besser erkennt. Kennt man den Aufnahmetag, helfen die vertikalen Richtungstasten ein Datum schnell aufzufinden.

Der Scroll-Schnelldurchlauf ermöglicht das schnellere Erkennen eines gesuchten Bildes.

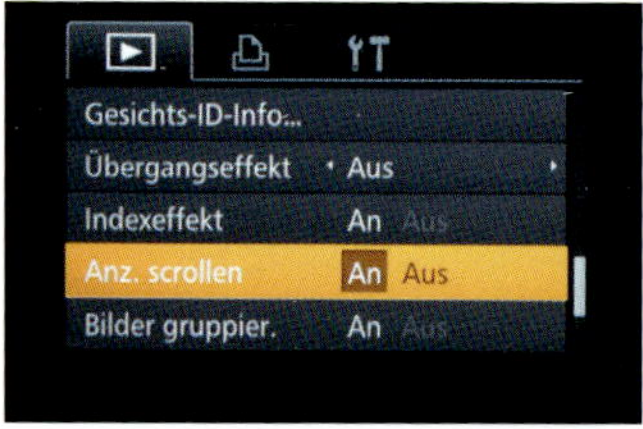

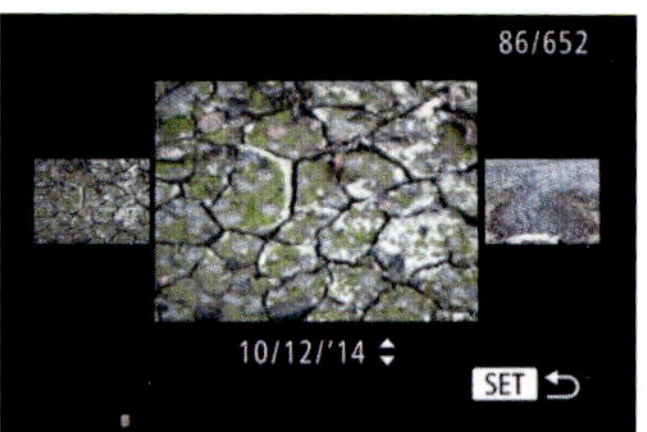

Bilder gruppieren

Reihenaufnahmen oder Kreativserien werden als eine Datei mit dem ersten Bild angezeigt, steht das Menü „Bilder gruppier." auf „An". „Aus" bedeutet dann logischerweise, alle Bilder einer Gruppe sind auch einzeln aufrufbar und können, wenn gewünscht bearbeitet oder gelöscht werden. Die gruppierte Anzeige lässt sich auch auflösen, indem Sie eine Gruppe aufrufen und die SET-Taste drücken. Dann können Sie sich die Bilder der Gruppe und nur diese einzeln anschauen. Drücken Sie die Menütaste, dann gelangen Sie zur Anzeige „Gruppenanz. beenden".

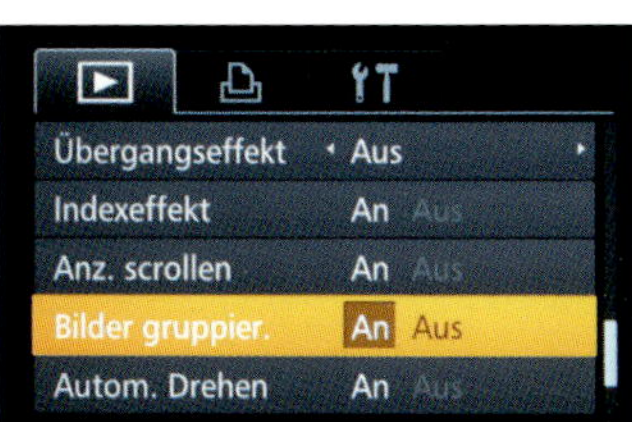

Bildserien werden in dieser Einstellung in der Ansicht auf ein Bild reduziert.

Automatisches Drehen

Wurde „Autom. Drehen" aktiviert, dreht sich die Bildansicht gegen die Drehrichtung der Kamera. Die Hochformataufnahme wird auch bei waagerecht gehaltener Kamera, aber deutlich kleiner, im Hochformat dargestellt; einfach Kamera um 90° drehen und das volle Displayformat ist wieder ausgefüllt.

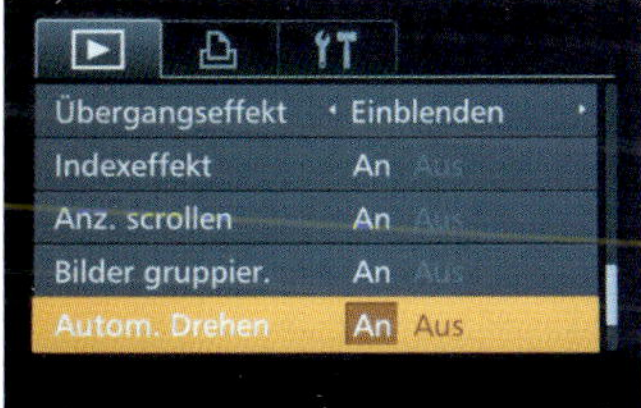

Hochformataufnahmen werden automatisch senkrecht, entsprechend verkleinert im Querformat dargestellt.

Wiedergabe

Eine sehr sinnvolle Wahlmöglichkeit bietet die Einstellalternative „Betrachtet" und „Letzte Aufn.". Im aktiven Aufnahmegeschehen ist die Einstellung auf „Letzte Aufn." die bessere Wahl, da man eher die aktuellste Aufnahme schnell noch einmal kontrollieren möchte, als diejenige die man sich X Aufnahmen vorher angeschaut hatte. Ganz anders sieht es bei der Suche und Kontrolle des Bildbestandes aus. Da will man oft genau da weitermachen, wo man vor der Unterbrechung gerade ein bestimmtes Bild nach mühsamer Suche gefunden hatte. Die Einstellung merkt sich das Bild nicht, wenn Sie zwischendrin eine Aufnahme machen. Dann merkt sich die Wiedergabeansicht diese Aufnahme.

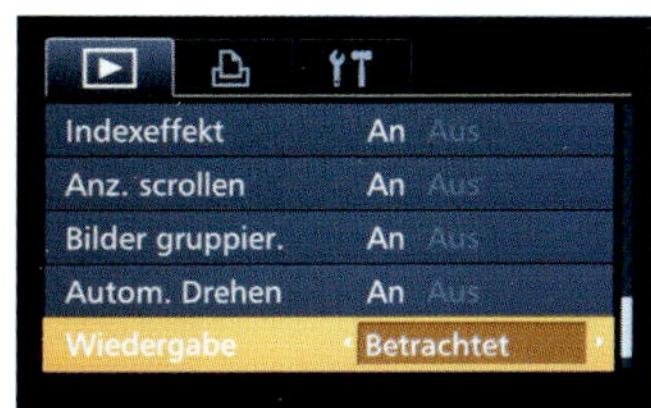

Hier haben Sie die Wahl zwischen „Betrachtet" und „Letzte Aufnahme".

Touchaktion festlegen

Diese Einstellung wurde bereits auf Seite 25 ausführlich behandelt.

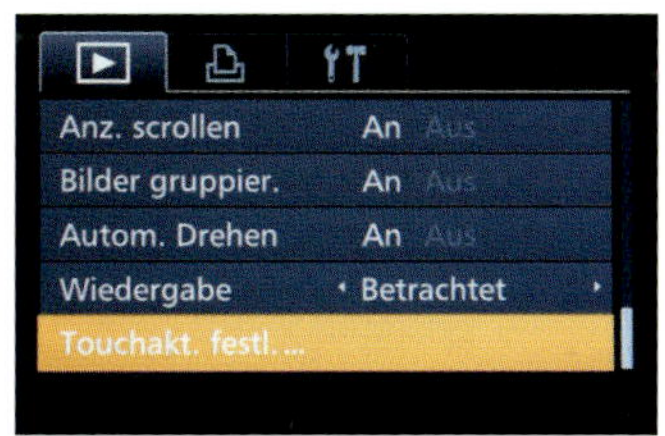

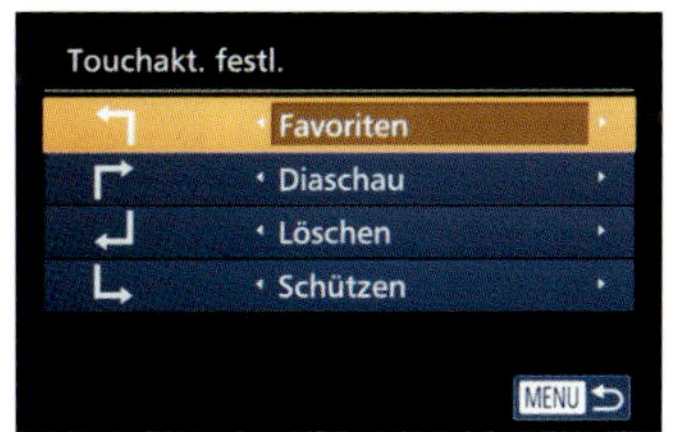

Über „Touchakt. festl. weisen Sie bestimmten Bewegungsmustern Kamerafunktionen zu.

Das Druckmenü

Bedienung des Druckmenüs, Einleitung von Druckfunktionen, aber auch alles rund um einen „Diavortrag“ aus der Kamera auf Display oder TV-Monitor ist das primäre Ziel des Wiedergabemenüs. Als Druckmenü arbeitet dieses Menü für die direkte Ausgabe von Bildern mit einem Drucker oder als Vorbereitung zur Weitergabe der Bilder an einen Dienstleister.

Da der Druckablauf und Einstellmöglichkeiten je nach angeschlossenem Drucker abweichen können, beschränken wir uns auf eine grundsätzliche Übersicht der speziellen Kameraeinstellungen zum Thema Drucken direkt aus der Kamera.

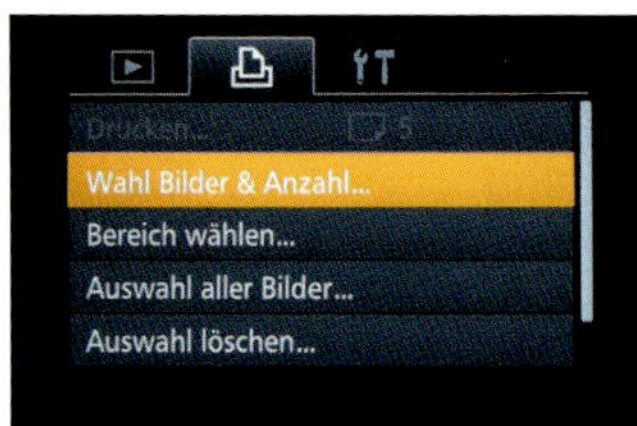

Bild für Bild einzeln wählen und zum Druck einrichten.

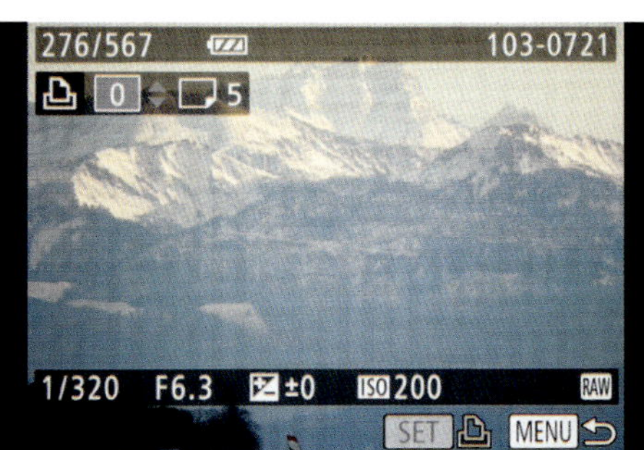

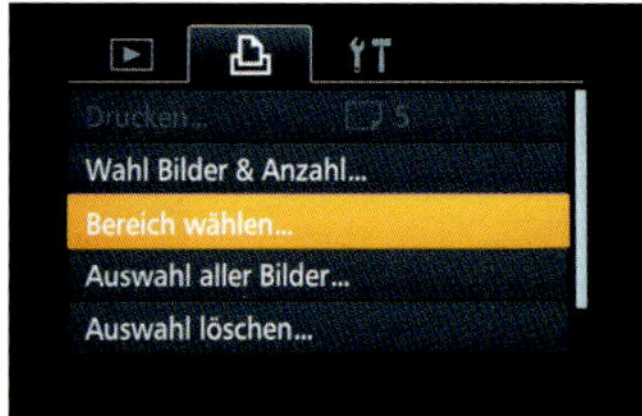

Aufeinanderfolgende Bilder zum Druck bestimmen.

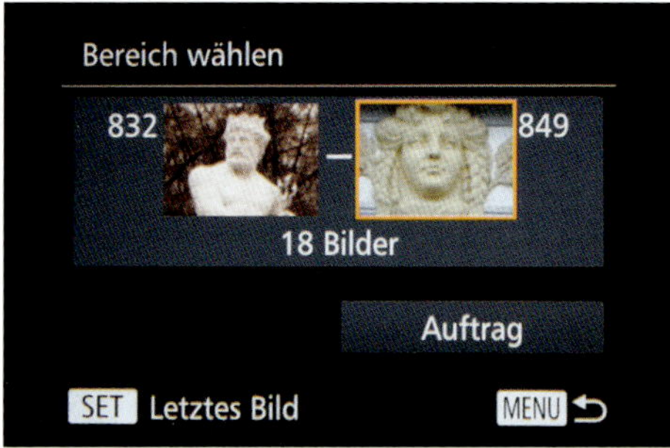

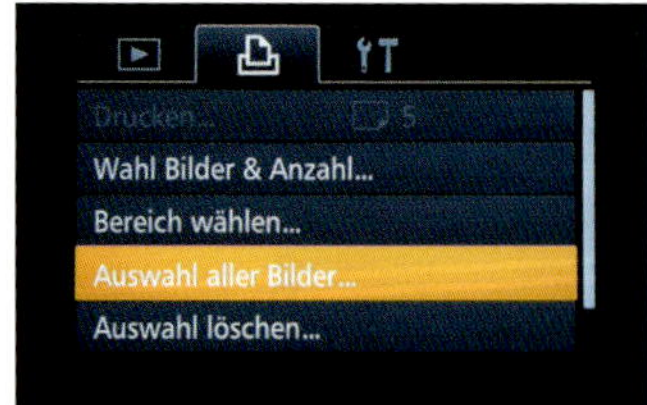

Bilder wählen, Anzahl pro Bild, Druck-Format angeben oder einen Auftrag löschen.

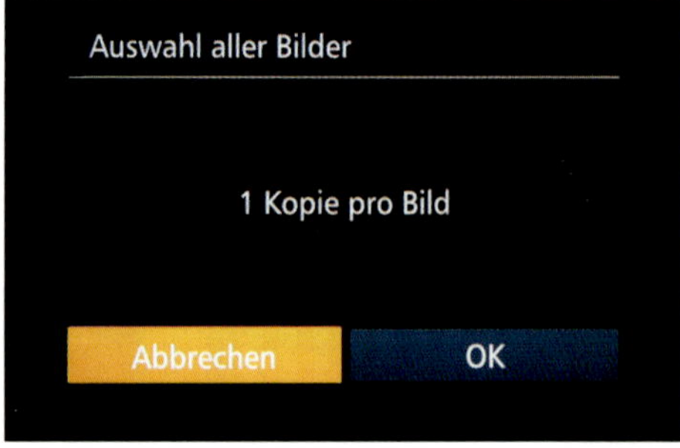

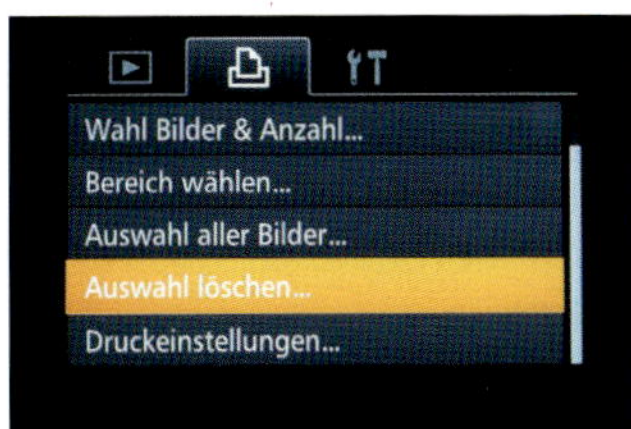

Den Befehl „Alles Drucken" können Sie so wieder aufheben.

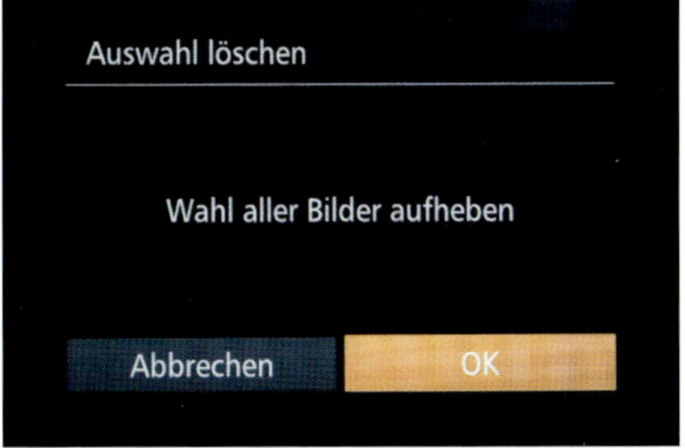

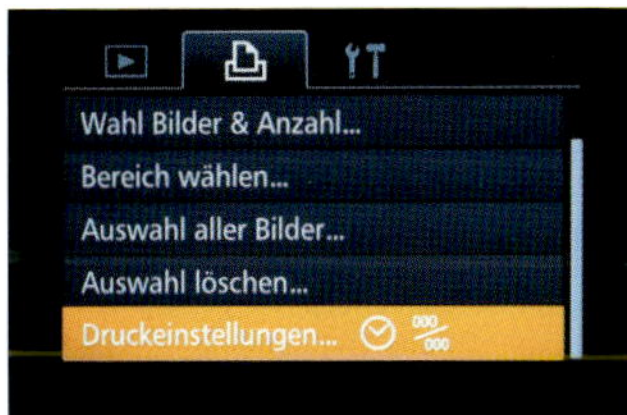

Bereits in der Anzeige „Druckereinstellungen" erkennen Sie einige der aktivierten Einstellungen durch ein Symbol.

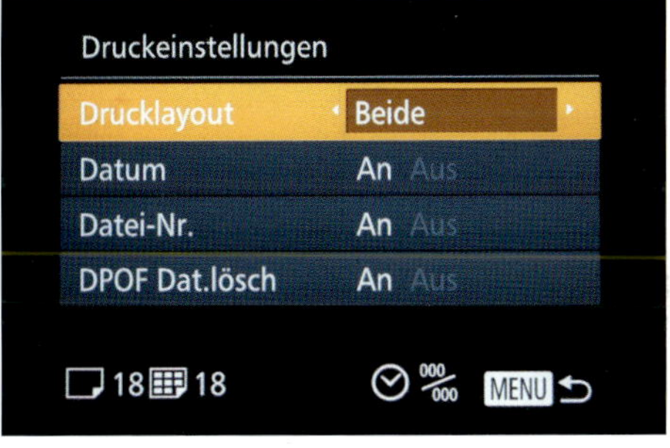

Das Drucklayout lässt die Einstellungen „Standard", „Übersicht" und „Beide" zu. Die „Übersicht", sprich Indexprint, entspricht etwa dem Kontaktbogen aus analogen Zeiten, bei dem die Bilder in der Größe des Negativs im Kontaktverfahren auf einem Blatt wiedergegeben wurden. Mit „DPOF Dat.lösch" erreichen Sie, dass alle Einstellungen für die Bilddruckliste nach dem Druck gelöscht werden. Sobald Sie die Kamera über das USB-Kabel mit dem Drucker verbunden und eingeschaltet haben, leuchtet auch die oberste Zeile des Druckmenüs in Ihrer Kamera auf.

Bilder im RAW-Format lassen sich nur nach einer Bearbeitung am PC mit einem RAW-Konverter drucken.

Mit den Canon SELPHY Druckern, die optimal auf die Kamera abgestimmt sind, ist ein Druck der JPG-Dateien ohne großen Aufwand oder Nachbearbeitung machbar. Je nach verwendetem Drucker werden weitere Druckoptionen wie Bildausschnitte, Passfotoformate oder der Druck von Filmszenen machbar.

Seien Sie aber nicht enttäuscht, wenn die Passbehörde Ihre Passbilder nicht akzeptiert. Für den Pass und Personalausweis kommt es nicht nur auf ein genaues Bildformat an, die Aufnahmen selbst müssen bereits nach recht genauen und sehr eng gefassten biometrischen Vorgaben aufgenommen worden sein. Die Vorschriften finden Sie ohne große Mühen im Internet oder erhalten Sie vom Amt.

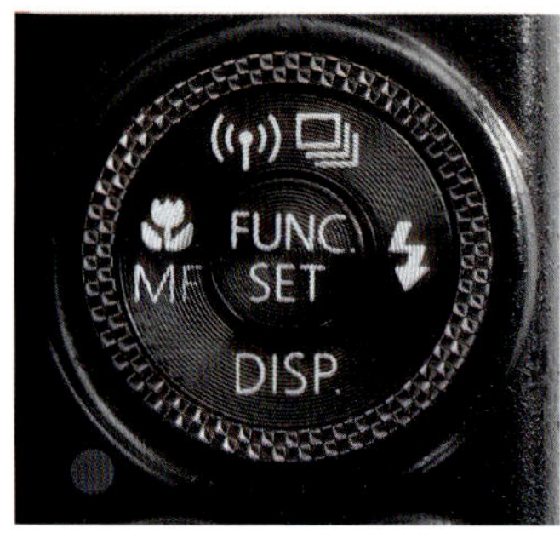

Multifunktionsrad

Im Zusammenhang mit dem Menü konnten wir dieses Multitalent bereits als Richtungsschalter ausführlich kennenlernen. Was sonst noch alles über diese zentrale Steuerung möglich wird, soll dieses Kapitel aufzeigen. Auch hier, wie beim Menü gilt, dass nicht jede Funktion unter jeder Moduseinstellung verfügbar ist, was wir bei unserem ersten Schalter besonders ausgeprägt vorfinden.

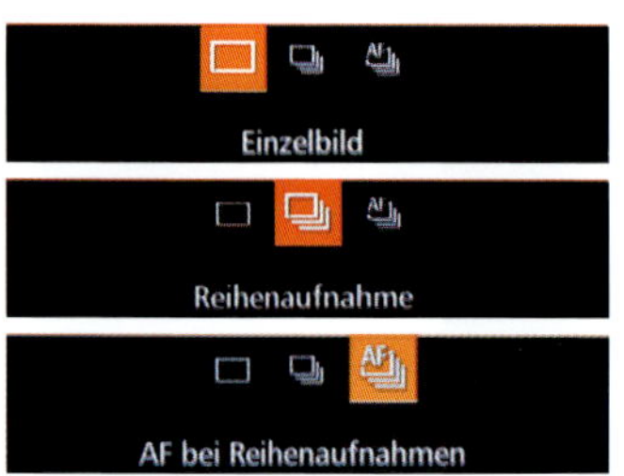

Bildfolgeeinstellungen zum Beispiel in der Programmautomatik „P".

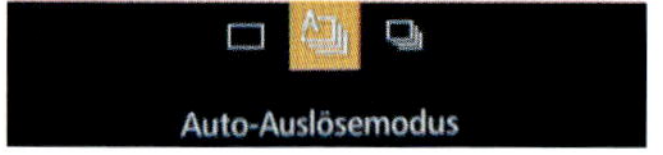

Bildfolgeeinstellungen im Automatikmodus „AUTO".

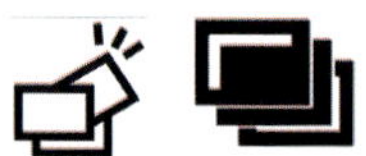

Diese beiden Symbole für Reihenaufnahmen finden Sie nur in der Displayanzeige im AUTO-Modus, wenn wie beim linken Symbol die Kamera mehrere Aufnahmen hintereinander aufnimmt, um dann selbst das beste Bild herauszusuchen und zu speichern. Im rechten Symbol kombiniert das Programm mehrere Aufnahmen die ohne Blitz unter ungünstigen Lichtverhältnissen entstanden.

Einzel- und Reihenaufnahmen

Die Einzelbildeinstellung sollte man vor allem dann wählen, wenn man unnötige Mehrfachbilder und lästiges Löschen vermeiden will. Man schont die Stromreserven und erspart sich bei etwas langsameren Speicherkarten Wartezeiten. Ein Kompromiss zwischen Einzelbild und Serienaufnahme ist eine automatische Belichtungsreihe mit minimaler Korrektur von ±1/3 Blende. Da besitzt man eine Miniserie mit geringem Zeitversatz und gleichzeitig drei Belichtungsvarianten, die man in aller Regel alle einsetzen kann.

Die G7 X bietet mehrere Einstellungen für Reihenaufnahmen: die Klassische, bei der mit feststehender Entfernungs- und Belichtungseinstellung in schneller Folge Bilder entstehen. Befindet sich AF im Symbol, wird es etwas langsamer, dafür regelt die Automatik die Schärfe nach. Bei einer unkalkulierbaren Bewegungsrichtung oder wenn man sich mit der Kamera auf ein Motiv zubewegt oder sich entfernt, eine sehr hilfreiche Einstellung. Bedenken Sie dabei die Belichtungszeiten; Unschärfen können auch von zu hastigen Bewegungen herrühren.

Reihenaufnahmegeschwindigkeit

Reihenaufnahme	ca. 6,5 Bilder pro Sekunde
Reihenaufnahme mit AF	ca. 4,4 Bilder pro Sekunde
Reihenaufnahme im Livebildmodus	ca. 4,4 Bilder pro Sekunde

Steht die Einstellung auf manuellem Fokussieren, steht anstatt von AF ein LV im Reihenaufnahmesymbol und die Reihenaufnahme geschieht bei aktivem LCD im Livebildmodus. Weder Schärfe noch Belichtung ändern sich, die Aufnahmefolge steigt dafür merklich an. Der Vorteil gegenüber der normalen Reihenaufnahme liegt im Livebild, ein bewegtes Objekt bleibt so besser unter Kontrolle.

Makro und manueller Fokus

MF

Arbeiten Sie mit der automatischen Scharfeinstellung AF, kommen Sie mit der mittleren Einstellung (Standardeinstellung) zum Ziel, ob Sie Ihr Motiv im Nah- und Makro- oder Unendlichbereich ansteuern.

Die Makroeinstellung unterscheidet sich von der Standardeinstellung lediglich darin, dass sich der Fokusbereich auf kurze Aufnahmeabstände beschränkt und so vermieden wird, dass die Kamera bei der Suche nach der optimalen Einstellung den gesamten Schärfebereich durchfährt. An der maximalen Naheinstelldistanz (zu diesem Thema kommen wir noch beim Objektiv) der jeweiligen Brennweite ändert sich nichts. Ein gewisser Nachteil bei der Einstellung auf den Makromodus liegt darin, dass man bei etwas größeren Aufnahmeabständen nicht mehr scharfstellen kann und den Modus zuerst auf Standardeinstellung zurücksetzen muss.

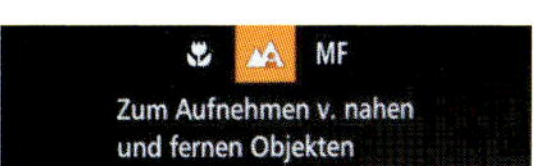

Standardeinstellung für Aufnahmen im Nah- und Fernbereich.

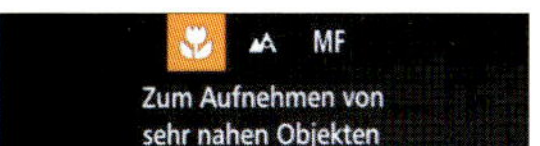

Makroeinstellung die den Autofokuseinstellbereich auf kurze Aufnahme-entfernungen beschränkt.

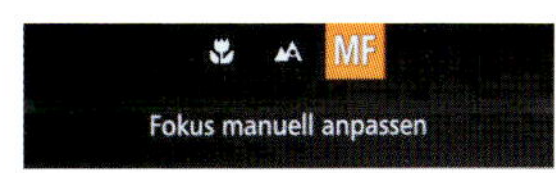

Manuelle Scharfeinstellung

Manuelle Scharfeinstellung

Es gibt eine Vielzahl von Aufnahmesituationen die mit dem Autofokus nicht optimal lösbar sind. Dazu gehören schlechte Lichtbedingungen bei größeren Aufnahmeabständen, bei denen

Manuell scharfgestellt auf das Schilfgras

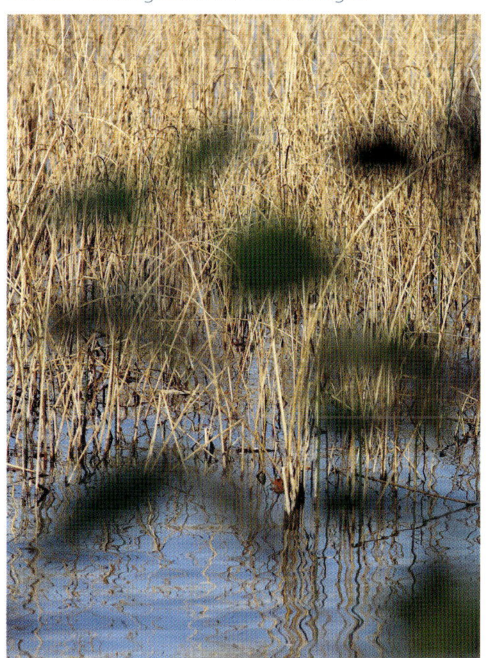

Manuell scharfgestellt auf die Äste im Vordergrund

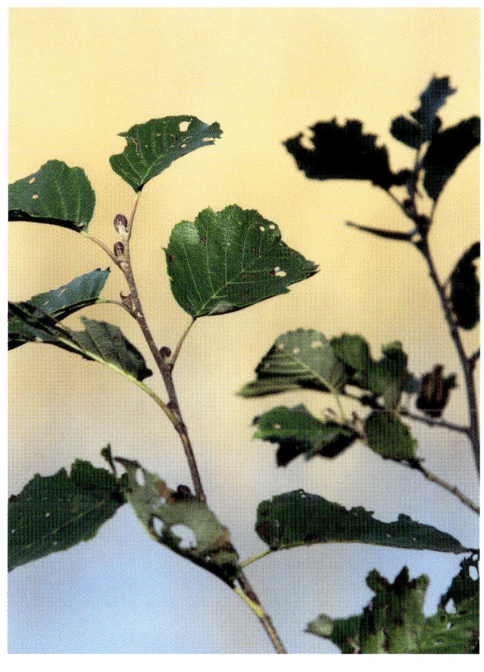

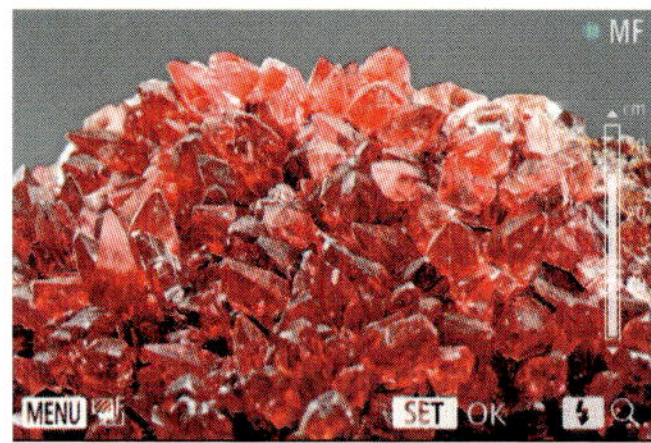

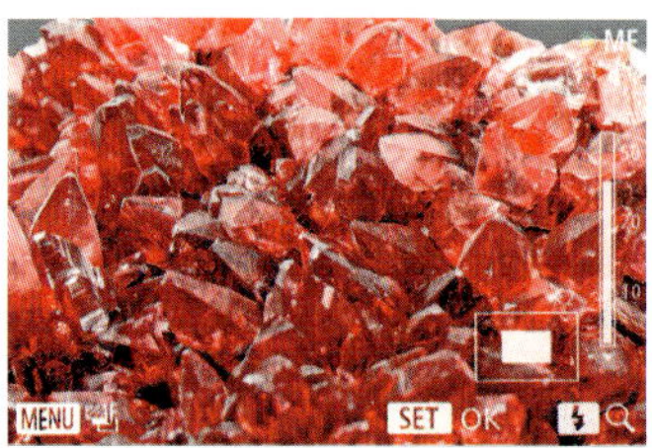

Modus manuelle Scharfeinstellung; rechts Bildausschnitt in zweifacher Vergrößerung.

das Hilfslicht keine Wirkung mehr zeigt; Aufnahmen im Nah- aber auch extremen Telebereich mit geringer Schärfentiefe, um auf eine bestimmte Schärfenebene einzustellen oder der Blick durch einen unscharf gehaltenen Vordergrund wie Äste oder Maschendraht.

Etwas umständlich ist sie, die manuelle Einstellung. Etwas Routine, dann möchte man sie aber nicht mehr missen. Die vergrößerte Ansicht (2x und 4x), die mit der rechten Richtungstaste aufgerufen werden kann oder das MF Peaking (Seite 43) helfen zusätzlich bei der exakten Scharfeinstellung.

Fokus-Aufnahmereihe

Fokus-Aufnahmereihe

Im MF-Modus bietet die G7 X eine Serienfunktion mit drei Aufnahmen. Mit der ersten Belichtung wird die manuell eingestellte Schärfe verwendet; die zweite Belichtung verwendet eine entferntere, die dritte Aufnahme eine etwas nähere Schärfenebene. Der Bereich lässt sich in drei Stufen mit dem Wahlrad variieren.

Sie können auch von bekannten oder geschätzten Distanzen ausgehen und auf der MF-Entfernungsskala nach Meter oder Zentimeter einstellen. Die Fokus-Aufnamereihe wird dann in diesem Bereich die Einstellung vornehmen. Sehr augenfällig ist der Effekt zwar nicht, für sehr diffizile Motive kann es aber eine zusätzliche Hilfe sein.

Fokus-Aufnahmereihe bildet das Motiv in drei unterschiedlichen Schärfeebenen ab. Die Fokus-Aufnahmereihe ist auch bei den extremen Telebrennweiten anzuraten, wenn Ihr entferntes Motiv nicht genau abschätzbar ist. Selbst bei den für Normalbrennweiten unter „Unendlich" fallenden Entfernungen, machen die Meterbrennweiten Ihrer G7 X unterschiedliche Schärfezonen noch deutlich sichtbar.

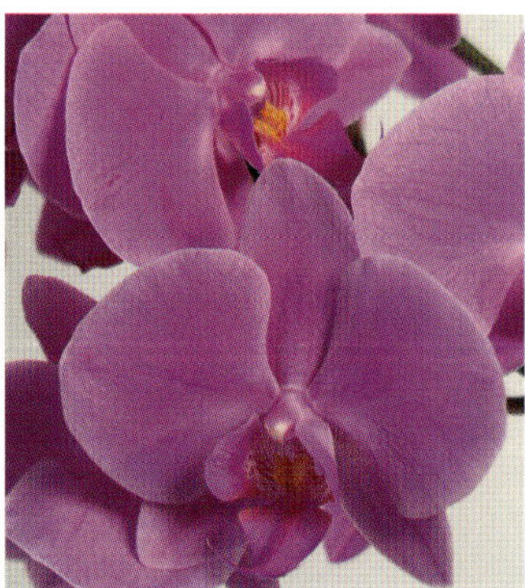

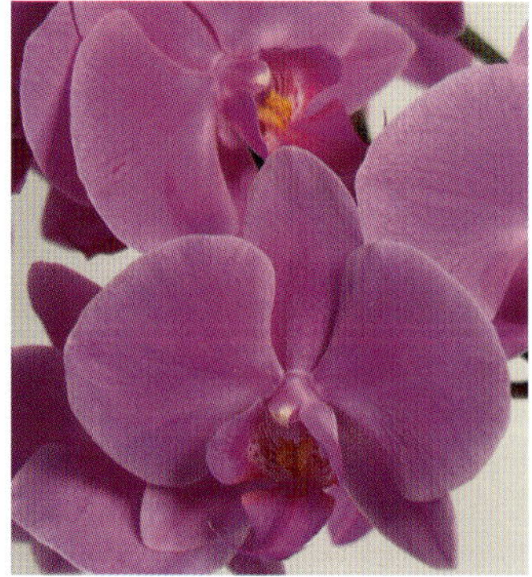

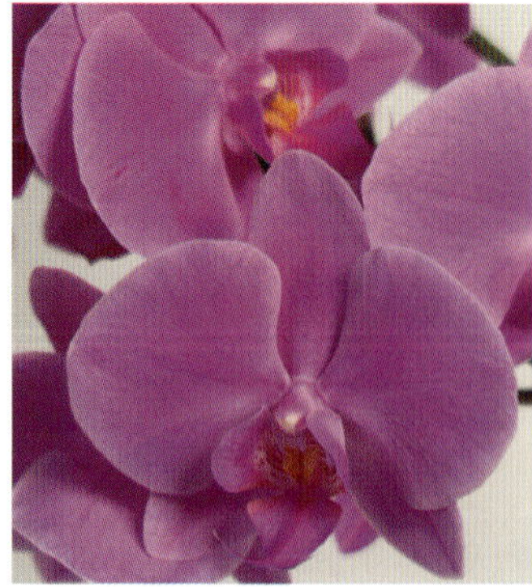

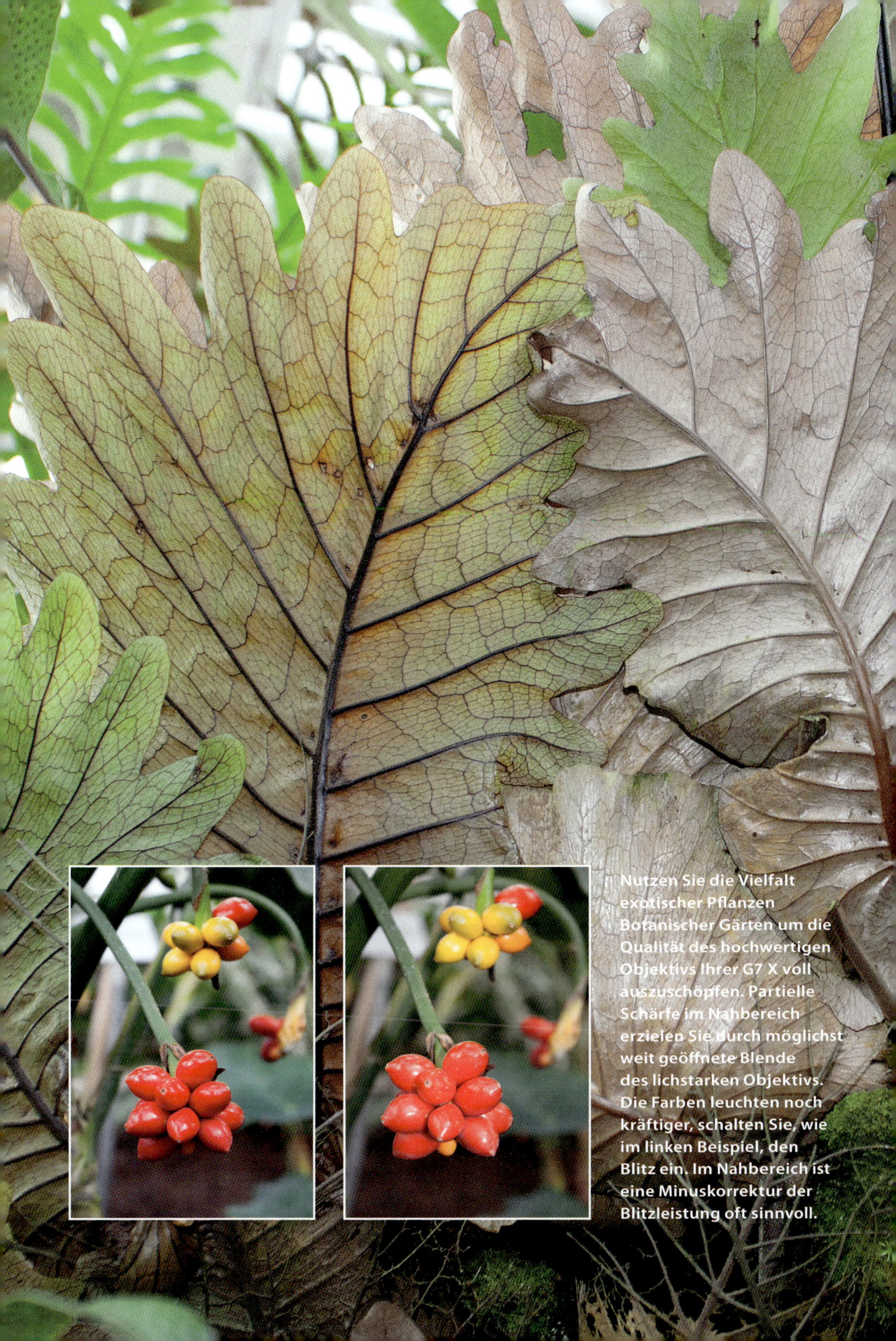

Nutzen Sie die Vielfalt exotischer Pflanzen Botanischer Gärten um die Qualität des hochwertigen Objektivs Ihrer G7 X voll auszuschöpfen. Partielle Schärfe im Nahbereich erzielen Sie durch möglichst weit geöffnete Blende des lichtstarken Objektivs. Die Farben leuchten noch kräftiger, schalten Sie, wie im linken Beispiel, den Blitz ein. Im Nahbereich ist eine Minuskorrektur der Blitzleistung oft sinnvoll.

DISP. Displayanzeige

Auf die DISP.-Taste sind wir schon mehrmals in anderen Zusammenhängen kurz eingegangen, zum Beispiel beim Umschalten vom Display auf den elektronischen Sucher, den unterschiedlichen Informationsanzeigen bei der Aufnahme und der Bildwiedergabe.

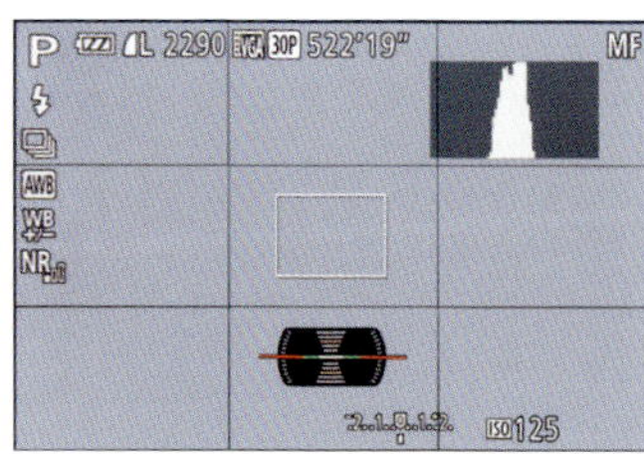

Displaydarstellung mit Linienraster, elektronischer Wasserwaage und Histogramm, das die Helligkeitsverteilung im Bild grafisch aufbereitet.

Je mehr man von den individuellen Einstellungen der Kamera zum Beispiel in der Programmautomatk „P" einsetzt, um so mehr Icons werden im Display oder Sucher eingeblendet, so dass man besonders die Randpartien des Motivausschnitts kaum noch beurteilen kann. Da hilft Fingerfertigkeit schnell die DISP.-Taste zu drücken, da man leider nur in eine Richtung weiterschalten kann und so gezwungen wird, alle Stationen durchzudrücken um wieder in die vorhergehende Stellung zu gelangen. Diese etwas lästige Fingerakrobatik vermeide ich, indem ich das Aufnahmedisplay auf Komplettinformation mit Linienraster, elektronischer Wasserwaage und Histogramm einstelle und die Bildwiedergabe auf pure Bilddarstellung, da ich in den meisten Aufnahmesituationen einen kurzen Kontrollblick auf das Ergebnis werfe.

Was bringen die Anzeigen? Kontrolle! Und die ist wichtig bei den Unmengen an Einstellmöglichkeiten. Schnell übersieht man

Betont grafisch aufgebaute Landschaftsmotive verlangen einen horizontal ausgerichteten Aufbau. Wenn keine klare Horizontlinie vorhanden ist, bietet die elektronische Wasserwaage eine gute Orientierung.

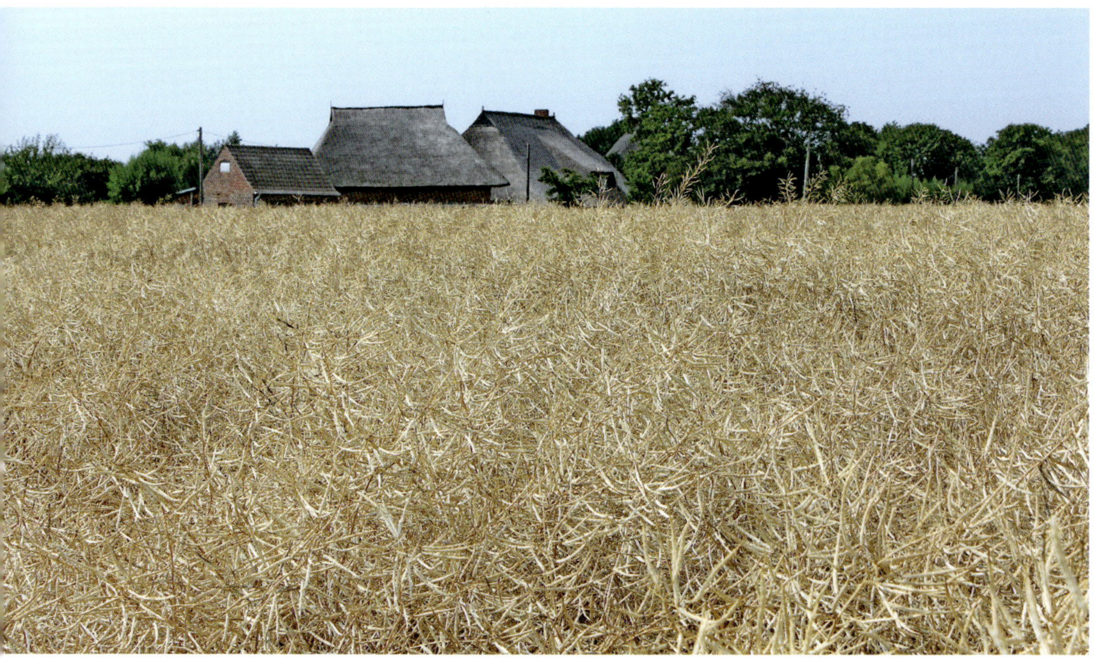

im Eifer des Gefechts zum Beispiel die falsche ISO-, Kontrast- oder Farbtemperatureinstellung. Alles halb so tragisch, zumindest fast alles, wenn Sie im RAW-Format fotografieren; da lässt sich vieles einfach am PC ausbügeln. Das geht zwar auch in vielen Fällen im JPG-Format, aber das verwenden Sie auch gerade wegen des Vorteils, keine Nachbearbeitung aufwenden zu müssen.

Linienraster

Neben der Wasserwaage bietet das Linienraster gute Orientierung bei der Ausrichtung des Bildausschnitts, besonders bei der stärkeren perspektivischen Verzerrung im extremen Weitwinkelbereich. Eine noch bedeutendere Rolle spielen diese Bild drittelnden Linien in der Bildgestaltung. Eine gestalterische Spannung entsteht oft erst durch einen asymetrischen Bildaufbau, was soviel bedeutet wie das Hauptmotiv nicht in die Mitte zu setzen, sondern in die Nähe der Drittelungslinie. Diese Annäherung an die Regel des Goldenen Schnitts verleiht Ihren Bildern mehr Professionalität.

In der Architekturfotografie mit ihrem großen Problem stürzender Linien und anschließender Entzerrung am PC, helfen die Linien die Motive so anzuordnen, dass genügend seitlicher Platz zum Beschnitt vorhanden ist.

Die meisten Nachbearbeitungsprogramme bieten Entzerrungswerkzeuge mit denen Sie perspektivisch kippende Gebäude wieder ins Lot bringen können. In unserem Beispiel musste der horizontale und vertikale Linienverlauf nachgebessert werden.

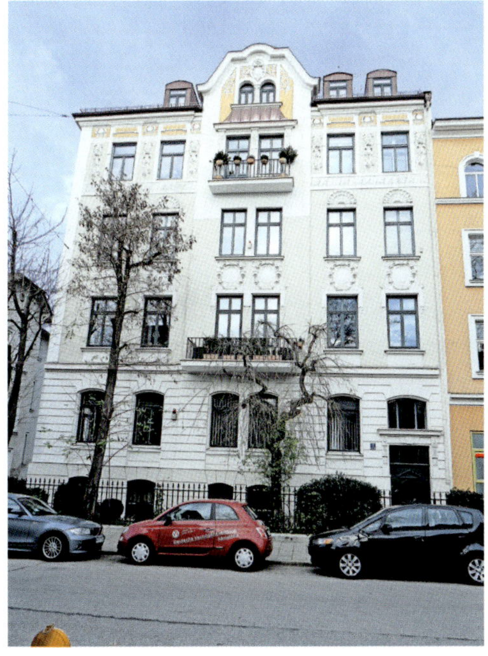

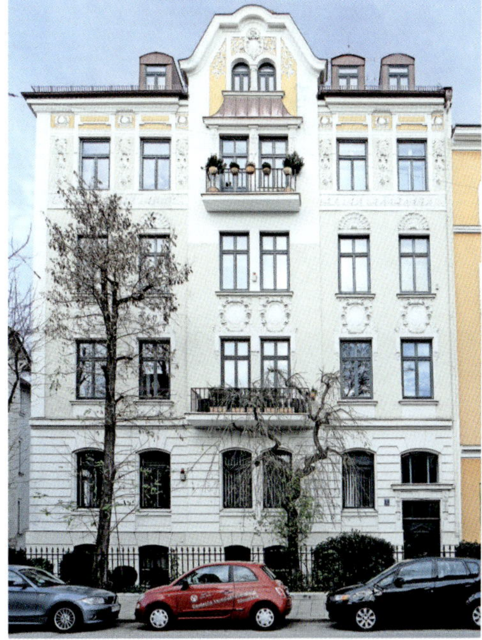

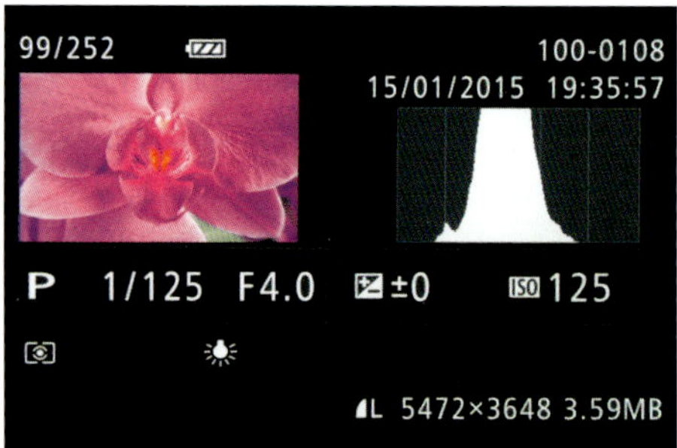

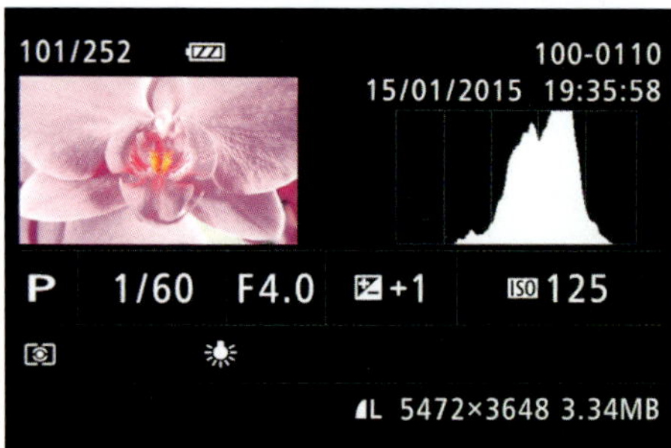

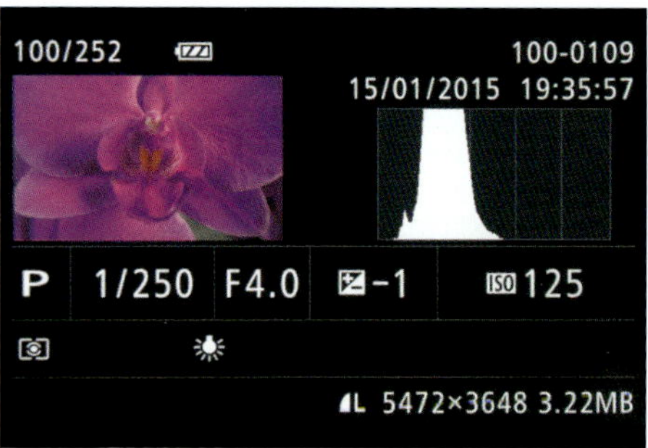

Von oben: Das Luminanz-Histogramm einer ±1 Belichtungsreihe .

Histogramm im Detail

Mit der G7 X kann im Aufnahmemodus ein Helligkeits- und im Wiedergabemodus ein Helligkeits- sowie ein RGB-Histogramm für jedes Bild angezeigt werden. Mit dem Helligkeits- oder auch Luminanz-Histogramm, einer Balkengrafik, wird die Tonwertverteilung im Bild dargestellt.

Mit 256 Helligkeitswerten kann das Histogramm annähernd übersichtlich die Verteilung der Helligkeit andeuten. Der erheblich höhere Umfang an differenzierten Helligkeitsstufen im RAW-Format ist auf diese Weise nicht dargestellt. Es genügt zu wissen, dass links die dunklen Partien (Schatten), rechts die hellen Partien (Lichter) des Bildes angezeigt werden. Alles im mittleren Drittel der Histogramm-Anzeige entspricht mittleren Helligkeiten. Die Höhe der Balken muss man sich als eine Annäherung an den Inhalt vorstellen, wobei ein niedriger Balken nur wenig Flächenanteil im Bereich der betroffenen Helligkeitswerte symbolisiert. Hohe Balken stehen für umfangreiche Flächenanteile.

Die Histogramm-Anzeige kann von der Helligkeitsanzeige (Luminanz) auf eine Farbanzeige (RGB-Histogramm) durch einen weiteren Druck auf die DISP-Taste umgestellt werden, wobei die Anzeige von Aufnahmedaten reduziert wird. Die Kamera stellt das RGB-Histogramm nach Farben getrennt übereinander dar. Der Wunsch nach Bewertung der Farbigkeit oder Farbabstimmung wird in abstrakter

Das Luminanz- und RGB-Histogramm einer flachen Wiedergabe.

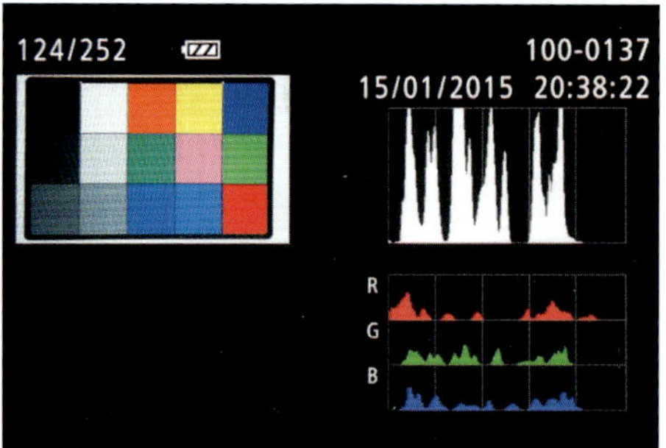

Das Luminanz- und RGB-Histogramm einer kontrastreichen Wiedergabe.

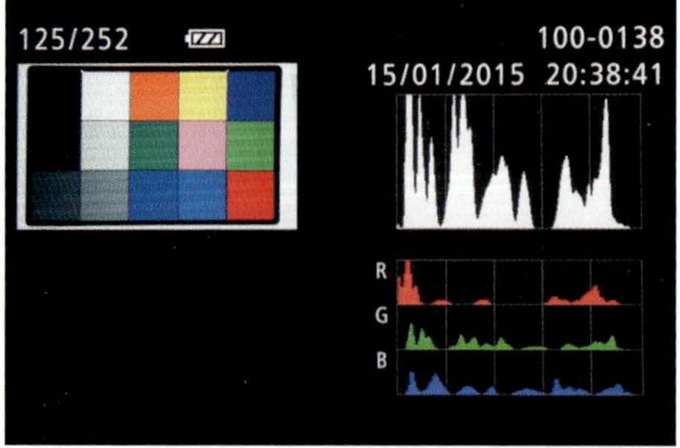

Darstellung erfüllt. Informativer ist eine Darstellung wie im Adobe Photoshop, der mit einer Überlagerung der RGB-Histogramme dominierende Farben erahnen lässt. Eingriffe zur Veränderung, wiederum später in einer Bildbearbeitungs-Software, erlauben zahlreiche Möglichkeiten zur Neutralisierung für korrekte Farben (grauen Bildbereich anmessen) oder globale wie partielle Farbveränderungen in einem Bild. Hohe Schule der Fotografie oder des Foto-Designs also, die ich Ihnen als hochinteressanten Kreativ-Impuls nur empfehlen kann.

Wollen Sie einen ernst zu nehmenden praktischen Nutzen aus einem Histogramm ziehen, müssen Sie sich wohl oder übel intensiver damit auseinandersetzen. Über- und Unterbelichtungen lassen sich sicherlich auch am Bild erkennen. In Grenzsituationen oder wenn die Lichtbedingungen für die Displaybeurteilung mangelhaft sind, kann das Histogramm hilfreich sein. In den beiden Belichtungsreihen auf dieser Doppelseite erkennt man doch sehr deutlich eine „bedrohliche" und noch tolerierbare Unterbelichtung oder wie eine „heillose Überbelichtung" im Histogramm aussieht. Im Zweifelsfall bei der Tendenz zur Überbelichtung im Bild wenn möglich lieber eine weitere Aufnahme mit knapperer Belichtung nachschießen. Unterbelichtungen sind in der Nachbearbeitung in größerem Umfang korrigierbar, als Überbelichtungen mit bereits ausgefressenen hellen Bildpartien. Das gilt auch für Aufnahmen im RAW-Format.

Im „Kaffeesatz" des RGB-Histogramm Aussagen zu erkennen, mit denen man als Normalanwender etwas anfangen kann, ist nur schwer zu vermitteln. Dass man Unterschiede sieht, zeigt der Vergleich auf der gegenüberliegenden Seite. Die Unterschiede im Kontrast manifestieren sich auch im RGB-Histogramm, eine Bewertung wird aber nur möglich im direkten Vergleich.

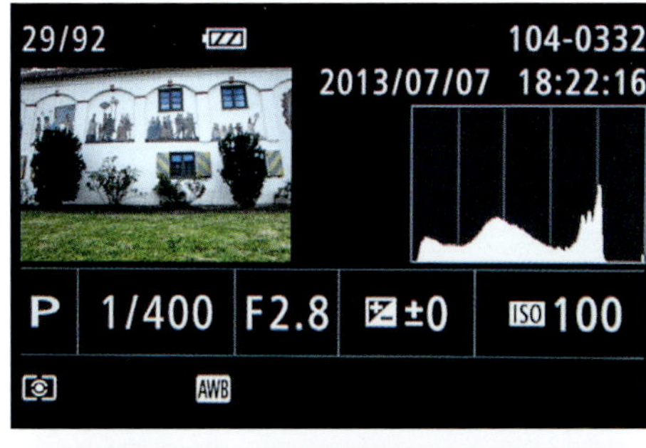

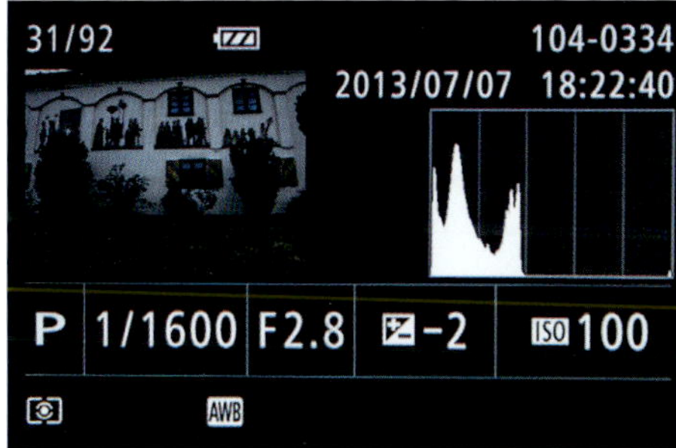

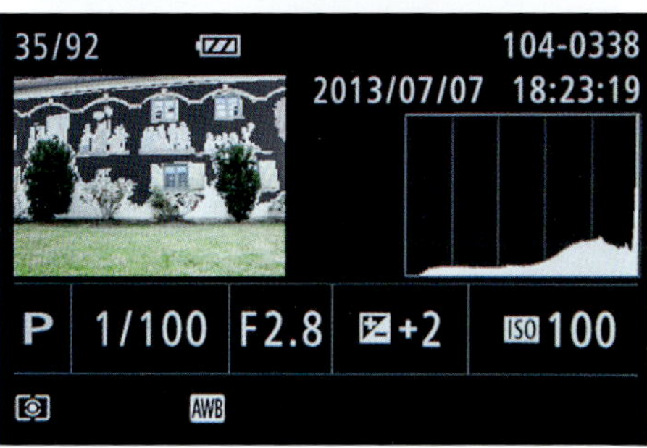

Original und Histogramme von um zwei Belichtungsstufen unter- und überbelichteten Aufnahmen. Alle Helligkeitswerte, die sich zur Mitte des Histogramms orientieren sollten, werden nach links in den Bereich der dunklen bzw. der hellen Dichtewerte verdrängt. Das Farbgleichgewicht bleibt davon weitgehend unberührt.

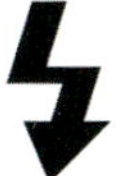

Blitzeinstellungen

Auf das Thema Blitz werden wir ab Seite 188 noch ausführlich zu sprechen kommen.

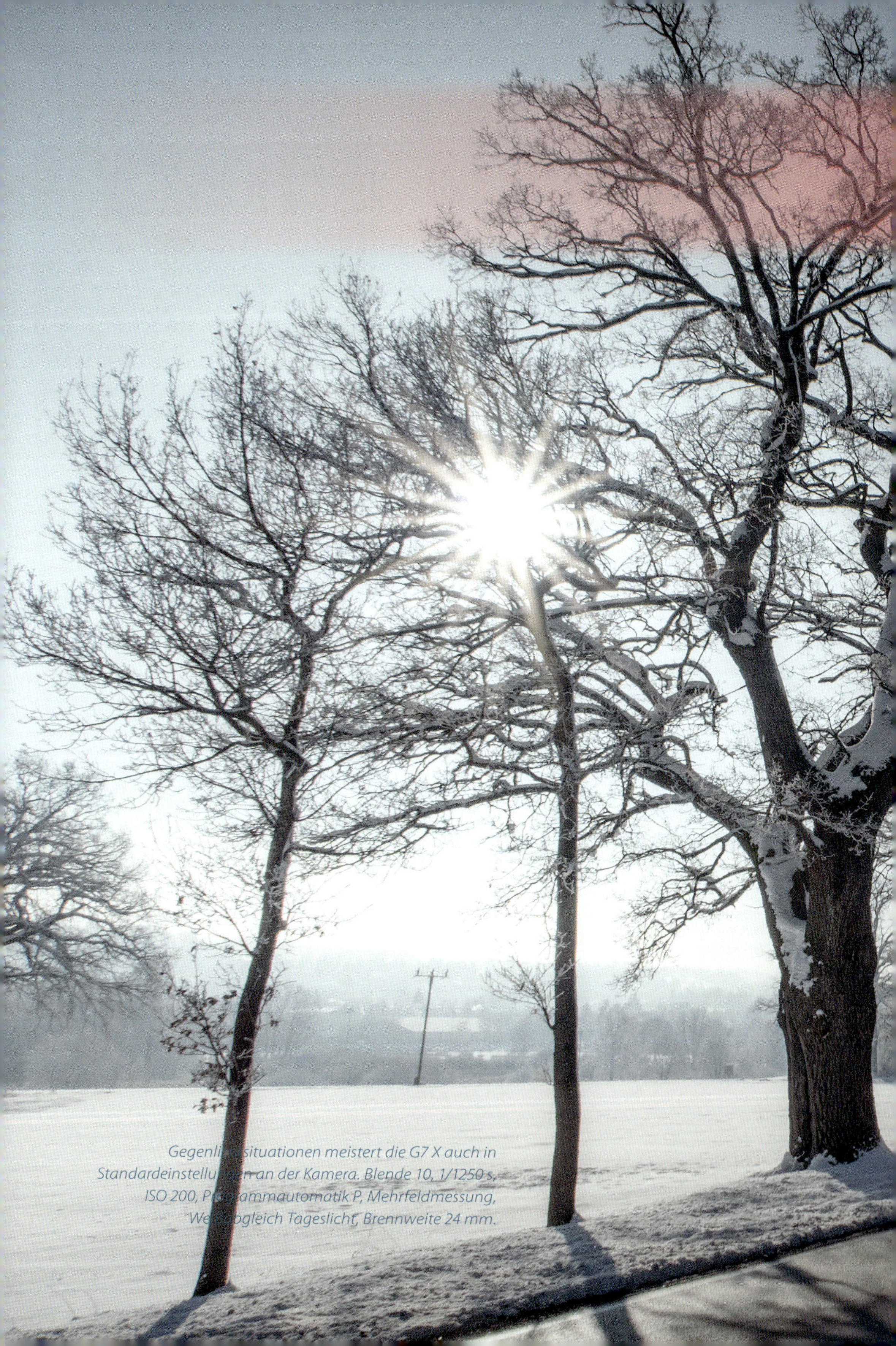

Gegenlichtsituationen meistert die G7 X auch in Standardeinstellungen an der Kamera. Blende 10, 1/1250 s, ISO 200, Programmautomatik P, Mehrfeldmessung, Weißabgleich Tageslicht, Brennweite 24 mm.

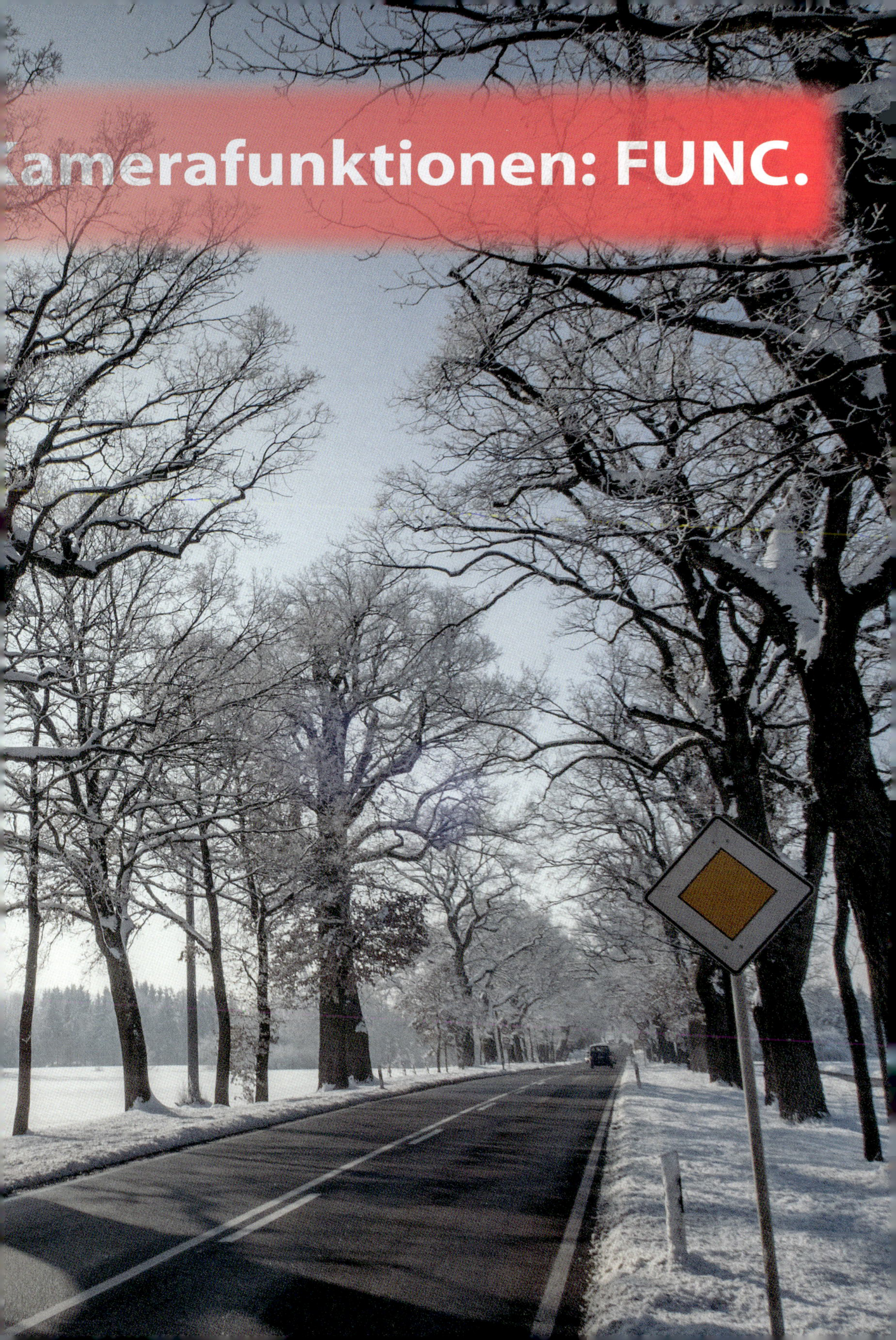

Kamerafunktionen: FUNC.

RAW oder JPEG?

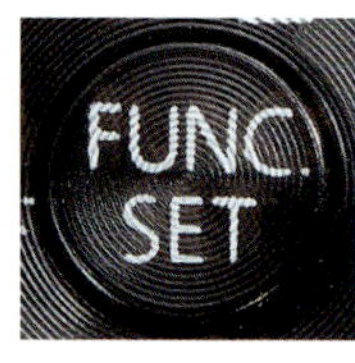

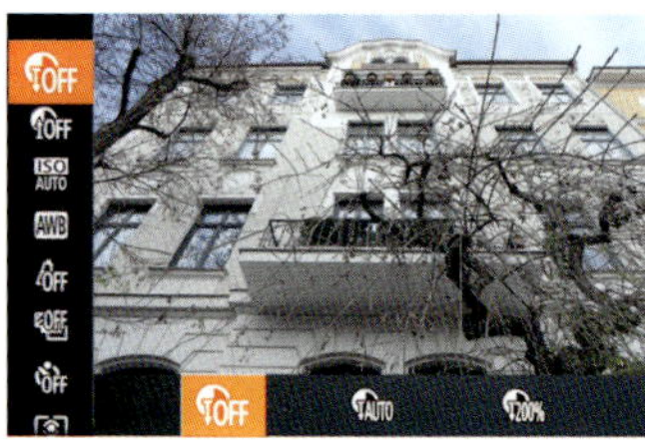

Ein Druck auf die FUNC.SET-Taste und Sie bekommen Zugriff auf eine Vielzahl (mehr oder weniger) wichtiger Kameraeinstellungen. Was Ihnen angeboten wird, variiert je nach eingestelltem Belichtungsmodus. Wie bisher im Buch wollen wir jetzt die diversen Einstellungen anschauen, die wir über die FUNC.SET-Taste erreichen. Beginnen wir mit einer wichtigen Frage und der damit verknüpften Entscheidung. RAW- oder JPG-Format?

Wer JPEG als Dateiformat wählt, der sollte für beste Bildqualität hohe Auflösung (L) und geringe Komprimierung (Superfein) wählen. Geringste Auflösung (S) und stärkste Komprimierung (Fein) führt zu kleinsten Bilddateien bei geringer Bildqualität.

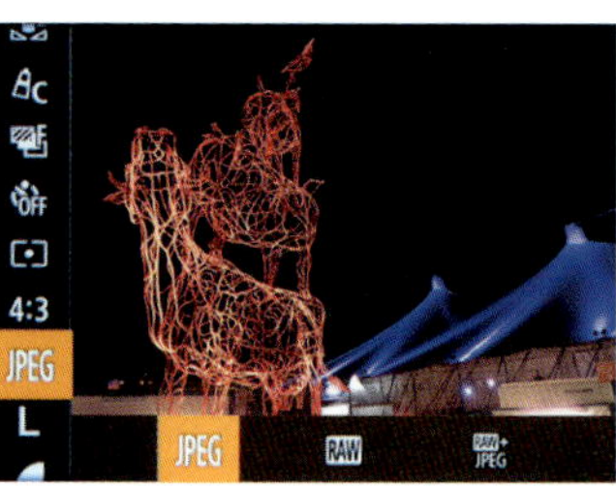

Ihre PowerShot G7 X erlaubt das RAW-Format nur in den Belichtungsmodi M, P, Av und Tv – alle anderen Modi erzwingen das JPEG-Format. Geht es um schnelle Übertragung, Wiedergabe auf dem Smartphone-Display „pixelarmer" Auflösung, so sparen Sie an der Auflösung und nutzen Sie die heftige Komprimierung. Mit „L" für höchste Auflösung und „Superfein" für geringere Komprimierung erreichen Sie aber die beste Wiedergabe auf einem Flachbild-Fernseher oder im großen Format auf Fotopapier.

Wollen Sie „getreu auf das einzelne Pixel" arbeiten, sich professionellen Ergebnissen nähern, ist das RAW-Dateiformat das richtige Ausgangsmaterial, aber verbunden mit mehr Arbeit danach.

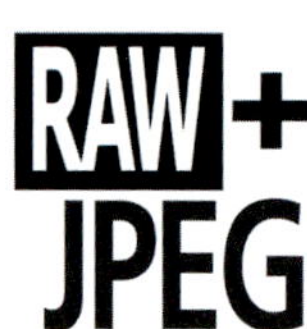

Zeigt das Display dieses Symbol, dann wird das qualitätsbewusste RAW-Dateiformat und zusätzlich eine JPEG-Datei für den schnellen Zugriff aufgezeichnet.

Eines ist jedoch zu bedenken: In den Algorithmen der JPEG-Bearbeitung in der Kamera steckt die ganze Erfahrung aus der verwendeten Technik der Kamera. Notwendige Eingriffe zur Optimierung der Bildqualität erfolgen automatisch.

Wie ein RAW-Bild zu behandeln ist um die gleichen oder noch bessere Ergebnisse zu erzielen, müssen Sie als Fotograf und Bild-Nachbearbeiter erst erfahren, trainieren, lernen. Ein persönlicher Vergleich der Ergebnisse und Möglichkeiten kann Ihnen bei der Sammlung an eigenen Erfahrungen helfen. Gehen Sie oft von stark vergrößerter Wiedergabe in einer Bildbearbeitung aus, die

Ihnen zeigen kann, wo beispielsweise bei der Reduzierung der Rauschanteile die Grenze erreicht ist, an der Rauschanteile verschwinden aber auch kleine bildwichtige Details angegriffen werden.

JPEG

Das JPEG-Dateiformat

„Joint Photographic Experts Group" sind die Erfinder einer ganzen Reihe von Komprimierungsformeln, die trotz explosionsartig gestiegener technischer Möglichkeiten – der Übertragung wie auch der Speicherung – unverzichtbar sind. Platzsparende Bilddateien erlauben es, tausende Bilder auf der Speicherkarte zu archivieren.

JPEG-Bilder nutzen die Erkenntnisse der Wissenschaft, dass unsere Augen sich täuschen lassen. Helligkeitseindrücke können komprimiert werden. Das Farbensehen erlaubt sogar noch stärkere Zusammenfassung. Ein Bild wird dennoch in guter Qualität erkannt.

Bilder lassen sich auch unter Rücksicht auf das Ausgabeformat zu kleineren Bilddateien umsetzen. So braucht man für das kleine Handy-Display und selbst für den PC-Monitor weniger Auflösung als für einen Fotodruck auf Plakatformat. Auflösung und Seitenverhältnis gehen somit Hand in Hand, wenn es um möglichst kleine Bilddateien geht.

Für die Praxis lautet meine Empfehlung: Nutzen Sie immer die beste Voraussetzung für den Fotodruck. Per Software lässt sich jederzeit eine Reduzierung für eine Übertragung auf ein Handy vornehmen. Auch in der Kamera lässt sich ja bekanntlich ein Bild für die schnellere Übertragung reduzieren und im reduzierten Umfang als eigene Bilddatei speichern. Für den Fotodruck auf großem Format wandelt man aus dem verlustbehafteten JPEG stets in ein verlustfreies Format wie TIFF um, da jede wiederholte Speicherung eines bearbeiteten JPEG-Bildes zusätzliche Qualitätseinbuße nach sich zieht. Die Einbußen verstärken sich sowohl beim Komprimieren als auch beim Dekomprimieren.

Gängige Dateinamenserweiterung ist „jpg", seltener „jpeg". Es ist mit Sicherheit das am weitesten verbreitete Dateiformat für Fotos. Durch die nachhaltige Komprimierung geeignet, sehr kleine Dateien für den elektronischen Versand oder die Anwendung im Internet zu erzeugen. Es ist zudem das Dateiformat, das in praktisch allen Selbstbedienungsautomaten zur Ausgabe von Fotos erwartet wird.

Qualitätskriterien

Beste Bildqualität erzielen Sie mit Ihrer PowerShot Kamera durch die Wahl der höchsten Auflösung (L) im vollen Format bei geringster Komprimierung (Superfein).
Eine Veränderung des Seitenverhältnisses ändert nur das Format, jedoch praktisch nicht die Bildqualität. Dafür gibt es dennoch kleinere Dateien.
Der Einfluss der Komprimierung ist oft geringer als eine Reduzierung der Auflösung. Sie wirkt am stärksten im S-Format und damit bei einer Auflösung von 640 x 480 Bildpunkten beziehungsweise 480 x 480 Bildpunkten. Der Gewinn: sehr kleine Dateien, die schnell als E-Mail oder zum Handy zu übertragen sind. Vor allem kleine Displays zeigen diese Bilder dennoch in guter Qualität, während auf dem Computer-Monitor vor allem in der Vergrößerung deutliche Qualitätseinbußen erkennbar werden.

Außer Bilddaten werden im JPEG-Format auch Metadaten wie z.B. Angaben zur Kamera, zum Aufnahmedatum, Blende und Belichtungszeit und weitere Informationen im Exif-Format (Exchangeable Image File Format) gespeichert. Exif-Daten und eine Reihe weiterer Informationen können Sie in einer guten Bildbearbeitungs-Software oder speziellen Software wie Exif-Datenleser und Editoren einsehen.

Das RAW-Dateiformat

RAW-Bilder bestehen Pixel für Pixel aus den digitalen Helligkeitswerten eines jeden Bildpunktes des Sensors (Bildchip). Eine Bildbearbeitung in der Kamera nach der Belichtung ist praktisch verzichtbar. Unverzichtbar ist jedoch die Aufzeichnung aller Technik-Details einer Aufnahme. Jede Eigenschaft der Kamera, jede Aufnahme-Einstellung, aber auch die von Ihnen vorgenommenen Veränderungen an den Aufnahmevorgaben werden in diesen technischen Details bewahrt. Natürlich auch Informationen zum Chip und selbst zum Objektiv, dessen Brennweitenbereich und vor allem die tatsächlich verwendete Brennweiten-Wahl.

Für die Nachbearbeitung zum Beispiel mit dem Canon Programm „Digital Photo Professional" bietet das RAW-Format deutlich mehr Spielräume. Auch bleibt die maximale Bildqualität bei einer anschließenden Speicherung als tif-Datei erhalten. Im Beispiel unten mit aktivierter Lichterwarnung. „Ausgefressene" Lichterpartien werden rot unterlegt.

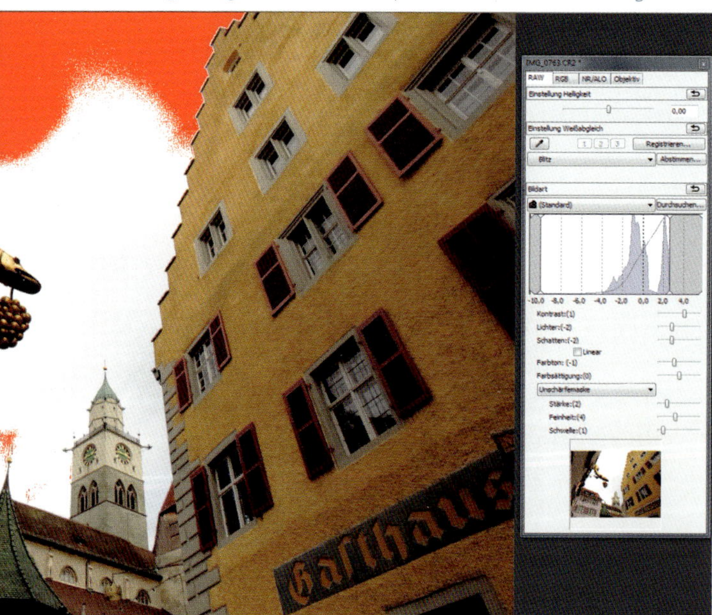

Die Kamera erkennt damit jederzeit die Voraussetzungen wieder. Sie vermag dadurch auch eine RAW-Datei auf dem LC-Display der Kamera jederzeit wieder anzuzeigen. Die JPEG-Bearbeitungsfunktionen in der Kamera sowie jede RAW-taugliche externe Software erfahren damit, wie mit dem RAW-Bild umzugehen ist. Selbst Objektiv-Mängel wie beispielsweise eine Verzeichnung werden berücksichtigt und begradigt. Hatten Sie eine „Super-Weitwinkel-Brennweite" in Gebrauch, so werden Ihnen die „Fehler" der optischen

Verzeichnung erst gar nicht gezeigt. Nur die „Fehler" perspektivischer Verzeichnung bekommen Sie zu sehen – doch die liegen ja sowieso in der Verantwortung des Fotografen.

RAW – wie denn?

Hier ein kleiner Einblick ohne Anspruch auf Vollständigkeit in Themen der individuellen RAW-Bearbeitung:

- Die Belichtung lässt sich sehr fein abgestimmt zum Beispiel im Rahmen von ± fünf Blendenstufen verändern.
- Der Weißabgleich kann nach Vorgabe (Tageslicht, Kunstlicht usw.) und nach Farbtemperatur (Kelvin) geändert werden.
- Schatten lassen sich aufhellen, Lichter verbessern, wenn sie nicht tatsächlich heillos überbelichtet sind.
- Kontrast, Schärfe, Luminanz, Chrominanz, Dynamik und noch viel mehr erfordern Berücksichtigung durch Sie.

Die Aufzeichnung der Sensor-Sicht ist praktisch „originalgetreu", doch zu dieser Originaltreue gehören auch die Fehler der Technik, die Fehler der Optik, die sich je nach Brennweite und Motiv unterschiedlich auswirken können. Hinzu kommt, dass sich viele Eingriffsmöglichkeiten gegenseitig beeinflussen.

Wie sollte man sich entscheiden? Ihre G7 X erlaubt das RAW-Format nur in den Belichtungsmodi M, P, Av und Tv – alle anderen Modi erzwingen das JPEG-Format.

Auch dieJPG-Datei lässt sich mit Bildbearbeitungsprogrammen, im Beispiel das „Digital Photo Professional" von Canon, sehr weitgehend bearbeiten. Links im Bild die Anzeige der Aufnahmeinformationen.

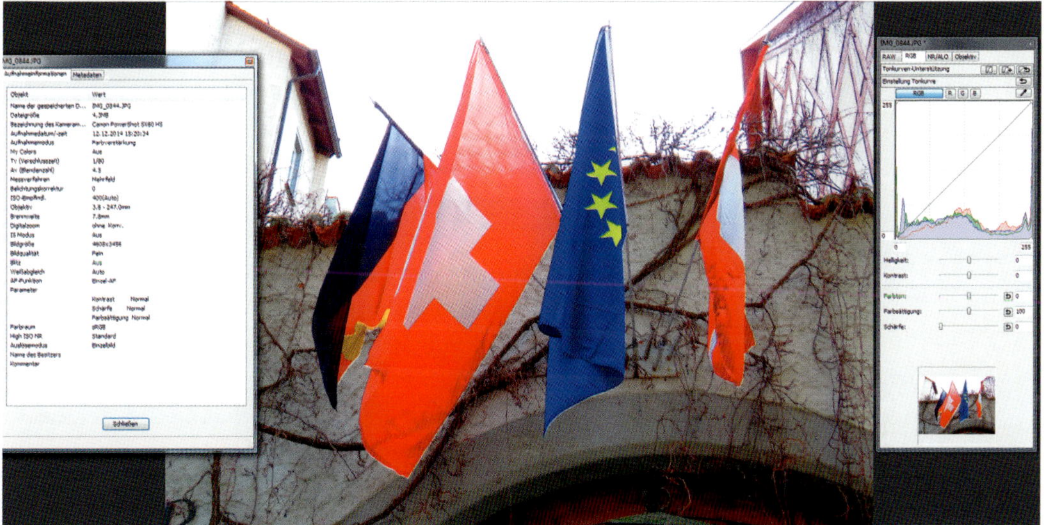

Auflösung und Bildformate

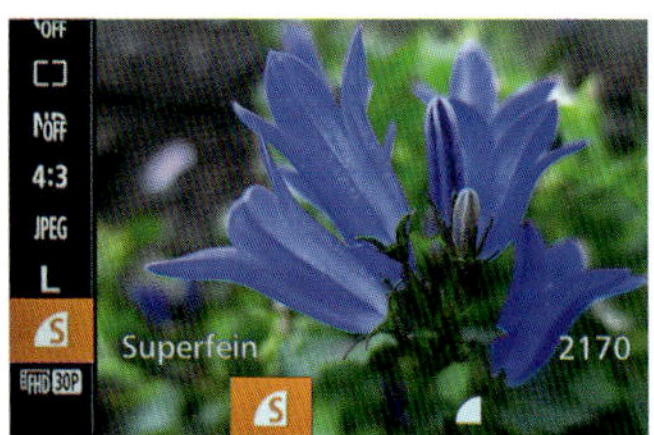

Komprimierung nur für JPEG-Dateiformate wählen. Wird für das RAW-Dateiformat nicht benutzt.

Mit der Wahl der Aufnahmepixel im Aufnahmemodus über FUNC. SET entscheiden Sie zwischen „L", „M1", „M2" und „S". Zweites Kriterium der Qualitäts-Vorgabe ist die Wahl der Komprimierung. Hier steht unter dem Symbol einer gefüllten Viertel-Kreisfläche die Stufe „Fein" zur Verfügung. Wählt man das mit dem Buchstaben „S" gefüllte Symbol, dann steigert sich die Qualität auf „Superfein". Ein weiteres Kriterium, das sich jedoch nicht mehr auf die Qualität, wohl aber das Format beziehungsweise Seitenverhältnis bezieht, findet sich ebenfalls unter Einsatz von FUNC. SET mit den Seitenverhältnissen 16:9, 4:3, 3:2, 1:1 und 4:5.

Vier Auflösungsstufen

Die festen Auflösungswerte findet man unter der Wahl der Auflösungsstufe L (Large), M1 und M2 (M für Mittel) und S (small = klein). Für das RAW-Dateiformat bestimmt die Auflösungsstufe in Verbindung mit dem Seitenverhältnis das Ausgabeformat einer Aufnahme. Fast identische Dateigrößen sprechen dafür, dass die komplette Auflösung gespeichert wird und eine Information zum Seitenverhältnis später den Ausschnitt begrenzt.

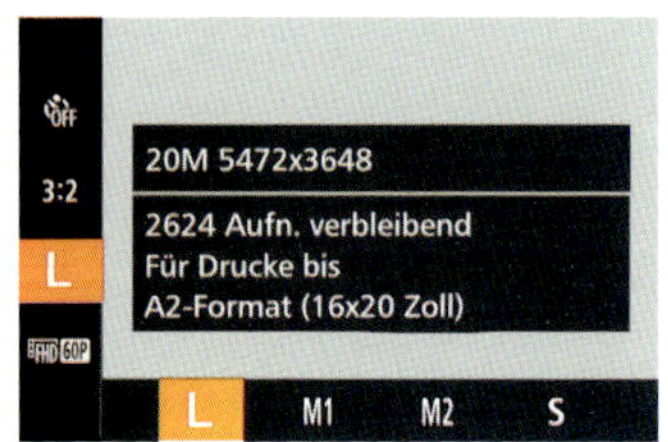

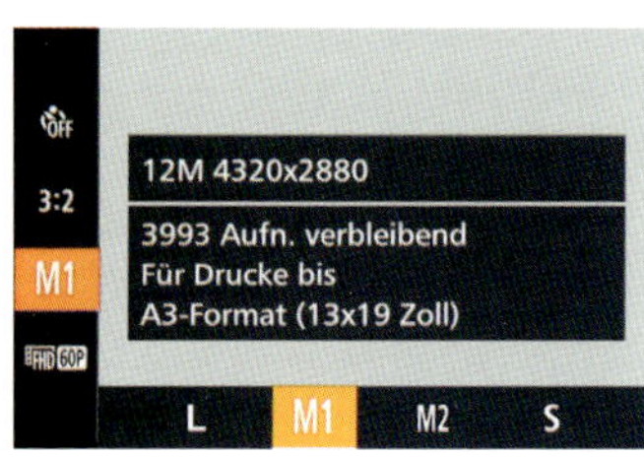

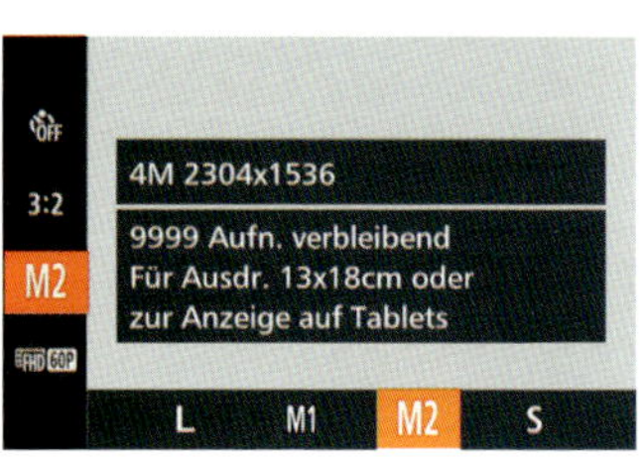

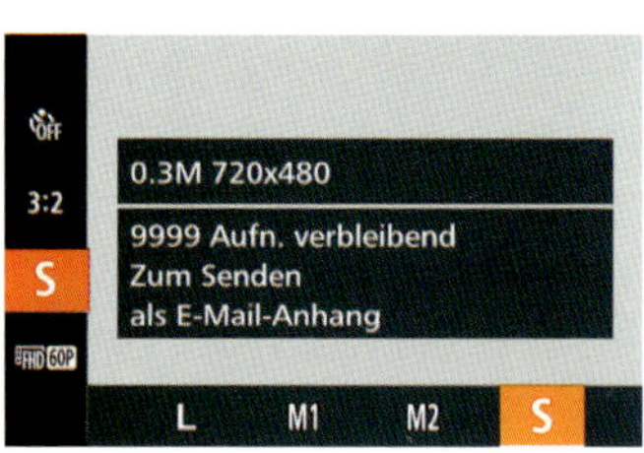

Vier Auflösungsstufen stehen Ihnen bei der G7 X zur Verfügung.

Wählt man das JPEG-Dateiformat, dann bestimmt das Seitenverhältnis und die Auflösungsstufe ebenfalls das Ausgabeformat einer Aufnahme. Hinzu kommt die Wahl der Komprimierung zu Fein oder Superfein. Auf das Ausgabeformat beschnittene Bilder und Komprimierung sorgen für sehr kleine Bilddateien, die je nach Vorgabe von Seitenverhältnis, Auflösungsstufe und Komprimierung unterschiedlich groß ausfallen können.

Der 1-Zoll-Chip besitzt das Seitenverhältnis 3:2. Bei jedem Bildchip bleiben ein paar Pixel-Zeilen an den Rändern ungenutzt. Die G7 X mit ihren unterschiedlichen Aufnahmeformaten verwendet jeweils mindestens eine maximale Seitenlänge. So richtete man für das Format 3:2 und 16:9 als längste Seite 5472 Pixel ein. Sie ist die größte einstellbare Länge. Bei der kürzeren Seite findet man in den Seitenverhältnissen 4:3, 1:1 und 4:5 mit 3648 Pixeln das Maximum. Alle Formate ergeben bei „normal" gehaltener Kamera ein deutliches Querformat, ein quadratisches Format bei 1:1 und zeigen sich als „Hochformat im Querformat" beim Seitenverhältnis 4:5. Eigentlich plausibel, findet dieser Hinweis an dieser Stelle nur Verwendung, weil zumindest die erste Aufnahme im 4:5 Format beim Blick auf den Monitor leicht verunsichert.

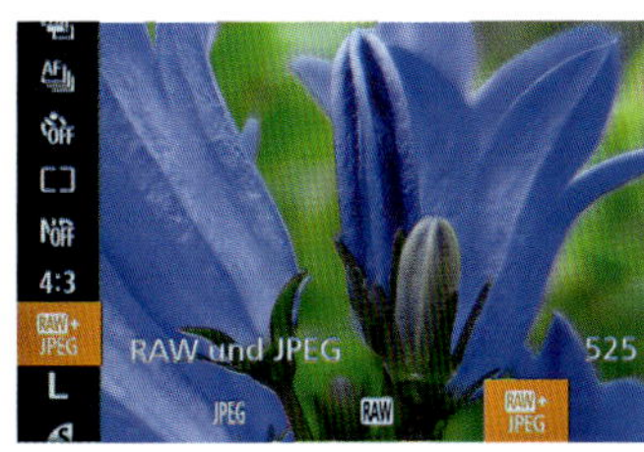

Dateiformat RAW oder JPEG

Gehen Sie beim Thema „Auflösung" immer davon aus, dass man im RAW-Format die Spitzenleistung nutzt, jedoch mit allen Eingriffen an Schärfe, Belichtung, Farbe, Kontrast und Helligkeits- wie Farb-Rauschen vor zu trainierenden Aufgaben steht.

Für den Anfang rate ich, neben dem RAW-Bild ein JPEG in der besseren Superfein-Komprimierung zu speichern. Um RAW in den Griff zu bekommen genügt „DPP", die „Digital Photo Professional" Software von Canon für den Anfang. Ich habe mich überzeugen lassen und für RAW wie für JPEG die DPP-Dienste genutzt. Mit dem Blick auf Profi-Ambitionen fällt die Wahl nicht schwer, zumal DPP „nur" ±2-Blendenstufen Belichtungskorrektur erlaubt, während man praktisch über den gesamten Helligkeitsbereich (nicht bei absoluter Überbelichtung) der RAW-Datei im Photoshop ±5-Blendenstufen zur Verfügung stellt. Abgesehen von weiteren Feinheiten ist das die profigerechte Lösung, der ein hoher Preis zumindest dem Foto-Liebhaber im Wege stehen mag.

Anzahl Aufnahmen pro Speicherkarte*

Auflösung	Kompression	8 GB	32 GB
L (Groß) 20M/75472x3648	superfein	852	3441
	fein	1379	5568
M1 (Mittel 1) 12M/4320x2880	superfein	1320	5329
	fein	2098	8427
M2 (Mittel 2) 4M/2304x1536	superfein	4234	17091
	fein	7442	30040
S (Klein) 0,3M/720x480	superfein	24562	99135
	fein	35089	141622
RAW**		342	1385

*Bei den Aufnahmemengen handelt es sich um Mittelwerte, da die Dateigrößen je nach Motiv und Kameraeinstellung sehr unterschiedlich sein können. Die Daten beziehen sich auf das Seitenverhältnis 3:2
** Bei der Kombination von RAW und JPEG reduziert sich die Anzahl der möglichen Aufnahmen nur geringfügig. Die reinen Bilddaten werden nur einmal auf der Karte gespeichert.

Wieviel Auflösung brauche ich?

Diese Frage müssen Sie für sich zumindest teilweise selbst beantworten. Begründungen, die bei 300 dpi Auflösung das endgültige Format begrenzen, hören sich teils abenteuerlich an. Zumindest müssten Sie Ihre Bilder von 180 dpi, der Standard-Übergabe an die Datei, umrechnen lassen. 300 dpi bei einer Format-Diagonale von etwa 25 cm und einem Betrachtungsabstand von etwa 25 cm ist eine Angabe, die sich auf das Auflösungsvermögen der Augen bezieht.

Damit möchte ich daran erinnern, dass eine „Fototapete" aus größerem Abstand nicht schlechter wirkt als das klein wiedergegebene Bild aus kurzer Distanz betrachtet. Auch eine Werbung am Baugerüst, über vier oder fünf Stockwerke hochgezogen, zeigt nur bei kurzem Betrachtungsabstand die Mängel. Man nutzt den großen Abstand und die Tatsache, dass menschliche Augen auf Distanz optimale Qualität sehen, wo man „mit der Nase auf dem Papier" entsetzt sein müsste.

Die Bildformate

Eigentlich ist unter „Bildformate" nur die Wahl eines vorformulierten Seitenverhältnisses zu verstehen. Fünf Bildformate mit festen Seitenverhältnissen stehen zur Verfügung.

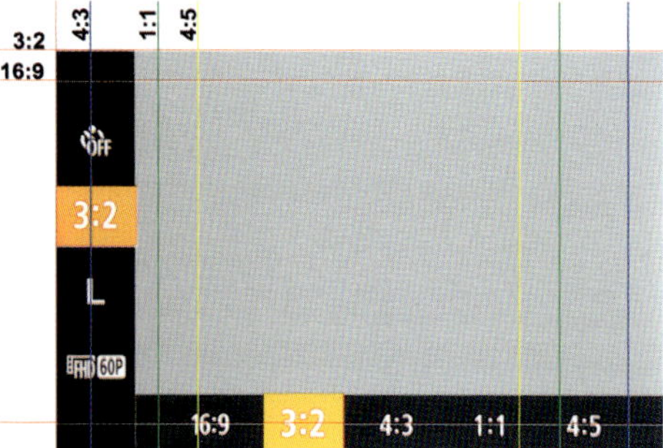

Mit den Bildformaten können Sie bereits bei der Aufnahme einen Bildbeschnitt vorgeben; er ändert nichts an der maximal möglichen Detailauflösung für die Bildwiedergabe.

Alle rechteckigen Formate (16:9, 4:3, 3:2 oder auch 4:5) können als „Querformat" oder „Hochformat" zum Aufnahme-Zeitpunkt verwendet werden und für eine Verstärkung der fotografischen Bildgestaltung dienen.

16:9 ist das jüngste Seitenverhältnis, für das es in einer modernen digitalen Kamera nur einen triftigen Grund gibt: die Anpassung an das Full HD Format für „Movies" (Filme, Videos). Man braucht sie um Full HD Movies mit der Kamera aufnehmen zu können. Das Format auch für Fotos zu nutzen liegt nahe. Wobei dennoch ein Unterschied anzumerken ist. 16:9 als Fotoformat nutzt die vom Chip erlaubte Auflösung von 5472 x 3648 Pixel, beschneidet das Bild dann auf das Format 5472 x 3078 p. Zusammen also 16842816 Pixel im RAW-Format.

Full HD braucht 1920 x 1080 Pixel um dem vorgegebenen Full HD Standard zu genügen. 2.073.800 Pixel gesamt und damit nur etwa ein Zehntel der für ein Foto verfügbaren Auflösung. Der Bildprozessor DIGIC 6 bekommt also auch für Full HD Movies viel zu tun bei zudem 30 Bildern in der Sekunde. Fotos mit 1920 x 1080 Pixel übernimmt das JPEG-Format unter der Auflösung „M2".

Das als HD in Ihrer Kamera bezeichnete Format von 16:9, im Fernseher auch als „HD" oder „HD720" deklariert, kommt mit 1280 x 720 Pixel aus.

4:3 ist ein weiteres und mit digitalen Kameras wohl sehr stark verbreitetes Format. Ein Seitenverhältnis, das dem früheren Format der analogen Fernseher entspricht. Es wird uns nicht verloren gehen, solange es Wiederholungen im Fernsehen gibt. Als Foto-Format hat es Vorläufer mit Rollfilm-Formaten wie 6 x 4,5 cm oder 24 x 18 mm (seltenes KB-Halbformat). Einige klassische Fotopapier-Formate nebst für diese Formate gefertigte Rahmen passen dazu.

3:2 ist das klassische Kleinbild-Seitenverhältnis. Ein Seitenverhältnis, das bei der Spiegelreflexkamera nahtlos den Übergang von analoger zu digitaler SLR-Technik vollzog und wohl künftig dieser Kameratechnik auch erhalten bleibt – heute ein Format mit professionellem Anspruch, obwohl es seit je her auf kein klassisches Fotopapierformat passt. 13 x 18 cm = 3:2,17; 18 x 24 cm = 3:2,25 oder 24 x 30 cm = 3:2,4. Nur das klassische Postkartenformat 9 x 14 cm war mit dem Seitenverhältnis von 3:1,93 noch etwas schlanker, wurde aber durch das Weltpostkartenformat mit 19,5 x 15 cm und 3:2,1 verdrängt. Selbst das relativ schlanke DIN A-Format kommt nur auf ein Seitenverhältnis von 3:2,12.

Unterschiedliche Seitenverhältnisse einiger gängiger Formate:
Gelb: 3:2
Grün: DIN A4
Blau: 13 x 18 cm
Rot: 4:3

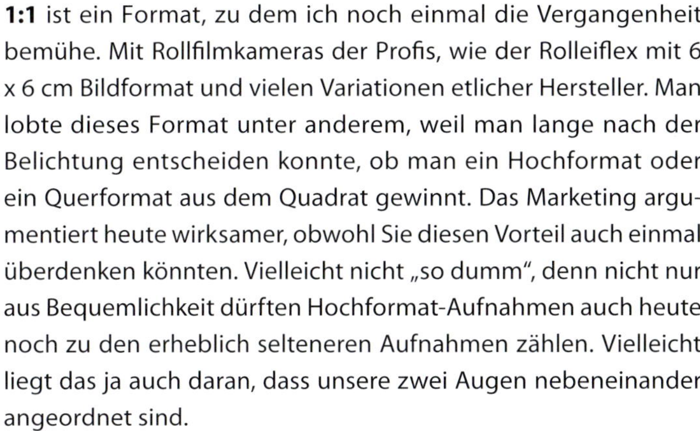

1:1 ist ein Format, zu dem ich noch einmal die Vergangenheit bemühe. Mit Rollfilmkameras der Profis, wie der Rolleiflex mit 6 x 6 cm Bildformat und vielen Variationen etlicher Hersteller. Man lobte dieses Format unter anderem, weil man lange nach der Belichtung entscheiden konnte, ob man ein Hochformat oder ein Querformat aus dem Quadrat gewinnt. Das Marketing argumentiert heute wirksamer, obwohl Sie diesen Vorteil auch einmal überdenken könnten. Vielleicht nicht „so dumm", denn nicht nur aus Bequemlichkeit dürften Hochformat-Aufnahmen auch heute noch zu den erheblich selteneren Aufnahmen zählen. Vielleicht liegt das ja auch daran, dass unsere zwei Augen nebeneinander angeordnet sind.

4:5 ist das letzte vorformulierte Format. Es gab Vorläufer vor allem in der Großbild-Technik (4 x 5 Inch). Der Blick auf das Display zeigt Ihnen ein Hochformat im Querformatraum des Displays. Der Hauptvorteil dieser Einstellung liegt wohl für die meisten darin, dass Sie zum Beispiel für Passbilder (45 x 35 mm) vom Stativ aus ohne umständliche Kameradrehung einen (fast) entsprechenden Hochformatausschnitt im Display angeboten bekommen. Auf Hochformat geschwenkt hätten Sie anstatt den 3648 x 2918 p das entsprechend größere Aufnahmeformat von 3648 x 4560 p.

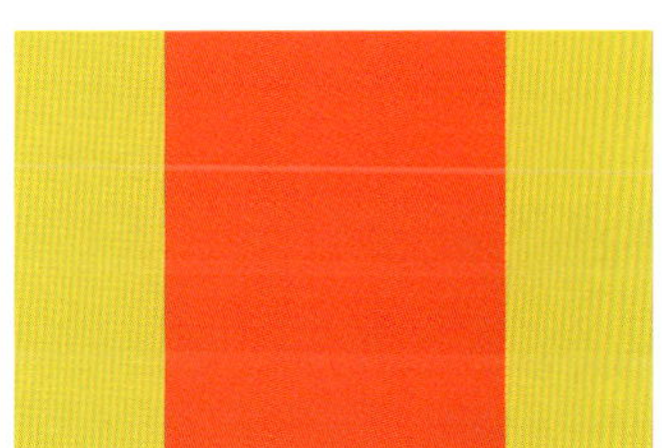

Das 4:5-Format als Ausschnitt im 3:2 Display.

Belichtungsmessmethoden

Drei grundsätzliche Messmethoden bietet Ihre Kamera: die Mehrfeldmessung, die mittenbetonte Integralmessung sowie die Spotmessung. Alle drei Methoden führen zu einem guten Ergebnis, wobei die Wahl der Methode von der Zielsetzung und von der Helligkeitsverteilung im Motiv abhängt.

Die Mehrfeldmessung erweist sich in den meisten Aufnahmesituationen als verlässliche Belichtungsmessmethode. Sie wird von allen Vollautomatikeinstellungen verwendet.

Mehrfeldmessung

Bei der Mehrfeldmessung ist das Sucherfeld in mehrere quadratische Messfelder aufgeteilt. Die einzelnen Messdaten der Felder werden nach Kontrast und Helligkeit vom Kameracomputer analysiert und in der Automatikfunktion motivbezogen gesteuert, was sich besonders in der Personenfotografie, in der meist das Umfeld eine Nebenrolle spielt, bewährt.

Die Mehrfeldmessung eignet sich recht verlässlich für die meisten Motiv- und Lichtsituationen. Bei ausgeprägtem Streif- oder Gegenlicht ist die Mehrfeldmessung schon mal überfordert. Verlässlichere Daten bietet Ihnen dann die Spotmessung.

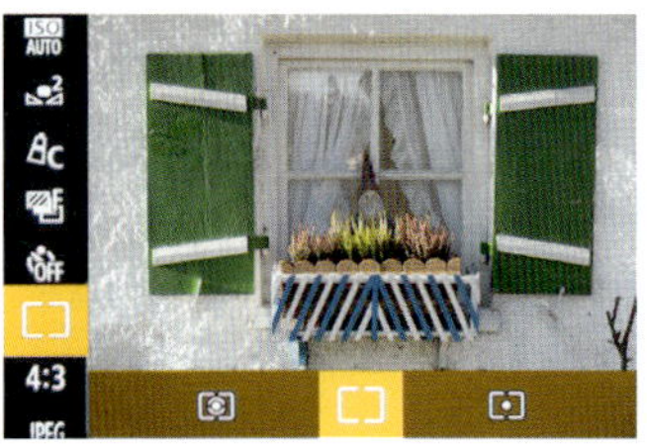

Die mittenbetonte Integralmessung berücksichtigt zum Beispiel helle Himmelspartien weniger für die Berechnung der Belichtung und verhindert so eine Unterbelichtung.

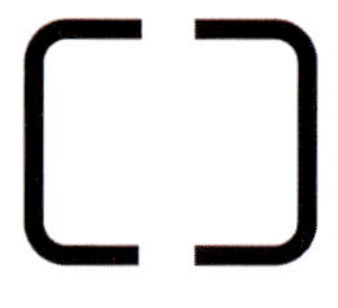

Mittenbetonte Integralmessung

Mit Schwerpunkt im zentralen Bildbereich wird bei der Integralmessung die Belichtung in der gesamten Bildfläche gemessen. Eine sichere Belichtungsmessung, die eventuelle unerwünschte Korrekturen seitens der Kamera, wie es bei der Mehrfeldmessung vorkommen kann, ausschließt. Bei dieser Messtechnik geht man davon aus, dass in den Randbereichen die Bildinformationen an Wichtigkeit verlieren. Und man kann bei dieser Charakteristik eine Überbetonung eines sehr hellen Himmels verhindern. Viele Fotografen schwören auf diese Messmethode, nicht nur aus Tradition. Mit etwas Routine lässt sich die Wirkung einer Messung genauer beurteilen und so zielsicher eine notwendige Belichtungskorrektur durchführen.

Mit der Spotmessung wird die Belichtung über einen eng begrenzten Bereich des Bildausschnitts bestimmt.

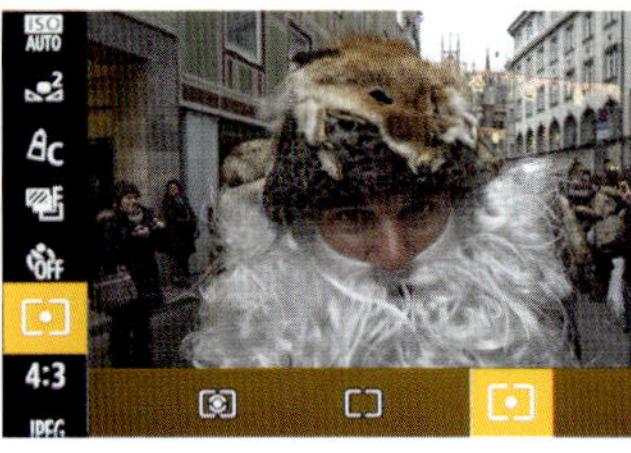

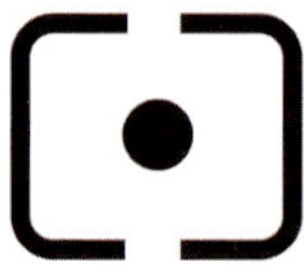

Spotmessung

Eine Messmethode nicht nur für Profis. Die Messung wird auf den im Sucher erkennbaren zentralen Messkreis konzentriert. So erfassen Sie einen kleinen Bereich Ihres Motivs und können die Belichtung auf diesen Ausschnitt abstimmen. Auch lässt sich das Spotmessfeld mit dem AF-Feld verknüpfen und so im Motivausschnitt beliebig verschieben. So können Sie zum Beispiel bei Porträtaufnahmen, ohne erst groß den Gesichtserkennungsmodus bemühen zu müssen, gezielt das Gesicht anmessen. Die Kombination aus Spotmessung, AE-Speicherung und RAW-Dateiformat gibt Ihnen eine optimale Voraussetzung, sich auf schnell verändernde Motivsituationen einzustellen und eine kreative Belichtungsanpassung vorzunehmen, mit der Option die RAW-Daten gegebenenfalls durch die Nachbearbeitung stark zu beeinflussen.

Auf Lichter oder Schatten messen?

Auf dunkle Schattenpartien belichtet, ergibt dies duftige Bildstimmungen mit bewusster Überstrahlung sonnenüberfluteter Lichterpartien im Stil von High-Key-Bildern. Details in den Lichtern gehen mit zunehmender Belichtung verloren.

Richten Sie den Messpunkt auf helle Bildpartien und stellen Sie damit sicher, dass keine Bilddetails in Lichtern und sehr hellen Bildteilen verlorengehen. Nahezu mühelos lassen sich in der Nachbearbeitung Details im Licht erkennbar abstimmen; separat davon hellt man in den Schatten auf, um auch dort noch Zeichnung erkennbar zu machen. Dieser Abgleich lässt sich oft zu einem über alle Graustufen ausgeglichenen Bild nutzen.

Die Belichtung auf die Lichter hat noch einen interessanten Nebeneffekt, wenn Sie durch die deutlich kürzere Belichtungszeit gerade bei langen Teleeinstellungen die Verwacklungsgefahr zusätzlich mindern. Diese Methode ergibt oft noch kurze Belichtungszeiten auch bei niedrigen ISO-Werten. Ihre RAW-Datei bietet so viel Reserven, dass Sie mit der Nachbearbeitung die Schatten problemlos aufhellen können und ein „normal" belichtetes Endresultat erzielen.

Die Spot-Messmethode ist nicht mehr nur für Profis und Spezialisten. Gezielte Messung der hellsten oder der dunkelsten Partien eines Bildes erlaubt genaue Belichtung der wichtigsten Motivdetails. Im Zusammenspiel von Belichtungskorrektur (im Bereich von ± 2 Blendenstufen) und Belichtungsspeicherung (Taste ▲ bei angetipptem Auslöser) nimmt man dem Vollmond die Überstrahlung oder der „schwarzen Katze" den Mangel an Zeichnung im Fell.

Modi M, Av, Tv, P
Die Wahl der Messmethode steht für die Belichtungsmodi M, Av, Tv und P zur Verfügung. Wählen Sie: FUNC. SET ➔ Mehrfeld als Standard-Messmethode, FUNC. SET ➔ Spot für besondere Aufgaben wie Motive mit hohem Hell-/Dunkel-Kontrast.

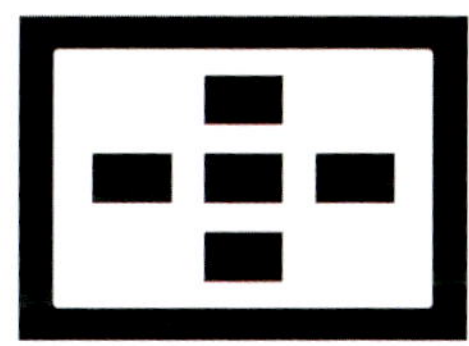

Das Spotmessfeld können Sie über das Menü zentral fixieren oder dem AF-Messfeld beweglich zuordnen.

Messfeldwahl
Zielen Sie mit dem Messfeld auf ein Detail, das Sie korrekt belichtet haben wollen. Drücken Sie ▲ bei angetipptem Auslöser. Ein Stern in der Monitor-Anzeige signalisiert, dass die Belichtungswerte gespeichert sind.

Zielen Sie auf das zur Fokussierung vorgesehene Motivdetail. Die Fokussierung erfolgt bei angetipptem Auslöser. Diese Prozedur ist wiederholbar.

Mit voll gedrücktem Auslöser wird nach der Aufnahme die Belichtungsspeicherung gelöscht. Ebenso löscht ein Wechsel der Brennweite eine zuvor festgelegte Belichtungsspeicherung. Legen Sie deshalb den Bildausschnitt vor der Belichtungsspeicherung fest.

Bracketing zur Sicherheit

Belichtungsreihenautomatik, mittlere Einstellung, steht für AEB- und rechtes Symbol für die Fokus-Belichtungsreihe.

„Bracketing" ist das übernommene Zauberwort für eine Reihe an Aufnahmen, die unter unterschiedlicher Einstellung bestimmter technischer Details vorgenommen werden.

Bracketing soll die Absicherung gegen Fehler in einer Aufnahme sein. Nicht gerade ein Versuch, den man für Schnappschüsse empfehlen kann, aber jede Aufnahme von Motiven, die einem „nicht weglaufen" können, lässt sich damit angehen. Es sei denn man beabsichtigt eine Kleinserie mit drei Bildern, dann stellt man auf ± 1/3 Belichtungskorrektur und kann dann meist die drei Aufnahmen verwenden. Der Belichtungsunterschied fällt minimal aus.

Fokus-Bracketing

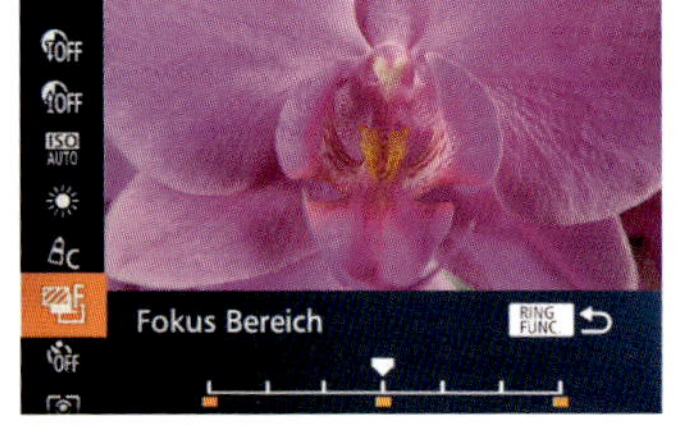

Bei der Fokus-Reihe sind drei Toleranzbereiche vorgegeben.

Auf das Fokus-Bracketing oder auch Fokus-Aufnahmereihe sind wir bereits auf Seite 68, im Zusammenhang mit der manuellen Scharfeinstellung, näher eingegangen. Die Fokusreihe macht auch nur Sinn in Verbindung mit der MF-Funktion.

Bei den Fokus-Aufnahmereihen handelt es sich um gemäßigte Eingriffe, die zumindest auf dem Display der Kamera nicht so eindeutig geprüft werden können. Als Einstellhilfe im MF-Betrieb sei nocheinmal an „Peaking" erinnert, jene Hilfe, die im Schärfebereich den Verlauf der Schärfe durch farbig auffällige Markierungen bei der Einstellung unterstützt. Die Markierungsfarbe kann man zur besseren Unterscheidung zur Objektfarbe aus drei Angeboten wählen.

Fokus-Bracketing kann sowohl bei Verwendung des JPEG- als auch des RAW-Dateiformats Sinn machen. Fokus-Bracketing steht in den Aufnahmemodi „M", „Av", „Tv" und „P" und bei entsprechender Speicherung auch in „C2" und „C1" zur Verfügung.

AEB-Belichtungsreihen-Automatik

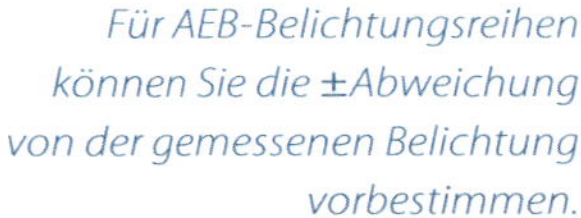

Für AEB-Belichtungsreihen können Sie die ±Abweichung von der gemessenen Belichtung vorbestimmen.

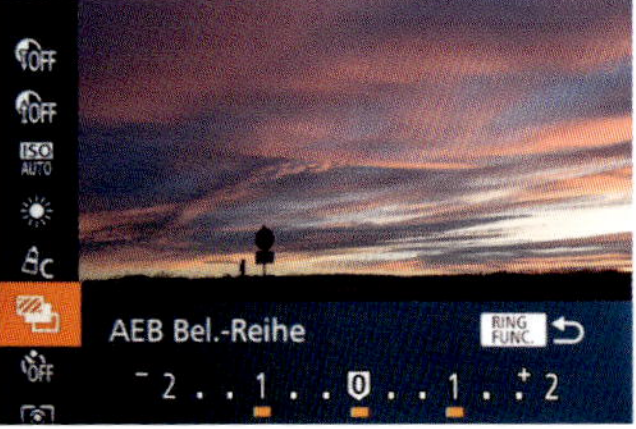

Mit der Variation der Belichtung wird ein weiterer Bereich abgesichert, in dem man manches Mal nicht frei von möglichen Fehlern ist. Weniger aus Sicht der Kamera, mehr aus der Sicht des Fotografen, der sich bei Vorgaben und Eingriffen auch einmal irren kann.

Setzt rechtzeitig der Zweifel ein, dann können Sie Belichtungs-Bracketing nutzen und vorgeben, dass die Aufnahme mit einer „Wie-gemessen-Belichtung" und ergänzend dazu einer stärker sowie einer schwächer belichteten Variante gespeichert werden soll. Auf die kleinst möglichen Variationen mit Drittel-Belichtungsstufen

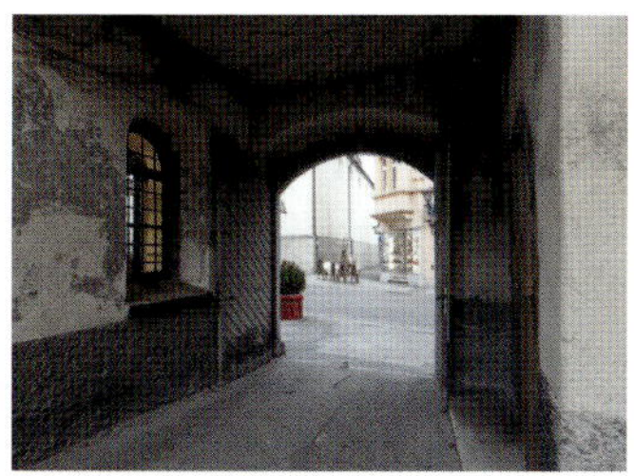
Ohne Korrektur

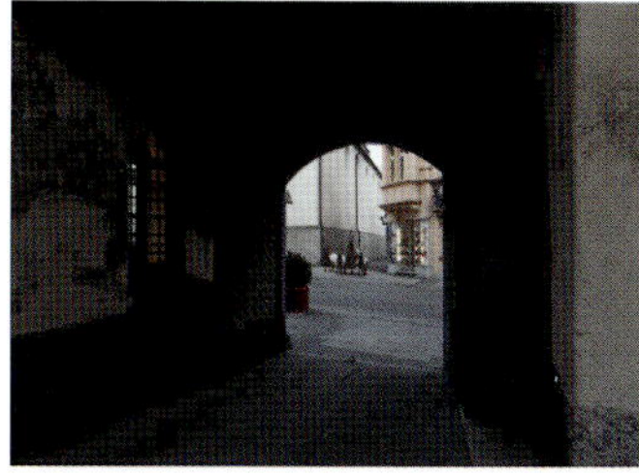
-1 Belichtungsstufe

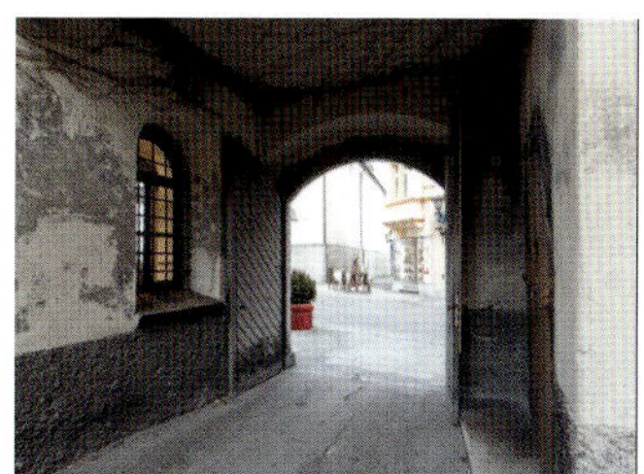
+1 Belichtungsstufe

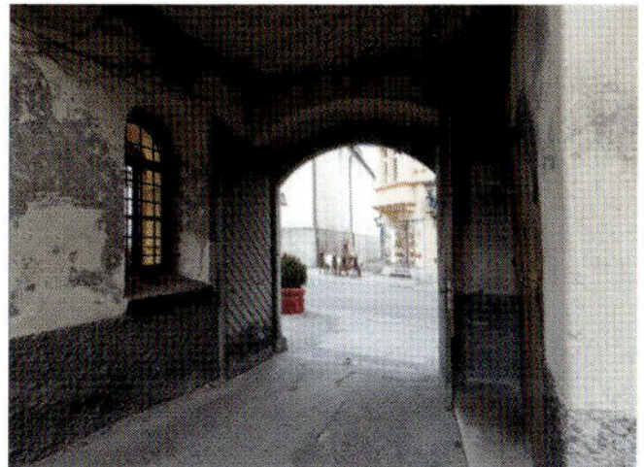
In der Nachbearbeitung mit ca. 1/3 Belichtungsstufe aufgehellt.

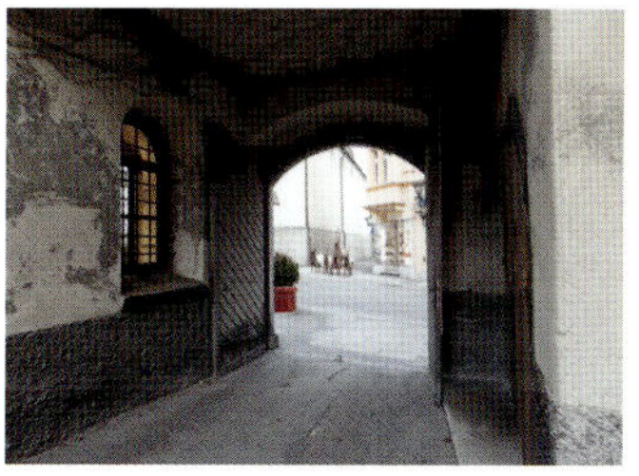
In der Nachbearbeitung mit ca. 1 1/3 Belichtungsstufe aufgehellt.

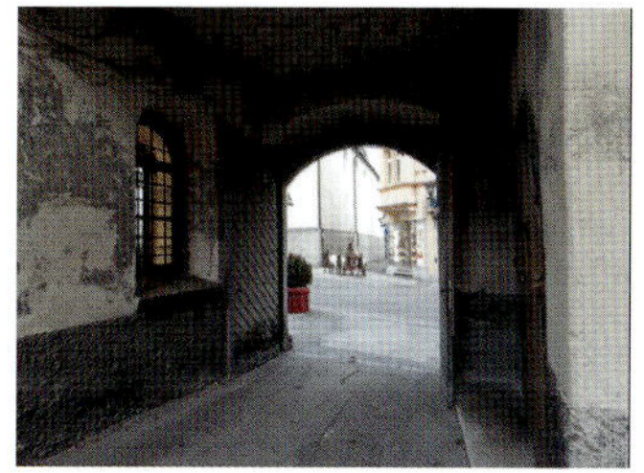
In der Nachbearbeitung mit ca. 1/3 Belichtungsstufe nachgedunkelt.

Dieses Beispiel zeigt, dass bei Motiven mit großem Helligkeitsumfang die Belichtungsautomatik nicht ganz den Bildgeschmack des Fotografen trifft. Die Belichtungsreihenautomatik bietet Alternativen. Eine Spanne von ± 2/3 hat sich in der Praxis gut bewährt. Wie die Bildpaare oben zeigen, lassen sich Belichtungsunterschiede aber auch in der Nachbearbeitung gut ausgleichen.

können Sie mit dem Gedanken an die Leistungsfähigkeit der Kamera eigentlich verzichten. Greifen Sie nachhaltig ein mit Korrekturen im Bereich ganzer Blendenstufen. Hier werden die Ergebnisse deutlich sichtbar – zugegeben, abhängig vom Motivkontrast.

Die maximale mögliche Abweichung von einem gemessenen Belichtungswert liegt bei ±5 vollen Belichtungsstufen, wenn man die zusätzliche Möglichkeit der Belichtungskorrektur mit einbezieht. Die maximale AEB-Spanne bleibt aber bei ±2, sie kann auf der Belichtungskorrekturskala verschoben werden, indem man zuerst einen Belichtungskorrekturwert vorgibt.

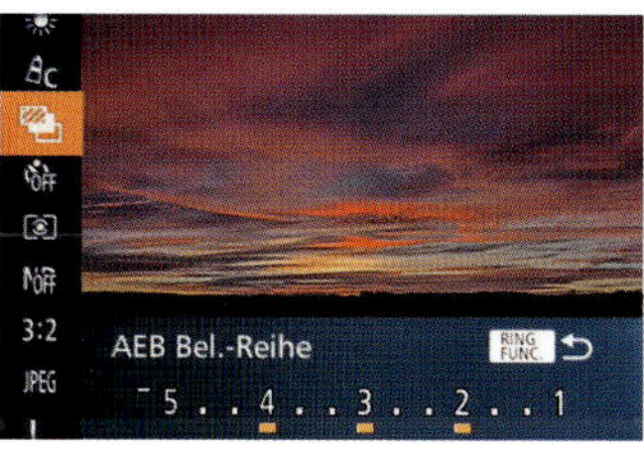

Belichtungskorrekturwerte werden bei der AEB-Belichtungsreihe berücksichtigt.

Der enorme Belichtungsbereich von ±5 Lichtwerten kann für die HDR-Nachbearbeitung hilfreich sein, wenn mit dieser Technik extrem große Helligkeits-(Kontrast-)Umfänge mit Detailzeichnung gemeistert werden sollen. So reichen bei einer AEB-Einstellung von ±1 vier anstatt 10 Einstellungen.

Der Weißabgleich

Naturgetreue Farbe – oder auch Farbe wie persönlich als naturgetreu empfunden – ist das Ziel des Weißabgleichs. Neutrale, der Wahrheit entsprechende Farben also, die durch die eine Szene beleuchtende Eigenfarbe der Lichtquelle verfälscht sein können.

Mit dem Weißabgleich wird in erster Linie eine naturgetreue, neutrale Farbwiedergabe angestrebt, ein Ziel das von einer Kamerageneration zur anderen deutliche Fortschritte macht.

AWB – die Weißabgleich-Automatik

Als Vorwahl mit Sicherheits-Reserve kann die Weißabgleich-Automatik betrachtet werden. Sie bewertet das vorhandene Licht im Bild und kommt stets zu einem angenähert optimalen Ergebnis. Man sollte AWB als Standard-Einstellung wählen, da jede gezielte

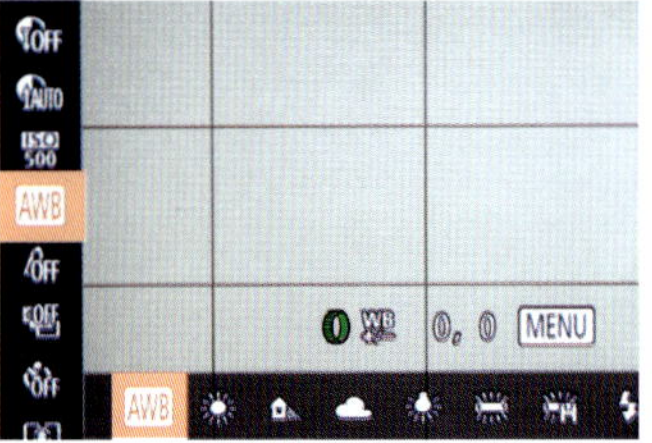

AWB ohne Korrektureingabe

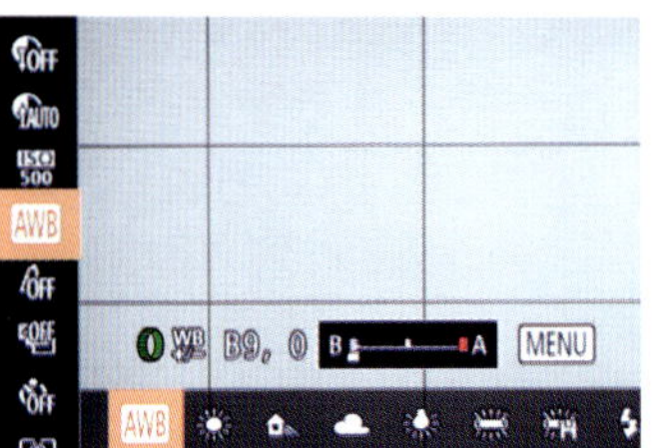

AWB mit Korrektureingabe B 9,0

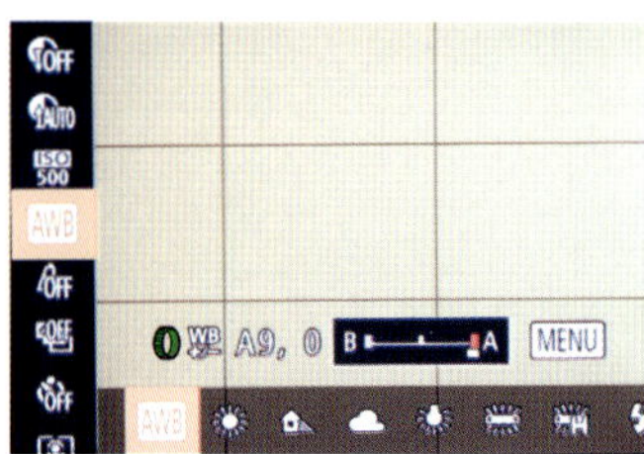

AWB mit Korrektureingabe A 9,0

Farbanpassung in Mired-Stufen

Die G7 X bietet eine professionelle Technik, die Farbtemperatur in feinen Schritten anzugleichen, und das nicht nur im Custom-Modus. Es werden zwei Einstellwege angeboten. Die eine Methode basiert auf der Idee eines klassischen Konvertierungsfilters mit dem ein Tageslichtfilm bei Kunstlichtbeleuchtung und umgekehrt ein Kunstlichtfilm bei Tageslichtbeleuchtung auf neutrale Farbwiedergabe umgestellt werden konnte. Mit farblich fein abgestuften Gelatinefiltern konnten die Diafilme einerseits auf unterschiedliche Farbtemperaturen der Studiobeleuchtung und

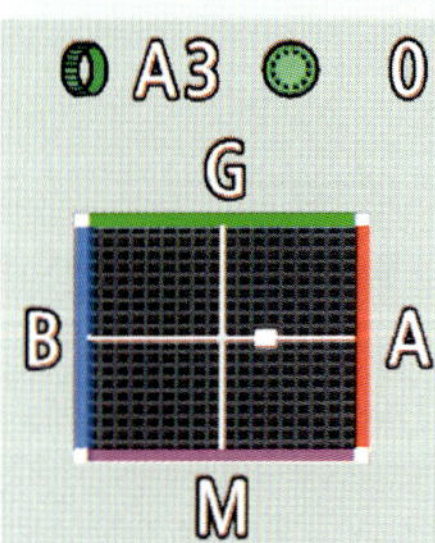

andererseits auf Farbunterschiede einzelner Filmchargen angepasst werden. Wer es sehr genau nahm, kam um einen Kolorimeter nicht herum, mit dem die Farbtemperatur der Lichtquellen gemessen wurde. Die Anzeige erfolgte auch in Mired. Der Mired-Wert ergibt sich aus der Rechnung eine Million (10^6) geteilt durch den gemessenen Kelvin-Wert. 3400 K entsprechen somit 294 Mired, 5500 K gleich 182 Mired. Der Farbtemperaturunterschied beträgt somit 112 Mired oder 11,2 Dekamired. Dekamired waren übliche Korrekturwerte bei Konvertierungsfiltern. Die manuellen Korrekturen der Kamera basieren auf Mired-Werten, ein Teilstrich entspricht 7 Mired oder 0,7 Dekamired. Die Abkürzung „B" bedeutet Blau, „A" Gelb, „M" Magenta und „G" Grün.
Die vereinfachte Korrektur verläuft auf der Blau-Gelb-Achse.

Vorwahl einer Einstellung wie Tageslicht oder Kunstlicht ohne Rücksicht auf die tatsächliche Farbtemperatur des Lichts benutzt und beibehalten wird.

Durch die manuelle Korrektureingabe auch in der AWB-Einstellung bietet die G7 X Möglichkeiten, Feinkorrekturen vorzunehmen und die Kamera auf externe Wiedergabegeräte und auf den persönlichen Geschmack abzustimmen ohne die Nachbearbeitung zu bemühen.

Feste WB Vorgaben

Die „Automatik White Balance" AWB ergibt im statistischen Mittel beurteilt sehr gute und verlässliche Werte; die Automatik nivelliert aber auch. Wer die Vielfalt unterschiedlicher Farbstimmungen einfangen möchte, ist mit den festen Farbtemperaturvorgaben besser bedient. Tageslicht, Schatten, Wolkig, Kunstlicht, Leuchtstoff,

Feintuning des automatischen Weißabgleichs in acht Stufen.

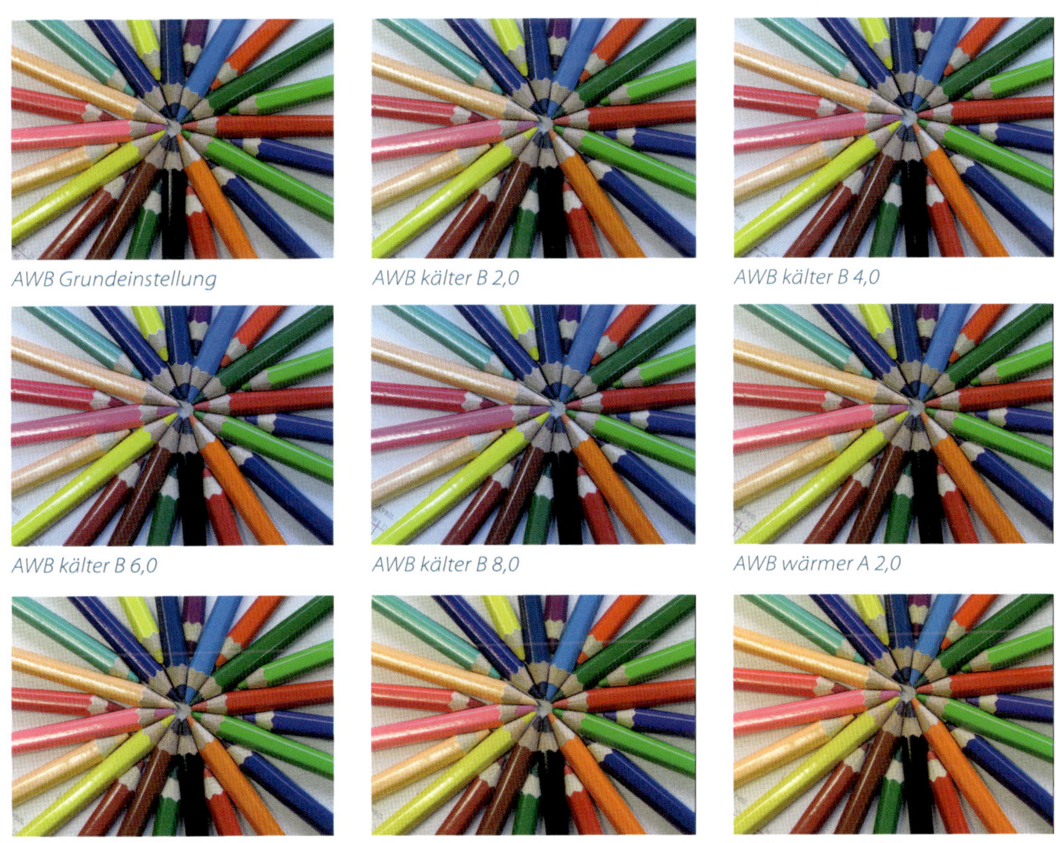

AWB Grundeinstellung — *AWB kälter B 2,0* — *AWB kälter B 4,0*

AWB kälter B 6,0 — *AWB kälter B 8,0* — *AWB wärmer A 2,0*

AWB wärmer A 4,0 — *AWB wärmer A 6,0* — *AWB wärmer A 8,0*

Weißabgleichsymbole

Symbol	Einstellung	Farbtemperatur
AWB	Automatisch	
	Wolkig	ca. 6500 K
	Leuchtstoff H	ca. 5000 K
	Manuell 1	
	Tageslicht	ca. 5200 K
	Kunstlicht	ca. 3000 K
	Blitz	ca. 5200 K
	Manuell 2	
	Schatten	ca. 6000 K
	Leuchtstoff	ca. 3700 K
	Unterwasser	

Leuchtstoff H, Blitz, Unterwasser und manuellen Weißabgleich in doppelter Ausführung bietet die G7 X zur Wahl. Man wählt daraus nach persönlicher Einschätzung der Aufnahme-Beleuchtung. „Tageslicht" immer dann, wenn sonniges Tageslicht vorherrscht.

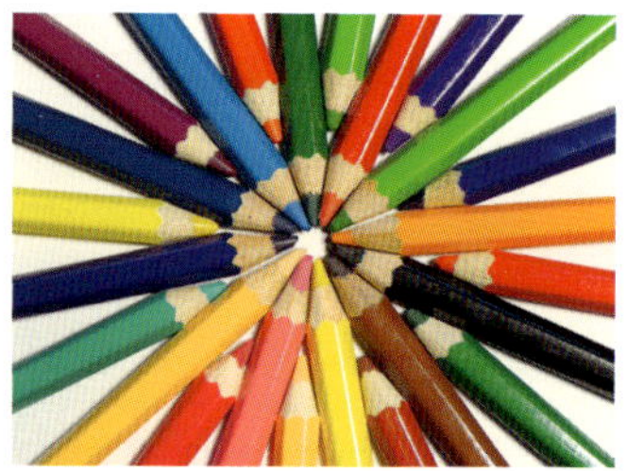

Kunstlicht Grundeinstellung bei Halogenlichtbeleuchtung

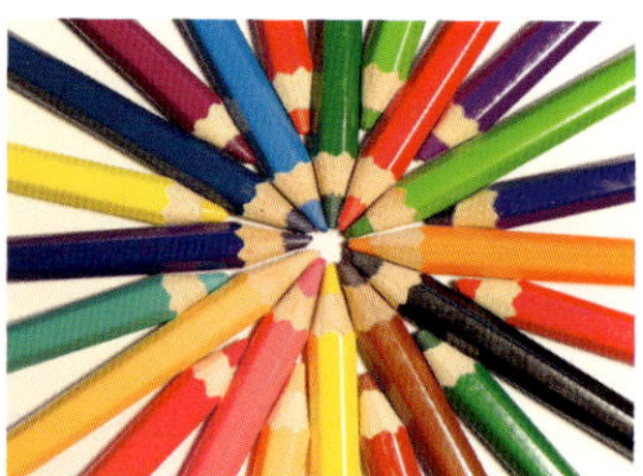

AWB bei Halogenlichtbeleuchtung

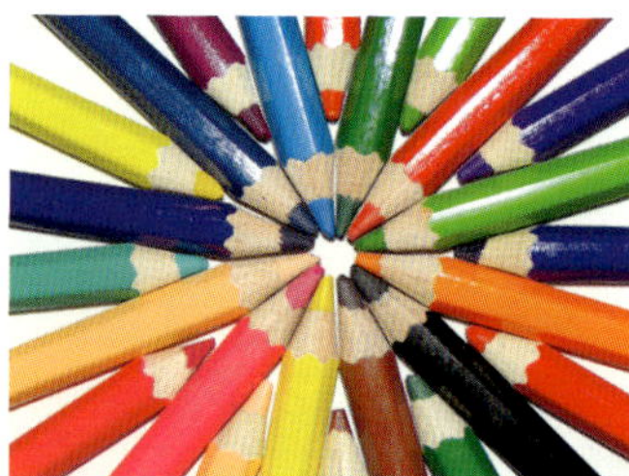

Blitz-Grundeinstellung, beleuchtet mit dem eingebauten Blitz

„Schatten" im Schatten, in dem blaues Licht beherrschend sein kann. „Wolkig" bei bedecktem Himmel gegen hohe Farbtemperaturen. „Kunstlicht" kommt vor allem bei gelblichem Licht von Glühlampen in Frage. „Leuchtstoff" bei Warmton-Leuchtstofflampen, „Leuchtstoff H" bei einer Beleuchtung unter Leuchtstoff-Lampen mit tageslichtähnlichem Spektrum. „Blitzlicht" tendiert in Tageslicht-Nähe oft zu höheren Farbtemperaturen, zu mehr Blauanteilen.Alle angeführten festen Einstellungen haben eine Besonderheit–,sie sind variierbar. Dazu dreht man am vorderen Einstellrad und bekommt eine Skala-Anzeige für die Veränderung der festen Vorgabe nach Blau (B) oder nach Gelb (A), so wie wir es bereits für AWB beschrieben und illustriert haben. Das Monitorbild zeigt die farbliche Auswirkung an, eine seriöse endgültige Beurteilung kann aber erst am großen Bildschirm oder Ausdruck erfolgen.

Mit einem Druck auf die Menü-Taste kann auch das komplette quadratische Raster zur Beeinflussung der Farbabstimmung aufgerufen werden. Es ist auch die Grundlage der manuellen Einstellung des Weißabgleichs, um die es auf den nächsten Seiten im Detail geht. Eine Rückstellung auf die Grundeinstellung muss manuell vorgenommen werden, leider eine häufige Fehlerquelle, wenn man es vergisst. Achten Sie deshalb auch immer auf die Displayanzeige, da werden die Korrekturen eingeblendet.

Der Weißabgleich dient dazu, ein Farbfoto von Farbstichen zu befreien, damit Farben natürlich wirken. Das Resultat der Korrektur wäre immer ein farbrichtiges Bild, was in einem Vergleich nicht sonderlich aufschlussreich wäre. So zeigen die Bilder der Serie Aufnahmen bei diffusem Tageslicht und die Filterwirkung der verschiedenen festen Farbtemperatureinstellungen. Ist das Aufnahmelicht beispielsweise zu gelb, so fügt die Kamera Blau hinzu um den Farbstich zu neutralisieren. Da wir in der Vergleichsserie von einem neutral gestellten Bild ausgehen, zeigt die Abweichung immer die Farbe des Korrekturfilters, und das in der Komplementärfarbe zur farbigen Beleuchtung.

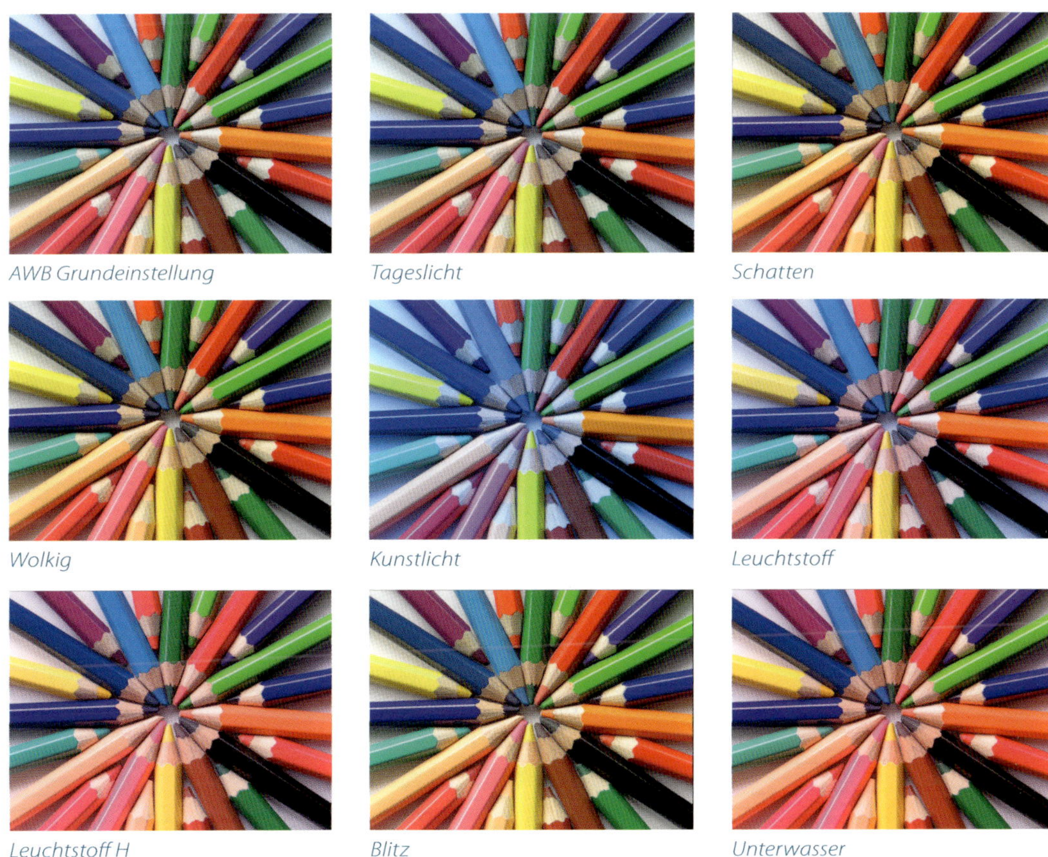

AWB Grundeinstellung | *Tageslicht* | *Schatten*

Wolkig | *Kunstlicht* | *Leuchtstoff*

Leuchtstoff H | *Blitz* | *Unterwasser*

Der manuelle Weißabgleich

Sobald Manuell 1 oder 2 gewählt wurde, wird unter anderem in der Mitte ein Quadrat mit vier weißen Winkeln angezeigt. Dazu ein Hinweis auf die Rahmenauswahltaste und MENU-Taste.

Peilen Sie mit dem umrandeten Quadrat ein farbneutrales Detail oder eine Graukarte an. Ein kurzer Druck auf die DISP. Taste löst mit deutlichem Klick eine „Aufnahme" aus, hinter der sich jedoch nur eine Messung und Einstellung der Weißabgleich-Einstellung verbirgt.

Vorausgesetzt, dass das angepeilte Detail farbneutral war und vom vorherrschenden Licht angestrahlt wurde, haben Sie jetzt eine optimale Einstellung gefunden. Trifft das nicht zu, hatten Sie eine intensive Farbfläche anvisiert, so ist jetzt der Weißabgleich komplementär zur angepeilten Farbe „verbogen". Ein Fehler, den man auch bewusst machen kann, um mit Farben zu spielen.

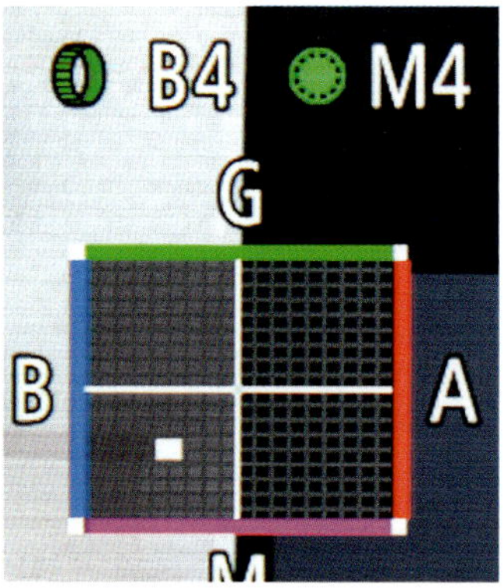

Manueller Weißabgleich für die Feinabstimmung zwischen Rot und Blau sowie Grün und Magenta. Die Steuerung erfolgt über die Ringsteuerung und das Steuerungsrad. Die Koordinatenwerte finden Sie am Kopf der Grafik eingeblendet.

Abgleich zwischen A und B sowie G und M

Wählen Sie noch einmal eine der Manuell-Positionen, aber drücken Sie danach auf die MENU-Taste. Jetzt zeigt sich ein quadratisches Raster. Links mit „B" markiert und einem blauen Rand, rechts als „A" für Gelb mit rotem Rand (konsequenter wäre ein gelber Streifen als Komplemementärfarbe zu Blau). Oben mit „G" und grünem Rand, unten mit „M" und in Magenta gefärbtem Rand. Dazu Zahlenwerte, die das Ziel noch verständlicher machen. Die Steuerung im Koordinatensystem erfolgt über die Richtungstasten. Die manuellen Korrekturen der Kamera basieren auf Mired-Werten, ein Teilstrich entspricht 7 Mired oder 0,7 Dekamired.

In der Mitte der Rasteranzeige befindet sich das neutrale Zentrum. Es wird mit der 0 bezeichnet. Das Maximum der jeweiligen Veränderung trägt die Zahl 9. Auf der Waagerechten zwischen Blau und Rot kann sich nur eine Farbe in Richtung Maximum bewegen. A9 ist das Maximum in Rot, B9 auf der anderen Seite das Maximum in Blau. Jede Veränderung sieht man auch dem Live-Bild dahinter an. Nur bei verfälschtem Licht werden Sie erkennen, wie sich die (bekannten) Farben eines Objekts zu neutraler Natürlichkeit verändern. Lassen Sie Ihren Augen Zeit und vertrauen Sie ihnen nicht immer. Farbensehen hat nun einmal viel mit Gewohnheit zu tun und es ist ganz natürlich, dass man ein „weißes Blatt Papier" als weißes Blatt „sieht", auch wenn es unter Kunstlicht leicht vergilbt aussieht.

Gegenüberliegende Seite: Maximale Filterfarben der manuellen Farbanpassung (siehe auch Kasten auf Seite 88).

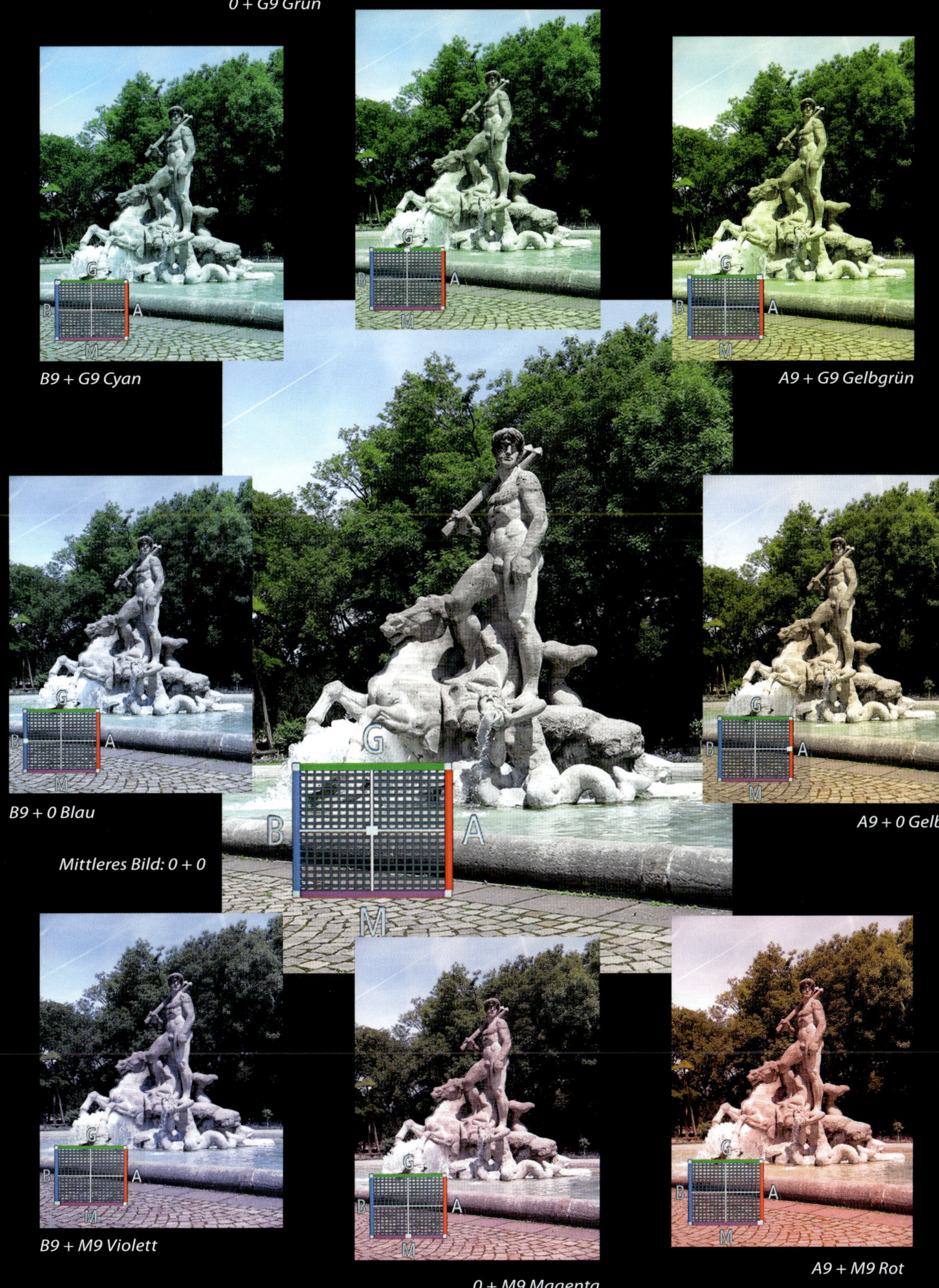

0 + G9 Grün

B9 + G9 Cyan

A9 + G9 Gelbgrün

B9 + 0 Blau

A9 + 0 Gelb

Mittleres Bild: 0 + 0

B9 + M9 Violett

A9 + M9 Rot

0 + M9 Magenta

ISO-Empfindlichkeit

Mit einer Zahl zwischen 100 und 3200 oder „AUTO" sind wir mitten im Thema der ISO-Empfindlichkeit. Einst „Filmempfindlichkeit" genannt und mit Begriffen wie DIN, ASA und letztlich auch ISO deklariert, hat sich für die digitale Kamera der Begriff ISO gehalten.

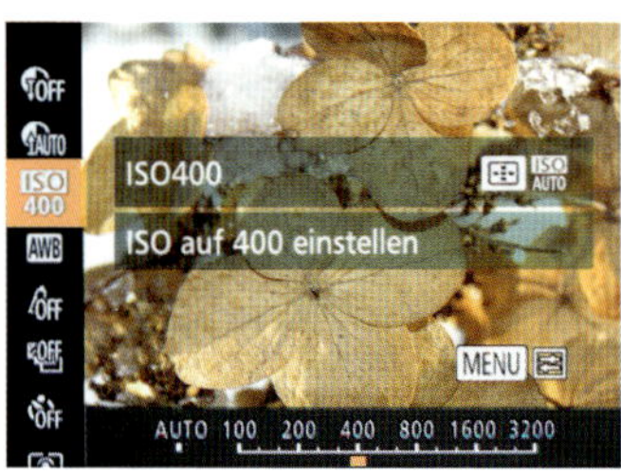

ISO-Automatikbereich kann über die Menüeinstellung nach oben begrenzt werden. Wem das immer noch zu viel Automatik ist, der kann auch feste ISO-Werte einstellen.

Der ISO-Wert beschreibt die Empfindlichkeit des Bildsensors für Licht. Wer AUTO wählt, muss sich weitgehend nicht um die richtige Wahl kümmern. Wer niedrige Werte wählt, besitzt bei viel Licht die beste Voraussetzung für gut belichtete Bilder. Wer einen hohen Wert wählt, kommt bei schlechtem Licht noch zum Ziel und sollte sich merken, dass bei hohen ISO-Werten mit dem Risiko von „verrauschten" Bildanteilen, vor allem in den schwärzesten Bereichen und verringerter Bildauflösung und Detailwiedergabe durch eine sichtbare Körnigkeit, zu rechnen ist.

Lichtempfindlich durch Elektronik

Die Einstellung der ISO-Empfindlichkeit wird ausgehend von der Empfindlichkeit des Bildchips durch elektronische Verstärkung beziehungsweise Abschwächung ermöglicht. Zur Bezeichnung

Steckbrief ISO-Wert

Unter „Auto" wählt die Kamera eine passende ISO-Empfindlichkeit in den Modi M, P, Av und Tv. Andere Modi sind überwiegend intern vorbestimmt. Ist die Wahl zulässig, dann erreichen sie die ISO-Werte:

100	125	160
200	250	320
400	500	640
800	1000	1250
1600	2000	2500
3200		

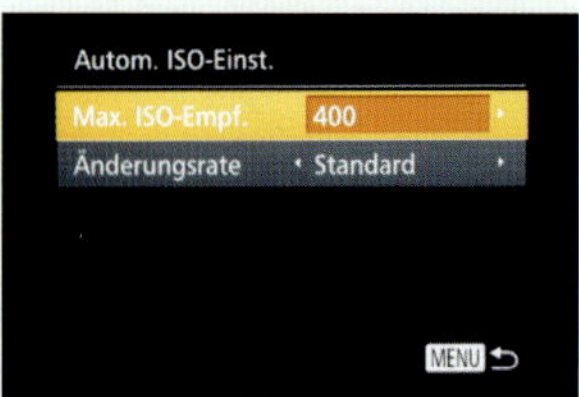

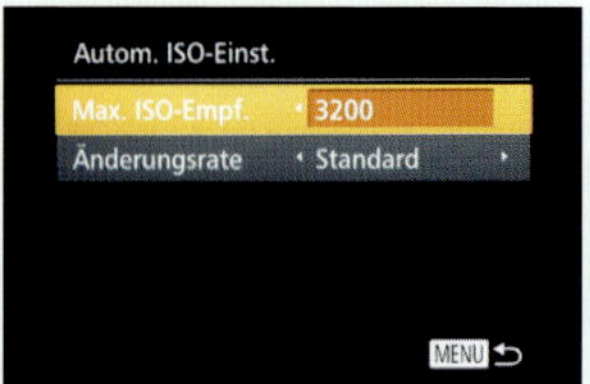

Nutzbare maximale ISO-Werte bei der ISO-Automatik sind vorwählbar. So vermeiden Sie ungewünschte hohe ISO-Einstellungen.

Fett hervorgehoben die bekannten klassischen Werte. Von fett zu fett gedrucktem Wert entspricht der Sprung einer Blendenstufe bzw. einem Lichtwert. Anders ausgedrückt bedeutet die Verdopplung oder Halbierung eines ISO-Wertes eine Veränderung um einen Lichtwert, was einer Verdopplung oder Halbierung der Empfindlichkeit entspricht. Mager gedruckte Zwischenwerte bedeuten einen Abstand von jeweils einer Drittelblende.

der Verstärkungsstufen orientierte man sich glücklicherweise an gewohnten Film-ISO-Werten.

Der Vorteil der elektronischen Verstärkung liegt in der schnell realisierbaren Knopfdruck-Umstellung an Stelle eines „Filmwechsels". Damit kann man mittels ISO-Wert-Wechsel den Arbeitsbereich eines Belichtungsprogramms verändern und nachbessern, wo ein Belichtungsprogramm unter ISO-AUTO vielleicht zu Ergebnissen kommt, die nicht ganz den eigenen Vorstellungen entsprechen, wie beispielsweise ein zu hoher ISO-Wert, der die Bildqualität zu stark beeinträchtigt.

Im Rahmen von kürzester und längster Belichtungszeit sowie abhängig von der durch die Brennweite vorgegebenen Grenze maximaler Lichtstärke (zwischen Blende 3,4 und 6,5), darf der Fotograf ohne weitere Hilfsmittel eingreifen. Unter Hilfsmittel wären bei Dunkelheit Blitz oder Dauerbrenner zu verstehen; bei Überfluss an Licht Neutral-Graufilter, die mittels Filter-Adapter vorgesetzt weiterhelfen. Immer dann, wenn die kleinste Blende und die kürzeste Belichtungszeit von 1/2000 s immer noch zur Überbelichtung führt, ist ein ND-Filter (siehe Seite 130) sinnvoll.

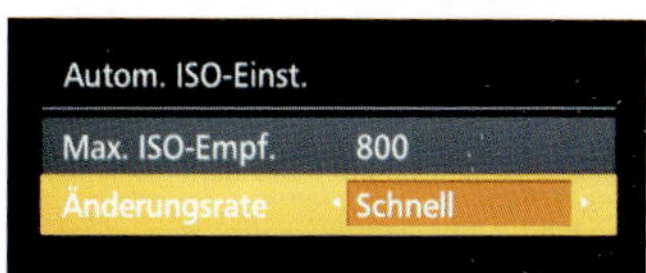

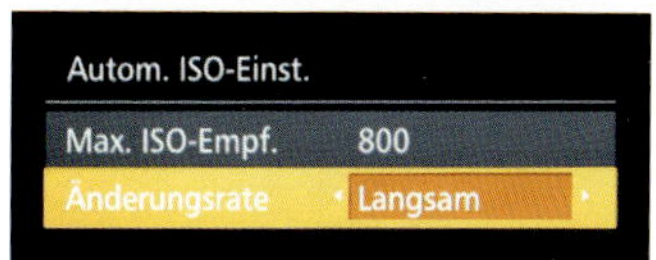

Prioritätseinstellung für ISO-Änderungen bei der ISO-Automatik, einstellbar im „P" und „Av" Modus.

Rauschminderung

Die Nutzung von ISO Auto bedeutet den bequemen Weg zu wählen. Eine Anpassung aus verschiedenen Gründen verändert den Arbeitsbereich der klassischen Programme. In jedem Fall wirkt eine Nacharbeit an den Aufnahmen zur Rauschminderung vor allem bei langen Belichtungszeiten. Diese Funktion ist nicht abschaltbar sondern nur zwischen Standard, gering und hoch in der Wirkung zu beeinflussen. Ihr Einsatz ist nicht feststehend, jedoch bei langen Belichtungszeiten durch meist mindestens ebenso lange Nacharbeit spürbar und wird durch eine Einblendung mit einem Hinweis auf die Bearbeitung vor allem bei sehr langen Bearbeitungszeiten versehen. Eine Nachbehandlung, die der Belichtungszeit gleich oder länger sein kann.

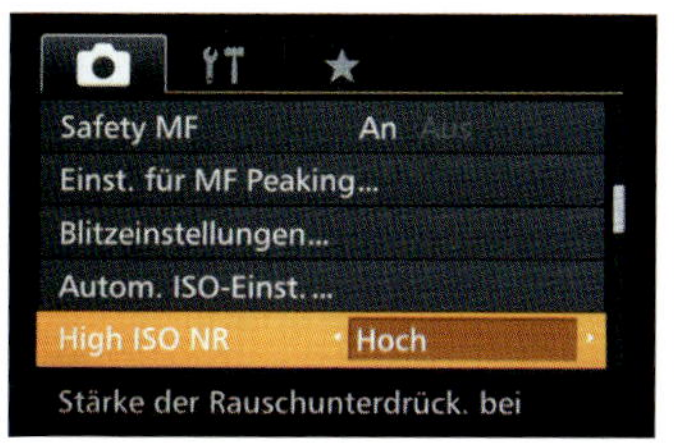

„NR" steht für Noise Reduction und soll das Bildrauschen reduzieren, das verstärkt im hohen ISO-Bereich störende Ausmaße erreichen kann. Wunder darf man sich davon selbst bei der Einstellung „Hoch" nicht versprechen.

Die interne Nacharbeit zur Rauschminderung wird nur für JPEG-Bilder benutzt. Primär bei hohen ISO-Werten und langen Belichtungszeiten.

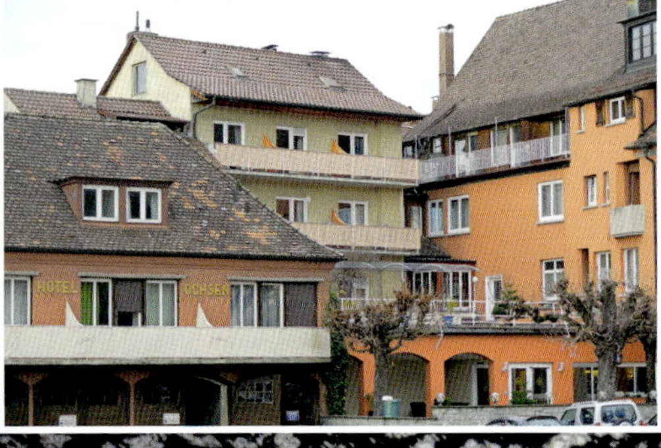

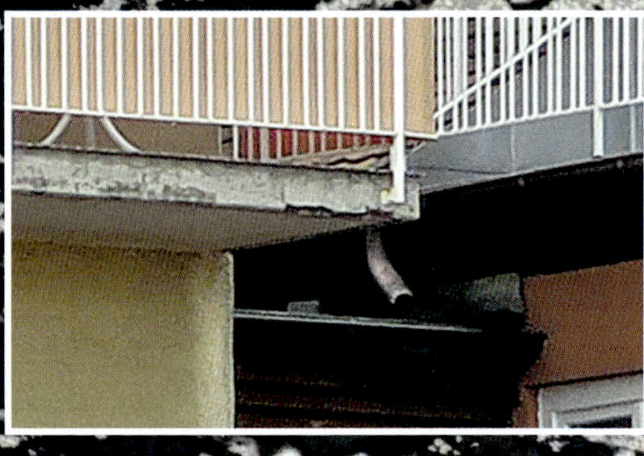

ISO 125

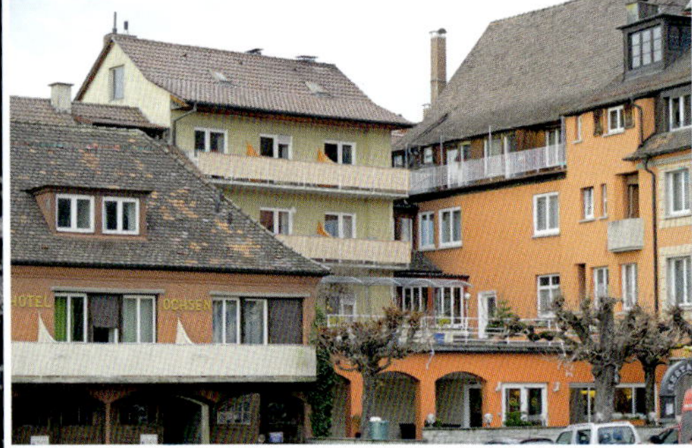

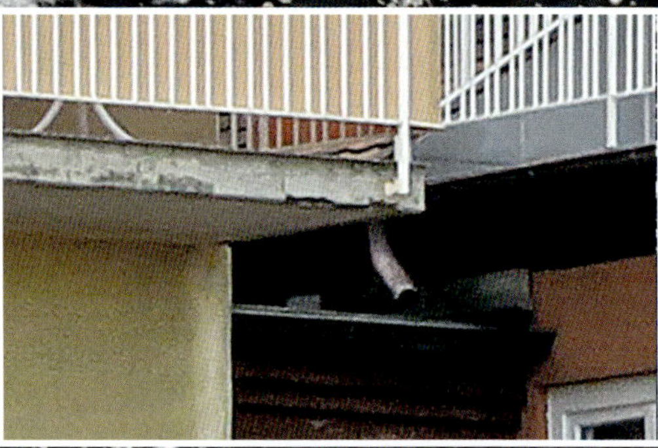

ISO 400

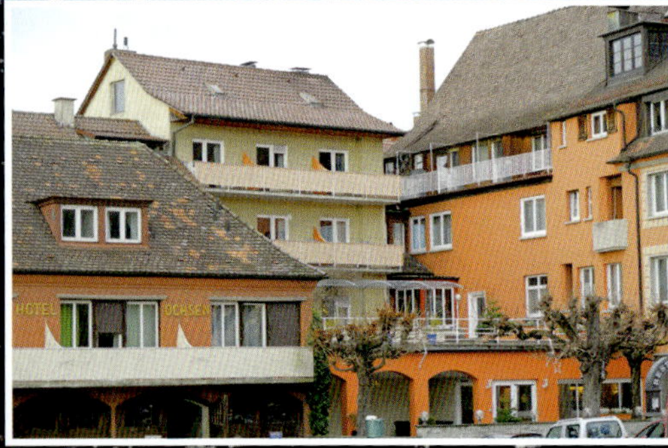

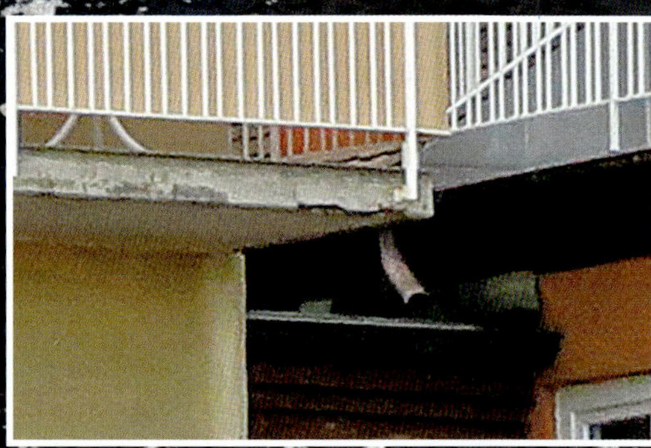

ISO 800

Dass die G7 X bei niedrigen bis mittleren ISO-Werten sehr gute Bildergebnisse liefert, konnten wir mit vielen Bildbeispielen im Buch bereits veranschaulichen. Was die Kamera in den hohen Empfindlichkeitsbereichen schafft, zeigt der direkte Vergleich auf dieser Doppelseite. Das linke Bild in der Reihe zeigt das Originalbild, daneben ein Ausschnitt der 100% Darstellung. Bis ISO 400 sind die Unterschiede marginal. Ab ISO 800 geht die Auflösung sichtbar zurück. Das Hintergrundbild stammt aus einer automatischen Kreativserie.

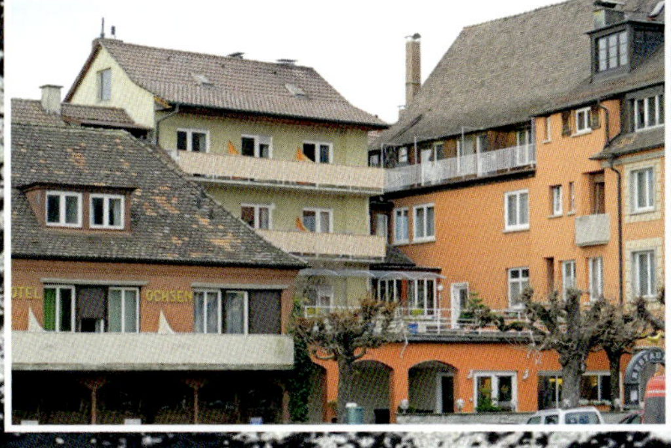

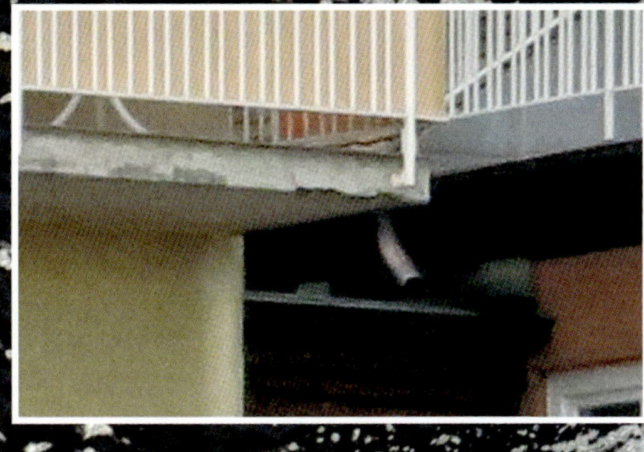

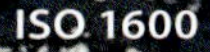

ISO 1600

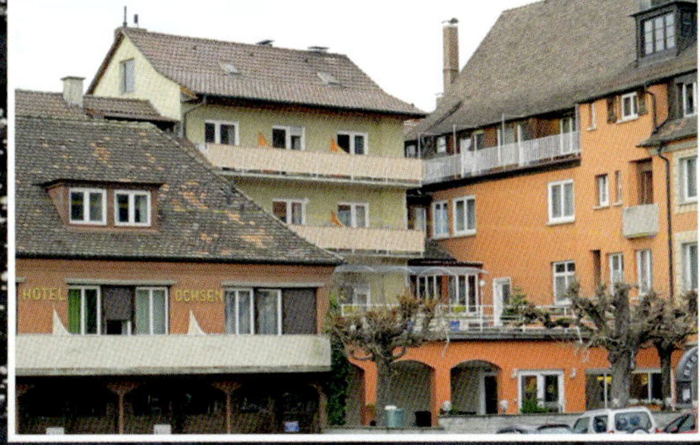

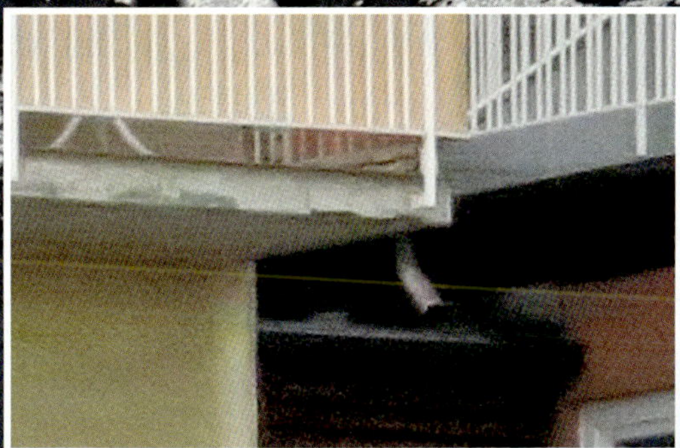

ISO 3200

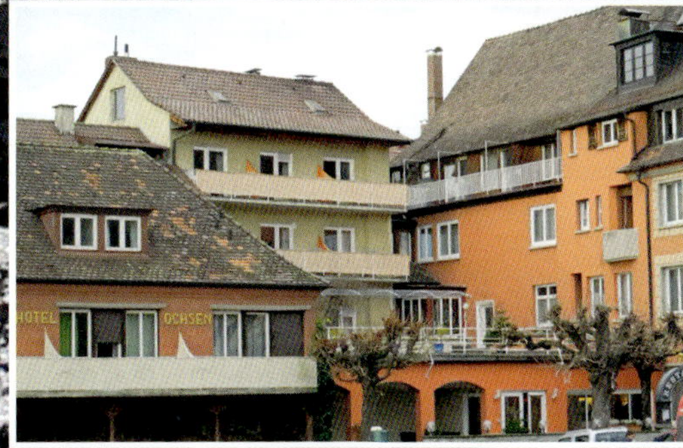

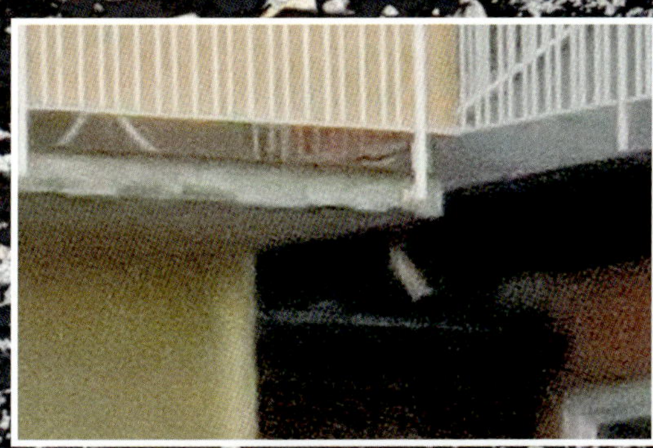

ISO 6400

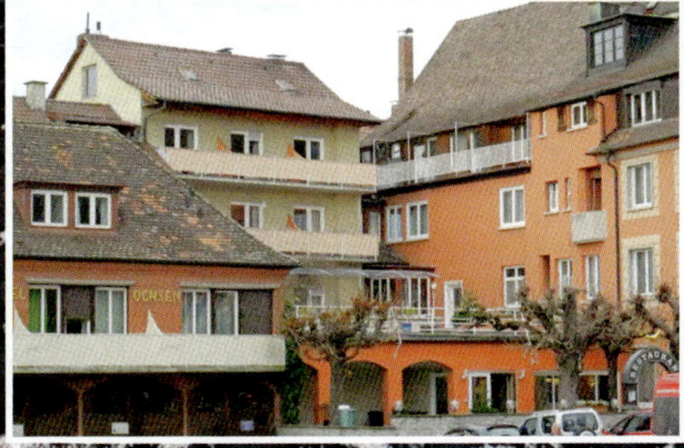

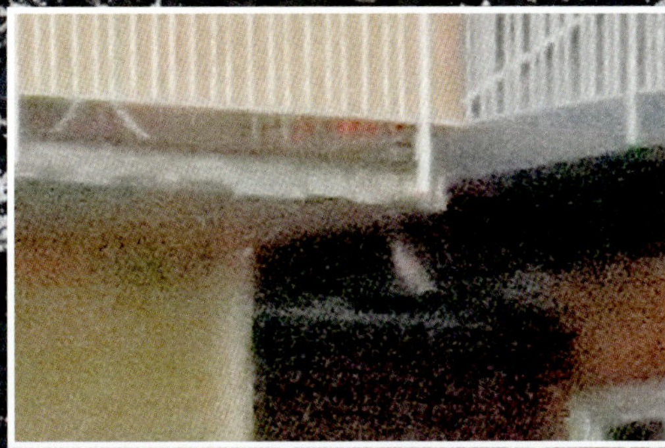

ISO 12800

Kontraststeuerung

Unter Kontrast verstehen wir im fototechnischen Sinne des Begriffs den erkennbaren Unterschied zwischen zwei Flächen, sei es die Dichte (Helligkeit) oder die Farbe. Primäres Ziel einer fotografischen Wiedergabe ist es, das Motiv, sprich das Objekt, so originalgetreu wie möglich abzubilden – Farben und Helligkeitsabstufung sollen mit dem Objekt identisch sein. Jedes Motiv besitzt einen Helligkeitsumfang (auch Objektumfang genannt), per fotografischer Definition der Bereich zwischen der hellsten und dunkelsten Stelle, die noch minimale Detailzeichnung aufweist und sich in einem Helligkeitsbereich befindet, in dem auch das menschliche Auge noch Details erkennen kann. Setzt man die Helligkeitsabstufung mit der Empfindlichkeit (ISO-Werte) des

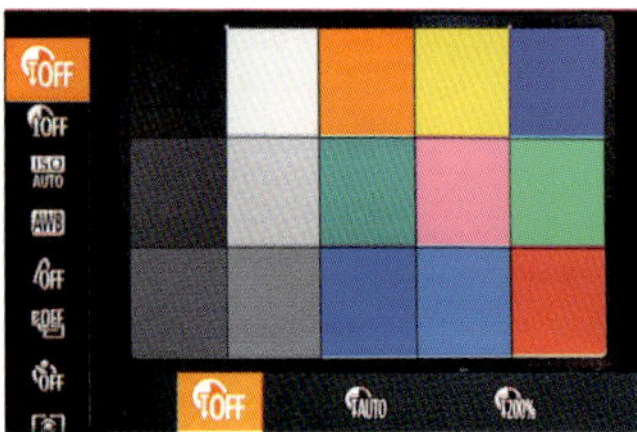
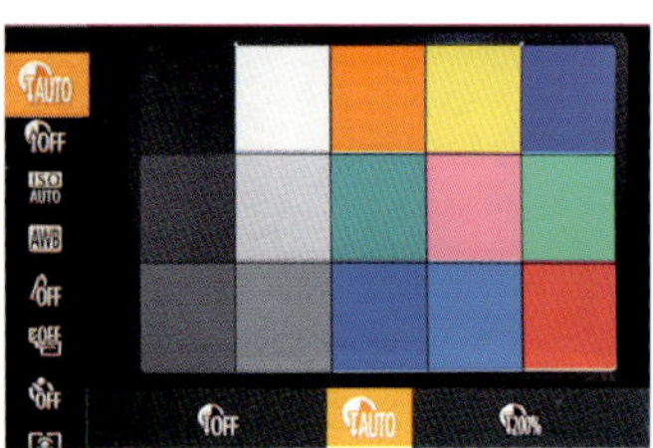
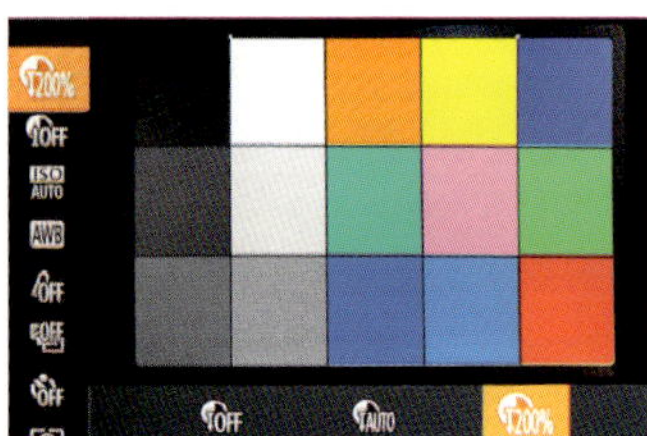

ISO-Automatikbereich kann über die Menüeinstellung nach oben begrenzt werden. Wem das immer noch zu viel Automatik ist, der kann auch feste ISO-Werte einstellen.

Mit der Kontrastkorrektur wird wie bei der Schattenkorrektur die Gradation beeinflusst, mit dem Schwerpunkt der Lichterkorrektur. Sehr helle Partien eines Motivs mit großem Objektumfang, die heute oft etwas verallgemeinernd als Spitzlichter bezeichnet werden, sollen so Zeichnung erhalten.

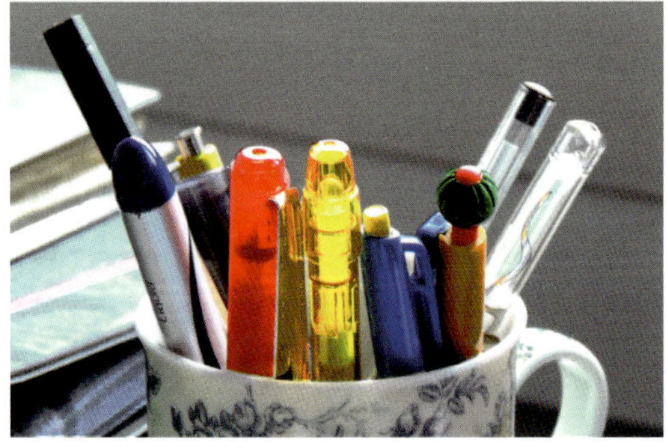

ohne Kontrastkorrektur

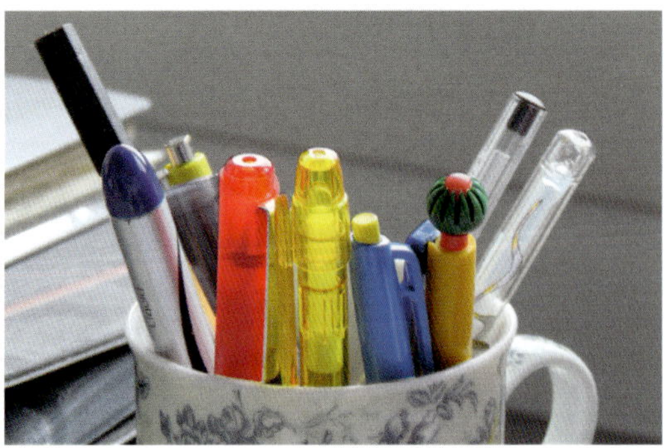

mit automatischer Kontrastkorrektur

Auges in einem Koordinatensystem in Bezug, so erhält man (idealisiert, ohne Berücksichtigung der Empfindlichkeitsabweichungen des Auges) eine Gerade im Winkel von 45°, die sogenannte Gradationskurve. Der Winkel den diese Gerade mit der Abszisse (x-Achse) bildet, wird auch Gammawert genannt, der im Motiv für das menschliche Auge Gamma 1 beträgt.

Abweichungen von diesem Wert kennt man in der Bildwiedergabe unter den Begriffen „flaches" oder „weiches" Bild, wenn der Gammawert unter „1" liegt; von „hartem", „steilem" oder „kräftigem" Bild spricht man bei Werten über Gamma „1".

Die Länge der Geraden bezogen auf die Sensoraufzeichnung kennzeichnet den Belichtungsumfang. Der ist meist deutlich größer als der übliche Objektumfang. Wir sprechen dann von einem Belichtungsspielraum, der sich auch darin bemerkbar macht, dass man eine Aufnahme nachträglich aufhellen oder nachdunkeln kann.

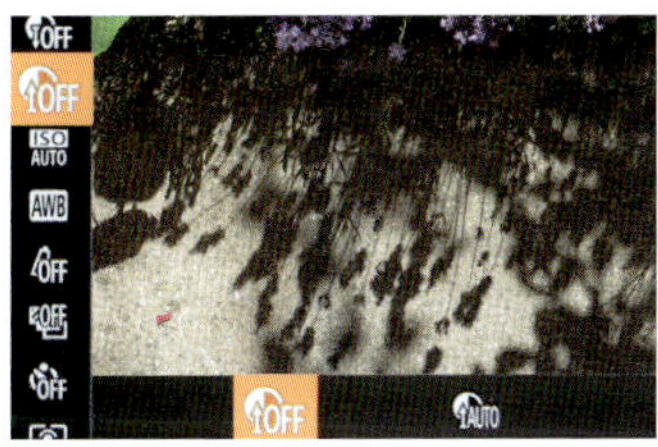

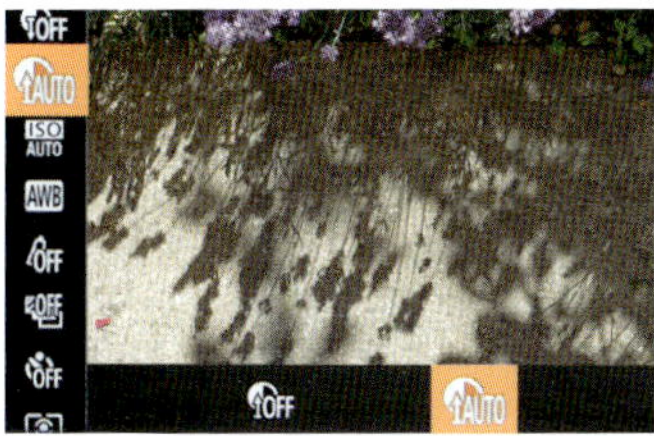

Erkennt die Automatik der Schattenkorrektur hohe Kontraste, stellt sie die Dichtewiedergabe auf „weich", mit Schwerpunkt Schattenbereich.

Der Vergleich ohne und mit Schattenkorrektur unter schwachen Lichtbedingungen zeigt einen deutlichen Unterschied nicht nur im Schatten, auch die hellen Partien werden besser durchzeichnet. Wichtig dabei ist, wie Sie die Belichtung steuern, ob Sie wie beim linken Beispiel auf die Schatten oder wie im rechten Beispiel auf die Lichter die Belichtung abstimmen. Mit „Schattenkorrektur" wird das gesamte Bild weicher wiedergegeben. Kameraeinstellung: Programmautomatik, mittenbetonte Integralmessung, Blende 5,6, 1/125 s, AWB mit Korrektur B4,0, Brennweite 200 mm (36,2), ISO-Automatik (3200).

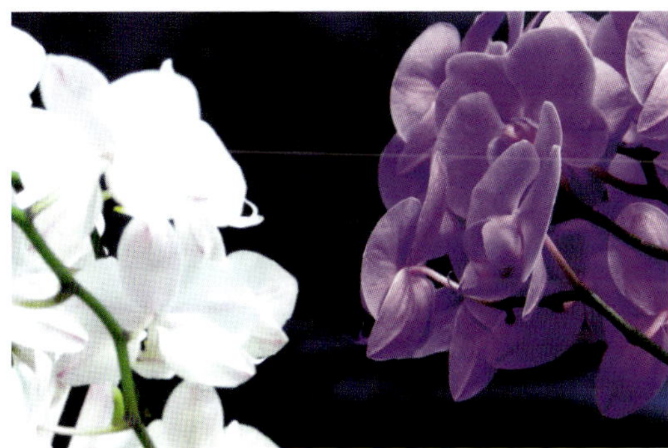

ohne Schattenkorrektur

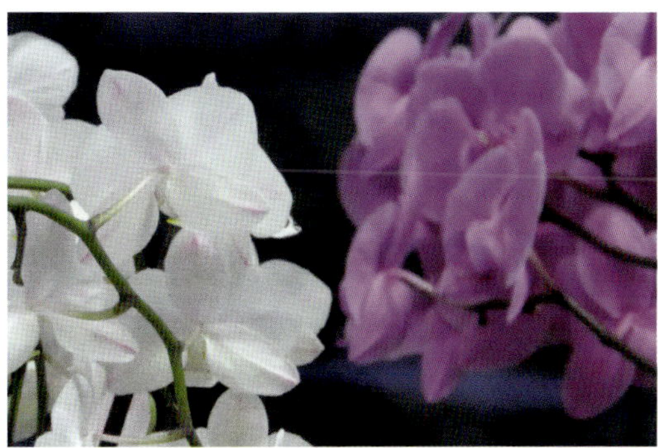

mit Schattenkorrektur

Verändert man die Empfindlichkeitseinstellung an der Kamera über den ISO-Wert, so verschiebt man, um im Bild zu bleiben, die Gradationskurve im Koordinatensystem lediglich auf der x-Achse, verändert dabei aber nicht die Gradation, also den Gammawert. Will man den Kontrast ändern, muss man die Gradationskurve flacher oder steiler stellen.

Zurück zum Helligkeits- oder Objektumfang. Ist dieser sehr groß, kann das Wiedergabemedium, insbesondere der Papierausdruck, schnell an seine Grenzen stoßen. Dieser Helligkeitsumfang muss nun vom Sensor aufgezeichnet, im Bildprozessor verarbeitet, gespeichert und dann auf einem Monitor oder im gedruckten Bild wiedergegeben werden – und das möglichst naturgetreu.

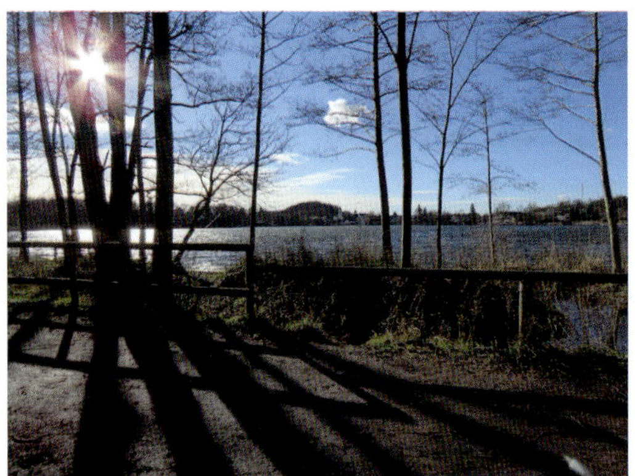

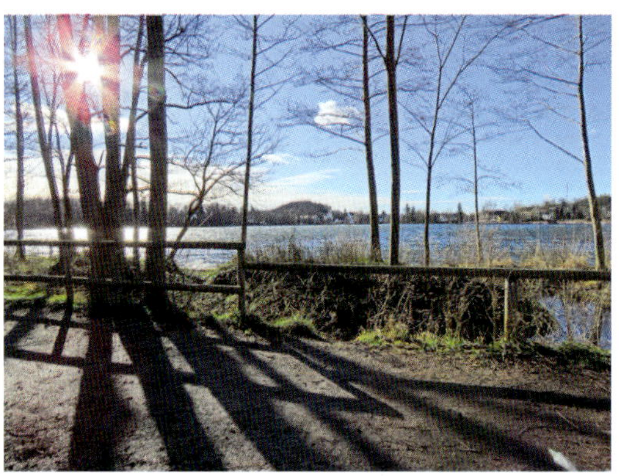

Mit „Schattenaufhellung", ob in der Kameraeinstellung oder später mit der Nachbearbeitung, kann die Wirkung des Bildes deutlich beeinflusst werden.

Ein Bildschirm kann einen deutlich größeren Helligkeitsumfang und erheblich mehr Farben darstellen als ein Aufsichtsbild. Beim gedruckten Bild wird das von der Bildoberfläche reflektierte Licht wahrgenommen und beim Monitor schaut man auf eine Vielzahl winziger Lichtquellen, die sich in Helligkeit und Farbe besser steuern lassen und ein breiteres Farbspektrum abdecken als es im Druck möglich ist.

Die naturgetreue Wiedergabe gleichzeitig auf allen „Kanälen" stellt die Technik vor eine bis heute unlösbare Aufgabe, da nicht alle Wiedergabemedien die gleichen Eigenschaften besitzen und identisch kalibriert sind. Zum Glück aber auch zum Leidwesen der Techniker, ist der menschliche Sehapparat so flexibel, dass selbst stärkere Unterschiede nicht wahrgenommen werden, solange ein direkter Vergleich fehlt.

Mit der Kontrast- und Schattenkorrektur greift die Kamera in den Gradationsverlauf ein, indem sie die Gradationskurve abflacht, sie reduziert die Empfindlichkeit in den hellen und verstärkt sie in den dunklen Bereichen des Motivs.

Meine Empfehlung lautet, wie bei Farbkorrekturen zuerst die Bilddichte, also die Belichtung korrekt einstellen und dann an den Kontrasten „herumschrauben". Das gilt auch für die Nachbearbeitung. Besonders das RAW-Format bietet da unerschöpfliche Möglichkeiten oder die HDR-Technik.

My Colors „AC"

My Colors wird Ihnen im Wiedergabemenü für eine nachträgliche Bildbearbeitung in der Kamera und im Aufnahmemenü für die Korrektur gleich bei der Aufnahme helfen. Es besteht aber ein bedeutender Unterschied, das Aufnahmemenü hält noch den Modus „AC" für Custom Farbe bereit. Hier gewinnen Sie Einfluss auf eine noch feinere Abstimmung der Farbwiedergabe jeweils in ± 2 Stufen: Kontrast, Schärfe, Farbsättigung, Hautton, Blau, Grün, Rot.

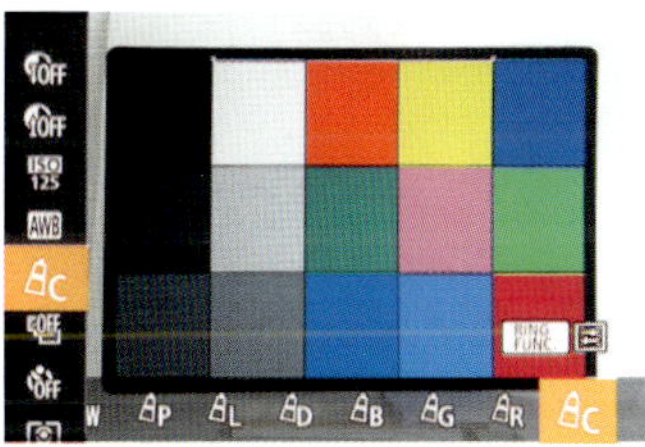

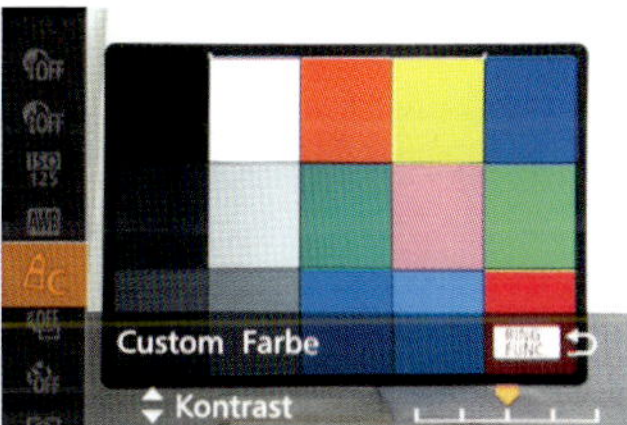

Mit Custom Farbe stellen Sie Ihre Kamera nach Ihren Wünschen auf eine individuelle Farbabstimmung ein. Wenn Sie das für jede Aufnahme einzeln machen wollen, müssen Sie viel Zeit und Geduld mitbringen.

Es genügt ein Druck auf die DISP. Taste. Jetzt werden nacheinander mit Hilfe der Richtungstasten am Wahlrad (▲ ▼) beeinflussbare Eigenschaften eingeblendet. Jede Position ist einzeln in ihrer Wirkung zwischen schwächer und stärker mehrstufig veränderbar. Hier kommen am Wahlrad die Richtungstasten ◀ oder ▶ zum Zug.

Beachten Sie, dass die einzeln veränderbaren Farben (Rot, Grün, Blau) zu gegenseitiger Beeinflussung führen. Auch bei der Position „Hautton" wird der Gesamteindruck des Farbbildes verändert. „Hautton" ist eine vorstellbare Größe, die sich jedoch nicht auf den Körper beschränkt. Auch dem Hautton ähnliche Farben in der Umgebung werden verändert, die gesamte Farbabstimmung des Bildes wird nach Rot verschoben. Die partielle Farbverstärkung zum Beispiel bei Blau, macht sich beim blauen Himmel recht deutlich bemerkbar.

Maximale Kontrastkorrektur bei My Colors AC. Links -2, rechts +2. Zur genauen Belichtungsabstimmung ist eine Belichtungsreihe von ±2/3 Stufe zu empfehlen.

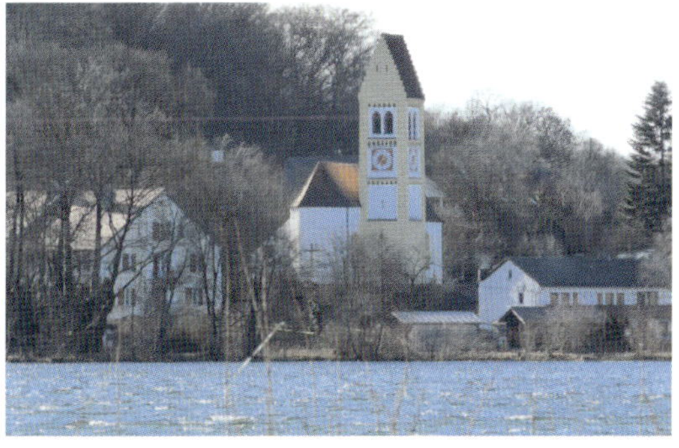

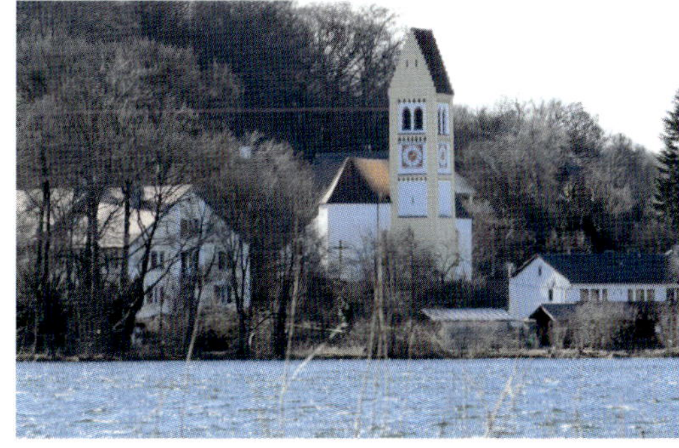

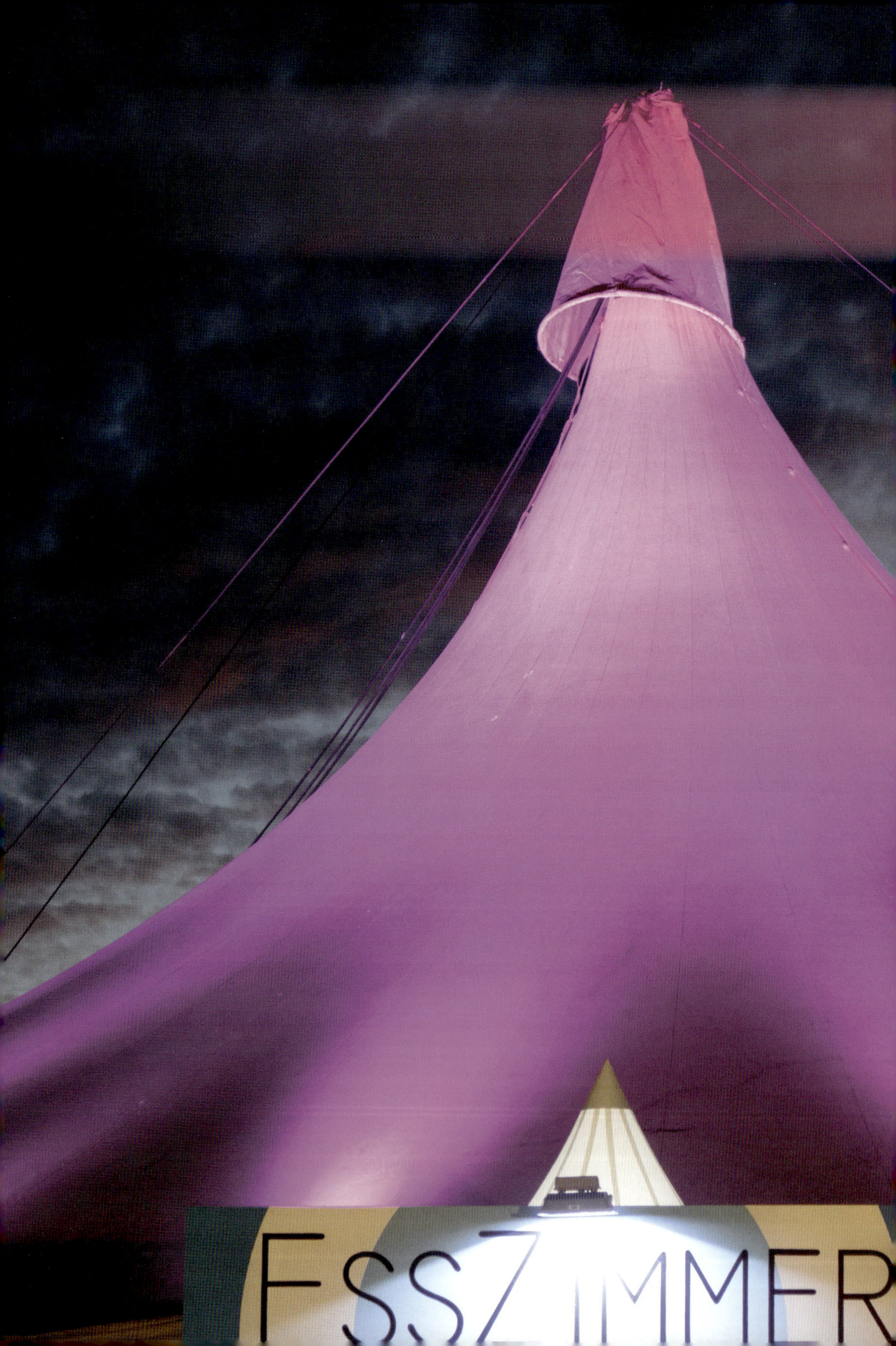
ESSZIMMER

Das Objektiv der G7 X

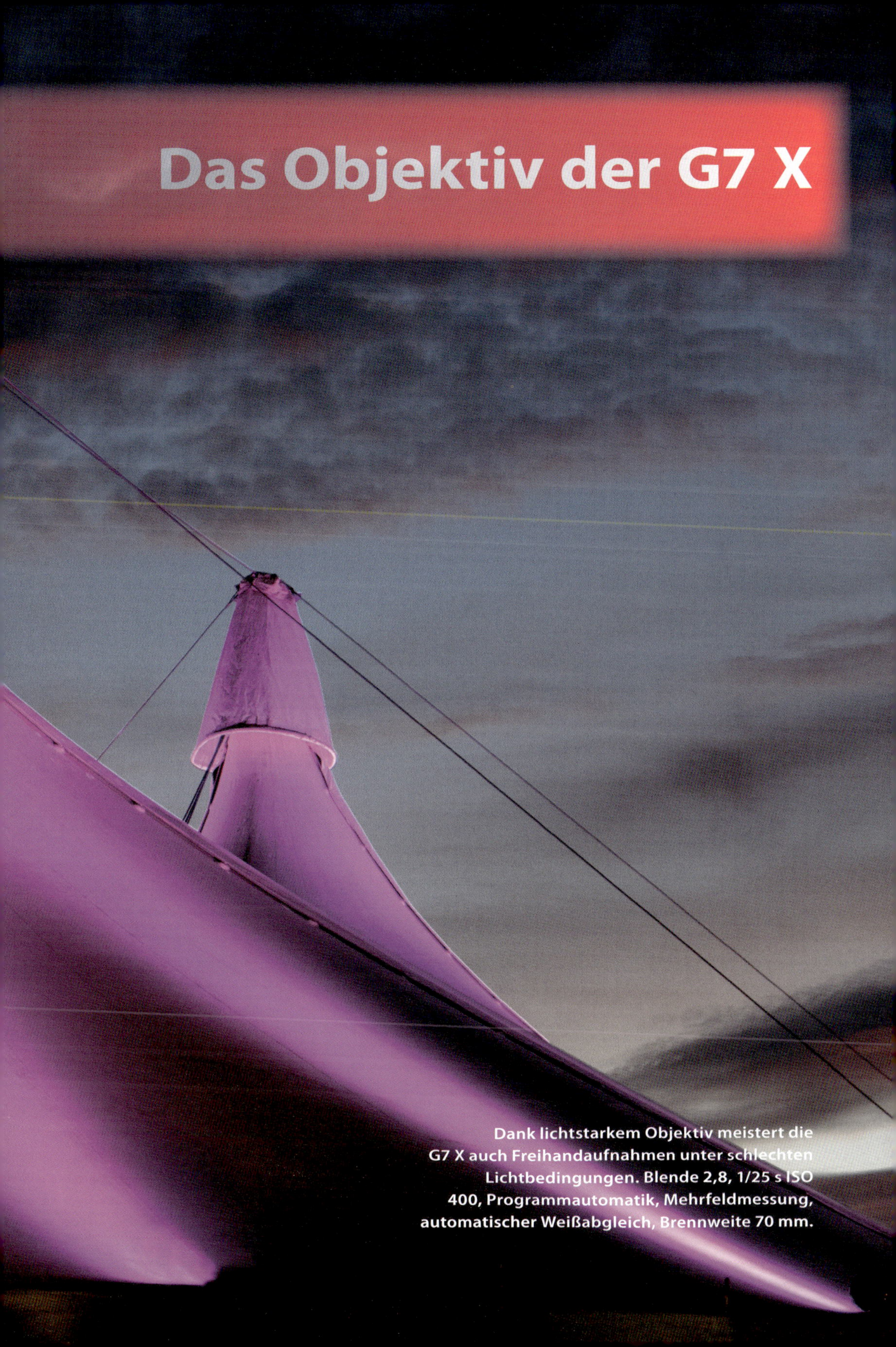

Dank lichtstarkem Objektiv meistert die G7 X auch Freihandaufnahmen unter schlechten Lichtbedingungen. Blende 2,8, 1/25 s ISO 400, Programmautomatik, Mehrfeldmessung, automatischer Weißabgleich, Brennweite 70 mm.

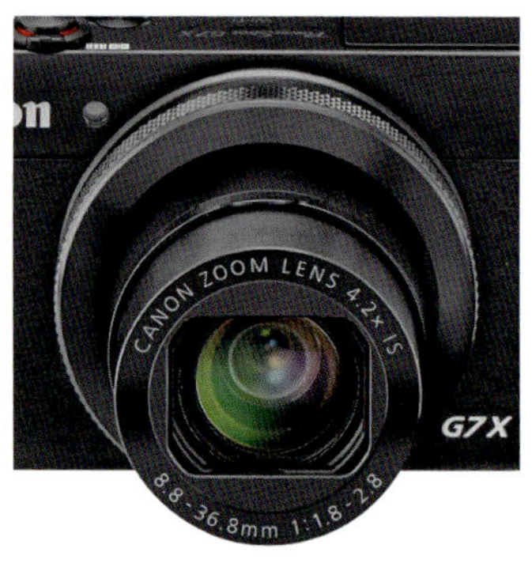

Der optische Zoombereich

Das Objektiv der PowerShot G7 X entfaltet mit seiner hohen Lichtstärke von 1:1,8 bei Aufnahmen unter schlechten Lichtbedingungen sein volles Potenzial. Mit der Anfangslichtstärke von 2,8 bei längster Brennweite ist diese Leistung auch noch nicht erheblich geschmälert.

Mit 8,8 mm (KB 24 mm) besitzt die G7 X ein fotografisch interessantes Weitwinkel. Bis zum optischen Tele von bis zu 36,8 mm (KB 100 mm) deckt das Objektiv einen praxisgerechten Brennweitenbereich ab. Der optische Bildstabilisator schützt vor verwackelten Aufnahmen im großzügigen Rahmen von dreieinhalb Belichtungszeit-Stufen. Schlechte Lichtbedingungen sind somit kaum noch ein Hindernis, Fotos aus freier Hand in bestechender Schärfe zu bekommen. Dem Zusammenwirken von Lichtstärke, leistungsstarkem Bildsensor und Bildstabilisierung sei Dank.

AF-Rahmen	1-Punkt
AF-Feld Größe	Normal
Digitalzoom	Aus
AF-Feld Lupe	An Aus
Servo AF	An Aus

Fotografieren Sie im RAW-Format, ist Digitalzoom nicht verfügbar. Wollen Sie auch unter JPEG Digitalzoom ausschließen, gehen Sie ins Aufnahmemenü und schalten dort die Funktion ab.

Zoomstufen

Fotografen in (fast) vergangenen Zeiten beherrschten Motive in Bildausschnitten zu bewerten, die bekannten Festbrennweiten entsprachen. Erst mit stufenlosen Zoom-Brennweiten konnte man sich (manuell noch) am Objektiv schraubend oder schiebend an den optimalen Bildausschnitt herantasten. Das Denken und Sehen in festen Brennweiten hatte den Vorteil, reproduzierbare Voraussetzungen zu nutzen und Vergleichbarkeit zu schaffen.

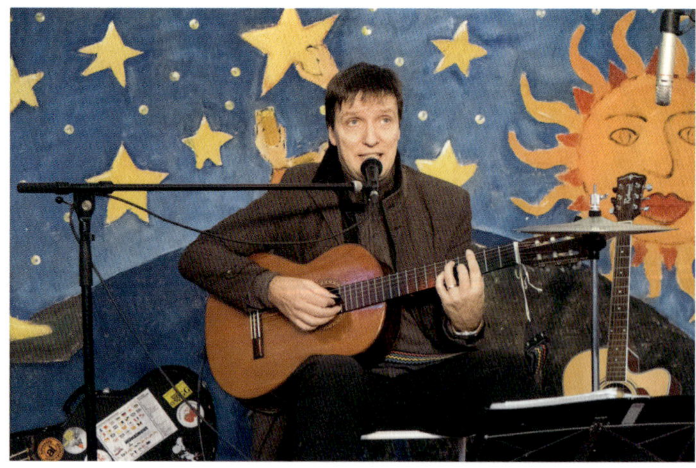

Brennweite 100 mm, die maximale optische Telebrennweite. Blende 2,8, 1/2000 s, ISO 3200, AWB, Mehrfeldmessung.

Mit Hilfe der Ring-Steuerungen erlaubt die Canon PowerShot G7 X, feste Brennweiten nach bewährter KB-Abstufung genau einzustellen. 24, 28, 35, 50, 85 und 100 sind die Brennweitenangaben im Display. Ist über das Aufnahme-Menü und den Unterpunkt „Funktionszuweisung..." der Ring-Steuerung die Wahl der Festbrennweite zugeordnet (nur in den Modi M, P, Av oder Tv), dann kann man statt stufenloses Zoomen Zoomen in Festbrennweiten-Stufen nutzen. Einmal unter C gesichert, fährt das Objektiv bei Einschalten der Kamera im Modus C sogar sofort auf die vorgewählte und gesicherte Brennweite. Statt Start in 24-mm-Weitwinkel-Stellung, können Sie mit jeder anderen Brennweite zu fotografieren beginnen.

Was vor der Zeit der Zoomobjektive Alltag für Amateur wie Profi gleichermaßen war, sollte heute nicht darüber hinwegtäuschen, dass derart technisches Denken zwar ganz nützlich ist, letztlich jedoch eher kreative Fähigkeiten des Fotografierenden gefordert sind, wenn schöne bis herausragende Bilder entstehen sollen oder auch nur eine „saubere" fotografische Dokumentation gefragt ist. Motive erkennen, sie harmonisch in den Grenzen des gewählten Motivausschnitts unterbringen und dann auch noch im richtigen Moment den Auslöser zu benutzen, sollte Vorrang vor der Technik haben. Die Technik verstehen – von der Grundlage bis in die realen Details der benutzten Kamera – versteht sich von selbst. Wobei ich daran erinnern möchte, dass die „stufenlose" Veränderung der Brennweite in Ihrer PowerShot ganz genau betrachtet in kleinen Stufen erfolgt.

Asphärische Linsen

Asphärische Linsen verringern die chromatische Aberration. Chromatische Aberration macht sich in den Bildern mit Farbsäumen und Verfärbungen bemerkbar. Sie entsteht durch unterschiedliche Brechung der verschiedenen Farben des Lichts im Glas des Objektivs. Grün-Rot- oder Blau-Gelb-Farbsäume machen sich an Hell-Dunkel-Grenzen bemerkbar (Farbquerfehler). Verfärbungen vor bzw. hinter der Fokusebene werden als Farblängsfehler bezeichnet. Ihre PowerShot G7 X sorgt für Korrektur, die auch in moderner Bildbearbeitungs-Software geboten wird.

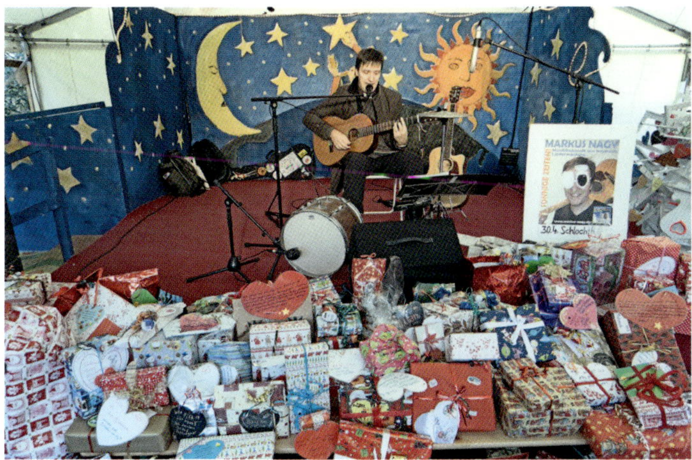

Aufgenommen mit 24 mm, der kürzesten Brennweite der G7 X. Blende 1,8, 1/320 s, ISO 200, AWB, Mehrfeldmessung.

Zoom digital

Ab hier geht es um digitale Erweiterungen und Veränderungen des Zoom-Brennweitenbereichs. Alle Erweiterungen des Zoombereichs

Digitalzoombereiche

Standard optisch +digital	24-100-403,2 mm
Digital-Telekonverter 1,6fach	38,4-160,0 mm
Digital-Telekonverter 2fach	48,0-200,0 mm

setzen die Wahl des JPEG-Dateiformats ohne RAW voraus. Kleine sprachliche Verwirrungen in Hersteller-Angaben verlangen nach Klarstellung. Es geht um das „Digitalzoom", einen Begriff also, der nicht immer einheitlich verwendet wird.

Die acht Bilder des Vergleichs zeigen von links die Brennweiten 24 mm und 100 mm für den optischen Bereich, 160 mm und 400 mm für den digitalen Zoombereich. Die obere Bildreihe zeigt den jeweiligen Ausschnitt einer 100%-Vergrößerung.

Die ZoomPlus Stufe

Als ZoomPlus bezeichnet, bietet die Kamera die besseren digitalen Zoom-Leistungen. In der Anzeige des Zoombalken durch den

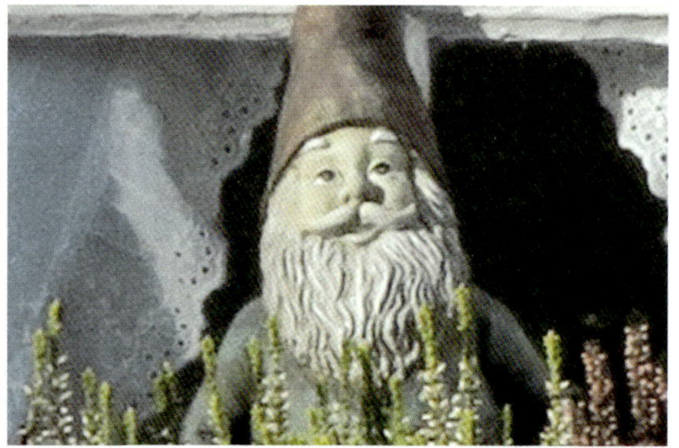

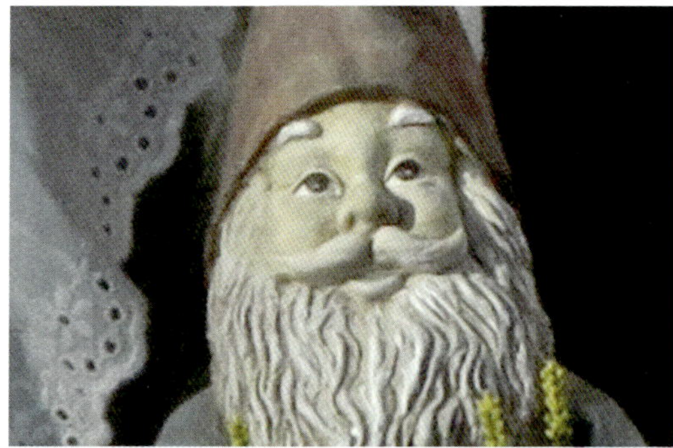

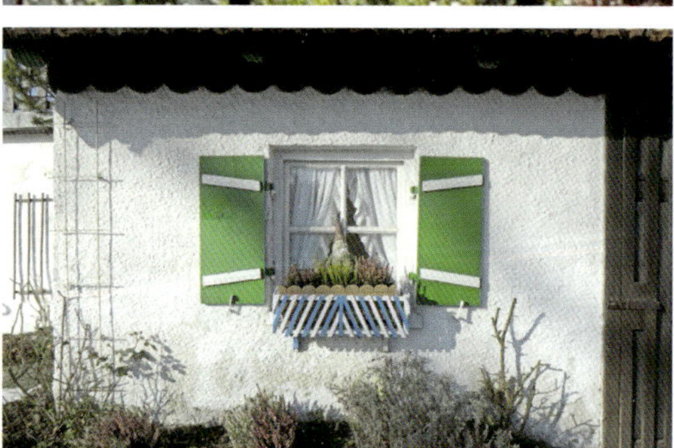

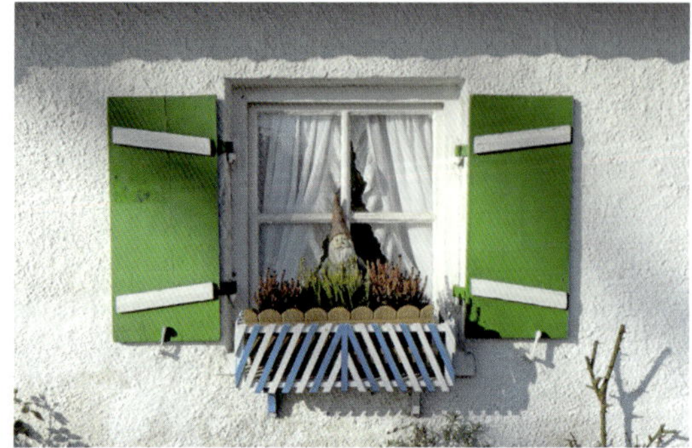

gelben Balkenabschnitt zu erkennen. Sie befinden sich aus Sicht der Bildqualität „im gelben Bereich", Qualitätsminderung bleibt im Bereich niedriger ISO-Werte eher marginal.

Kritischer wird es mit der Wiedergabequalität sobald der blaue Zoombalken aufleuchtet. Wer nicht unbedingt bereits bei der Aufnahme enge Ausschnitte festlegen muss und über die Möglichkeit einer Nachbearbeitung verfügt, sollte diesen Bereich eher meiden.

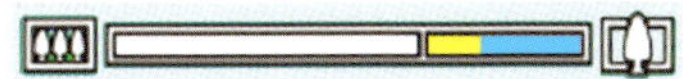

Der Zoombalken im Monitor-Display zeigt im weißen Bereich zunehmend die optische Zoombrennweite an. Gelb steht für ZoomPlus. Danach geht es im blauen Bereich schrittweise bis zum maximalen Digital-Zoombereich, der einem Faktor von 4,0 entspricht, berechnet auf die längste optische Brennweite.

Digital-Telekonverter

Sie aktivieren den Telekonverter über das Aufnahme-Menü unter dem Kennwort „Digitalzoom" und wählen einen der Faktoren 1,6 oder 2,0 aus. Im gesamten optischen Brennweitenbereich wird nun eine eingestellte Brennweite mit dem ausgewählten Faktor multipliziert. Damit beginnt die Kamera mit einem Bildausschnitt, der beim 1,6fach Konverter einer Brennweite von 38,4 mm entspricht und mit 160 mm endet. Analog dazu bei der Wahl des Faktors 2,0; da entspricht der Zoombereich einer Brennweite von 48 mm bis maximal 200 mm. In beiden Fällen bleibt es bei den maximalen Lichtstärken von 1:1,8 bis 1:2,8 und der kleinsten Blende 11 des optischen Brennweitenbereichs.

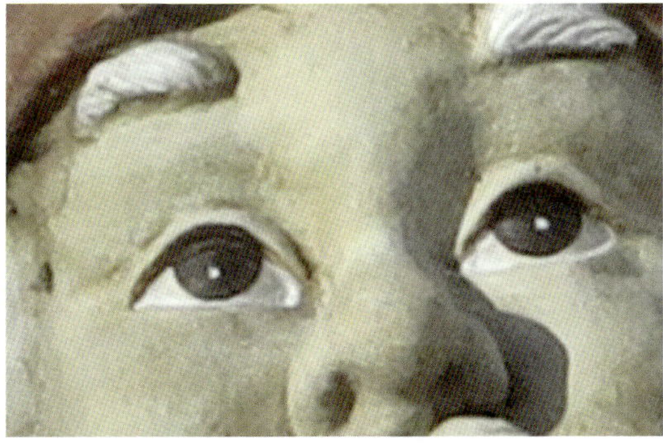

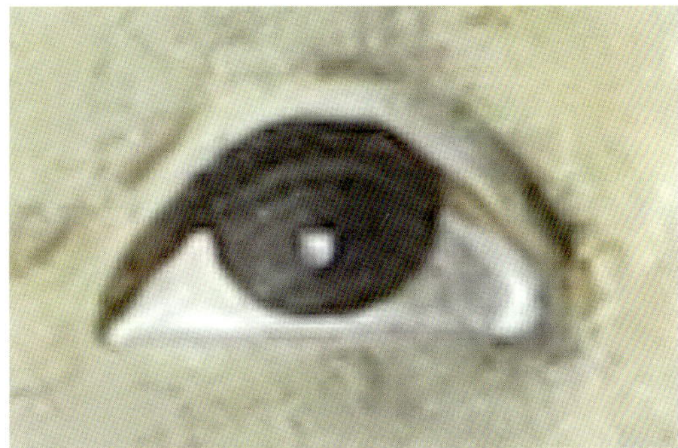

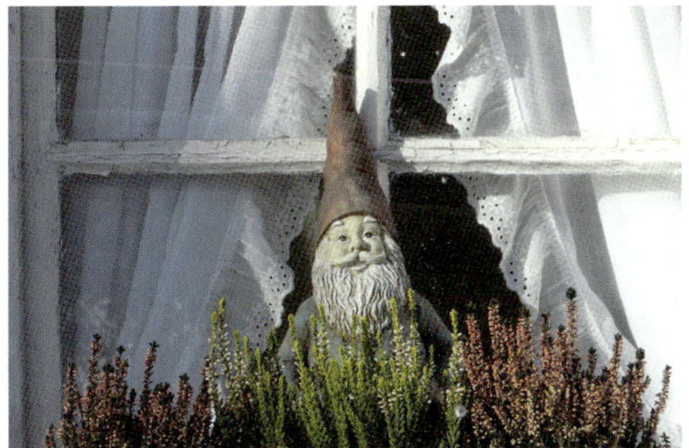

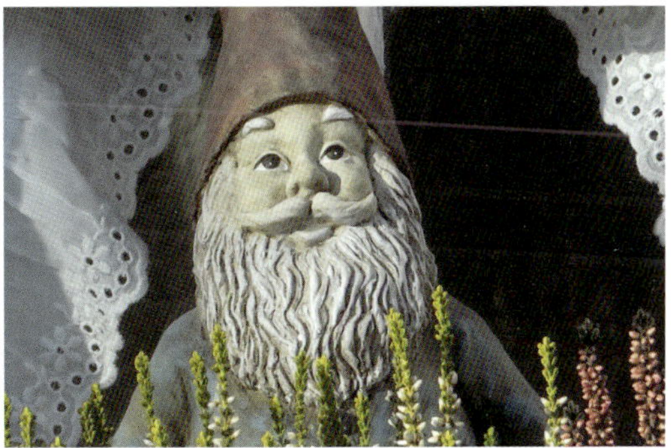

Der digitale Telekonverter befindet sich bei der Interpolation der Pixel, d.h. bei der Hochrechnung der Bilddaten des verkleinerten Sensorausschnitts auf das eingestellte Bildformat noch weitgehend in dem vom menschlichen Auge tolerierten Qualitätsspielraum und verspricht damit eine Bildqualität, die noch nicht so weit beeinträchtigt wurde, dass man sie wahrnehmen könnte. Man erreicht dieses Ziel, indem ein kleinerer Ausschnitt an Pixeln vom Chip über den gesamten Brennweitenbereich verwendet wird. Für Faktor 1,6 wird eine größere Fläche als für Faktor 2 benutzt. Die benutzten Ausschnitte variieren in der Zahl Breite x Höhe passend zu den verschiedenen Seitenverhältnissen der gewählten Bildformate.
Die Wirkung des Telekonverters endet mit der maximalen optischen Zoomeinstellung, danach setzt ZoomPlus die Ausschnittsarbeit fort, um dann im blauen Bereich zu landen. Auch hier die schon häufiger ausgesprochene Empfehlung, wenn möglich, diese Ausschnittsarbeit auf die Nachbearbeitung zu verschieben und sie von den RAW-Daten aus vorzunehmen. Ein praktischer Vergleich,siehe unten, hat aber gezeigt, dass die G7 X erstaunliches leistet und der digitale Zoom einer (normalen) Nachbearbeitung eher überlegen ist.

Im linken senkrechten Bildpaar befindet sich oben ein nachträglicher Ausschnitt der 100 mm RAW-Aufnahme, darunter ein Ausschnitt der 500%-Vergößerung, die dem 100%-Ausschnitt der rechten Digitalzoomaufnahme entspricht. Das RAW-Bild wirkt schärfer, ist, in der starken Vergrößerung deutlich sichtbar, stark verpixelt.

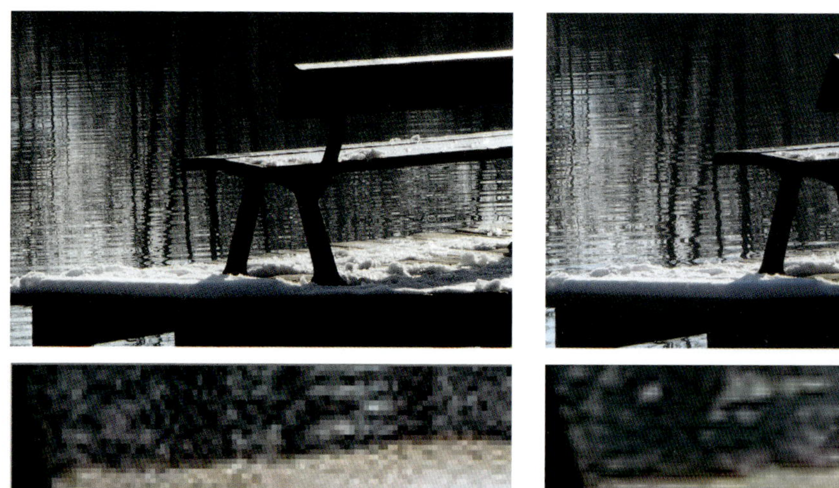

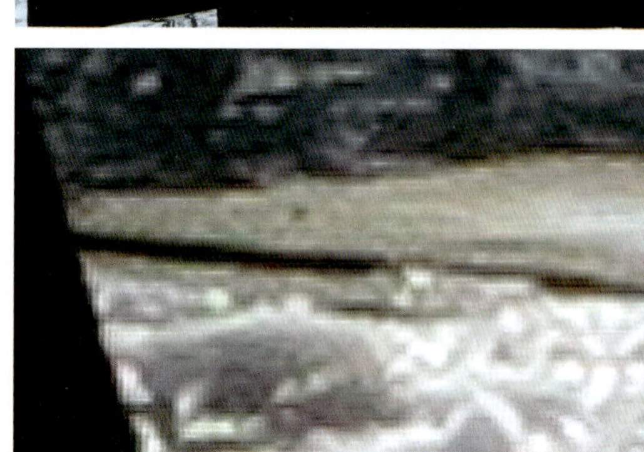

Bildstabilisator-Technik

IS Bildstabilisierung ist die Funktion, die dem Fotografen mit der Kamera in der Hand ohne Stativ zu scharfen Aufnahmen ohne den Einfluss von Zittern oder Wackeln verhelfen soll.

Aus der Praxis kann der IS-Bildstabilisierung eine hohe Effektivität bescheinigt werden. Natürlich ist sie nicht grenzenlos wirksam. Die ausführliche Beschreibung der Bildstabilisierungs-Technik spricht von intelligenter IS-Bildstabilisierung, von dynamischer IS, die einen Gewinn von bis zu etwa dreieinhalb Belichtungszeit-Stufen ermöglicht. Sicher hervorzuheben ist die Grundlage der Bewegungserkennung in 5 Achsen. Räumlich vielleicht etwas schwer vorzustellen, doch in der Praxis mit heftig geschwenkter Kamera gut in der Wirkung auf dem Display nachzuvollziehen.

So arbeitet die Bildstabilisierung

Die Bildstabilisierung wird über das Aufnahme-Menü unter der Position „IS-Einstellungen" eingerichtet. Ziemlich weit unten im Angebot, kann man bei der Ansteuerung dieser fünften Zeile von unten mit der Richtungstaste „AUF" schneller ans Ziel gelangen.

Erster Unterpunkt im Menü ist die Wahl des IS-Modus mit „Aus", „Kontinuierlich" oder „Nur Aufn.".

An zweiter Stelle ist eine von zwei möglichen Einstellungen für dynamische Stabilisierung vorgesehen, die vor allem für Filmaufnahmen Vorteile bringt. Stufe 1 verspricht mehr Stabilität für Filmaufnahmen im Gehen. Stufe 2, so heißt es, "reduziert Kamerabewegungen bei Movies im Gehen". Natürlich sind die Auswirkungen von Kamerabewegungen gemeint.

Vereinfacht gesagt versucht die Bildstabilisierung eine Bewegung der Kamera durch eine Gegenbewegung zu neutralisieren. Ob aus freier Hand oder vom Stativ: jede Bewegung, vor allem etwas schnellere Bewegungen, wird vom Stabilisator gebremst. Stoppt man die Bewegung, so zieht der Stabilisator das Sucherbild noch nach. Dieses Nachziehen ist in der PowerShot G7 X allerdings wie die Praxis zeigt auf ein wohltuendes Minimum reduziert. Die Kamera erkennt das Stoppen einer Bewegung beziehungsweise die Umkehr einer Bewegung sehr schnell und folgt damit nicht über diese Momente hinaus in falscher Richtung. Man behält das Motiv gut im „Bildausschnitt".

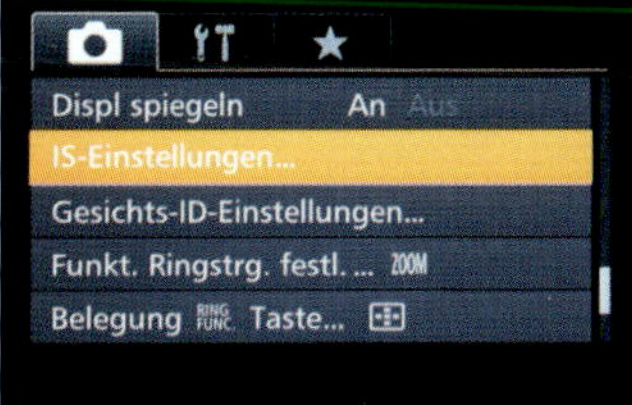

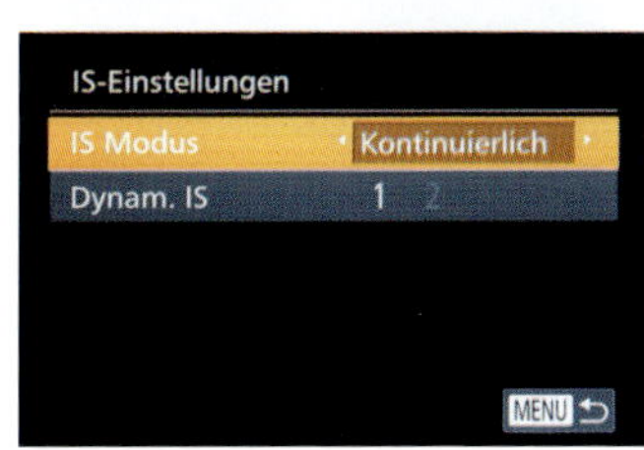

Der IS Modus neben der Einstellung „Kontinuierlich" = Bildstabilisierung passt sich automatisch den Aufnahmesituationen an; die Position „Nur Aufn." = Bildstabilisierung wird nur für die Aufnahme aktiviert angeboten. Dynam. IS auf „1" reduziert Kameraverwackler bei Filmaufnahmen; stellen Sie Dynam. IS auf „2", werden stärkere Schwankungen beim Filmen im Gehen ausgeglichen, „Nur Aufn." stellt sich gegebenenfalls automatisch auf „Kontinuierlich" zurück.

Kontinuierlich oder nur im „letzten Moment"?

Gute Ratschläge zur Bildstabilisierung erstrecken sich über viele Regeln und viele Ausnahmen bei unterschiedlichen Aufnahme-Voraussetzungen. Ich will die wichtigsten nennen und ihre Bedeutung in der Praxis mit der G7 X einordnen.

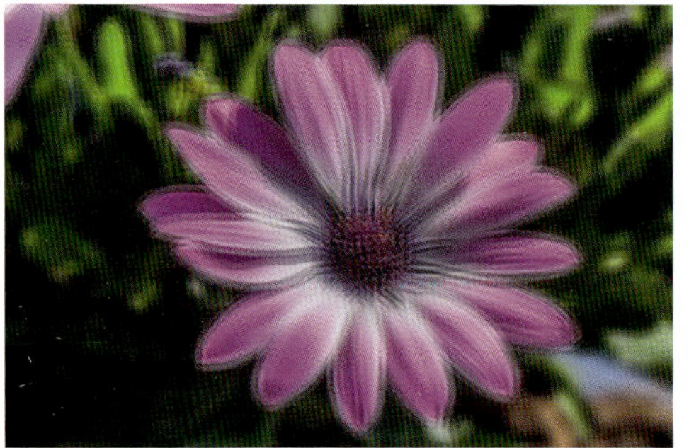

So kann es ohne IS-Bildstabilisierung ausgehen – nicht nur im Makro-Bereich.

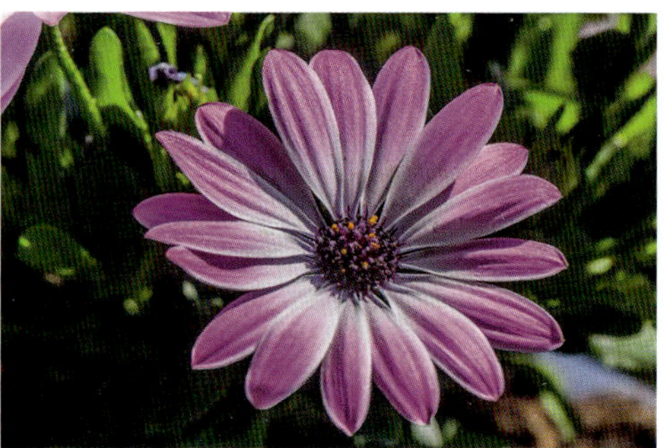

Die Intelligente Bildstabilisierung IS erweitert den Bereich längerer Belichtungszeiten ungefähr um den Faktor 3,5 – es bleibt jedoch dabei, dass die Grenzen möglicher Verwacklung auch mit der Brennweite zu tun haben. Bei kurzen Brennweiten ist man weniger gefährdet als bei langen und längsten Brennweiten.

Nutzen Sie die kontinuierliche Stabilisierung mit der Kamera in der Hand vor allem für Aufnahmen mit längerer Brennweite. Tele-Bildausschnitte „vergrößern" nicht nur den Bildinhalt, sie vergrößern auch die Bewegung der Kamera. Das gilt für Fotos und Filme zugleich, wobei der Unterschied plausibel ist: Ein Foto vermag Verwacklung in bester Qualität wiederzugeben. Im Film geht ein Teil der Verwacklung im Laufbild unter und wird vom Auge „übersehen". Heftige Kamerabewegungen wandelt die dynamische Bildstabilisierung im Film jedoch zu eher sanfter Bewegung, die bereits an die Verwendung eines speziellen Stativs (SteadyCam für Filmen aus freier Hand) mit Bewegungs-Ausgleich eines Gyroskops erinnert.

Fotografieren mit oder ohne IS?

Schalten Sie die Stabilisierung ab, wenn die Kamera auf einem Stativ sicheren Stand hat. In den Modi Smart Auto und Filmtagebuch greift die Stabilisierung nachhaltiger ein. Mit der Kamera auf dem Stativ sind Sie selbst verantwortlich. Ich gebe dennoch beim Einsatz der Kamera auf einem Stativ zu bedenken, dass gerade lange Brennweiten selbst den Druck auf den Auslöser zu verwackelten Aufnahmen „nutzen". Stabilisierung nur im Moment der Belichtung schadet nicht. Stabilisierung über die ganze Zeit schadet ebenso nicht, da Nachzieheffekte bei der genauen Positionierung des Bildausschnitts kaum zu bemerken sind. Der Bildausschnitt lässt sich mit kontinuierlicher Stabilisierung selbst mit längster Brennweite gut einrichten. Das Kamera-Zittern durch den Druck auf den Auslöser kann man z.B. mit dem Selbstauslöser bei einer Vorlaufzeit von zehn Sekunden ausschalten. Ohne Vorlaufzeit bietet sich dann alternativ die Fernauslösung über WLAN und dem Smartphone an.

Nutzen Sie die Vorteile der Bildstabilisierung in allen fotografischen „Lebenslagen“, also auch für Makrofotos. Im Nahbereich nützlich, ist die Stabilisierung für Makro-Aufnahmen mit der Tele-Brennweite nahezu unverzichtbar. Bildstabilisierung entlastet zwar vom Problem verwackelter Aufnahmen durch Kamerabewegungen, das sanfte Schwanken einer Blüte durch den Windhauch im falschen Moment, kann auch der Bildstabilisator nicht ausgleichen. Da hilft nur Warten oder eine kurze Belichtungszeit.

Schlechtes Licht, Nachtaufnahmen oder längste Brennweite sind die Aufgaben, die immer wieder an den Nutzen der Bildstabilisierung erinnern sollten. Allerdings möchte ich nicht dem Leichtsinn Vorschub leisten. Ein gutes Stativ ist öfter als man glaubt die bessere Voraussetzung für fotografisch und technisch hervorragende Bilder. Unter anderem auch weil die G7 X mit der kleinsten Blende 11 das rechte Werkzeug für Schärfe- und Schärfentiefe-Fanatiker ist.

Was man selbst beitragen kann

Ein Stativ oder ein Handgriff, der wie das Stativ in dem am Boden der Kamera befindlichen Gewindeloch eingeschraubt wird, sind gute Hilfsmittel gegen verwackelte Aufnahmen. Gerade ohne Einblick-Sucher hält man mit der Kamera Abstand vom Kopf und „schwebt“ mit der Kamera zwischen beiden Händen eher etwas unsicher. Wo immer es möglich ist, sollte man sich selbst einen zusätzlichen Halt geben – an einen Baum oder Mast angelehnt kann man stabiler auslösen.

Es muss nicht immer das klassische Dreibeinstativ sein. Im Zubehörhandel wird ein breites Spektrum weiterer Stabilisierungshilfen angeboten, auf die wir später noch zu sprechen kommen.

IS im Smart Auto- und Filmtagebuch-Modus

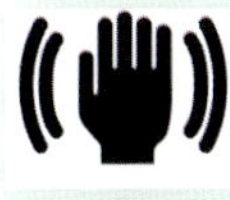
Bildstabilisierung für Fotos ist aktiv

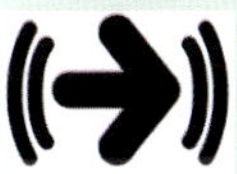
Stabilisierung im Schwenkmodus, gleichmäßige Kamerabewegung wird erkannt

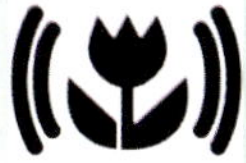
Bei Makroaufnahmen wird der Hybrid-IS aktiviert

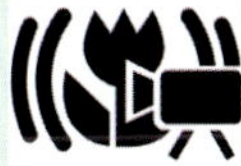
Bildstabilisierung beim Filmen im Makrobereich

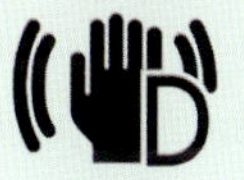
Dynamische Bildstabilisierung (IS) reduziert starke Verwacklungen beim Filmen im Gehen

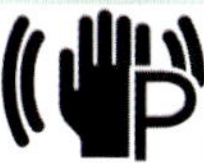
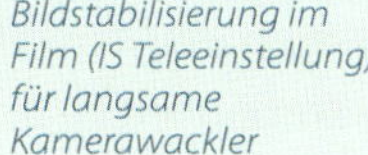
Bildstabilisierung im Film (IS Teleeinstellung) für langsame Kamerawackler

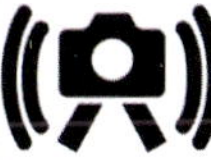
Bei stabilisierter Kamera z.B. durch ein Stativ, schaltet sich der Bildstabilisator ab

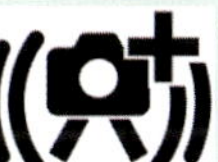
Stativ-IS, Bildstabilisierung bei Wind oder anderen Stativ-erschütterungen

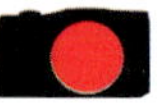

Autofokus
Wählen Sie MENU (Taste). Sie bestimmen folgende Positionen im Aufnahme-Menü:
AF-Rahmen
AF-Feldlupe
Servo AF
Kontinuierlicher AF
AF-Hilfslicht
AF+MF
Die gewählten Einstellungen beeinflussen sich gegenseitig und unterliegen in manchen Belichtungsprogrammen kamerainternen Veränderungen.

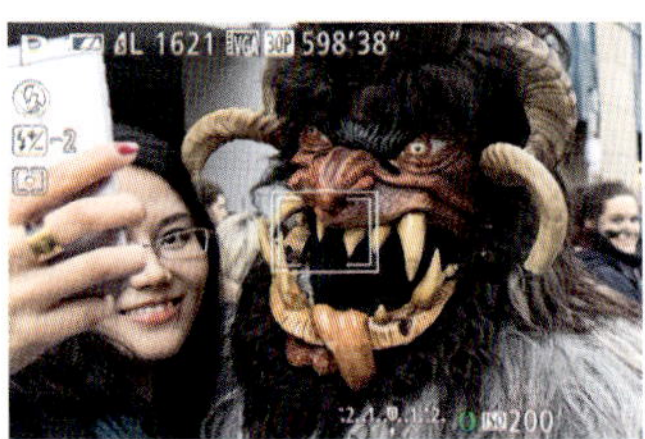

Standard ist die gemeinsame Position für AF und Belichtungsmessung im Zentrum.

Touch-AF

Berühren Sie die für die maximale Schärfe gewünschte Stelle auf

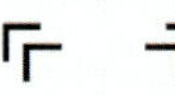 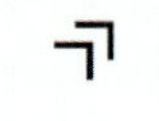

dem Display (im AUTO-Modus); ein Rahmen mit acht kleinen Winkeln signalisiert aktiven Touch-AF. Halten Sie den Auslöser halb gedrückt, wird ein bläulicher AF-Rahmen angezeigt, die Kamera fokussiert auf die markierte Stelle und passt die Helligkeit auf diesen Bereich an.

AF-Fokussierung

Grundsätzliche Fähigkeiten im Zusammenhang mit der Autofokus-Funktion, kurz „AF" genannt, ermöglichen es Ihre PowerShot fein abzustimmen. Auf die einzelnen Menüeinstellungen wie die Verknüpfung mit dem Spotmessfeld, mit der Gesichtserkennung, Verfolgungs AF, AF-Feldlupe, AF-Rahmengröße, AF-Rahmenmodus, Servo AF, kontinuierlicher AF sind wir bereits auf den Seiten 40 bis 42 näher eingegangen.

AF-Rahmen

Vielseitige Variationen erlaubt die Wahl des 1-Punkt-AF-Rahmen im Aufnahmemenü. Ein Druck auf das Touch-Display genügt, um den AF-Rahmen in der Mitte orangefarbig anzuzeigen. Mit dem Wahlrad und den Richtungstasten lässt sich nun der Rahmen aus der Mitte hinausbewegen. Über den Objektivring kann das Messfeld um eine Stufe verkleinert bzw. wieder vergrößert werden. Ein Druck auf die Menütaste genügt, um den Rahmen zurückzusetzen.

Hat man über das Menü in der Unterposition „Spotmessfeld" das „AF-Messfeld" ausgewählt und sich für die Messmethode „Spot" entschieden, dann kann der AF-Rahmen zusammen mit dem Spot-Messfeld platziert werden. Autofokus und die Belichtungsmessung ermitteln nun Ihre Daten in diesem neu zugewiesenen Bereich.

Wählen Sie die Alternative „Zentral" an Stelle von „AF-Rahmen", dann bleibt die Spotmessung fest im Zentrum des Sucherbildes. Der AF-Rahmen lässt sich nun getrennt von der Belichtungsmessung an eine andere Stelle versetzen.

Diese Trennung von Fokus- und Belichtungsmessbereich hat gewiss ihre Reize, die jedoch eine bestimmte zeitaufwändige Beschäftigung mit einem Motiv erfordern. Wer es schneller mag, der sollte an die Alternativen denken: Fokussierung per AF-Speicherung festhalten und die Belichtung bei halb gedrücktem Auslöser an den gewünschten Bildausschnitt „mitnehmen" oder mittels Speicherung der Belichtung ebenfalls vorab fixieren.

Die nützliche Wahl eines kleinen oder größeren AF-Rahmens kann auch im Menü mit Hilfe der AF-Rahmenauswahl vorgenommen werden. Ein kleiner Rahmen kann vor allem bei kurzen Brennweiten für besseres Zielen auf die scharf einzustellende Zone im detailreichen Bildausschnitt sorgen. Zielt man per

Tele-Brennweite auf eher detailarme Motive, so kann der größere „Normal-Rahmen“ die Fokussierung deutlich erleichtern.

AF-Rahmen Gesichtserkennung

Mit der Wahl von „Gesichtserkennung“ findet die Konzentration auf alle mit einer Gesichtserkennung verbundenen Aufgaben statt. Über das Bildfeld verteilte Punkte helfen bei der Suche nach Gesichtern im Motiv. Hilfreich ist die AF-Lupe. Sie zeigt bei angetipptem Auslöser den eingerahmten Bereich in Vergrößerung.

Der AF-Rahmen ist Voraussetzung für die Erkennung menschlicher Gesichter und zugleich die Voraussetzung, die Eintragung einer Gesichts-ID vorzunehmen.

Ein Doppelrahmen wird gezogen, in dem fortan das Detail verfolgt wird. AF heftet sich an dieses Motiv-Detail und sorgt ständig für die Nachfokussierung. Auch bei bewegtem Motiv oder von Ihnen bewegter Kamera. Solange das Detail im Blickfeld des Objektivs bleibt, ist die AF-Verfolgung mit ihm verbunden. Gerät es aus dem Blickfeld, dann wird diese Verfolgungsaktion von der Kamera sehr schnell abgebrochen.

Was man sonst zu AF noch wissen sollte

Noch ein paar Gedanken zur Nutzung bestimmter AF-Fähigkeiten, so sie nach Regeln und Ausnahmen benutzbar sind.

- Servo-AF sorgt bei angetipptem Auslöser im blauen Rahmen für Nachfokussieren bis zur tatsächlichen Belichtung.
- Kontinuierliches Fokussieren arbeitet pausenlos. Ein intensiver Dauer-Stromverbraucher, auf den man eher verzichtet.
- AF-Hilfslicht wird nur bei schlechten Lichtverhältnissen notwendig. Zum Stromsparen am Tag darauf verzichten.

Autofokus-Funktionen benötigen ein Mindestmaß an Helligkeit und Kontrast. Eine vorgewählte Blende übt keinen Einfluss aus, da stets mit offener Blende gemessen wird.

Wechselt der Rahmen des Messfeldes bei angetipptem Auslöser von Weiß nach Grün, dann war die Fokussierung erfolgreich. Ein gelber Rahmen mit „!“-Symbol besagt eine unsichere Messung, die man mit aktivem AF-Hilfslicht oder größerem Abstand bessern kann. Bedenken Sie, dass das AF-Hilfslicht eine begrenzte Reichweite besitzt. Auch im Hilfslicht-Schein sollte etwas Hell-/Dunkel-Kontrast für bessere Erkennung dienen.

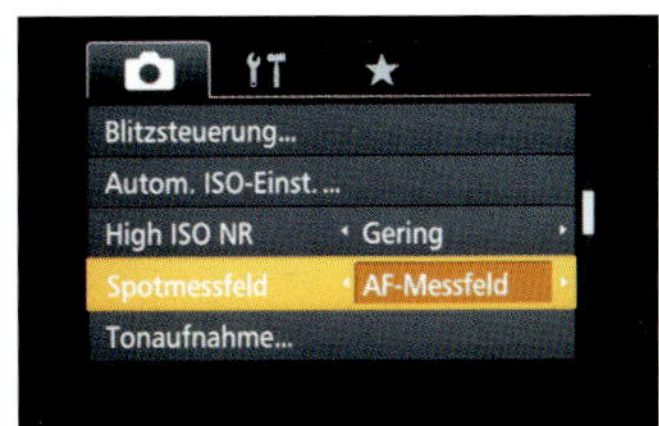

Verknüpfung des Spot- und AF-Messfeldes ermöglicht eine dezentrale Schärfen- und Belichtungssteuerung; eine nützliche Einstellung beim Arbeiten vom Stativ aus.

AF-Fehler

Kamera stellt nicht scharf ein

- Naheinstellgrenze wurde nicht eingehalten
- AF-Hilfslicht wurde abgeschaltet oder der Schärfepunkt liegt zu weit entfernt für das AF-Hilfslicht
- Zu schwache Lichtverhältnisse
- Die angemessene Fläche ist einfarbig ohne Struktur

AF-Speicherung

Eine Schärfeeinstellung können Sie mit halb gedrücktem Auslöser nachführen und so auf einen anderen Motivausschnitt übertragen und auslösen.
Drücken Sie bei halb aktiviertem Auslöser die linke Pfeiltaste, so speichern Sie die aktuelle AF-Fokussierung und können den Auslöser loslassen. Sie befinden sich jetzt im MF-Modus und können mit dieser Einstellung auslösen. Sie verlassen die AF-Speicherung wieder über die linke Pfeiltaste.

Gesichtserkennung

Im Aufnahmemenü erlaubt die Zeile „AF-Rahmen" die Umstellung auf „Gesichtserkennung". Nur dann sucht sich die G7 X automatisch ein Gesicht oder was sie dafür hält, um darauf die Belichtung und die Schärfe abzustimmen.

Gesichtserkennung ist eine der herausragenden Fähigkeiten Ihrer PowerShot, deren Aktivität Sie im AUTO-Modus kaum entfliehen können. Mehr Möglichkeiten bietet da das Menü, wenn Sie mit der Programmautomatik „P", „Tv", „Av" oder „M" arbeiten. Da entscheiden Sie im Aufnahme-Menü, ob Sie unter AF-Rahmen die Einstellung „Gesichtserkennung" wählen möchten oder doch lieber „FlexiZone", mit der Sie die Anordnung des Messfeldes selbst bestimmen. In der Einstellung „Gesichtserkennung" wird jedes Mal wenn ein Gesicht im Sucher zu sehen ist, ein Rahmen gezogen und Schärfe und Belichtung darauf abgestimmt.

„Irren ist menschlich" – in der Kamera-Elektronik ist „Irren auch technisch". Beim Erkennen, später möglicherweise auch im Vergleich, kann die Elektronik sich irren. Allerdings sind auch Fortschritte zu erkennen. So reagiert die Kamera auf menschliche Originale aber auch auf Fotografien menschlicher Gesichter.

Die Elektronik und Software der Kamera erkennt mit hoher Sicherheit menschliche Gesichter anhand weniger markanter Merkmale. Sie kann sogar in diesen „Schlüsselmerkmalen" in Realzeit einen Stimmungswechsel erkennen. Zum Beispiel bei der Wahl der „Intelligenten Porträt-Aufnahme" im SCN-Modus, wo ein knappes Hochziehen der Mundwinkel als Lächeln gedeutet, umgehend zu einem Schnappschuss führt. Analog dazu verraten Leistungen wie die Blinzel-Warnung, dass die Kamera noch mehr Gesichts-Details im Auge behält.

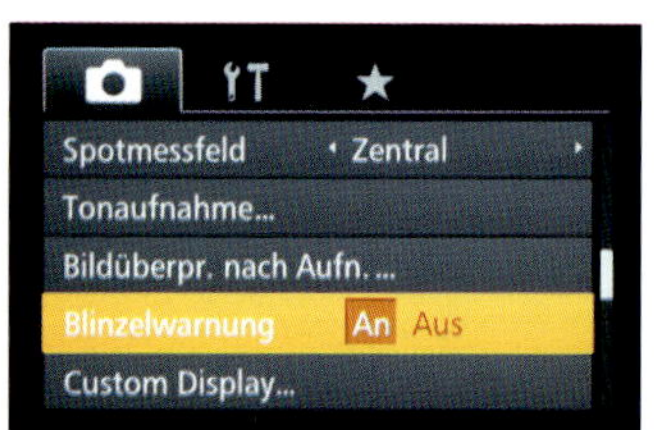

Die Blinzelwarnung kann bei aktivierter Gesichtserkennung auch deaktiviert werden.

Im SCN-Modus kann die intelligente Aufnahme mit einer Belichtung sofort reagieren, so können Sie zudem bestimmen, ob eine einzelne Aufnahme oder maximal zehn Aufnahmen durch das einmalige Lächeln ausgelöst werden.

Die Wahl von einer bis zu zehn Aufnahmen lässt sich auch bei zwei weiteren Funktionen von SCN – Intelligente Aufnahme – vorbestimmen, die den Beinamen „Timer" besitzen. Den „Blinzel-Timer" könnte man auch als „Blinzel-Fernauslöser bezeichnen, wenn Sie sich nach Druck auf den Auslöser in das Blickfeld der Kamera begeben und zur Abkürzung des Timers blinzeln. Zwei Timer-Sekunden nach dem Blinzeln sollte die Menge der vorbestimmten Aufnahmen ausgelöst werden. Dauert es der Kamera zu lange, dann erfolgt auch ohne Blinzeln nach 15 Sekunden die Aufnahme. Ähnlich der Vorgang bei der Wahl der intelligenten

Aufnahme zum Gesichts-Timer. Kommt ein weiteres Gesicht in das Blickfeld der Kamera, wird dieser Zugang zum Anlass genommen für die Belichtung der vorgegebenen Menge an Aufnahmen. Ohne diese erwartete Änderung wird nach 15 Sekunden ausgelöst.

Ein Lächeln veranlasst die Kamera zur automatischen Auslösung. Die beiden Timer verlangen jedoch nach dem von Ihnen voll durchgedrückten Auslöser. Zugleich startet das Piep-Signal und der Timer mit der Auslösung nach 15 Sekunden. Der ausgelöste Timer kann mit einem Druck auf die MENU-Taste abgebrochen werden.

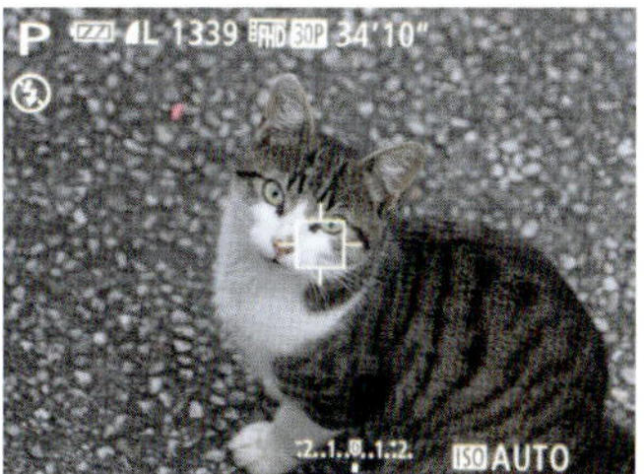

Mit eingestelltem „Verfolgungs AF" können Sie ein Gesicht mit dem Zielrahmen anvisieren und mit der AF-Rahmenwahltaste markieren. Mit angetipptem Auslöser verfolgen und halten Sie nun das Objekt im Sucherausschnitt und lösen aus.

Gesicht erkennen und folgen

Gesichter als Gesichter erkennen und Schärfe, Belichtung und Farbe auf diesen Bereich abstimmen, ist die jederzeit nutzbare Funktion der Gesichtserkennung. Die Markierung bei aktiviertem Verfolgungs AF kann auch auf andere Motiv-Details als ein Gesicht gesetzt werden. Die Markierung wird aufgehoben, sobald Sie die AF-Rahmenwahltaste erneut drücken.

Schnappschußsituationen eignen sich meist weniger für den aktiven Einsatz der Gesichtserkennung. Zu schnell ändert sich die Motivsituation und Profilaufnahmen sind bei der Automatik weniger beliebt. Aber bei „alle mal herschauen" funktioniert alles ganz prächtig.

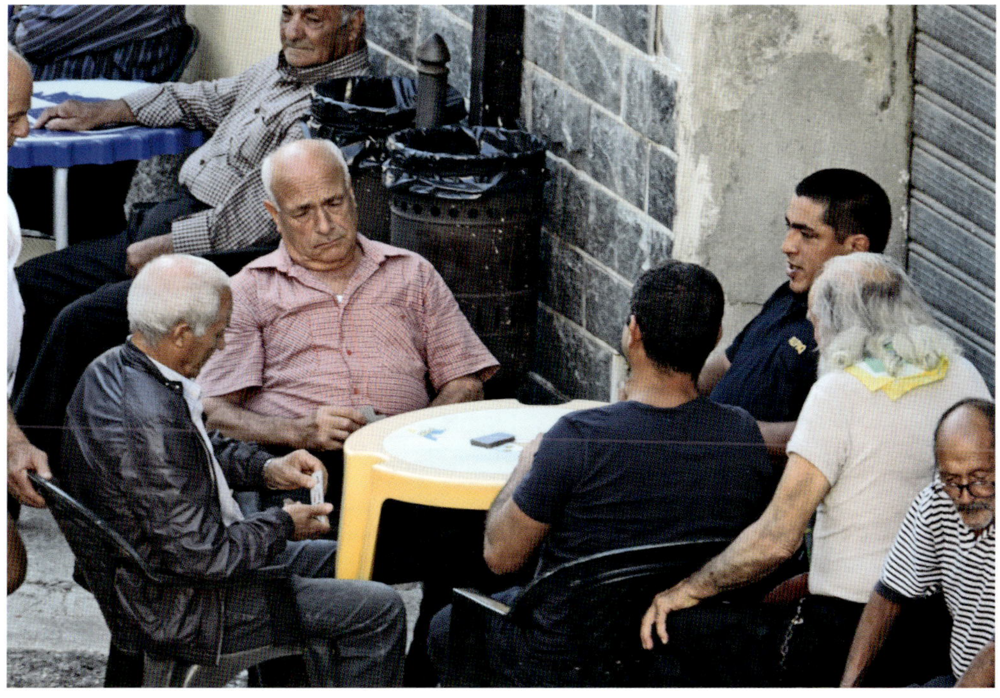

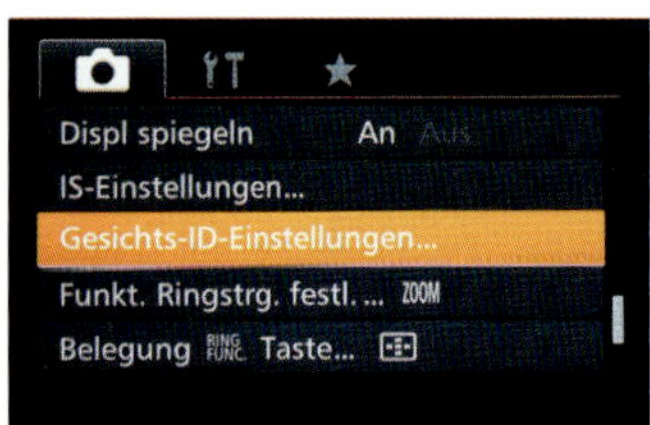

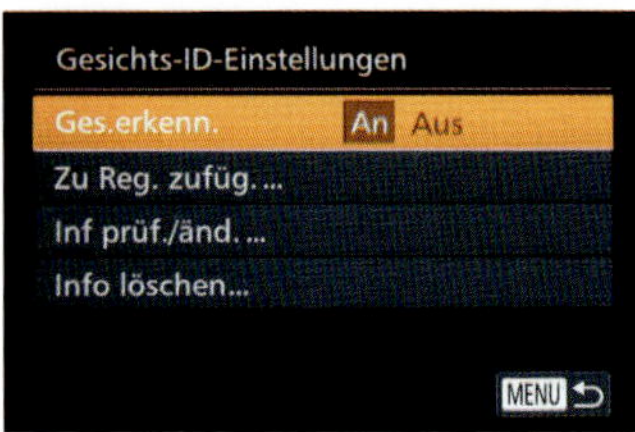

Mit der Wahl der Gesichts-ID-Einstellungen und „Ges. erkenn. An", leitet man die Nutzung der Gesichts-ID-Archivierung ein.

Gesichts-ID

Komplexe Aufgaben bekommt die Kamera gestellt, wenn es um ihre Fähigkeiten geht, Gesichter zu erkennen, zu vergleichen, einzuordnen und vielleicht sogar ein erkanntes und gespeichertes Gesicht im Motiv zu „sehen" und zum Anlass für eine neue Aufnahme zu nehmen. Irrtümer sind dabei nicht ausgeschlossen, wenn man bedenkt, wie sehr ein Gesicht sich mit der Zeit oder durch unterschiedlichen Gemütszustand verändert. Auch eine erheblich vom Ideal eines guten Passbild-Porträts durch eine andere Perspektive abweichende Abbildung oder Profilansichten, können die Kamera zum Zweifeln bringen.

Leistungen, die mit der Gesichtserkennung zu tun haben, findet man in Funktionen wie Lächeln, Blinzeln oder der Wiedererkennung bekannter Gesichter. Die Möglichkeiten die Gesichts-ID im Wiedergabemodus einzusetzen, finden Sie auf Seite 62.

Gesichtserkennung kontra Gesichts-ID

Zeit für die klare Trennung der Aufgaben von Gesichtserkennung und Gesichts-ID. Die AF-Funktion „Gesicht AiAF" zur Erkennung von Köpfen muss in jedem Fall eingeschaltet sein. Ein Gesicht mit Namen und Daten in der Kamera als Karteikarte der „Gesichts-ID" zum Vergleich zu nutzen, fordert die Einleitung über das Menü.

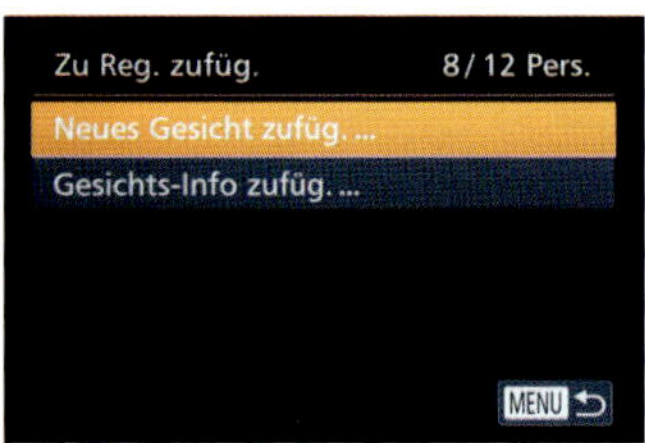

Vorhandene Porträts zur Erkennung lassen sich durch weitere Porträts auch aus anderer Perspektive zur besseren Auswertung ergänzen.

Gleich zu Beginn wird Ihnen ein eigener Aufnahmebereich präsentiert. Im quadratischen Feld ist das Porträt unterzubringen und zu fotografieren. Danach folgt die „Buchführung" mit Daten-Angabe. Abgeschlossen wird mit der Speicherung, die das ganze im internen Dauer-Speicher der Kamera unterbringt.

Ab der ersten Gesichts-ID-Karte steht Ihnen die „Überwachung" zur Verfügung. Sobald das reservierte Karteikarten-Gesicht erkannt wird – oder die Kamera zumindest das glaubt –, wird von der AF-Gesichtserkennung im laufenden Sucherbild der Name eingeblendet und ein Rahmen um den „Live-Kopf" gezogen. Nur wenn die AF-Gesichtserkennung aktiv ist – eine andere AF-Einstellung übersieht bekannte wie unbekannte Gesichter gleichermaßen.

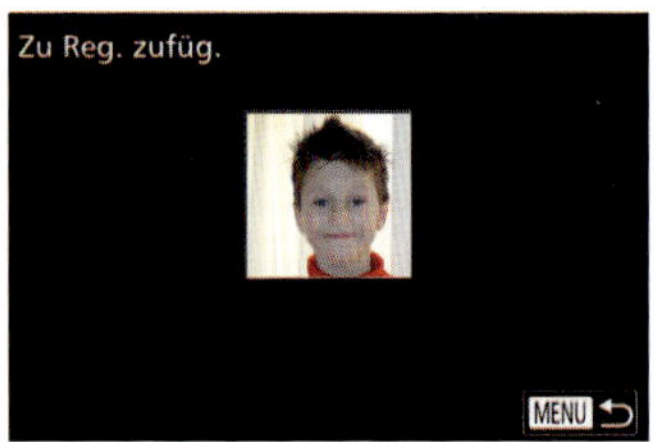

Ein Gesicht von vorn ist mindestens zur Eintragung der ID nötig.

Bis zu 12 Personen lassen sich in der Kamera in Gesichts-ID-Daten hinterlegen, denen man einen Namen und ein Geburtsdatum beifügt. Dieses Personen-Archiv lässt sich jederzeit ergänzen, im Einzelnen löschen und mit neuen Gesichtern auffüllen. Ergänzende Porträts lassen sich auch aus unterschiedlicher Perspektive jederzeit nachtragen, womit die Erkennung verbessert wird.

ID – die Identifizierungsvorgabe

Wer seine PowerShot dazu bringen will, selbst in einer Personen-Gruppe ein ganz bestimmtes Gesicht zu erkennen, der muss erst einmal die Kamera informieren. Nach einer Aufnahme im „Porträt-Eingabe-Rahmen“ wird man ziemlich schnell informiert. Entweder mit der Nachricht, dass eine Speicherung nicht möglich ist. Das bedeutet, dass das Porträt nicht gut genug ist, ein Gesicht nicht wirklich erkannt wurde oder das Gesicht nicht als Gesicht anerkannt wird. Das kann auch geschehen, nachdem vor Aufruf der Gesichts-ID-Eingabe im regulären Sucherbild ein Gesicht weiß umrahmt als Gesicht bereits erkannt wurde.

Haben Sie nach dieser Anleitung ein Porträt im vorgegebenen Aufnahme-Begrenzungsrahmen aufgenommen, dann zeigt sich der Erfolg mit der Übernahme eines Porträts. Wird das Porträt abgelehnt, so wird sofort der nächste Versuch angeboten. Bei erfolgreichem Abschluss sollte man ergänzende Aufnahmen schon einmal planen, zumal bis zu fünf weitere ID-Details (Fotos) angefügt werden können. Vorhandene Gesichts-ID-Eintragungen können jederzeit bearbeitet und auch komplett gelöscht werden.

Zu Reg. zufüg.
Abbrechen?
Nein
Ja

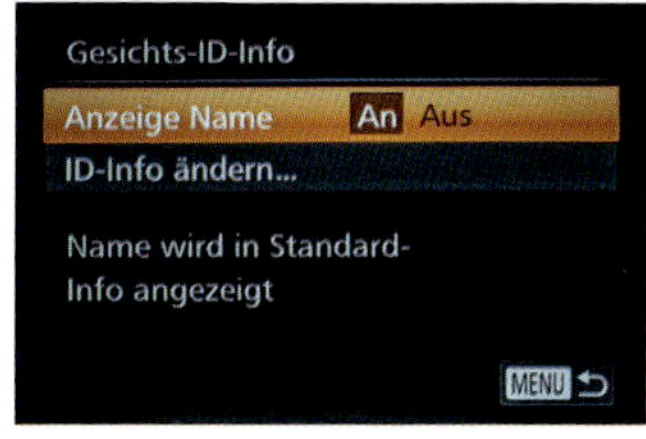

Die Speicherung hebt eine ID-Kartei auf. Mit dem Auftrag „Name anzeigen“ wird der Name immer angezeigt, sobald das hinterlegte Gesicht erkannt wurde.

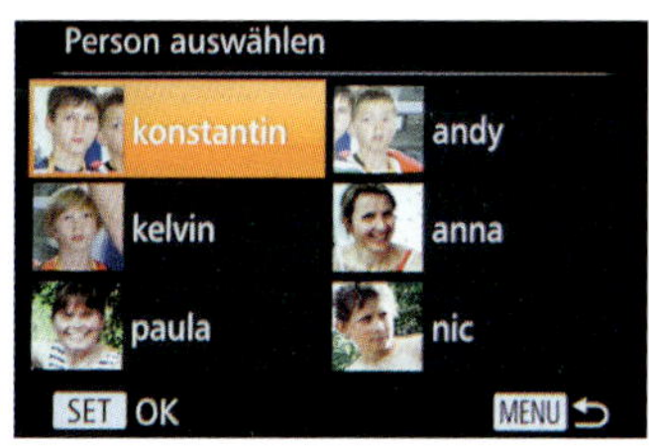

Bis zu 12 Personen lassen sich im ID-Archiv verwalten.

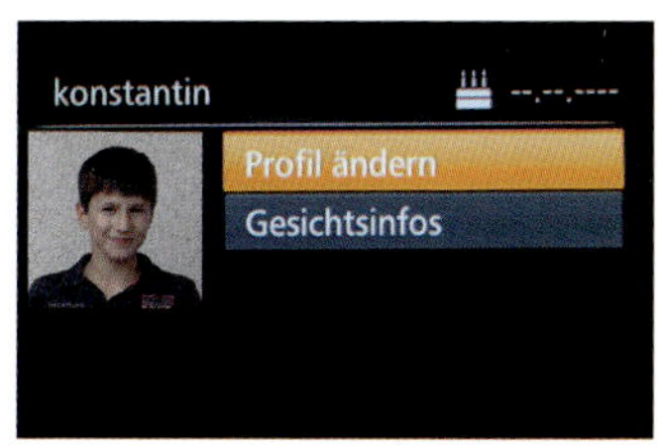

Profile können ersetzt, die Gesichtsinfos angepasst werden.

Aus dem Speicher, aus dem Sinn?

Verantwortungsbewusster Umgang mit personifizierten Bildern, mit Bildern überhaupt, sollte im Zeitalter von Handy, Internet und „sozialen Netzwerken“ eine Selbstverständlichkeit sein. Ihre PowerShot G7 X trägt diesem Umstand mit der Möglichkeit Daten zu löschen Rechnung. So lassen sich sowohl die Bildern zugefügte Daten löschen, als auch die in der Kamera aufbewahrten persönlichen Daten entfernen. Vor einer Veröffentlichung der Bilder – ob in facebook oder in welchen öffentlich zugänglichen Bereichen auch immer –, aber auch bei der Absicht, die Kamera zu verkaufen, sollte man sich dieser Pflicht bewusst sein.

Blende und Schärfentiefe

Blende, Brennweite und Fokussierung wirken zusammen, wenn es um die Bildwirkung der Schärfentiefe geht. Nicht immer ist die maximale Schärfentiefe von ganz vorn bis ganz weit hinten erwünscht. Abhängig vom Motiv und der erwünschten Bildwirkung kann die Abstimmung von Blende, Brennweite und Fokussierung der Schlüssel für das besondere Bild sein. Ihre G7 X bietet mit ihrem Blendenbereich von maximal 1:1,8 bis 1:11 einen breiten Spielraum.

Schärfentiefe

Einfluss auf die Schärfentiefe:

- **verwendete Blende;** je größer die Blendenöffnung (je kleiner die Blendenzahl), umso geringer die Schärfentiefe
- **Brennweite**
  je länger die Brennweite, umso geringer die Schärfentiefe
- **Entfernung zum Objekt;** je kürzer die Aufnahmedistanz, umso geringer die Schärfentiefe; der Schärfebereich vor der eingestellten Schärfenebene fällt kürzer aus als dahinter

Einfluss der Blende – im Prinzip

Grundsatz ist geringste Schärfentiefe durch eine weit geöffnete Blende. Mit kleinerer Blendenöffnung nimmt die Schärfentiefe zu. Bei kleinster Blende erreicht sie ihr Maximum. Abhängig von der Brennweite beeinflusst die Blende den Umfang der Schärfentiefe.

Einfluss der Brennweite

Für die Brennweite gilt: Bei kürzester Brennweite ist von nah bis weit entfernt die umfangreichste Schärfentiefe zu erzielen. Bis zur längsten optischen Brennweite nimmt die Schärfentiefe immer stärker ab, bis sie bei längster Brennweite ihr Minimum erreicht hat.

Der Bezug auf die reale Brennweite der digitalen Kamera bringt wenig, zumal die tatsächlich benutzte Brennweite erst in den Exif-Daten der fertigen Aufnahme abzulesen ist.

Im Nahbereich, in dem man am meisten mit mangelnder Schärfentiefe zu kämpfen hat, macht es bei der Schärfentiefe keinen Unterschied, ob man mit langer Brennweite und großem oder

Links, Schärfe auf den Vordergrund, rechts auf die Stadt im Hintergrund eingestellt, schafft unterschiedliche Tiefenwirkung in den Bildern.

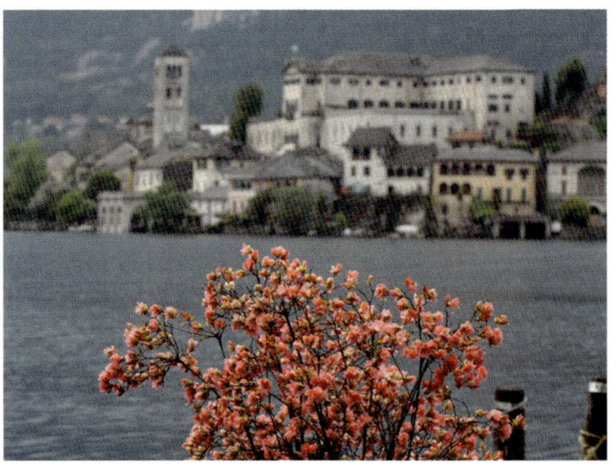

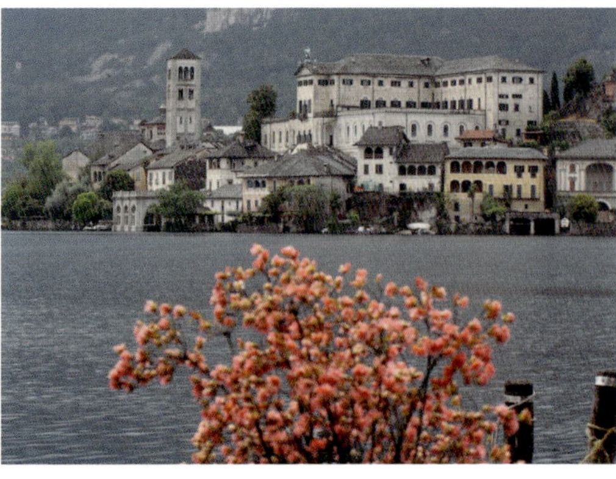

kurzer Brennweite und geringem Aufnahmeabstand (bei gleicher Abbildungsgröße) das Motiv erfasst.

Einfluss der Einstelldistanz

Im Nahbereich macht sich der Schärfentiefenunterschied zwischen unterschiedlichen Blendenöffnungen am stärksten bemerkbar, weil der scharfe Bereich meist nicht das ganze Hauptmotiv erfasst.

Die kürzeste Einstelldistanz hängt von der Brennweite ab. Auch hier geht es um Grundsätzliches, wobei man sich im kürzesten Brennweitenbereich meist auf kurze Distanz von wenigen Zentimetern dem Objekt nähern kann. Je länger eine Brennweite ist, desto größer wird die kürzeste Einstelldistanz. Der Makromodus hat die Aufgabe den Autofokusbereich auf kurze Aufnahmeabstände zu limitieren, um dem Motor das Durchfahren des gesammten Schärfebereichs bis Unendlich zu ersparen.

Mit der Entfernungsmessung, die sich am Kontrast des Motivs orientiert, ist das Wissen um die Unendlich-Distanz nebensächlich geworden. Extreme Brennweiten müssen nicht erfahren, wie weit ein Motiv entfernt ist. Der als optimal befundene Kontrast garantiert die richtige Fokussierung.

Fixfokus: die universelle Einstellung

Lassen Sie die Kamera die Weitwinkel-Brennweite auf eine Distanz zwischen fünf und zehn Meter fokussieren. Das ähnelt einer Fixfokus-Einstellung bei der die Schärfezone bei ein bis zwei Meter Distanz beginnt und bis Unendlich reicht. Diesen Versuch können Sie leicht realisieren, indem Sie auf manuelle Scharfeinstellung umschalten und die Kamera von Hand voreinstellen. Zur Belichtungssteuerung stellen Sie auf Zeitautomatik mit kleinster Blendenöffnung. Sie werden erstaunt sein, wie wenig Aufnahmen falsch belichtet oder unscharf sind – auch bei Blindschüssen ohne Sucherhilfe.

Die Schärfentiefe lässt sich durch die Blendenöffnung aber auch durch den Abstand zum Objekt und der Brennweite beeinflussen. Links lange Brennweite großer Aufnahmeabstand, maximal geöffnete Blende; rechts kurze Brennweite mit kurzem Aufnahmeabstand und geschlossene Blende.

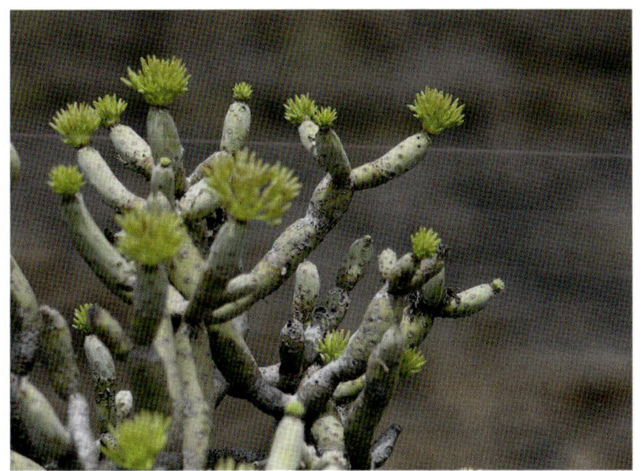

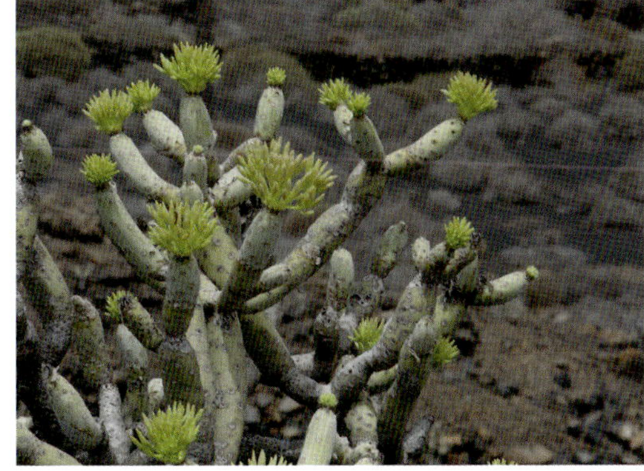

Belichtungszeit und Schärfe

Schärfe unbekannt?

Was ist Schärfe? Diese Frage wird von ernsthaften Wissenschaftlern mit dem trockenen Physiker-Humor beantwortet: „Schärfe gibt es nicht!". Stimmt, sie ist physikalisch nicht definiert. Dennoch bleibt für das menschliche Auge der Eindruck von Schärfe, der wesentlich von Auflösung und Kontrast einer Fotografie bestimmt wird.

Wenn an dieser Stelle von „Schärfe" die Rede ist, dann möchte ich nicht auf richtige Fokussierung oder Schärfentiefe eingehen. Wenn es an dieser Stelle um Schärfe geht, dann soll es mit Bewegung vor der Kamera durch das Motiv oder mit der Kamera durch die Hand des Fotografen gehen. Eine Problematik die gerade bei extremen Teleeinstellungen, wie sie die G7 X bietet, von besonderer Bedeutung ist. Es geht auch um das, was man tun kann um Bewegung „einzufrieren". Nicht zuletzt komme ich auch auf das absichtliche Nutzen von „verwischter Schärfe" zur Intensivierung vom Eindruck von Bewegung oder Schnelligkeit.

Verwacklung – und was dagegen tun?

Digitale Kameras kommen der Belastbarkeit der Fotografen durch leichtes Gewicht entgegen. Den Kameras fehlt das Gewicht, fehlt die Masse, die besonders Profi-Kameras früherer Bauart besaßen; eine Masse, die vor allem leichte Erschütterungen dämpft. Die geringe „Trägheitsmasse" von rund 300 Gramm der G7 X ist somit kaum in der Lage, Erschütterungen zu schlucken.

Vom übermäßigen Gewicht der Kamera erleichterte Fotografen müssen heute oft durch ein schweres Stativ ausgleichen, womit die Bereitschaft Gewicht zu heben und zu tragen wieder Sinn macht. Ein Händezittern bei Aufnahmen aus der Hand, ein Windhauch am ausgefahrenen Tele-Tubus kann bereits zu verwackelten Aufnahmen führen.

Lange Brennweite und bewegtes Objekt fordern ein Mitdenken des Fotografen. Der Bildstabilisator gleicht ein Zittern beim Auslösen weitgehend aus, für die schnelle Bewegung hilft nur eine kurze Belichtungszeit – soll die Bewegung nicht mit einem Wischeffekt eingefangen werden.

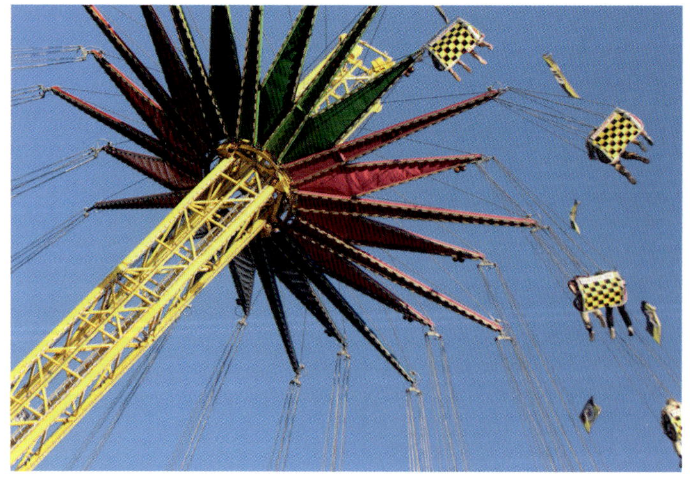

Selbst ein noch so sanftes Auslösen kann die Kamera zum Zittern bringen. Viel kann die Bildstabilisierung ausgleichen. Eine Vibration der Kamera stört bei kurzen Brennweiten kaum. Die Gefahr der Verwacklung steigt mit längerer Brennweite und ist bei längster Brennweite von höchstem Einfluss. Ein guter Grund für die Nutzung des Selbstauslösers mit der Sicherheit von zehn Sekunden Vorlauf.

Alternativ zum Selbstauslöser kann auch Ihr Smartphone über eine WLAN-Verbindung als Fernauslöser gute Dienste leisten. Darauf kommen wir im Kapitel WLAN noch zurück.

Starker Wind als weiterer Störfaktor erfordert die Geduld, auf einen windstillen Moment zu warten oder die Kamera möglichst gut abzuschirmen. Manche Stative bieten die Möglichkeit an einem Haken an der Mittelsäule ein zusätzliches Gewicht, zum Beispiel einen kleinen Sandsack, zur Stabilisierung anzubringen. Die hohe Lichtstärke von 1:2,8 unserer G7 X selbst in Telestellung, versetzt uns bei so gut wie allen Tageslichtsituationen in die Lage, noch verwacklungsfreie Freihandaufnahmen zu belichten.

Frontale Bewegung

Läuft eine Bewegung auf die Kamera frontal zu, so scheint sie langsam. Lediglich die Distanz ändert sich und mit ihr die „wachsende Größe" des Motivs. Damit bekommt die Autofokus-Automatik viel zu tun, die dafür besser auf kontinuierliches Fokussieren (Verfolgen, Nachfokussieren) eingerichtet ist. Die Belichtungszeit darf länger sein.

Passende Belichtungszeit für Bewegung

Durch den Fotografen verwackelte Aufnahmen erkennt man daran, dass das ganze Bild davon betroffen ist. Bewegungsunschärfe bei ruhig gehaltener Kamera beschränkt sich auf das sich bewegende Objekt. Kurze und kürzeste Belichtungszeiten sind erforderlich, um vor allem bei der Wahl einer langen Brennweite mit großer Sicherheit zu nicht verwackelten Bildern zu kommen

Bewegung hat mit Geschwindigkeit zu tun. Sie hat auch mit der Richtung zu tun, in der eine Bewegung zur Kamera verläuft. Eine der Bewegung angemessen kurze Belichtungszeit vermag die Bewegung „einzufrieren".

Praktisch unabhängig von der Brennweite gibt nur die Geschwindigkeit des Objekts vor, welche Verschlusszeit die optimale Belichtung erlaubt. Vielleicht sollte man sich mit Hilfe eines Taschenrechners eine Vorstellung davon verschaffen, welche Strecken bei bestimmten Geschwindigkeiten in beispielsweise einer Sekunde zurückgelegt werden (siehe Kasten auf der nächsten Seite, alle Angaben in m/s = Meter pro Sekunde).

Die meisten Bewegungen vor unserer Kamera dürften mit spielenden Kindern, Familienmitgliedern auf dem Fahrrad oder rennenden Hunden zu tun haben. Mit eher geringen Geschwindigkeiten also. Selbst ein olympiareifer Angehöriger mit 10 s für den 100-m-Kurzstreckensprint kommt auf „nur" ungefähr 36 km/h. Das Angebot an kürzeren Belichtungszeiten reicht also recht gut aus.

Bewegung ist auch in den Wasserstrahlen eines Springbrunnens anzutreffen. Lange Belichtungszeiten gegebenenfalls noch unterstützt durch den ND-Filter, lassen den Wasserstrahl „verwischen". Eine kurze Belichtungszeit bildet ihn schärfer ab, eine sehr kurze Belichtungszeit „friert" ihn ein – im Extremfall bis fließendes Wasser in „Tropfen" aufgelöst wird.

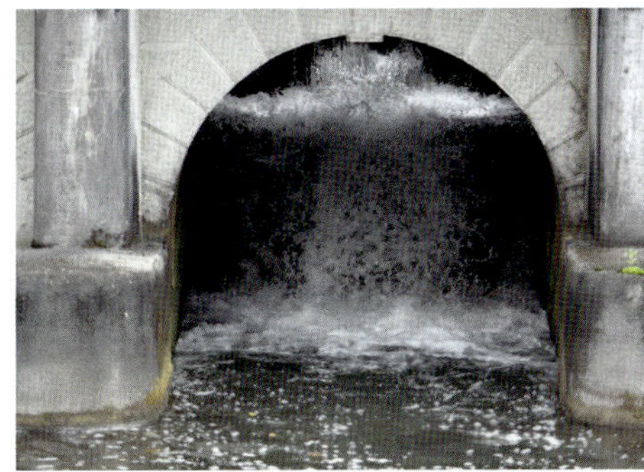

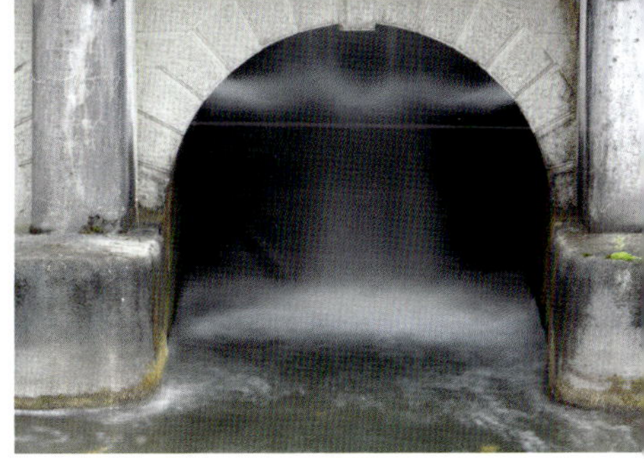

Der tote Punkt

Manche Bewegungen verlaufen mit hoher Geschwindigkeit und einem Richtungswechsel. Das Pendel einer Standuhr, die Schiffschaukel auf dem Jahrmarkt oder auch der Schwimmer, der zum Luftholen aus dem Wasser schnellt: Stets ist eine Bewegungsumkehr zu beobachten, in der das Objekt still zu stehen scheint. Man muss nur diesen Moment zur Auslösung abpassen – oder wenigstens erst einmal das eigene Reaktionsvermögen darauf trainieren.

Alle im Kasten unten aufgeführten Geschwindigkeiten beziehen sich auf die ungünstigste Bewegungsrichtung quer zur Kamera. Nicht berücksichtigt ist, dass man mit der Kamera der Bewegung folgen kann. Eine Bewegungsunschärfe sollte damit eher auf den Hintergrund beschränkt sein. Eine weitere Reduzierung der Geschwindigkeit wirkt sich aus, wenn man in einem spitzen Winkel zur Bewegung fotografiert. Dabei wie bei der frontalen Bewegung auf die Kamera zu, muss nur die AF-Fokussierung mit dem Tempo mithalten und der Fotograf darauf achten, dass sein Motiv nicht über die Grenzen des Bildausschnitts hinauswächst. Mit kürzerer Brennweite ist auch das zu schaffen.

Mitziehtechnik zum Üben

Der Tipp ein bewegtes Objekt mit der Kamera zu verfolgen, erinnert an eine besondere Aufnahmetechnik: die Mitziehtechnik.

Bei der Mitziehtechnik verfolgt man das Objekt mit der trainierbaren Aufgabe, sich dem Tempo des Motivs anzupassen. Ausgelöst wird ohne Unterbrechung der Bewegung. Selbst quer zur Kamera verlaufende Bewegung kann auf diese Weise ohne Bewegungsunschärfe im zentralen Motiv aufgenommen werden. Bewegungsunschärfe beschränkt sich auf Umgebung, Hintergrund und Boden und entspricht der Bewegung der Kamera. Vor allem der Hintergrund wird „verzogen" und unterstreicht im Verwischten den Eindruck von Bewegung. Ein Stativ, mit Ausnahme eines Schulterstativs, wäre dabei eher hinderlich. Trainieren Sie die

Bewegungsbeispiele

- Spaziergänger mit 4 km/h = 1,11 m/s, in 1/100 s = 0,01 m/s
  eine Bewegungsunschärfe von 1 cm fällt kaum auf, mit einer Belichtung von 1/500 s noch besser
- Fahrrad mit ca. 20 km/h = 5,55 m/s, in 1/100 s = 0,056 m/s – in 1/500 s = 0,01 m/s
  eine Bewegungsunschärfe von 1 cm fällt kaum auf, mit einer Belichtung von 1/1000 s noch besser
- KFZ mit 50 km/h = 13,88 m/s, 1/100 s = 0,14 m/s, in 1/500 s = 0,03 m/s, in 1/1000 s = 0,015 m/s
  eine Bewegungsunschärfe von 1,5 cm fällt kaum auf, mit einer Belichtung von 1/2000 s noch besser
- Motorrad mit 100 km/h = 27,78 m/s, 1/100 s = 0,28 m/s, in 1/500 s = 0,06 m/s, 1/2000 s = 0,014 m/s
  eine Bewegungsunschärfe von 1,4 cm fällt kaum auf, eine noch kürzere Verschlusszeit wäre noch besser
- Formel 1 mit 300 km/h = 83,43 m/s, 1/100 s = 0,83 m/s, 1/1000 s = 0,083 m/s, 1/2000 s = 0,042 m/s
  mit 4,2 cm ist eine kleine Bewegungsunschärfe auszumachen, kürzere Verschlusszeiten wären besser
- Mach 1 – Schallgeschwindigkeit bei 20 Grad Celsius = 1235 km/h = 343 m/s.

Diese Beispiele sollen nur eine gewisse Vorstellung und Anhaltspunkte vermitteln, wie sich die Objektgeschwindigkeit auf die einzustellende Verschlusszeit auswirkt. Die tatsächlich wirksame Geschwindigkeit hängt noch vom Aufnahmewinkel zur Bewegungsrichtung, vom Aufnahmeabstand und der verwendeten Brennweite ab.

Mitziehtechnik aus freier Hand und halten Sie vor allem das zentrale Objekt erreichbar für die Autofokus-Funktion im Bildausschnitt. Sie werden sehen, dass damit längere Verschlusszeiten möglich werden. Auf die Bildstabilisierung sollte man verzichten.

Bewegungsunschärfe als „Kunstform"?

Was wären Regeln ohne Ausnahme? Die Ausnahme bei der Bewegungsunschärfe darf man zur Kunst zählen. Bei langen Belichtungszeiten mit dem Motiv im Zentrum, verdeutlicht das Objekt in verwischter Form seine Bewegung. Mögliche Motive findet man im Tanz, bei der Gymnastik oder auch in „Kampfsport-Arten". Beobachten Sie Bewegungsabläufe. Versuchen Sie, das Typische zu erkennen. Beim Tanz lassen sich beispielsweise drehende Bewegungen symbolhaft umsetzen. Gymnastik und Bodenturnen kann scharfe Abbildung und Bewegungsunschärfe zugleich zeigen, wenn z. B. Gesicht und Körper fast scharf abgebildet werden und Bewegungen der Hände in Bewegungsunschärfe zu sehen sind. Auf den Moment der Auslösung beschränkte Bildstabilisierung ist dabei kein Hindernis, da sie die Bewegung der Kamera und nicht die des Motivs auszugleichen versucht.

Lange Belichtungszeit in Kombination von bewegtem Objekt und bewegter Kamera erschließt neue Motivfelder; im Beispiel eine Nachtaufnahme auf einem Volksfest. Um ausreichend lange Zeiten zu ermöglichen, kann der eingebaute Neutraldichtefilter (ND-Filter) und maximal geschlossene Blende weiterhelfen.

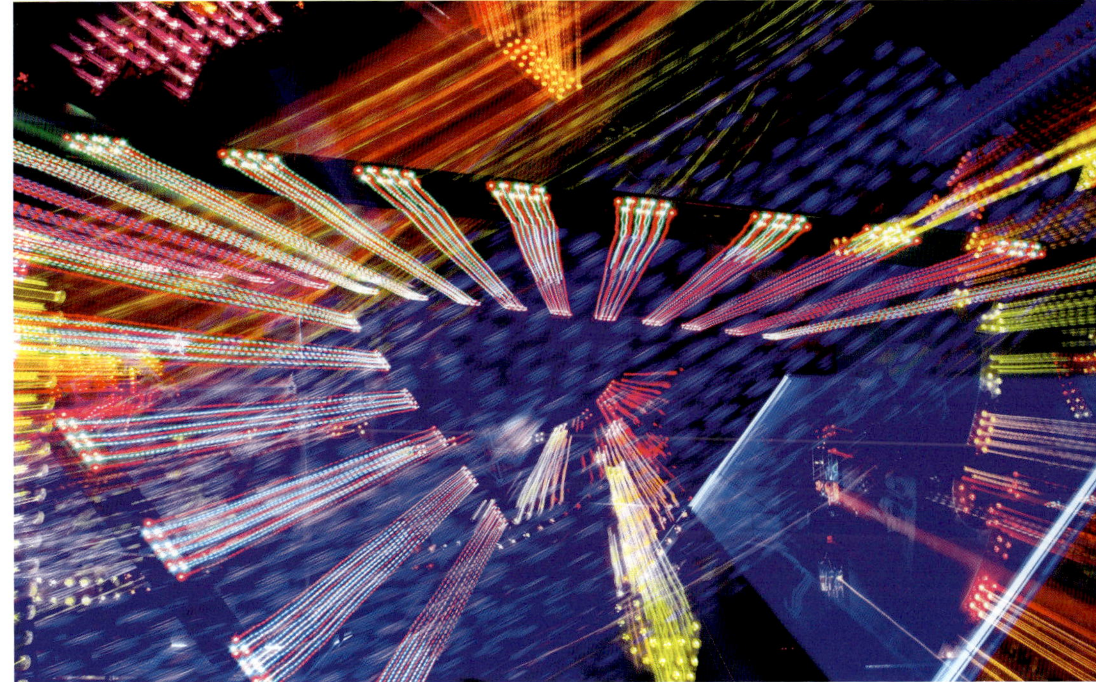

Brennweite und Perspektive

Die beiden Bereiche Brennweite und Perspektive sind die stärksten fototechnischen Verbündeten im Kampf um gute Bildgestaltung. Sie liegen in ihrer Wirkung eng beieinander. Kurze und lange Brennweiten unterscheiden sich nicht nur im weiten und engen Bildausschnitt, sie eröffnen zusammen mit der Perspektive, dem Abstand zum Motiv ganz eigene Bilderwelten, was sich auch in der Begrifflichkeit widerspiegelt, wie Weitwinkel- oder Teleperspektive, Frosch-, Vogel- oder Zentralperspektive.

Perspektive ist eine Wissenschaft für sich – wenn man einmal an die Zusammenhänge zeichnerischer Darstellung denkt. Für die Kamera und den Fotografen sollte genügen zu wissen, dass die Perspektive eine „Ansichtssache" ist, die mit dem Standpunkt

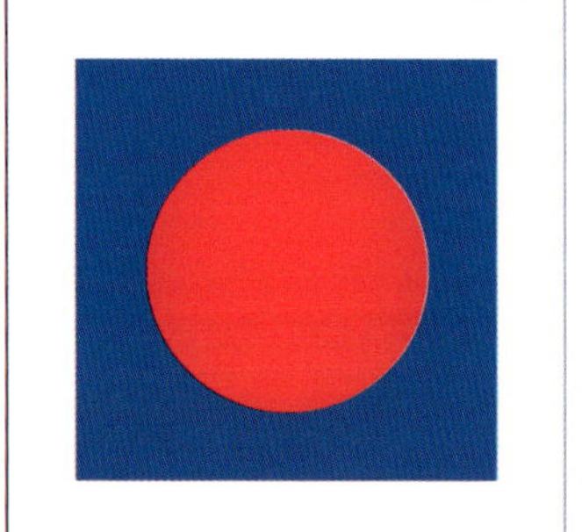

Augenperspektive bedeutet planparallele Abbildung des Objekts ohne Verzeichnung.

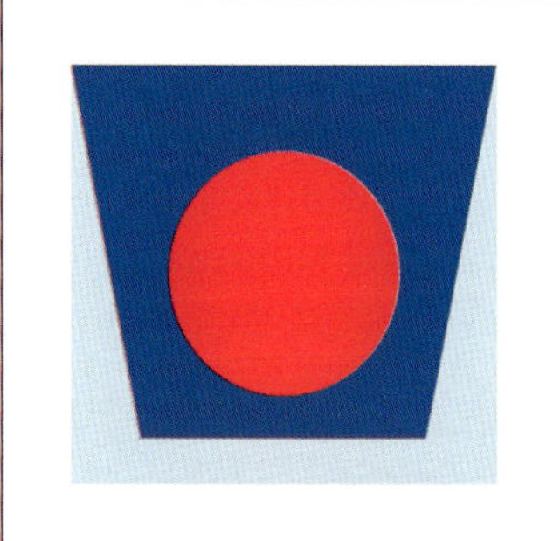

Vogelperspektive, der Blick nach unten.

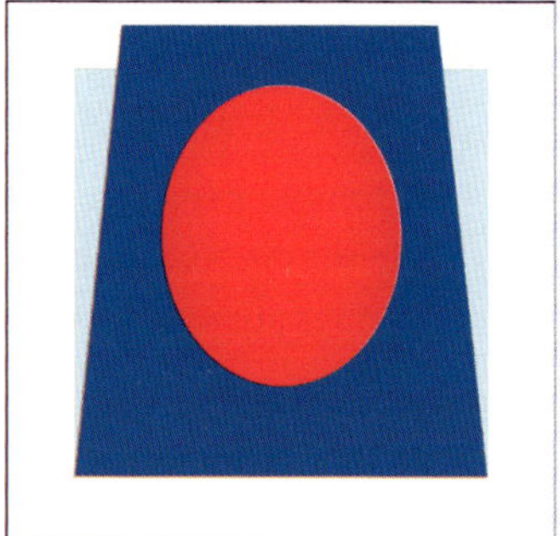

Froschperspektive, der Kamerablick nach oben.

des Betrachters, mit dem Standort der Kamera im Raum zusammenhängt. Verlässt die Kamera diese Position, so verändert sich die Ansicht, so sieht man die Welt aus einer anderen Perspektive.

- Aufnahmestandort kann auch der Aufnahmestandpunkt sein – ist also alles „Ansichtssache".
- Wir haben die räumliche Zuordnung, aber auch die persönliche Einstellung zum Motiv.
- Wir hinter der Kamera bestimmen die Aussage im Bild durch Richtungsänderung, Ausschnitt und Perspektive.
- Unter Blickwinkel verstehen wir weniger den Bildwinkel des Objektivs, als vielmehr unsere Sicht auf das Motiv, also die Perspektive. Kamera gerade = Augenperspektive, Kamera nach oben = Froschperspektive; Kamera nach unten = Vogelperspektive.

Auf Augenhöhe

Der Blick aus Augenhöhe ist für den Menschen die übliche Perspektive. Die Welt erscheint gewohnt und nur ein Schritt nach links oder rechts, zurück oder vor bringt eine Perspektive, die informativer oder ansehnlicher ist. Nutzen Sie diese Schritte um aus Bildern ansprechendere Fotos zu machen. Sie verlassen die Perspektive in jedem Fall ohne einen Bereich des Ungewöhnlichen zu betreten.

Vogel- und Froschperspektive

Eine nach oben oder unten gerichtete Perspektive kann unseren Blickwinkel nachhaltiger verändern, bis hin zu einer Art emotionalem Eingriff in Gewohntes. Aus dem Stand heraus nicht ganz so nachhaltig wie bei einer Veränderung durch das Verlassen der Augenhöhe. Klettern Sie auf eine Leiter um dieser „Vogelperspektive" näher zu kommen. Sie blicken auf „die anderen herab". Sie schrumpfen Ihre Nachbarn, die nun wohl zu Ihnen hinaufblicken. Vom Fürsten bis zum Kaiser besonders geliebt, sollte das „niedere" Volk zur überhöhten Persönlichkeit hinaufblicken.

Wechseln wir den Standort nebst Perspektive zum „Fußvolk" in die „Froschperspektive". „Sei kein Frosch", wäre die angebrachte

Die extreme Froschperspektive erweist sich bei erzwungenen kurzen Aufnahmeabständen oft als guter Ausweg für brauchbare Bildlösungen. Architekturaufnahmen verlangen ein genaues Ausrichten der Kamera. Achten Sie auf die senkrechte Mittelachse des Motivs. Diese sollte möglichst gut mit der Bildmittelachse übereinstimmen, damit das ganze Gebäude nicht auch noch seitlich wegkippt. Blende 4, 1/600 s, ISO 125, Brennweite 24 mm, Mehrfeldmessung, automatischer Weißabgleich.

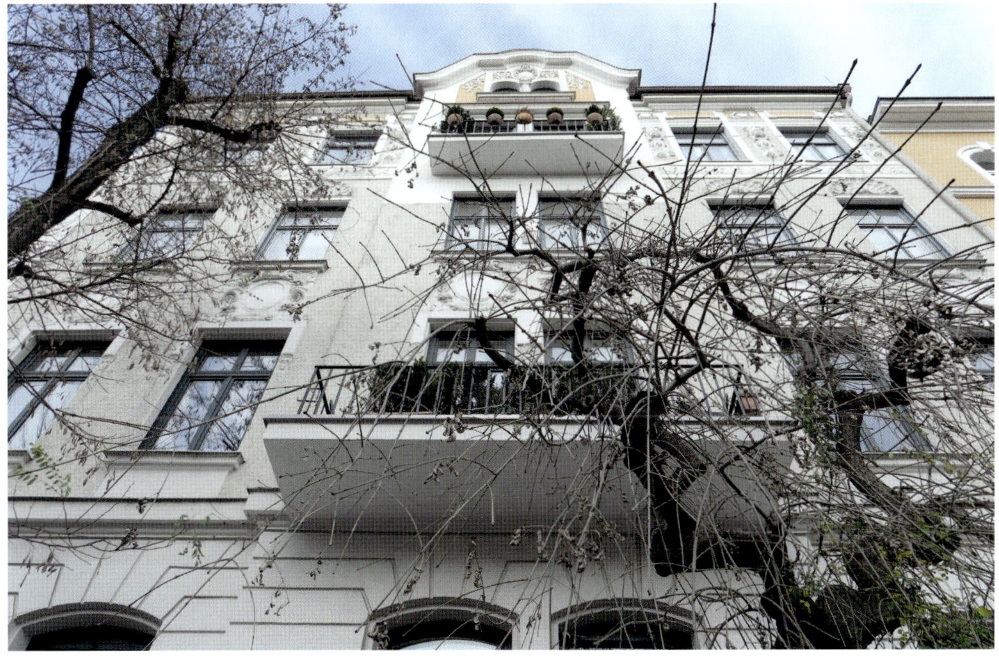

Aufforderung, doch der Fotograf ist gerne der Froschperspektive-Nutzer, wenn überwältigend hohe Dinge ins Bild zu bringen sind. Noch einmal kann man über eine gewohnte Perspektive und eine überwältigende Perspektive nachdenken. Das Hochhaus mit in der Höhe sich verjüngenden und damit „stürzenden" Linien ist überwältigend aber nicht unbedingt ungewohnt. Noch natürlicher scheint die Fassade eines in der Ferne mit sich verjüngenden Linien abgebildeten Bauwerks. Derselbe Effekt in unterschiedlicher Situation. Richtig ungewöhnlich wird es erst, wenn man beide ausgleicht.

Die stürzenden Linien werden geradegestellt und die korrekte Streckung des hohen Hauses wirkt auf einmal ganz unnatürlich, so wie die Spreizung der zusammenlaufenden Linien in der Waagerechten nebst Anpassung der seitlichen Proportionen nicht mehr dem gewohnten Blick entsprächen, obwohl die Vorzeichen der Korrektur quasi identisch sind.

Übrigens: Selbst für die Abbildung eines Gebirges gilt der Einfluss stürzender Linien. Man bemerkt sie aus Mangel an klaren Linien, vor allem senkrechten Linien, nur nicht.

Perspektive emotional nutzen

- Die Perspektive besitzt nicht nur eine geometrische Dimension.
- Sie prägt in unserem Unterbewusstsein auch Emotionen.
- So wie wir bei einer Begegnung auf „Augenhöhe" von einer Gleichwertigkeit sprechen,
- so wirkt der Blick von oben nach unten „herablassend" – „der Große schaut auf den Kleinen herunter".
- Unterwürfig empfinden wir den Blick nach oben – wir sind die Kleinen.
- Fotografieren wir Menschen leicht von unten, machen wir sie auch im übertragenen Sinne größer,
- geht der Sucherblick – was oft bei Kinderbildern geschieht – von oben nach unten, machen wir die Kleinen noch kleiner als sie schon sind.

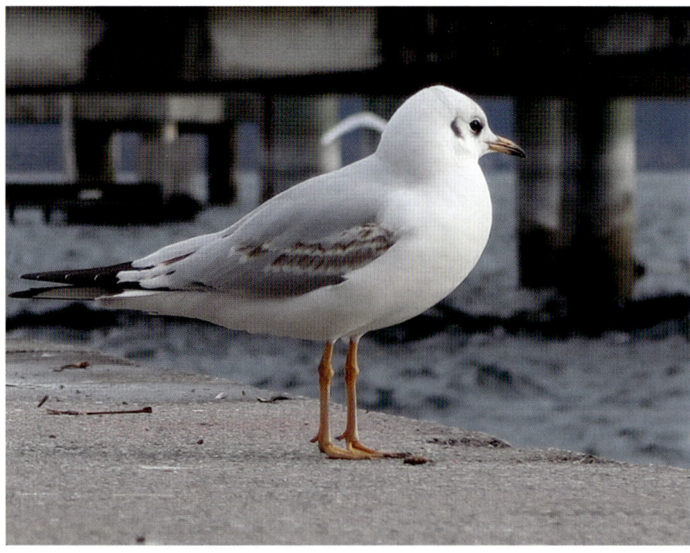

Die Augenperspektive bei kleinen Modellen kann zur körperlichen Herausforderung für den Fotografen werden. Dank Klappspiegel reduzierte sich das hier für das Beispiel auf eine Kniebeuge. Die notwendige Fluchtdistanz war mit dem 400 % Ausschnitt des Digitalzooms einzuhalten. Die partielle Schärfe trotz des eng gefassten Hintergrundausschnitts durch die Teleperspektive unterstützt die Tiefenwirkung im Bild. Blende 4, 1/250 s, ISO 125, Mehrfeldmessung, automatischer Weißabgleich.

Weitwinkel- und Teleperspektive

Jede Kamera lichtet ein mehr oder weniger räumliches Motiv auf einer zweidimensionalen Fläche, dem Flächenbildsensor, ab. Auch das spätere Foto am Bildschirm oder als Ausdruck verfügt mit Länge und Breite nur über zwei Dimensionen. Die fehlende dritte Dimension – die Tiefe im Bild – wird durch die scheinbare Annäherung von parallelen Linien eines Motivs mehr oder weniger subjektiv erlebbar gemacht.

- Weitwinkelbrennweiten schaffen Räumlichkeit, während Telebrennweiten ein Motiv eher ausschneiden und so flacher wirken lassen.
- Stark fluchtende Linien vermitteln den Eindruck einer großen Tiefe. Stürzende Linien hingegen stören leicht; hohe Gebäude auf einem Bild scheinen umzukippen.
- Die Betonung auf einen nahen Vordergrund durch tiefe Aufnahmeposition betont die Tiefenwirkung im Weitwinkelbild.
- Teleausschnitte reduzieren perspektivische Verzeichnungen.

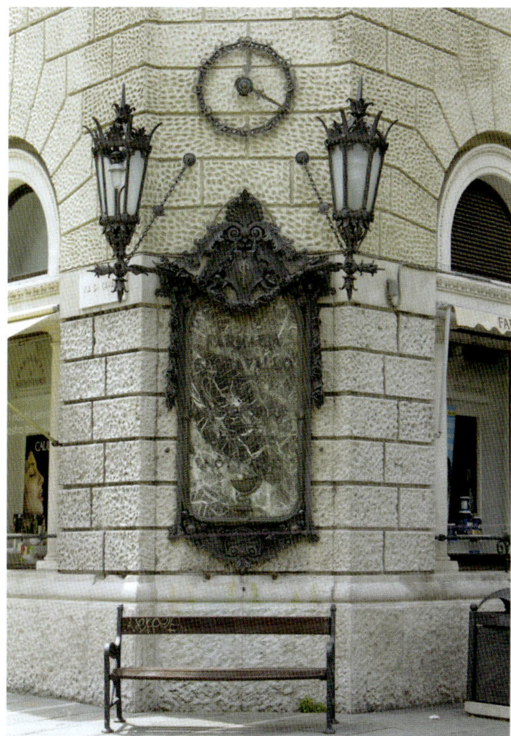

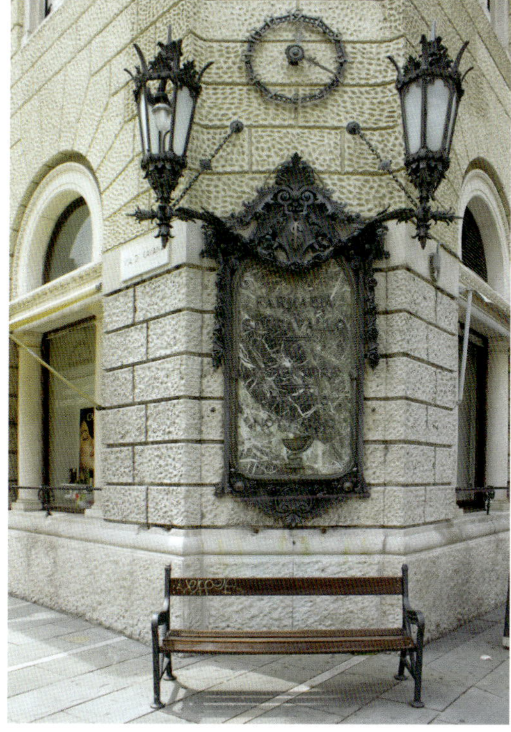

Links, Aufnahme mit 100 mm Teleeinstellung; rechtes Bild entstand mit 24 mm Weitwinkelbrennweite. Die Aufnahmeabstände wurden so angeglichen, dass ein weitgehend gleicher Ausschnitt in der Bildhöhe erfasst wurde. Der Vergleich zeigt deutlich den Einfluss der Brennweite auf die Fluchtlinien und dokumentiert die Aussage von „flacher" Perspektive bei Teleaufnahmen. Die eigentliche Begründung liegt aber nicht allein in der Brennweite, sondern in der Kombination aus Brennweite und Aufnahmeabstand.

Makro und die Naheinstellgrenzen

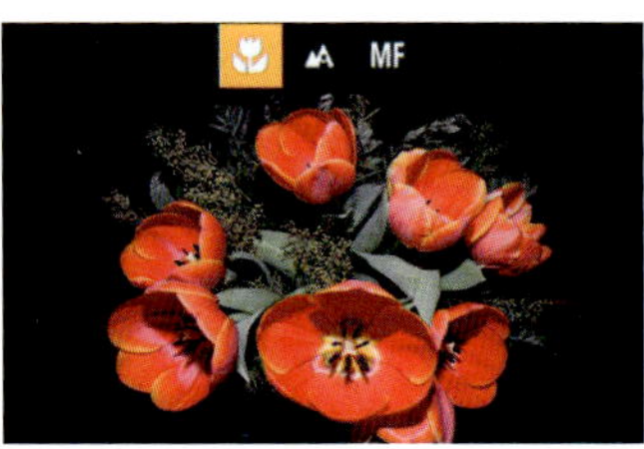

Die Makroeinstellung über das Multifunktionsrad (Druck auf die linke Pfeiltaste) hat keinen Einfluss auf die optische Wiedergabe oder Naheinstellgrenze. Der Nutzen liegt in der beschleunigten Autofokuseinstellung, da der Einstellweg auf die Nahdistanz begrenzt wird.

Unter dem Makro-Symbol am Multifunktionsrad können Sie, wie schon auf Seite 67 beschrieben, normale AF-Fokussierung und AF-Fokussierung im Makro-Bereich einstellen. Über die Zoom-Einstellung können Sie bei kürzester Brennweite Distanzen ab 5 cm benutzen. Mit länger werdenden Brennweiten verändert sich die minimal mögliche Einstellentfernung bis auf 40 cm. Der Unterschied liegt in erster Linie an der begrenzten Tubusverlängerung, die mit der Länge der Brennweite ansteigt. Das Gleiche gilt für den Abbildungsmaßstab. Je größer er wird, umso kürzer wird der Aufnahmeabstand und umso länger der Abstand des Objektivs zur Aufnahmeebene. Bei Kameras mit Wechselobjektiven kann man sich für diese notwendige Tubusverlängerung mit Zwischenringen oder einem Balgengerät behelfen. Benötigt man einen möglichst großen Abbildungsmaßstab in Kombination mit großem Aufnahmeabstand, hilft nur eine längere Brennweite.

Bei Aufnahmen im Nahbereich, sei es beim Blick direkt von oben oder tief vom Boden aus der Froschperspektive, erweist sich das Klappdisplay als große Hilfe.

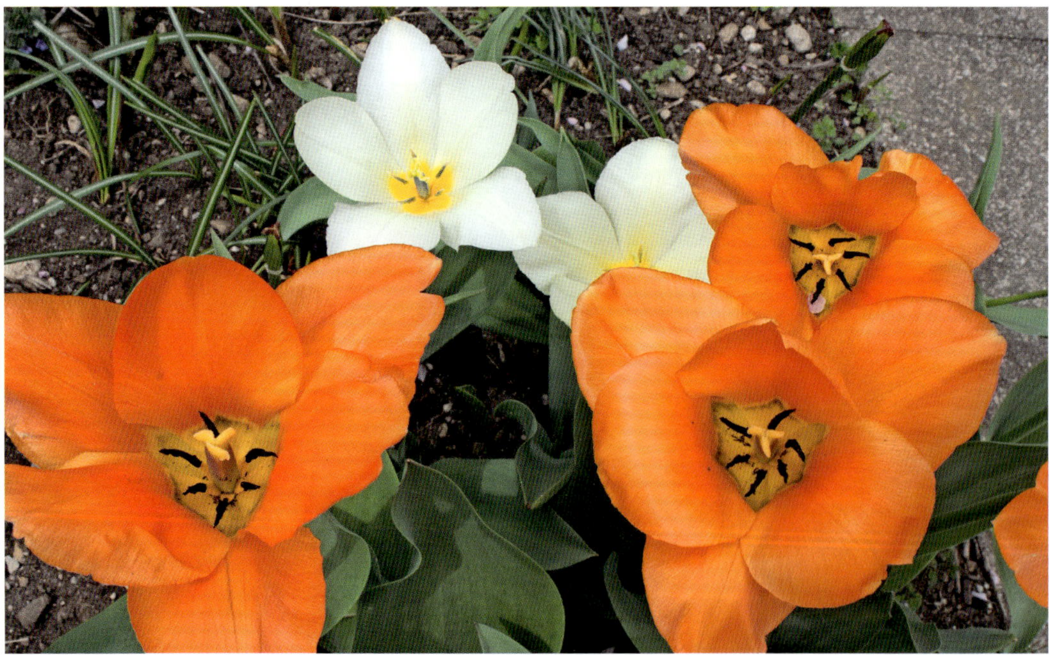

Von Nah bis Unendlich

Wurde die normale AF-Fokussierung gewählt, dann gelten alle genannten Mindestabstände in gleicher Weise mit dem Unterschied, dass der maximale Einstellweg für den Autofokus bis zur Entfernung Unendlich reicht. Im rein optischen Bereich wie auch in allen per Digitalzoom verlängerten Brennweiten steht Ihnen frei, den Abbildungsmaßstab mittels Brennweite und realem Aufnahmeabstand zu variieren, wenn nur der Mindestabstand der eingestellten Brennweiten nicht unterschritten wird.

Makro konzentriert sich damit auf Einschränkung des Fokussierweges, um so die automatische Scharfstellung zu beschleunigen. Nach Nutzung des optischen Brennweitenbereichs stellt sich nur die Frage nach dem persönlichen Qualitätsanspruch. Bleibt der Einfluss der digitalen Aufbereitung anfangs noch in den Grenzen guter Bildqualität, so setzt ab dem Faktor 1.6x deutlich sichtbare Verschlechterung ein. Aber dieses Thema hatten wir bereits an anderer Stelle ausführlich behandelt.

Ob Weitwinkel oder Tele, der maximale Abbildungsmaßstab bleibt bei der G7 X weitgehend gleich. Es ändert sich aber mit länger werdender Brennweite der Mindestabstand (Naheinstellgrenze) und damit auch die Perspektive und Schärfentiefe.

Abbildungsmaßstab

Ob Weitwinkel oder Tele, der maximale Abbildungsmaßstab bleibt bei der G7 X weitgehend gleich. Es ändert sich aber mit länger werdender Brennweite der Mindestabstand (Naheinstellgrenze) und damit auch die Perspektive und Schärfentiefe.

Bei Aufnahmen aus der Froschperspektive muss man sich häufig mit Gegenlicht und Eigenschatten der Objekte auseinandersetzen. Da erweist sich der eingebaute Blitz mit der Steuerbarkeit seiner Helligkeit, wie unser Beispiel zeigt, als große Hilfe.

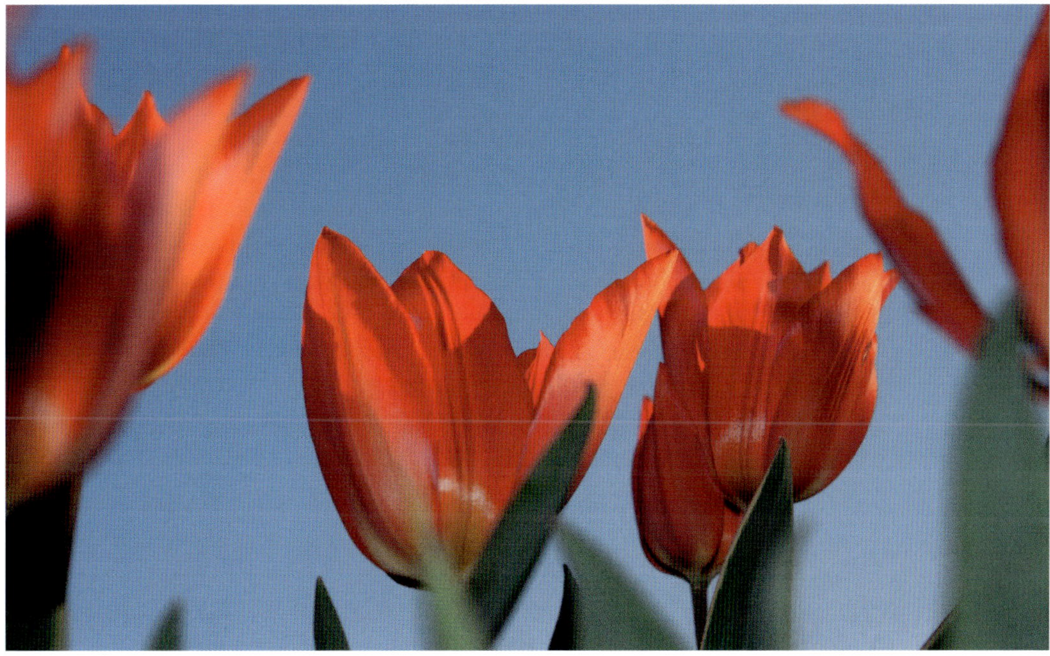

ND-Filter und Filteradapter

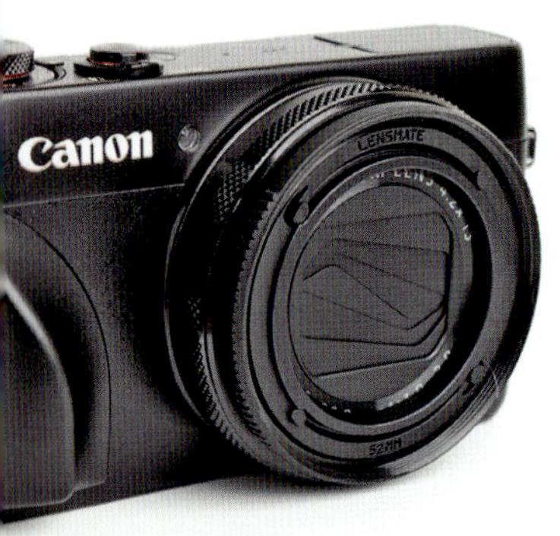

Filteradapter von Lensmate für Filter mit einem Durchmesser von 52 mm.

Vorab müssen wir betonen, dass von Canon für die G7 X kein Filteradapter angeboten wird und über Gewinde oder Bajonett kein Filter oder Gegenlichtblende an der Kamera befestigt werden kann. Als Zubehör wird bisher nur von der amerikanischen Firma Lensmate ein Adapter angeboten, der mit einem doppelseitig klebenden Filmring auf der Objektivfassung befestigt wird. Einsetzbar sind dann 52 mm-Filter. Angeboten wird der Adapter als Set mit Montagehilfe. Laut Herstellerangaben kann die Vorrichtung ohne Spuren zu hinterlassen auch wieder entfernt werden.

Somit bietet sich zumindest eine Möglichkeit an, neben dem eingebauten ND-Filter nicht ganz auf weitere Filter wie das Polarisationsfilter verzichten zu müssen.

ND-Filter

Neutraldichtefilter (ND-Filter) besitzen die Eigenschaft, die Helligkeit um mehrere Blendenstufen zu verringern. Mit dem eingebauten ND-Filter reduzieren Sie die Helligkeit um drei Belichtungsstufen (zum Beispiel drei volle Blendenwerte) und können so den gestalterischen Vorteil kleiner Blendenwerte auch unter hellen Tageslichtbedingungen einsetzen oder längere Belichtungszeiten bei geschlossener Blende für Bewegungsunschärfen nutzen.

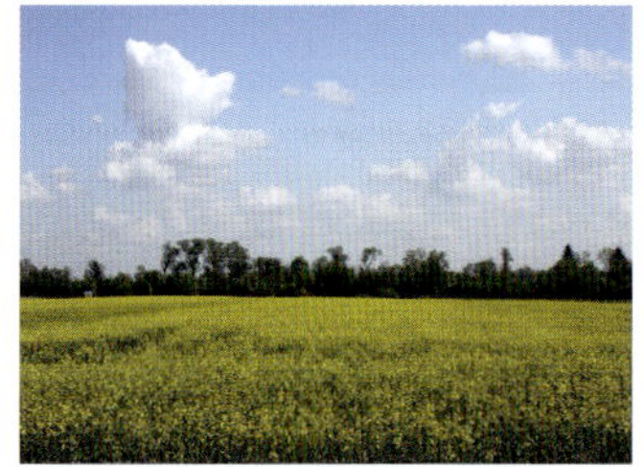

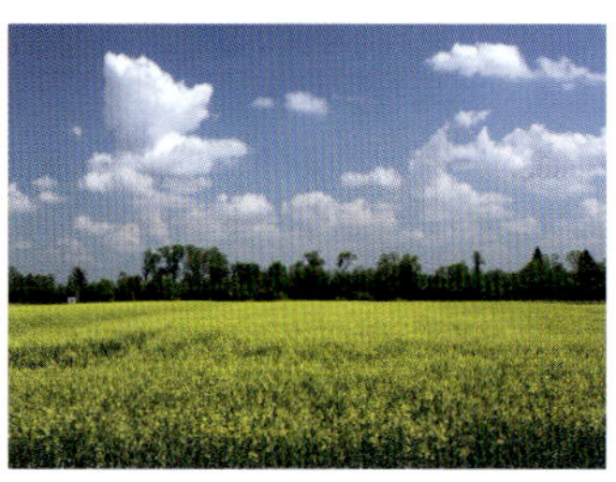

Ein Polfilter intensiviert das Himmelsblau und reduziert Lichtreflexe auf der Oberfläche. Es lässt die Eigenfarben der Objekte besser zur Geltung kommen (oben ohne, unten mit Polfilter).

Polarisationsfilter

Sie können ein Filter zwar auch vor das Objektiv halten, komfortabler geht es aber mit einem Adapter. Für Ihre G7 X benötigen Sie Zirkular-Polarisationsfilter. Ein Polfilter sorgt je nach Lichteinfallsrichtung für eine intensivere Farbwiedergabe. Die Intensität können Sie durch Drehen des beweglich gelagerten Filters verändern. Polfilter verhelfen in der Landschaftsfotografie zu einer besseren Farbdifferenzierung und Farbsättigung. Glanzlichter oder der Widerschein des blauen Himmels auf glänzenden Flächen werden entfernt. In der richtigen Polarisationsrichtung des Sonnenlichts eingesetzt, verstärkt das Polfilter die Blauwiedergabe des Himmels und eventuell vorhandene Wolken heben sich noch kräftiger ab. Außerdem schwächt oder entfernt das Polarisationsfilter Reflexe auf nichtmetallischen Oberflächen, wie Wasser oder Glas.

Stativ für den festen Stand

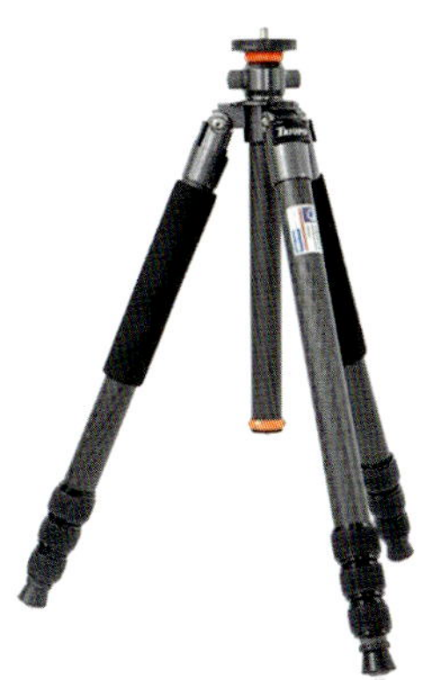

Triopo GX 1328, leichter durch Carbon.

Die ruhigste Hand reicht nicht für das Fotografieren mit langen Brennweiten und unter schlechten Lichtverhältnissen. Der Movie-Schwenk kann das Ziel verfehlen oder total verwackelt das Auf und Ab einer Achterbahnfahrt bieten.

Ein im Boden der Kamera eingelassenes Stativgewinde ist die Verbindung zwischen Kamera und Stativ mittels einer Norm-Gewindeschraube. Nicht irgendeine, sondern diese passende muss es sein, die jedes moderne Stativ besitzt. Vorsicht bei alten, sehr alten Stativen, die noch benutzbar sein können. Die Stativschraube darf nicht mehr als etwa fünf Millimeter hervorragen, um nicht in das Kamerainnere einzudringen.

Die Masse machts

Masse oder auch „Gewicht“ ist von Vorteil, wenn es darum geht, Schwingungen der Kamera zu dämpfen. Schwere Kameras bieten diesen Vorteil selbst. Leichtere brauchen Hilfestellung. Ein recht schweres Stativ sollte man bevorzugen, vor allem für lange Brennweiten. Ein möglichst großer Teller rings um die Stativschraube kann von Vorteil sein, damit die Kamera auch bei längster Brennweite nicht ins Zittern gerät.

Nicht nur für Langzeitbelichtungen ist ein erschütterungsfreies Stativ ein Muss. Wartet man auf den richtigen Moment, wie in unserem Beispiel bei einer Lichterschau, kann eine exakte Voreinstellung der auf dem Stativ montierten Kamera sehr hilfreich sein.

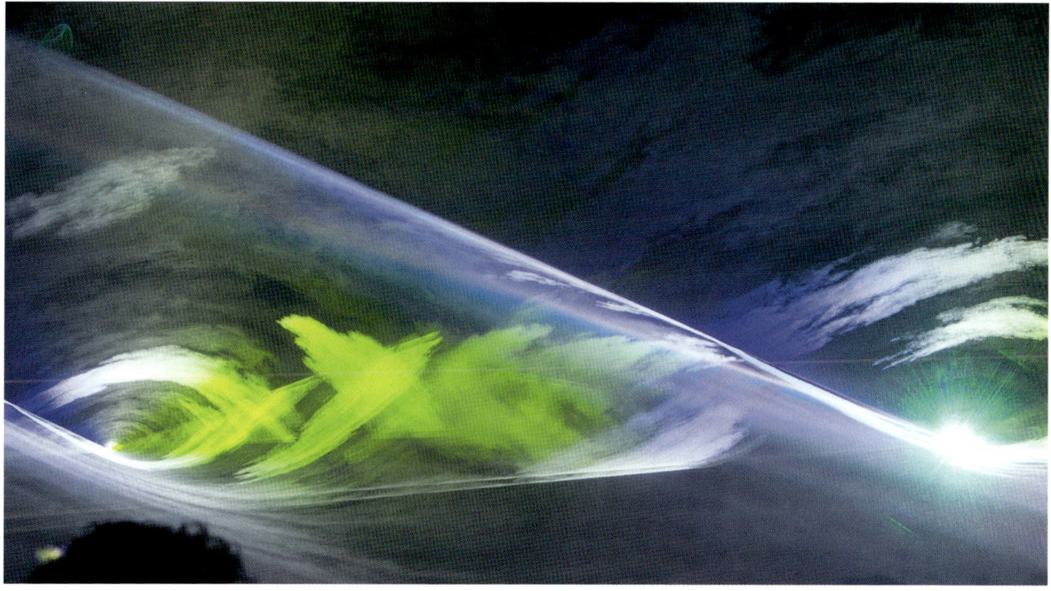

Wer nur zu fotografieren beabsichtigt, der kann auf einen praktischen Kugelkopf wie den MagicBall von Novoflex zurückgreifen. Er ist flexibel und mit einem Griff in momentaner Position festgemacht. Alle Filmer tun besser daran, einen klassischen Kinoneiger zu benutzen, der in alle Richtungen beweglich ist. Wichtiger ist für Filmer dann noch, dass gerade der Kinoneiger bei guter Einstellung einen ruhigen Schwenk zulässt, der ohne Ruckeln verläuft.

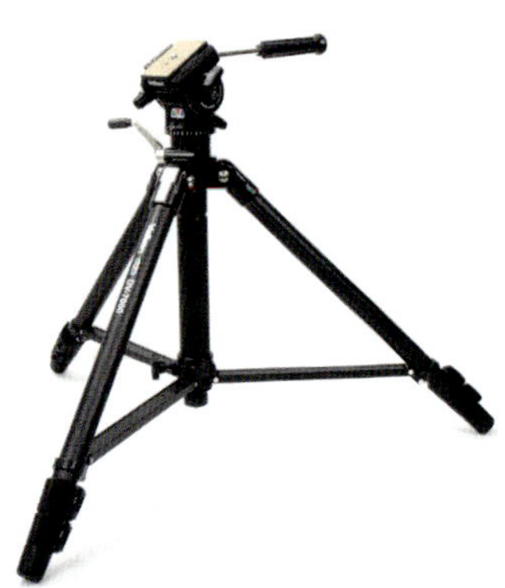

Velbon DV-7000, ein Aluminium-Stativ. Stative sollte man nach eigenem Augenschein im Fachgeschäft kaufen.

Achten Sie bei der Höhe des Stativs darauf, dass diese Ihrer Körpergröße angemessen ist. Zu kleine Stative führen zu unterdurchschnittlicher Augenhöhe, die für die Aufnahmen eine wichtige Perspektive ist. Sie zwingt zudem zu gebückter Haltung, was auf Dauer unangenehm werden kann. Die richtige Höhe sollte man weniger durch eine besonders lange Mittelsäule erreichen. Hohe Stative sind oft zusammengelegt unangenehm lang. Im Gegensatz zu aus vielen kurzen Elementen zusammengeschobenen Stativen neigen sie weniger zum Vibrieren. Gut ausgebreitete drei Standbeine sind zudem das Optimale. Lassen sie sich weit spreizen, so ist eine der wichtigen Vorbedingungen für den Makrofotografen schon erfüllt, der seiner Spezialität bodennah begegnen will. Ideal wenn man die Mittelsäule so umsetzen kann, dass die Kamera kopfüber unten befestigt wird.

Das vielfältige Stativangebot bietet für alle denkbaren Verwendungszwecke eine Lösung, bei der man jedoch zuerst an die Kamera und dann an die eigenen Wünsche denken sollte, bevor man den richtigen Kompromiss findet.

- **Einbeinstative** sind „einbeinige“ Teleskopstangen. Unten nach Möglichkeit mit einem dicken Fuß, der in knappen Grenzen auch flexibel sein kann. Oben meist ein Stativteller mit Gewindeschraube, jedoch in der Regel ohne beweglichen Kopf. Den könnte man aufsetzen, doch die Stabilität gewinnt kaum. Kommt ein Kinoneiger für das Einbeinstativ nicht in Frage, so könnte ein Fotograf ohne Filmambitionen durch einen Kugelkopf die Beweglichkeit gewinnen, die ein Einbeinstativ durch seine starre Säule nicht bietet.
  Einbeinstative sind besonders geeignet, wenn sie dem Fotografen das große Gewicht beispielsweise eines kiloschweren Teleobjektivs stützen sollen. Für die PowerShot G7 X, dem Leichtgewicht mit rund 300 Gramm, ist der Einsatz eines Einbeinstativs daher nur bedingt sinnvoll.

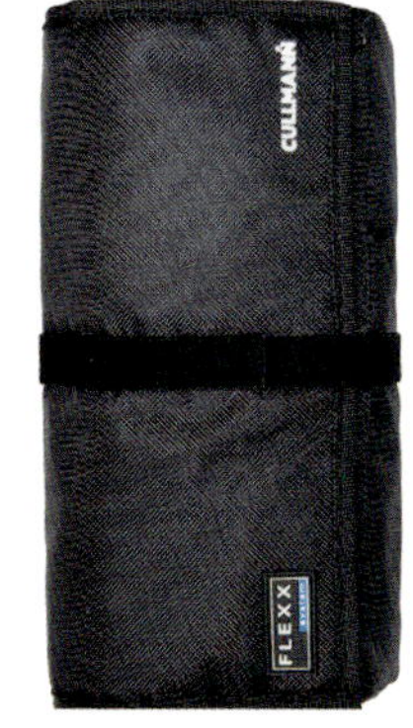

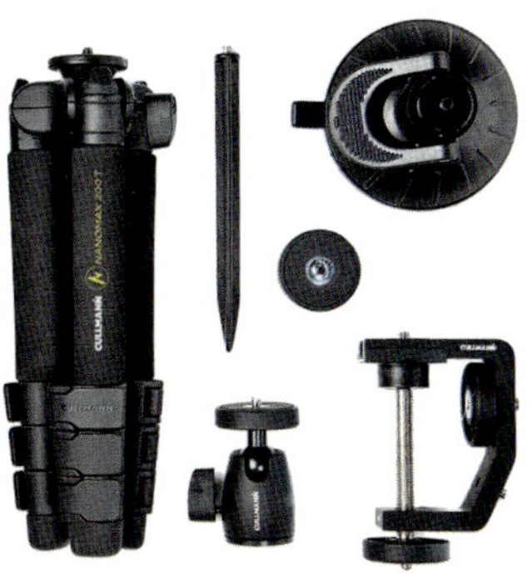

Cullmann Touring Set mit Dreibein-Stativ, Tischstativ, Kugelkopf, Erdspieß, Multiklemme und Saugstativ.

- **Dreibeinstative** sind die stabilsten und am vielseitigsten verwendbaren Stative. Leichte Ausführungen können viele Erschütterungen auf die Kamera übertragen. Man sollte probieren, ob bis zur maximalen Brennweite bei Nutzung langer Vorlaufzeiten des Selbstauslösers ein unverwackeltes Bild entsteht. Probieren Sie bei ausgeschalteter Stabilisierung, wie zitterfrei das Stativ wirklich ist. Schwerere Ausführungen eines Dreibeinstativs sollten wie eingangs geschildert beschaffen sein. Besonders wichtig wäre eine möglichst große flächige Unterstützung der Kamera. Wichtig auch große Füße. Gummifüße finden immer Halt, jedoch nicht immer Einlass. Museen fürchten um den Boden, obwohl es seit Jahrzehnten keine Metallspitzen mehr an Stativen gibt.

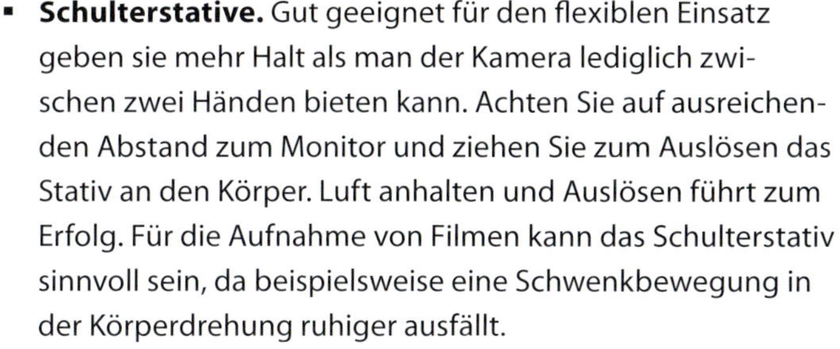

- **Schulterstative.** Gut geeignet für den flexiblen Einsatz geben sie mehr Halt als man der Kamera lediglich zwischen zwei Händen bieten kann. Achten Sie auf ausreichenden Abstand zum Monitor und ziehen Sie zum Auslösen das Stativ an den Körper. Luft anhalten und Auslösen führt zum Erfolg. Für die Aufnahme von Filmen kann das Schulterstativ sinnvoll sein, da beispielsweise eine Schwenkbewegung in der Körperdrehung ruhiger ausfällt.

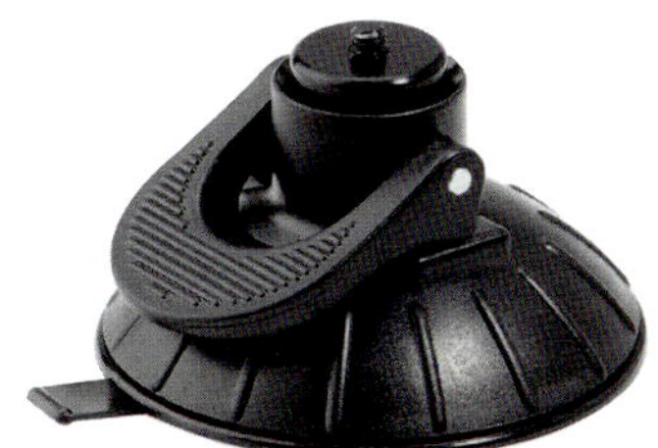

Der Exot unter den Stativen, ein Saugstativ von Cullmann, ist auch einzeln zu kaufen.

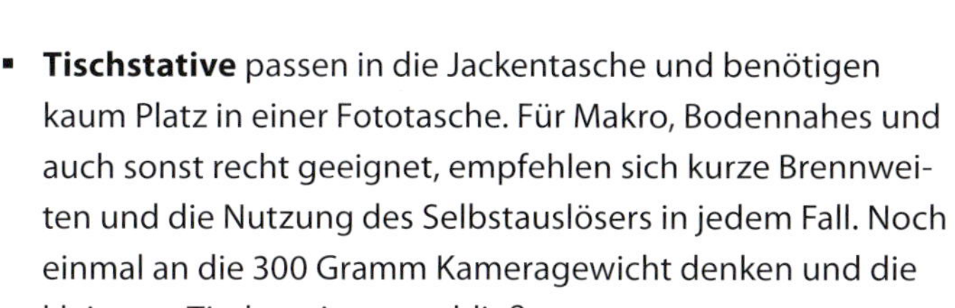

- **Tischstative** passen in die Jackentasche und benötigen kaum Platz in einer Fototasche. Für Makro, Bodennahes und auch sonst recht geeignet, empfehlen sich kurze Brennweiten und die Nutzung des Selbstauslösers in jedem Fall. Noch einmal an die 300 Gramm Kameragewicht denken und die kleinsten Tischstative ausschließen.

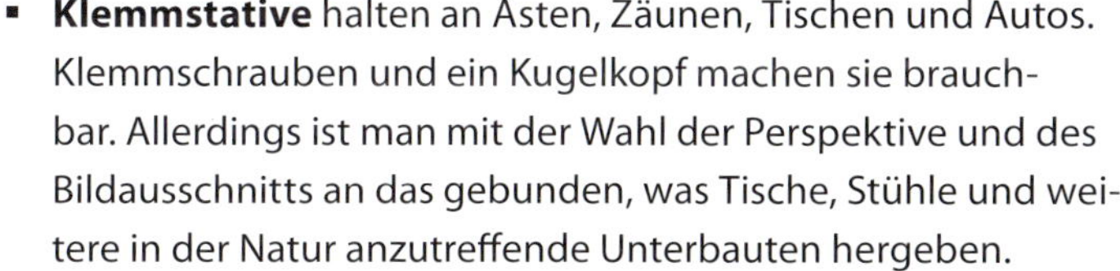

- **Klemmstative** halten an Ästen, Zäunen, Tischen und Autos. Klemmschrauben und ein Kugelkopf machen sie brauchbar. Allerdings ist man mit der Wahl der Perspektive und des Bildausschnitts an das gebunden, was Tische, Stühle und weitere in der Natur anzutreffende Unterbauten hergeben.

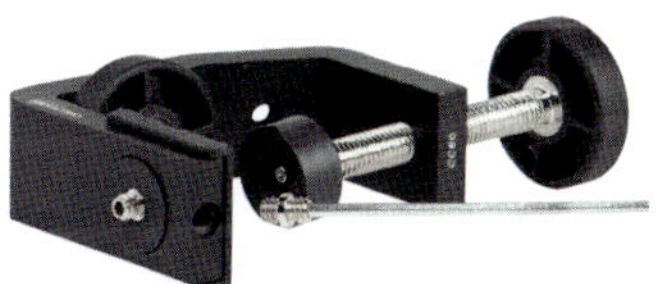

Cullmann Multiklemme, ein vielseitiges Hilfsmittel nicht nur zur Kamera-Befestigung.

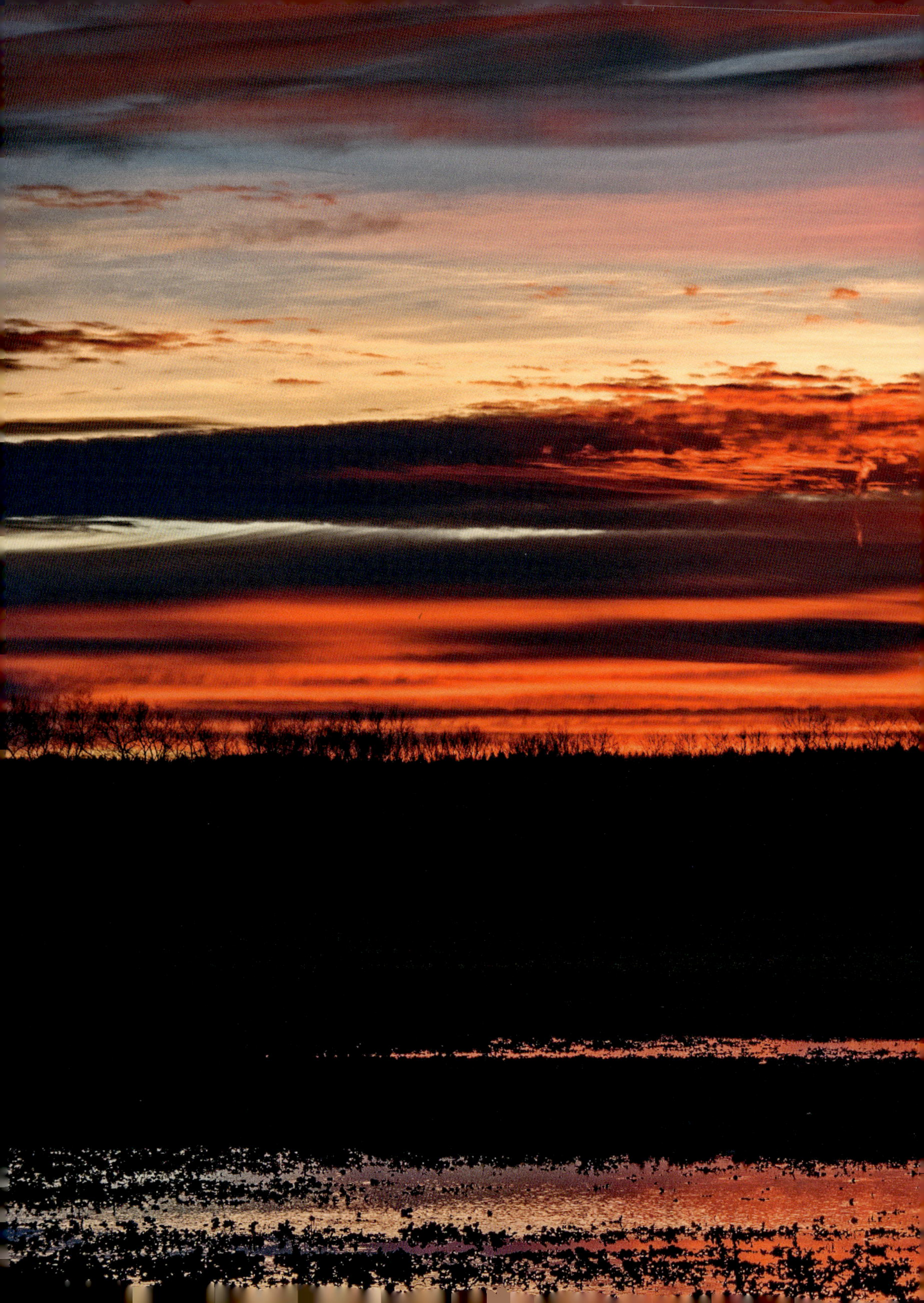

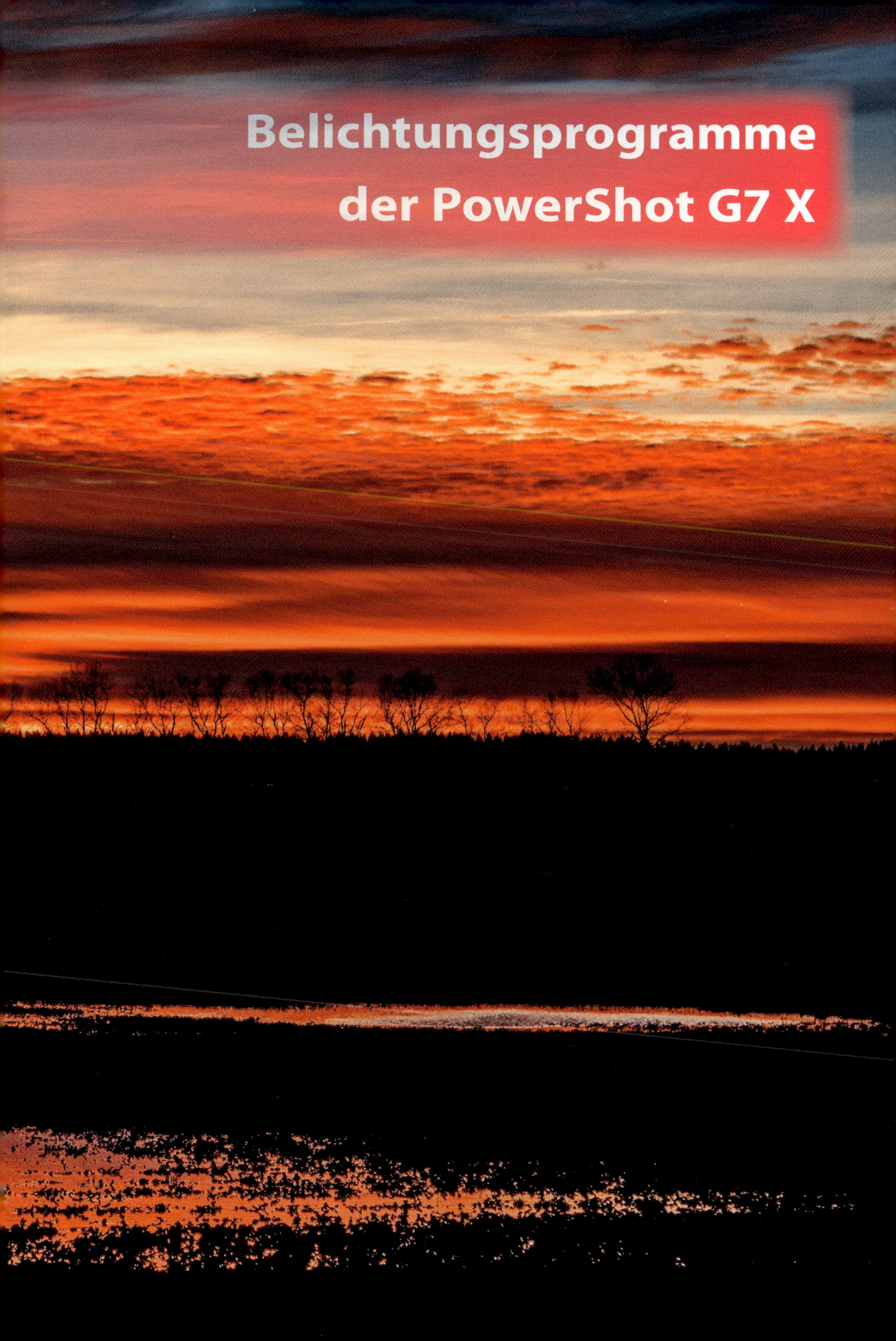

Belichtungsprogramme der PowerShot G7 X

Optimal belichten

Zu Seite 130 und 131: Tiefes Abendrot mit Spiegelungen in einem unter Wasser stehenden Feld. Blende 2,8, 1/200 s, ISO 200, Brennweite 100 mm (36,8), Spotbelichtungsmessung auf den Himmel, automatischer Weißabgleich (Farbtemperatur 4450 K).

Ein richtig belichtetes Foto sollte Zeichnung in den hellsten Teilen, den „Lichtern" eines Fotos und ebenfalls erkennbare Zeichnung in den dunkelsten Partien eines Fotos, den „Schatten" aufweisen.

Diesen Vorgaben wird der Spielraum des digitalen Bildsensors in weiten Grenzen gerecht. Ist der Spielraum zwischen hellsten und dunkelsten Stellen zu hoch, kann ein Bild immer noch künstlerisch wertvoll wirken. Schließlich ist nicht nur Farbe für ein gutes Bild verantwortlich, sondern auch Kontrast und durch Schatten gesteigerte plastische Wirkung.

Wird der „Spielraum nach oben" in den Lichtern überschritten, so hat man es mit einer Überbelichtung zu tun, die selbst eine professionelle Bildbearbeitungs-Software nicht mehr retten kann. Zu dunkle Schatten können immerhin noch aufgehellt werden und enthüllen oft Details, die sonst im Dunkel versinken würden.

Die optimale Belichtung entsteht aus aufeinander abgestimmter Kombination aus Blendenöffnung und Belichtungszeit im Einklang mit der gewählten ISO-Empfindlichkeit. Das gilt für jedes Belichtungsprogramm – ganz gleich ob durch den Fotografen beeinflussbar oder von der Kamera vollkommen selbst übernommen.

Nebelansicht mit seitlichem Gegenlicht gehört sicherlich nicht zu den Standardprogrammierungen von Belichtungsprogrammen. Die Mehrfeldmessung bildet wie in der Abstimmung vorgesehen einen brauchbaren Mittelwert (mittleres Bild), der in der hellsten Partie des Motivs (in der Himmelspartie links unten) noch Zeichnung bringt. Die Abbildung links wurde um einen Lichtwert stärker belichtet, was der Schattenpartie zu mehr Zeichnung verhalf. Das rechte Bild mit einer um einen Lichtwert reduzierten Belichtung ist deutlich zu dunkel.

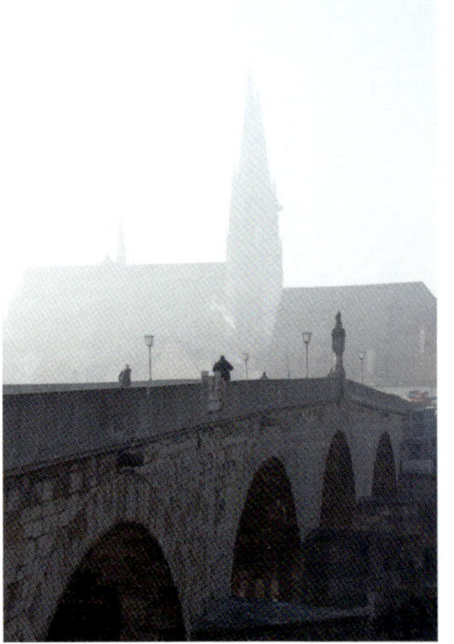

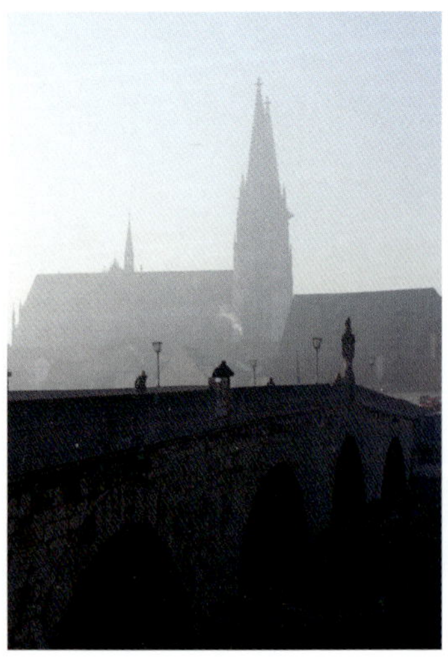

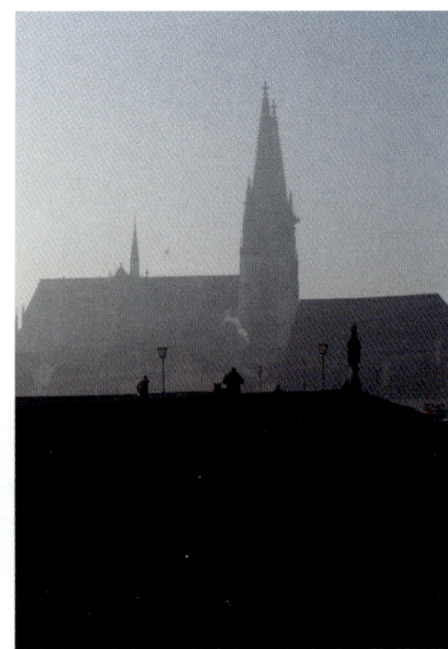

Erlaubt ein Belichtungsprogramm den individuellen Eingriff des Fotografen, so kann er Einfluss auf Blende und Zeit nehmen, aber auch den Arbeitsbereich durch Änderung der ISO-Empfindlichkeit beeinflussen.

Alle Veränderungen durch den Fotografen treffen nur auf die Belichtungsprogramm-Modi M, Av, Tv und P zu. Im Vordergrund steht die Beeinflussung über die ISO-Empfindlichkeit.

Mit Ausnahme des M-Modus steht in den übrigen Belichtungsprogramm-Modi P, Av und Tv die Verwendung einer Korrektur im Bereich von ± 2 Blendenstufen zur Verfügung. Sie ist fein abstimmbar in Drittel-Blendenstufen-Schritten. Der praktische Nutzen liegt in einer Abstimmung auf den eigenen Geschmack. Eine Abstimmung, mit der man auch einer erkannten grundsätzlichen Neigung einer Kamera zu leichter Über- oder Unterbelichtung entgegnen kann. Viele digitale Kameras neigen zu leichter Überbelichtung, doch nur die eigene Erfahrung mit der Kamera führt zum optimalen Eingriff. Zur Bewertung sollte man weniger den Kameramonitor, eher die Wiedergabe auf einem Computermonitor und die Ausgabe per Drucker oder externem Foto-Ausdruck zu Rate ziehen.

In einem unterbelichteten Bild stecken oft noch viele Möglichkeiten für die Nachbearbeitung. Beim linken Bild wurde die unterbelichtete jpg-Datei durch eine Lichter-Schattenkorrektur aufgehellt; das rechte Bild, die RAW-Datei, im RAW-Konverter mit deutlich mehr Bearbeitungsspielräumen, nachbearbeitet.

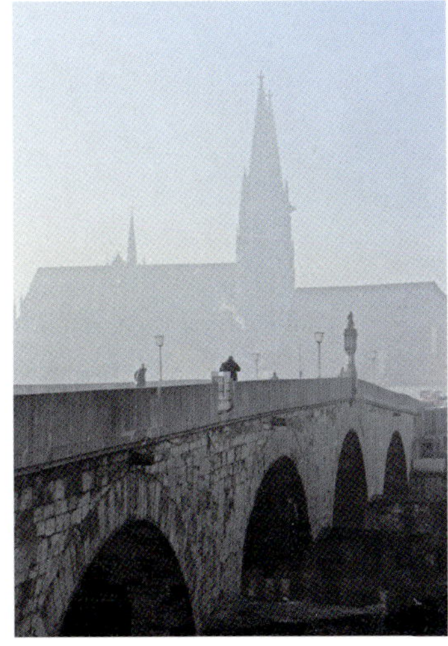

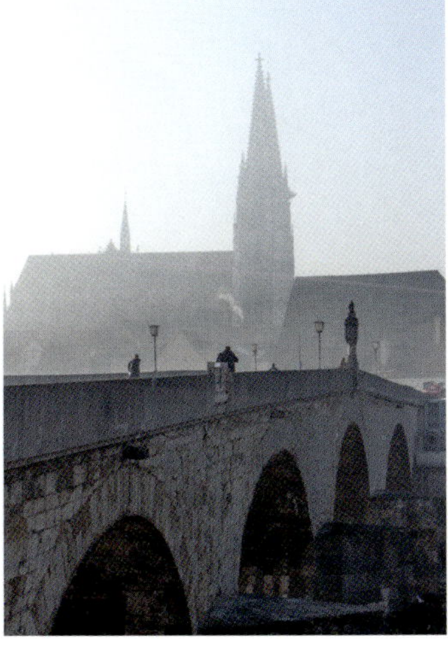

AUTO, der Vollautomat

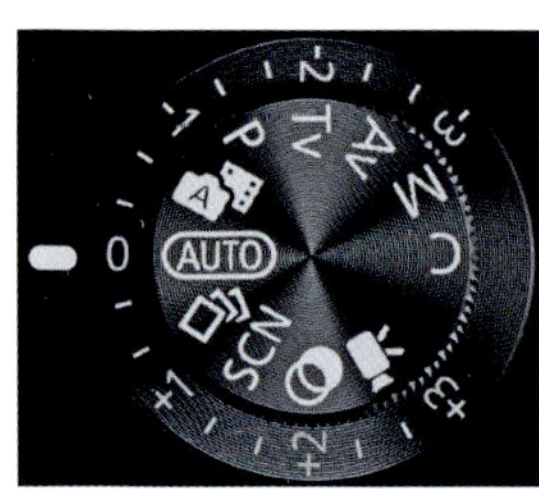

Smart-Auto eignet sich besonders gut für den Einstieg in die Aufnahme-praxis mit der neuen Kamera und neben der Programmautomatik P als Grundeinstellung für den spontanen Schnappschuss.

Liebstes Kind des Leistungsspektrums einer zeitgemäßen digitalen Kamera ist der Belichtungsprogramm-Modus, am grün hinterlegten Schriftzug „AUTO" zu erkennen. Smart-Auto ist der Modus, der Ihnen die meisten Entscheidungen abnimmt. Er sorgt für weitreichende Erkennung und Zuordnung zu vorgegebenen Aufnahmethemen.

Im Modus Smart-Auto wie auch im Modus Filmtagebuch unterscheidet die Kamera den Hintergrund nach Klassen wie Normal, Gegenlicht, Dunkel, Sonnenuntergang und Spotlight.

Eine weitere Unterscheidung ist nach den Obergruppen „Motiv" und „Andere Motive" vorsortiert. Unter Motiv sind die Unterscheidungsmerkmale Menschen, Babys und Kinder versammelt. Eine noch weitergehende Einstufung berücksichtigt Bewegung, Schatten im Gesicht, Lächeln, Schlafen.

„Andere Motive" werden nach den Kriterien „in Bewegung" und „im Nahbereich" unterschieden. Alle zusammengenommen führen zu 58 von der Kamera unterschiedenen „Szenen" (die man jedoch nicht mit dem Belichtungsmodus SCN = SCENE verwechseln sollte).

Smart-Auto kann dafür sorgen, dass die von der Kamera erkannte Szene mit einem Symbol angezeigt wird.

Regeln und Ausnahmen des Smart-Auto Modus erlauben nicht die gezielte Anwendung nach Überlegung des Fotografen. Smart-Auto bestimmt selbst die Einordnung der Motiv-Szene und befreit Sie damit vor einer möglicherweise langen Überlegungsphase. Der

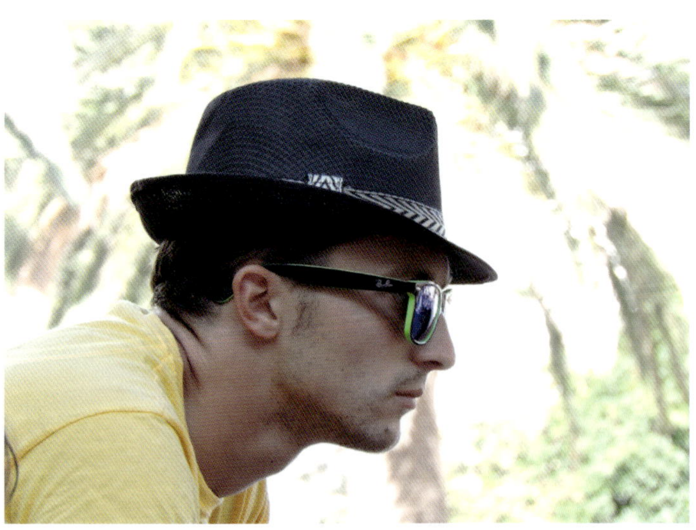

AUTO als Smart-Auto Modus – zu verstehen ist eine universelle Belichtungsautomatik mit besonderen Leistungen zur Erkennung von Motiv-Situationen. Eine begrenzte Reihe von Aufnahme-Situationen profitiert stärker davon als „weitere" Motiv-Situationen. Motive ohne extreme Licht- und Schattenkontraste sind für Automatik-Modi wie Smart-Auto oder auch den P-Modus gut beherrschbare Kandidaten.

Schriftzug „AUTO“ im linken oberen Eck des Monitor erscheint, sobald Smart-Auto gewählt wurde. Bei angetipptem Auslöser kann dieses Zeichen durch eines der individuellen Symbole ersetzt werden.

Eine sogar leichte Bewegung der Kamera während man den Auslöser antippt, kann zur Anzeige des Symbols für „in Bewegung“ führen. Mein persönlicher Rat: Nutzen Sie Smart-Auto im Sinne der Erfinder. Schalten Sie alles ab, was an Informationen im Monitor sichtbar sein könnte (bei der Aufnahme wird die obere Zeile immer gezeigt). Konzentrieren Sie sich auf die ausgewogene Platzierung des Motivs im Bildfeld auf dem Monitor und auf den richtigen Moment für den Druck auf den Auslöser.

Smart-Auto ist eine zielsichere Lösung für gut belichtete Fotografien unter Verzicht auf angestrengte Überlegungen. Hilfreich soll der Rat sein, genug Raum rund um das eigentliche Motiv zu belassen und eher eine kürzere Brennweite als eine ausgesprochen lange Tele-Brennweite einzuzoomen. Das verschafft Sicherheit bei der Aufnahme und öffnet alle Möglichkeiten, den perfekten Bildausschnitt in einer späteren Bildbearbeitung zu wählen.

Belasten Sie sich nicht mit zu viel Wissen über Smart-Auto, doch eines sollten Sie schon wissen: Mittels FUNC. SET ist der Eingriff zur Variation begrenzt auf Einzelaufnahme, Auto-Auslösemodus oder Reihenaufnahme. Ferner können Sie den Selbstauslöser wählen, das Seitenverhältnis ändern und die Auflösung umstellen. Für den Movie-Bereich stehen alle drei Stufen zur Verfügung.

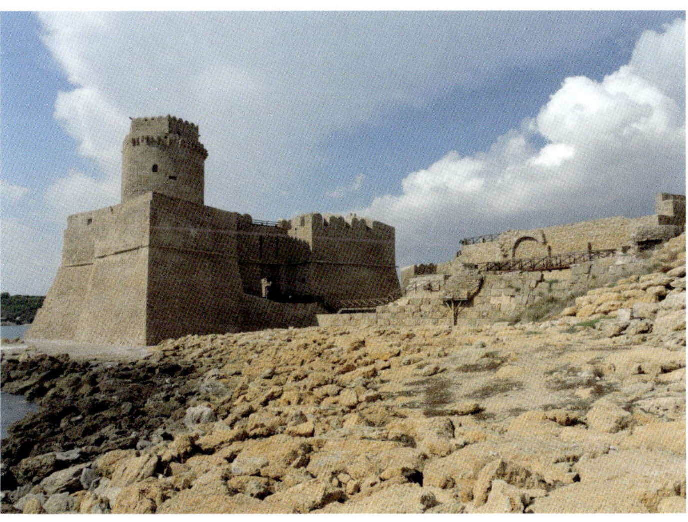

Automatikmodus

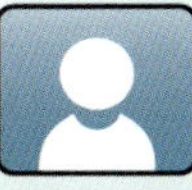
Vom Sensor erkannte Person unter normalen Lichtbedingungen

Person in Bewegung unter normalen Lichtbedingungen

Person mit Seitenlicht bzw. starken Schatten im Gesicht

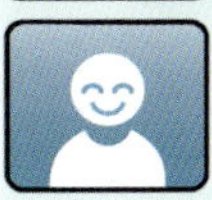
Kamera erkennt ein Lächeln, löst eine Bildserie aus und wählt daraus das beste Bild

Bei schlafenden Personen werden Einzelbilder kombiniert, Hilfslicht und Blitz bleiben unbenutzt

Lachendes Baby: Bildserie mit Bildauswahl durch die Kamera

Schlafendes Baby: ohne Blitz, Einstelllicht, Auslösegeräusche, Kombination mehrerer Bilder

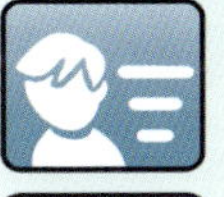
Kinder in Bewegung, Kamera macht kleine Bildserie von drei Aufnahmen

Wenn ausgefüllte Sonne im Symbol aufleuchtet, schaltet jeweils Schattenaufhellung ein

Andere Motive

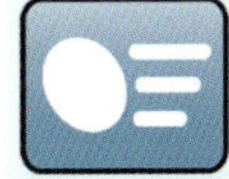
Bewegung im Motiv

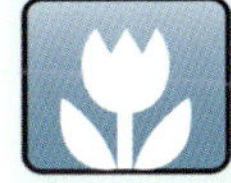
Nahbereich

Auswahl einiger Symbole, die bei Smart-Auto angezeigt werden und Sie darüber informieren, was die Kamera erkannt hat und einzustellen beabsichtigt.

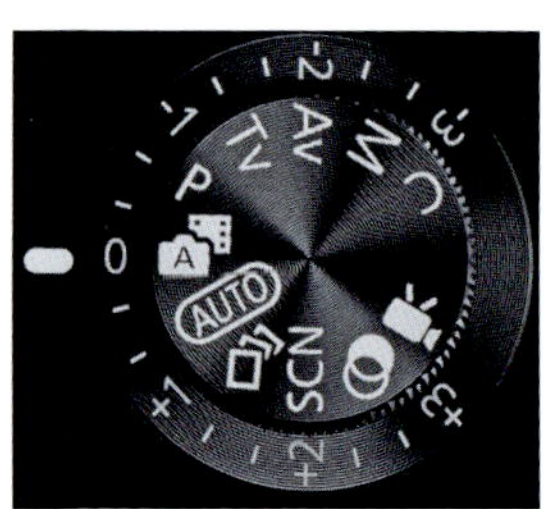

Kamera plus Filmsymbol am Modus-Wahlrad aktivieren das Filmtagebuch.

Hybrid Auto: Das Filmtagebuch

Kurze Film-Clips werden im Modus Hybrid Auto aufgenommen. Jede erneute Auslösung fügt weitere Clips der Datei hinzu, die sich als Film mit Ton als laufendes Tagebuch vorführen lässt.

Filmtagebuch

Filmtagebuch und Smart-Auto arbeiten auf gleicher Grundlage: Auch das Filmtagebuch bedient sich der verfeinerten Automatik mit 58 unterschiedlichen Aufnahmesituationen. Es nutzt jedoch nur 21 Unterschiede für das Filmtagebuch. Filmtagebuch und „Hybrid Auto“ sind gleichbedeutend, obwohl Sie im Aufnahme-Menü den Filmtagebuchtyp wahlweise mit oder ohne Standbilder in Auftrag geben können. Diese Wahl muss vor der ersten Tagebuch-Auslösung vorgenommen werden. Mein Tipp: Erlauben Sie Standbilder um Film (oder Movie) später getrennt benutzen zu können. Die Kamera speichert in diesem Moment jedes Foto in einer eigenen Datei, während ohne Standbilder nur der Film mit eingeschlossenen Standbildern Aufnahme für Aufnahme aufbewahrt wird.

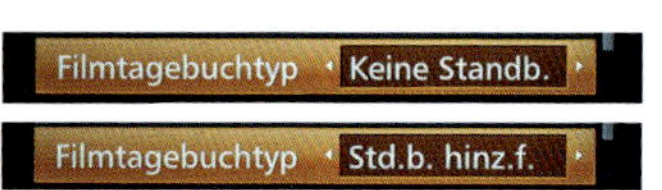

Die Aufzeichnung von Fotos (Standbild) ist abschaltbar.

Etwa vier Sekunden lang soll man die Kamera auf das Motiv richten, bevor man auslöst – so die Empfehlung. Der Kamera wird so genug Zeit zum Fokussieren eingeräumt, wobei Piepston und grüner Rahmen um das Messfeld ebenso gut als Freigabe zu verstehen sind. Wer zu früh drückt, riskiert unscharfe Aufnahmen.

Mit dem Druck auf den Auslöser wird ein Film-Clip von 2 bis 4 Sekunden aufgezeichnet, bevor das Foto entsteht. Etwas diffus geschildert, doch der Selbstversuch bestätigt die Reihenfolge. Das einzelne Foto, sofern man Standbilder erlaubt hat, wird in ausgezeichneter Qualität gespeichert.

Der Film wird im MP4-Dateiformat in HD 30p aufgezeichnet. Jede Aufnahme für den Tagebuchfilm wird dieser Datei angefügt. Nach Ablauf der Aufnahme kommt der Hinweis, dass eine Bearbeitung stattfindet. In dieser Zeit wird aus dem Bild, das dem Standbild entspricht, eine Sequenz an Standbildern für einige Sekunden für den laufenden Film erzeugt und in die Filmtagebuch-Datei eingefügt.

Der Hinweis darauf, dass Filmtagebücher nicht mehr als 4 GB Umfang annehmen können, liegt darin begründet, dass das Format der Speicherkarten (FAT 32) diese Grenze setzt. Die SD-Speicherkarte muss also im Prinzip nach der Vorgabe für Windows im 32-Bit-Format eingerichtet sein. Am sichersten geschieht das nicht im PC sondern in der Kamera. Fehlerhafte Formatierung, die damit ausgeschlossen ist, könnte dazu führen, dass die Kamera keine Bilder speichert.

Neben der genannten Wahl im Aufnahme-Menü, einzelne Standbilder außerhalb des Films separat zu speichern, können Sie mittels FUNC. SET den Selbstauslöser benutzen. Ein Filmformat-Wechsel gilt nicht für das Tagebuch.

Weitere Anpassungen über das Menü sind nicht ausgeschlossen. So ist es beispielsweise möglich, im Aufnahme-Menü vom optischen Zoom zu Standard und den Digitalzoom-Vorgaben zu wechseln.

Bequeme Wiedergabe erhalten Sie über das Display der Kamera im Wiedergabe-Modus der Kamera. Den Film erkennen Sie in der Wiedergabe am Symbol für den Start des Films in der Bildmitte und dem Filmtagebuch-Symbol. Einzelaufnahmen werden einzeln mit dem Filmtagebuch-Symbol ohne Film-Start-Symbol gezeigt. Über FUNC. SET zur Wiedergabe aktiviert, kann jedes einzelne Bild den gesamten Film ablaufen lassen. Die Standbilder sind damit nicht gruppiert gespeichert.

Nach der Übertragung auf einen Computer können Sie die Standbilder wie jedes andere Foto nutzen, der Film steht Ihnen im Computer zur Weiterverabeitung wie alle anderen Movies zur Verfügung. Der Ton nebst allen Nebengeräuschen der Kamera dürfte bei der knappen Länge der Movie-Clips eine Ton-Aufbereitung zur kreativen Herausforderung werden lassen.

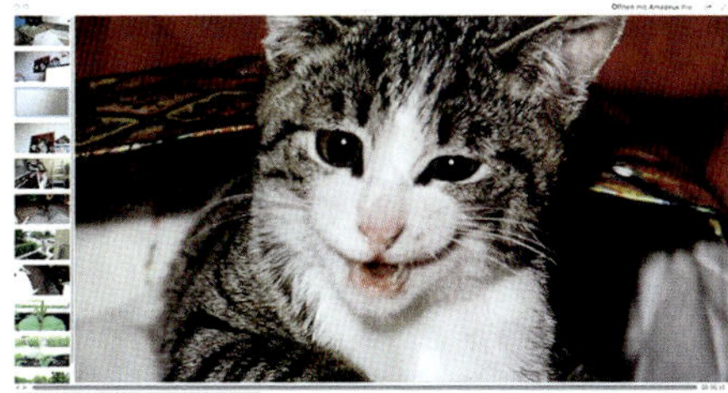

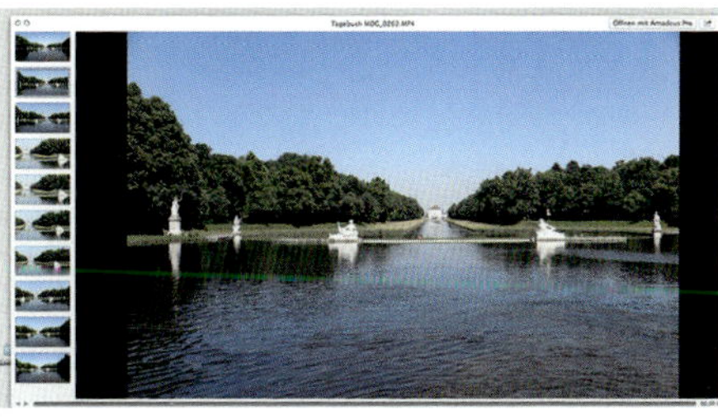

Bei der einfachen Wiedergabe eines Filmtagebuchs kann ein Computer (systemabhängig) groß den Film und am Rand die extra gespeicherten Fotos anzeigen.

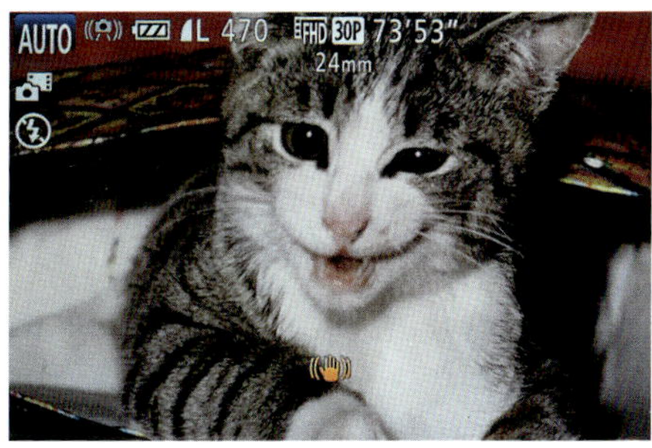

Aufnahme-Display zum Filmtagebuch mit Wackel-Warnung.

Smart-Auto Filme

Filmen im Smart-Auto Modus profitiert von der Vielfalt der individualisierten Automatik.
21 Aufnahmesituationen sind es, die beim Filmen unter Smart-Auto für bessere Filmqualität genutzt werden. Die Aufnahmesituationen beruhen auf den schon im Modus Smart-Auto beschriebenen Fähigkeiten.

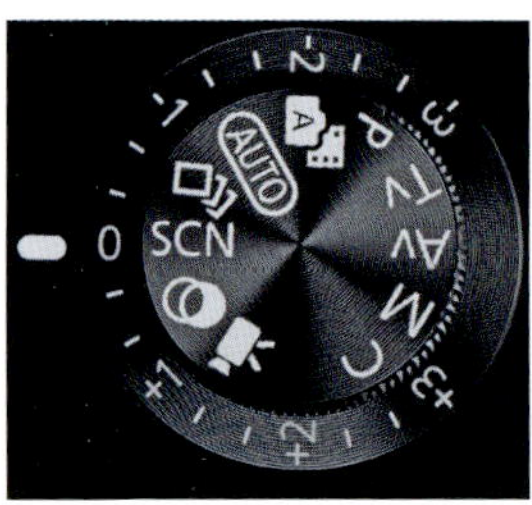

Mit dem Scene-Modus bietet Ihnen die G7 X mit wenigen Handgriffen Kameravoreinstellungen für spezielle Aufnahmesituationen.

SCN – der Scene-Modus

Ein wahres Feuerwerk an außergewöhnlichen Funktionen erwartet Sie im Scene-Modus. Vom Porträt, der intelligenten Aufnahme, HQ HighSpeed-Aufnahmen, Nachtaufnahmen ohne Stativ, Aufnahmen bei wenig Licht, Schneebildern bis hin zu Fotos vom Feuerwerk, Sternenhimmel oder der Unterwasserwelt. Alle stehen im Mittelpunkt dieser und der folgenden Seiten.

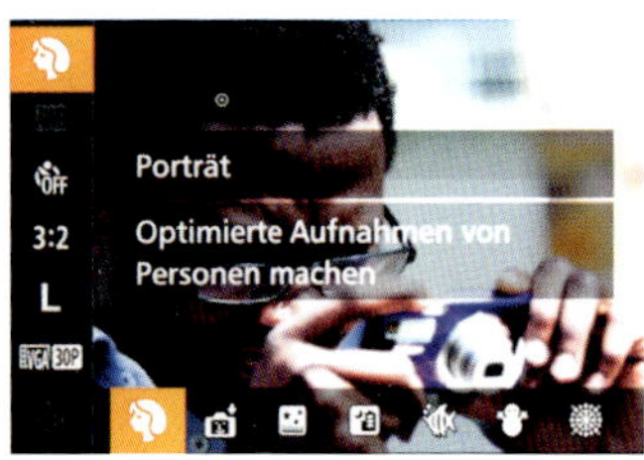

Porträt-Modus für scharfe Gesichter und möglichst unscharfen Hintergrund.

Nicht nur für die Porträtfotografie geeignet

Auf den ersten Blick sieht die Aufgabe „Porträt" nach einer einfachen Übung aus. „Optimierte Aufnahmen von Personen machen", lautet die Erklärung von Canon. Tatsächlich sieht die angebotene Optimierung von Porträt-Aufnahmen die Konzentration der Schärfe auf das Gesicht vor und sorgt für Unschärfe im Hintergrund. Eine sehr wirksame Funktion, die man bei Porträts bevorzugen sollte.

In der Praxis sollte man genug Abstand zum Porträt-Modell halten. Kurze Distanz mit dem Weitwinkel kann ein Porträt zwischen Kopf und Brustbild verzeichnen. Ist der Hintergrund zu nahe hinter dem Modell, dann ist nur wenig vom Unschärfe-Effekt zu bemerken. Besser ist eine Tele-Brennweite aus einem Abstand von etwa zwei bis vier Meter zum Porträt-Modell. Je größer die Distanz

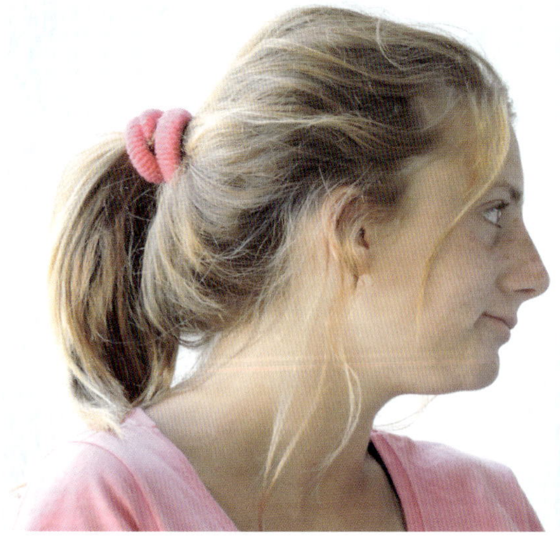

Porträt-Modus, Brennweite 100 mm, Blende 5,6, 1/250 s, ISO 400 (Auto), Mehrfeldmessung, automatischer Weißabgleich.

Kamera stellte in den drei Einstellvarianten die nahezu identischen Basisdaten ein, und doch sind Wiedergabeunterschiede, wenn auch nicht sehr ausgeprägt, erkennbar. Im AUTO- und Porträt-Modus ist der ISO-Wert etwas höher, die Farben im AUTO-Modus etwas wärmer abgestimmt, die etwas ausgeprägtere Unschärfe im Hintergrund ist im Porträt-Modus erkennbar.

zwischen Modell und Hintergrund ist, umso deutlicher wird die für eine plastische Wirkung des Modells nützliche Unschärfe.

Natürlich lassen sich nicht nur „lebende Modelle“ auf diese Weise porträtieren. Zahlreiche Anwendungsbereiche von der Skulptur bis zu Sachaufnahmen mit Gegenständen vor unscharfem Hintergrund ergeben sich. Der Eindruck der für den Hintergrund errechneten Unschärfe kann nachhaltiger wirken, als es mit den Mitteln von Brennweite und offener Blende in den Modi M, P, Av und Tv ebenfalls realisierbar ist.

Über FUNC. SET stehen Ihnen zur Variation der Wechsel der Auflösung, der Selbstauslöser und die Wahl zwischen Einzelaufnahme und Reihenaufnahme zur Verfügung. Die Reihenaufnahme ist eine gute Wahl, zumal Bild nach Bild aufgenommen wird, solange Sie den Auslöser gedrückt halten. Die ersten Bilder erfolgen schnell hintereinander, danach reduziert sich die Aufnahme-Frequenz. Es besteht keine Begrenzung der Aufnahmeanzahl, außer der Begrenzung durch die Kapazität der Speicherkarte.

Für die Praxis möchte ich unter Einsatz der Reihen-Aufnahme ein Stativ empfehlen, das mit einem guten Kinoneiger ausgerüstet ist. Fixiert man diesen Neiger nicht, dann bekommt die Kamera eine gute Unterstützung, die ein minimales Nachführen erlaubt. Hält man mit viel Freiraum um das Motiv den Porträt-Kopf annähernd an einer festen Position, dann könnte man nicht nur die besten Porträts auswerten, sondern vielleicht auch eine Art Zeitraffer-Film zusammenstellen. Porträt-Fotografie muss ja nicht immer von Ernsthaftigkeit und steifer Haltung geprägt sein.

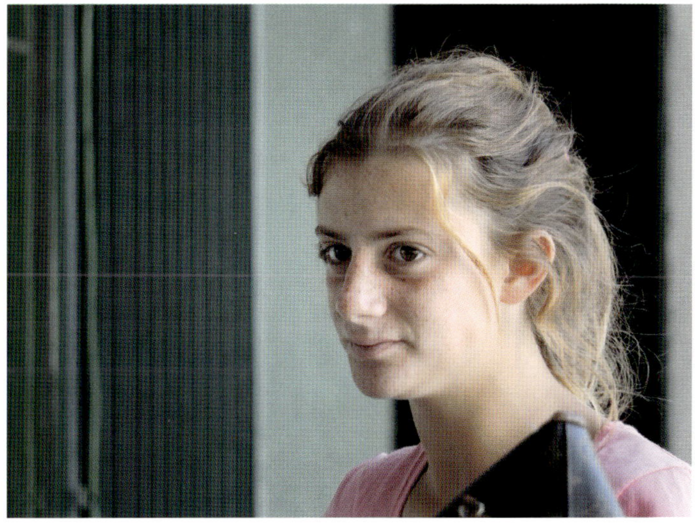

Der Hintergrund muss auch bei Porträtaufnahmen nicht „tot“ sein, er sollte nur nicht zu aufdringlich sein, er kann in dezenten Tönen und wie im Beispiel in passenden Kontrasten und leichter Unschärfe das Porträt in seiner räumlichen Wirkung unterstützen.

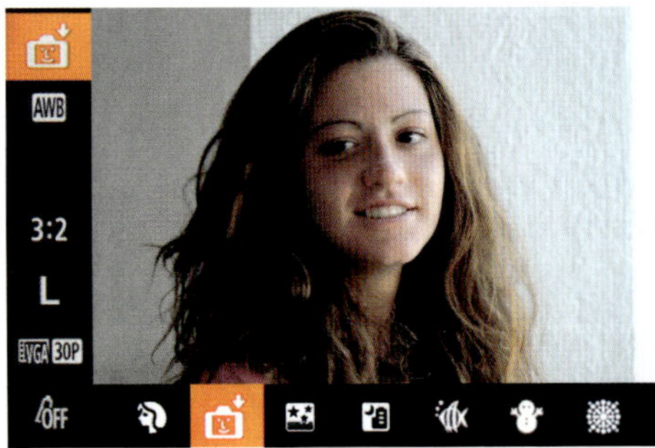

Intelligente Aufnahme ist der Einstieg zu „Gesicht als Gesicht erkennen“ (auch ohne ID), „Lächeln erkennen“ und „auf Blinzeln reagieren“.

Die intelligente Aufnahme

Die intelligente Aufnahme nutzt die Fähigkeit der Kamera, Gesichter zu erkennen. Ein Modus, der AiAF benötigt und über die bloße Erkennung eines menschlichen Gesichts hinaus auch auf einen Gesichtsausdruck achtet. Je nach folgender Aufgabenstellung wird ein Bild automatisch aufgenommen oder ein Timer genutzt, der auf Veränderungen reagiert.

Ein Gesicht bemerken

Der Gesichts-Timer bemerkt, wenn ein neues Gesicht im Bildfeld erscheint und löst dann nach zwei Sekunden aus. Vorbereitet für Gruppen-Fotos stellen Sie die Kamera auf und drücken auf den Auslöser. Der Timer hat dadurch den Countdown begonnen und sorgt für die Belichtung wenige Sekunden nachdem Sie selbst oder ein anderes Gesicht im Bildfeld auftaucht – sofern die Kamera dies bemerkt hat. Wenn nicht, dann wird nach 15 s Vorlauf auf jeden Fall ausgelöst. Auch in dieser Einstellung ist es wichtig, dass sich die Gesichter frontal der Kamera zuwenden.

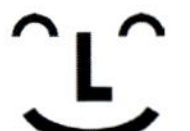

Ein Lächeln für die Kamera

Noch spektakulärer wird es nun, denn die Kamera vermag ein Lächeln im Gesicht zu erkennen, um selbst eine Aufnahme zu belichten, ohne dass der Fotograf den Auslöser drücken muss. Es kann vorgewählt werden, wieviele Aufnahmen nach der Lächeln-Erkennung zu belichten sind (1 bis 10 Aufnahmen in Folge). Erkennen und Auslösen folgen sehr schnell aufeinander.

Eine nette Spielerei,der Auslöser über Lächeln, die Sie zur Belustigung Ihrer Fotomodelle einsetzen können und so eine fröhliche Gruppenaufnahme zaubern, ohne den großen Fotodirigenten und Spaßmacher spielen zu müssen.

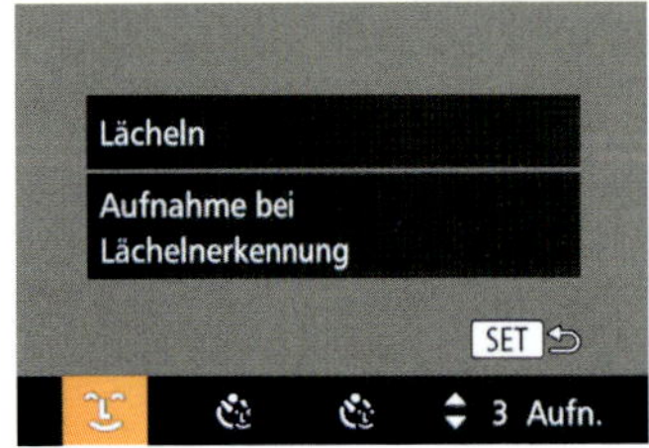

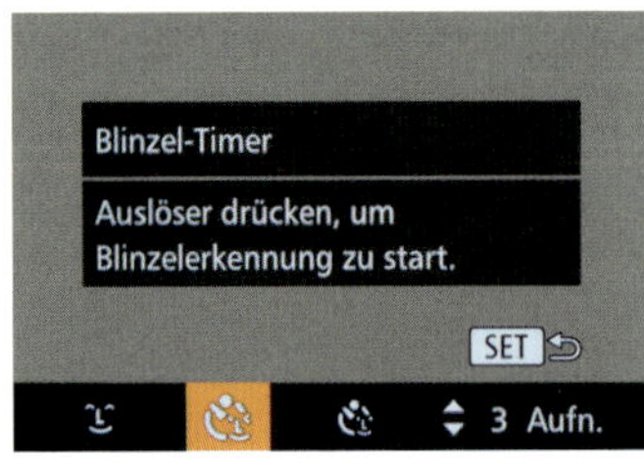

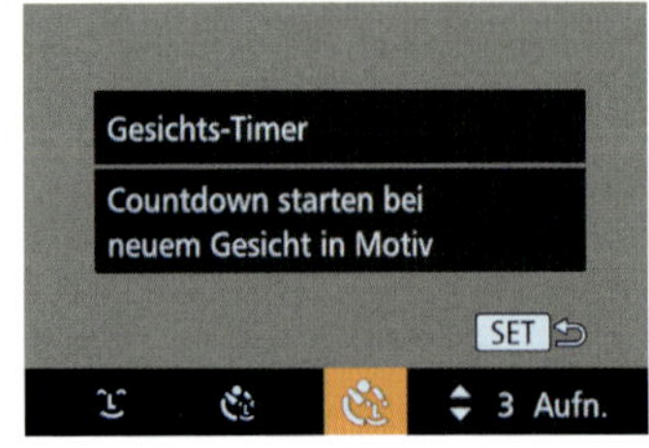

Die Lächel-Automatik ist eine Funktion, die man bewusst wählen kann, aber ebenso bewusst auch abschalten muss, weil die Kamera sonst beim Blick in die Umgebung jedes lächelnde Gesicht zum Anlass weiterer Aufnahmen nimmt. Hochgezogene Mundwinkel werden mit großer Sicherheit, wie selbst festgestellt, als Lächeln zum Auslösen gewertet.

Fotos mit dem Blinzel-Timer

Der Blinzel-Timer muss auf die zuvor geschilderte Weise gestartet werden. Ein blinzelndes Gesicht im Bildfeld wird von der Kamera bemerkt, die ein paar Sekunden später – ohne Blinzeln auf jeden Fall nach spätestens 15 s – auslöst.

Mit Sicherheit?

Jede der drei zuvor genannten Funktionen erlaubt die Wahl, ob man pro Auslösung eine Aufnahme oder bis zu zehn Aufnahmen belichtet wünscht. Hinweise auf mögliche Irrtümer, Verwechslungen oder nicht erkannte Gesichter bestätigen sich in der Praxis mit der G7 X. Ebenso verständlich sind die Probleme aus verschiedenen Gründen: Hinter Brillengläsern oder einer Sonnenblende ist beispielsweise ein Blinzeln nun einmal schlecht auszumachen.

Als Alternative bietet sich der klassische Selbstauslöser an, wenn man selbst mit ins Bild will. Sicherer Kamerastand auf einem guten Stativ ist unverzichtbar, obwohl die Lächel-Automatik auch aus freier Hand gut zu verwenden ist. Sollen lächelnde, blinzelnde oder wie auch immer die Gesichts-Physiognomie nutzende Menschen im Bild festgehalten werden, kann der Fotograf immer noch die eigene verzögerungsarme Reaktionsfähigkeit nutzen. In diesem Fall mit Belichtungsprogrammen wie P, Av, Tv oder M.

Trainingstipp

Wer sich gut auf die Lächel-Funktion oder auch Gesichtserkennung vorbereiten will, der kann sich mit der G7 X an den Computer setzen und mit dem Stichwort „Gesicht" unter Bildern eine Auswahl zeigen lassen. Man lernt schnell, was als Gesicht erkannt wird – der weiße Rahmen zeigt es – und ob ein Anflug von Lächeln akzeptiert wird. Ergänzen Sie den Suchbegriff „Gesicht" mit „Cartoon" und Ihnen wird klar, dass auch gezeichnete Gesichter oft für echt oder fast echt gehalten werden. Ein grauer Rahmen im Bildfeld kann zeigen, dass sich die Kamera nicht so ganz sicher ist. Frontale Ansichten haben eher eine Chance erkannt zu werden, als Porträts im Profil.

Über die Richtungstasten können Sie bis zu 10 Aufnahmen vorgeben und auch unterbrechen.

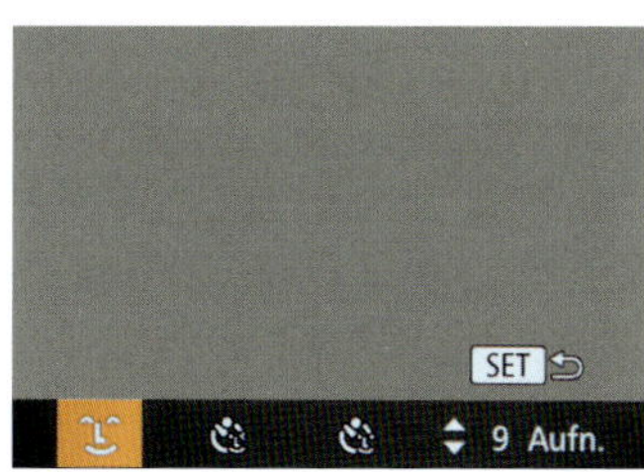

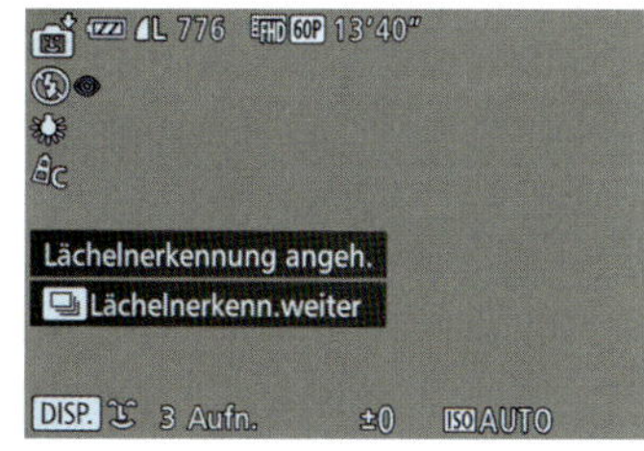

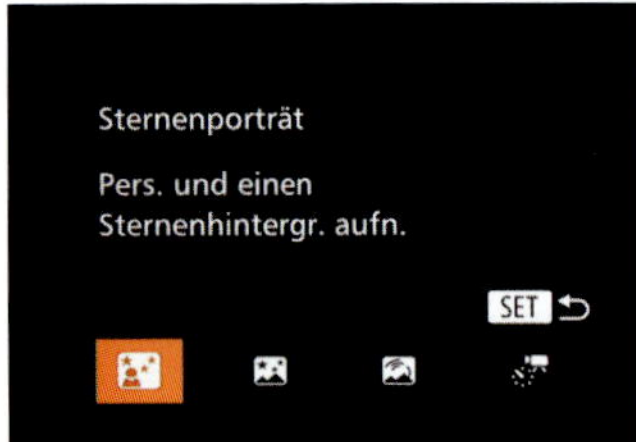

Im Aufnahmemenü „Sternenhimmel" stehen Ihnen eine Reihe vorprogrammierter Langzeit- und Mehrfachbelichtungen zur Verfügung.

Sterne

Langzeitbelichtung mit sehr langer Belichtungszeit bei offener Blende in auf den Weitwinkelbereich fest eingestellter Brennweite auf Unendlich fokussiert, sind das Typische der Sternenfotografie mit der G7 X. Die Belichtungszeit passt sich der Messung an. Neben der Wahl des Seitenverhältnisses und einer Korrektur des Weißabgleichs zwischen Rot und Blau von A2 bis B2 ist der Selbstauslöser wählbar. Auch die Film-Einstellungen sind wählbar, doch denen kommt unter Sternen eine etwas andere Bedeutung zu. Alle Sternenaufnahmen setzen zwingend den Einsatz eines Stativs voraus.

Sternenporträt

Mit dem Sternenporträt wird eine einzelne Langzeitbelichtung zur Abbildung des Sternenhimmels vorgenommen. Gleich zu Beginn werden Sie aufgefordert, den Blitz auszufahren. Das Objektiv wird automatisch fest auf Weitwinkelposition eingestellt. Mit einer Person in der Nähe entsteht somit ein Porträt unter Sternenhimmel. Der Blitz belichtet die Person im Vordergrund. Sie sollte sich nicht bewegen, während die Kamera noch zwei

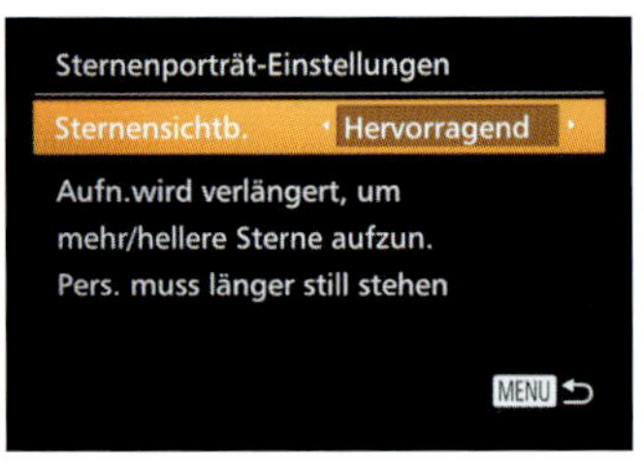

Die Helligkeit der Sterne in Relation zum Porträt lässt sich über die Sternenporträt-Einstellung im Menü unter „Sternsichtb." in zwei Stufen vorwählen.

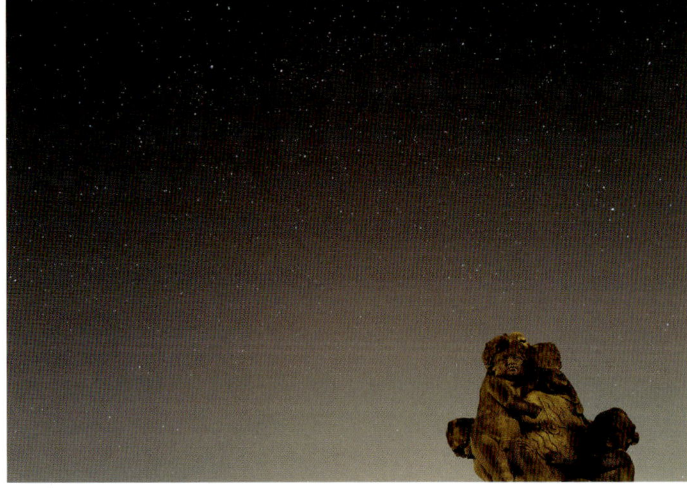

Sternenporträt mit dem Himmel über München. Lichtersmog und Sternenschein liegen so dicht beieinander, dass sich nur wenige Sterne abheben. Mit manueller Korrektur der Farbtemperatur lässt sich – wenn gewünscht – die gelbliche Verfärbung ausgleichen.

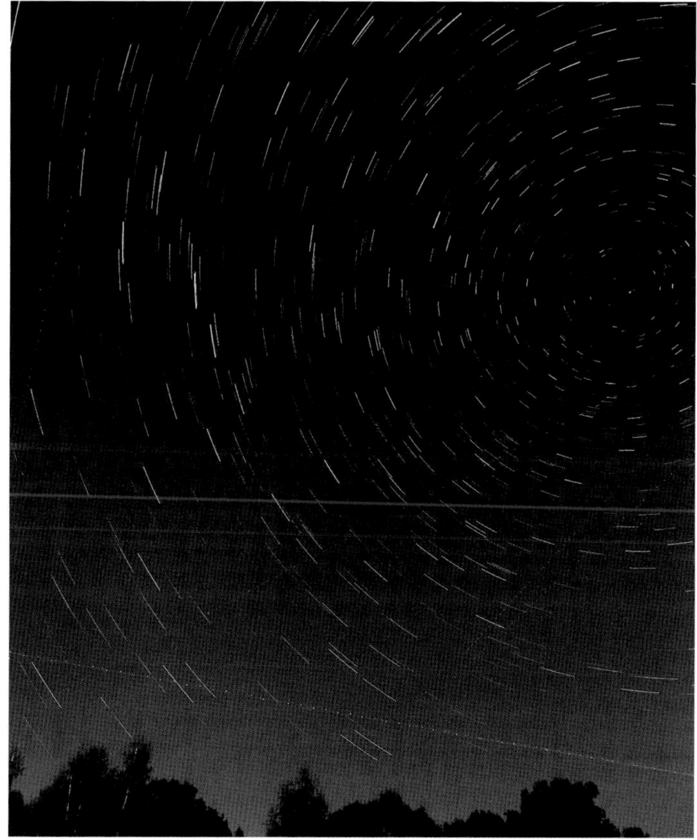

Sternenspuren und Flugzeug über einer Kleinstadt mit weniger Licht-Smog. Im Zentrum der Kreise der Polarstern als Punkt. Die punktierte Linie, schnurgerade am unteren Bildrand, rührt von den Positionslichtern eines Flugzeugs.

weitere Belichtungen ohne Blitz auslöst. Das Ende der Sternenporträt-Belichtung wird durch dreimaliges Blinken der Lampe angezeigt. Die drei Aufnahmen werden in der Kamera zu einem Bild zusammengefügt.

Die Helligkeit der Sterne in Relation zum Porträt lässt sich über die Sternenporträt-Einstellung im Menü unter „Sternsichtb." in zwei Stufen vorwählen. Mit „Hervorragend" verlängern Sie die Langzeitbelichtung und betonen so die Leuchtkraft der Sterne. Über „Sternenhervorh." bei der Einstellung „Weich" wirken besonders die helleren Sterne durch den Weichzeichnereffekt etwas größer. Auch über die Belichtungskorrektur können Sie Einfluss auf die Langzeitbelichtung nehmen. Wirkt ein Porträt zu hell, besonders bei kurzen Aufnahmeabständen, dann regeln Sie die Belichtungsintensität des Blitzes etwas zurück.

Wie bei allen Sternenaufnahmen sind auch für das „Sternenporträt" ein Stativ oder eine stabile Auflage für die Kamera

Grundvorraussetzung für das Gelingen, da der Vorgang rund 15 Sekunden dauert.

Sternenhimmel

Mit der Einstellung auf „Sternenhimmel" bekommen Sie keine Sternspuren, hier wird die Leuchtkraft der Sterne hervorgehoben ohne das Gesamtbild zu stark aufzuhellen. Mit der vorgegebenen Weitwinkelposition, die Sie auch nicht verändern können, erfassen Sie mit nach oben geneigter Kamera einen großen Teil des Himmels. Wie bei Sternenporträt-Aufnahmen können Sie mit der Einstellung „Scharf" im Menü unter „Sternhervorh." die Leuchtkraft der Sterne noch verstärken und mit „Weich" die heller leuchtenden Sterne besonders hervorheben.

Es handelt sich auch hier um eine Langzeitbelichtung, die ganz auf eine optimale Darstellung des Sternenhimmels abgestimmt wurde und nur vom Stativ aus problemlos klappt. Etwas Horizont darf trotzdem mit einbezogen werden.

Nach der Belichtung setzt eine Nachbearbeitung in der Kamera ein um Rauschanteile zu beseitigen. Das ist auch der Grund, warum Sie einige Zeit bis zur nächsten Aufnahmebereitschaft warten müssen. Aber ein besonderes Lob: Es entstehen erstaunlich gute Aufnahmen mit vielen Sternen, aber ein vom Aufnahmeort beeinflusstes Ergebnis, das vom Lichtsmog am Aufnahmeort beeinträchtigt werden kann.

Sternenspuren

Die Langzeitbelichtung oder genauer gesagt das Zusammenfügen mehrerer Aufnahmen über einen längeren Zeitraum, wird nach einer automatischen Messung zur Einstellung der Einzelbelichtung mit den so gespeicherten Werten die Intervallbelichtung automatisch fortgesetzt. Diese erste Aufnahme bestimmt den Einfluss von Umgebung und Helligkeit im Dunkel, die vom Licht-Smog des Aufnahmeorts abhängt. Nur die hellsten Sternenpunkte werden in den Folgeaufnahmen der ersten Aufnahme überlagert angefügt.

Sternenspuren-Aufnahmen lassen sich mittels Ring-Steuerung über die Dauer von 10 Minuten bis zu 120 Minuten in 10-Minuten-Schritten der Kamera vorgeben. Die mit jeder Aufnahme ergänzte Ansicht ist über die ganze Aufnahmedauer im Display erkennbar (auf Ladezustand des Akkus achten). Hier bewährt sich die

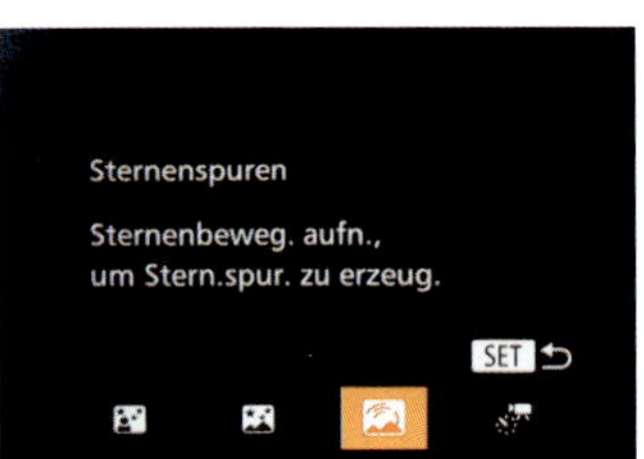

„Sternenspuren" verfolgt den Sternenhimmel über einen längeren Zeitabschnitt, macht sich die Drehung der Erde zu Nutze und bildet so die Sterne als Leuchtspuren ab.

Displayansicht „Nachtschema". Kreisrunde Spuren erfordern die mittige Ausrichtung auf den Polarstern. Alle anderen Ausrichtungen ergeben dezentrale Kreisabschnitte.

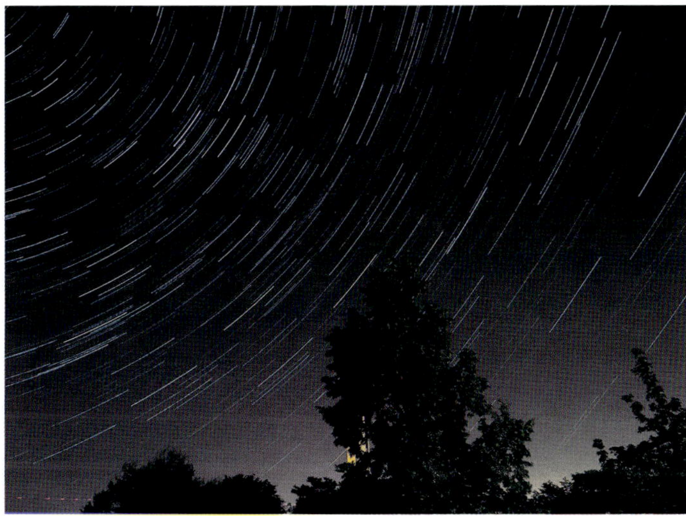

Sternenspuren rechts unten vom Polarstern, wie die Kurven der Sterne deutlich zeigen. Alle Stern-Lösungen lassen Freude aufkommen – obwohl das Motiv auf Dauer kaum Abwechslung zu bieten vermag, reduziert man es auf die Sternenspuren. Sucht man sich aber unterschiedliche „Landschaftsscherenschnitte" im unteren Drittel des Bildes, wird das Motivangebot doch recht vielfältig.

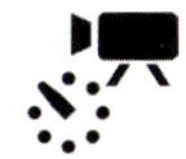

Sternen-Zeitraffer-Movie

Letzte Besonderheit im Sterne-Programm ist das Zeitraffer-Movie. Es besteht praktisch aus lauter Einzelaufnahmen wie bei „Sternspuren", nur dass sie zu einem Film nacheinander in eine Filmdatei geschrieben werden. Für einen Eingriff durch den Filmer steht nur der Weißabgleich und der Selbstauslöser zur Verfügung.

Über die DISP. Taste sind auf den Zeitraffer bezogene Einstellungen vorzunehmen. Dazu meldet sich ein neues Menü. Darin stellt man den Effekt, einen Intervall, die Ziel-Bildfrequenz und die Gesamtdauer der Aufnahmen ein. Der frisch und voll geladene Akku, ein stabiles Stativ und viel Geduld sind Mindestanforderungen für Zeitraffer-Movies. Da wird zum Beispiel aus einer Stunde Aufnahmezeit mit einem 30 s Intervall ein Film mit 4 s Abspielzeit.

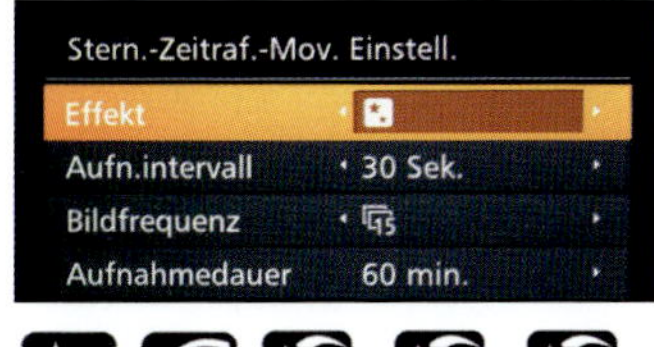

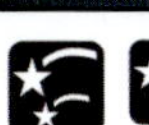
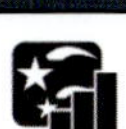
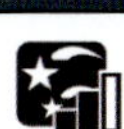
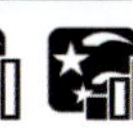
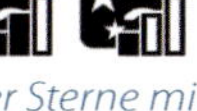

Sterne ohne Spuren oder Sterne mit Spuren wählbarer Länge

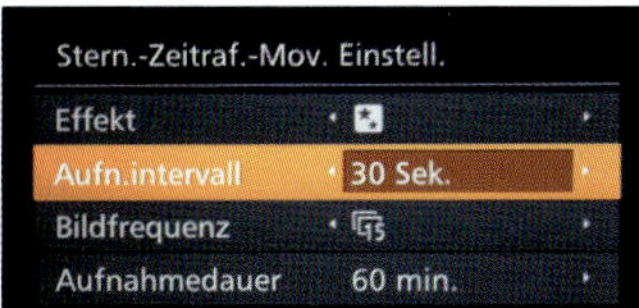

Intervall alle 15 s, 30 s oder jede Minute. Die Sternspureneffekte stehen beim Einminutenintervall nicht zur Verfügung.

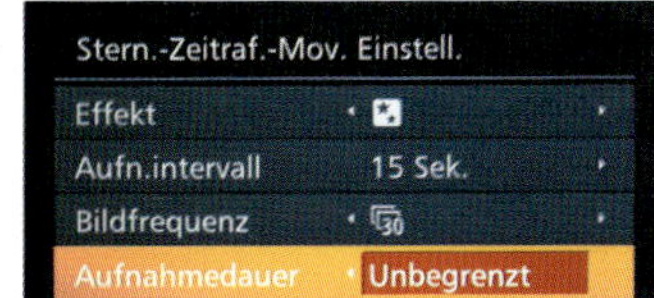

Bildfrequenz 15 oder 30 Bilder pro Sekunde; Aufnahmedauer 60, 90, 120 Minuten oder Unbegrenzt bis der Akku erschöpft ist. Maximale Aufnahmedauer mit einem Netzgerät beträgt acht Stunden.

In jedem Sternenmodus besteht die Option die Farbtemperatur im einfachen (von B9 bis A9) oder erweiterten Modus (gesamtes Farbkorrektur-Diagramm) individuell anzupassen.

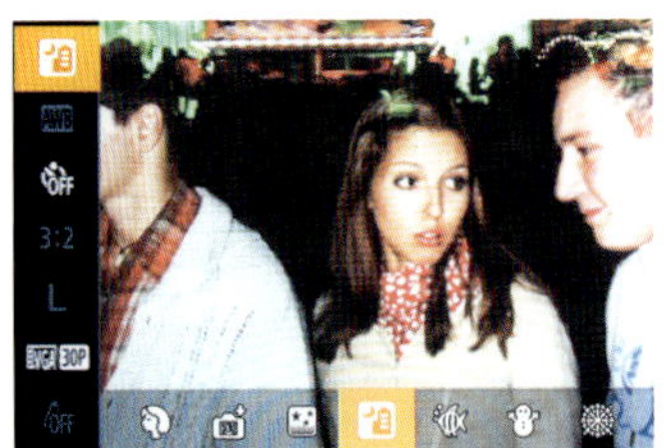

Mit der Wahl von „SCN", „Nachtaufnahme ohne Stativ", aktivieren Sie eine Art Mehrfachbelichtung, aus der die Kamera ein optimiertes Bild zusammenfügt ohne die Einzelbilder auf der Speicherkarte abzulegen.

Freihändige Nachtaufnahmen

Nachtaufnahmen aus freier Hand ohne Nutzung eines Stativs sind eine weitere Funktion im Modus SCN. Um alle weiteren Einstellungen kümmert sich die Kamera selbst. Für Fotos steht nur der Selbstauslöser zur Wahl.

Hauptzweck der Kamera ist, aus mehreren Belichtungen ein optimales Bild zu berechnen. Durch Kombination von drei Bildern entsteht eine einzelne Aufnahme, in der Einflüsse von Verwacklung ebenso wie in der Dunkelheit leicht mögliches Rauschen weggezaubert werden.

Nachtaufnahmemodus am Tag

Die Nachtaufnahmefunktion ohne Stativeinsatz lässt sich auch am Tag verwenden, um Verwacklungen wegzurechnen. Zum Einfluss von Rauschen in dunklen Bildpartien kann aus zahlreichen Probeaufnahmen bestätigt werden, dass kaum bunte störende Punkte zu bemerken sind. Erst ein übermäßig starkes Aufhellen der Schatten bringt solche Störeinflüsse zu Tage – nicht unbedingt praxisnah, da schwarze Zonen nie zu dunkel- bis mittelgrauer Aufhellung nötig sind.

Bei der Verwendung dieser Funktion am Tag entstehen Aufnahmen bei bevorzugt offener Blende und sehr kurzer Belichtungszeit. Selbst heftiges Wackeln mit der Kamera bringt die Automatik nicht aus der Ruhe. Sie verlässt sich in diesen Augenblicken vor allem auf die kurze Belichtungszeit, die ein

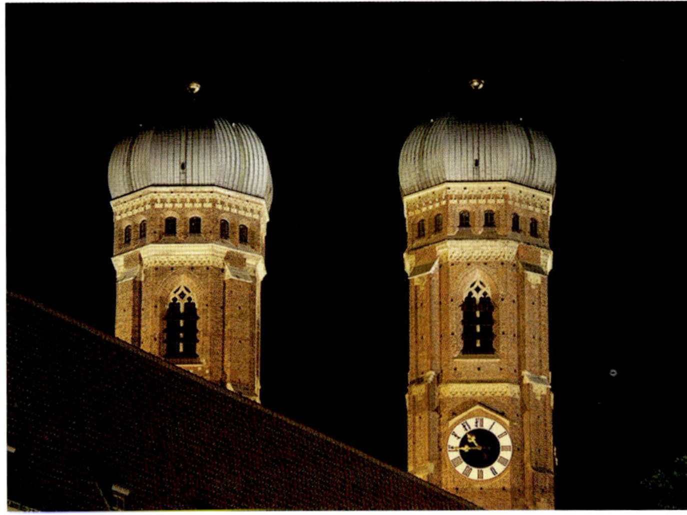

Prominente Gebäude in Festbeleuchtung mit Tageslicht-Weißabgleich.

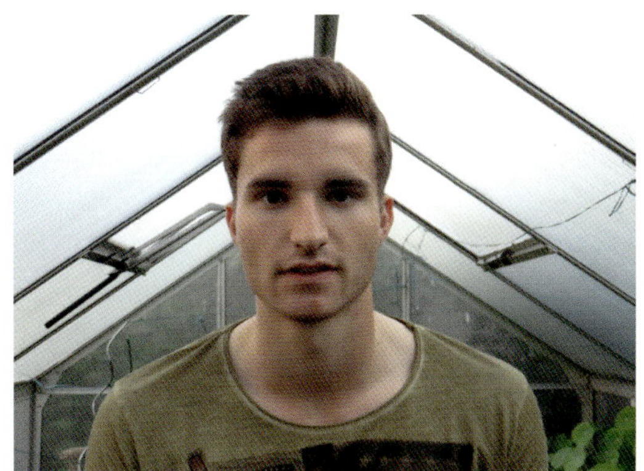

Nachtaufnahmemodus ohne Stativ zeigt bei Porträtaufnahmen meist einen mehr oder weniger starken Weichzeichnereffekt. Der Bildvergleich entstand unter schwachen Lichtbedingungen in der Abenddämmerung. Blende 3,5, 1/100 s, ISO 800 (Auto), Mehrfeldmessung, automatischer Weißabgleich, Brennweite 38 mm (6,8).

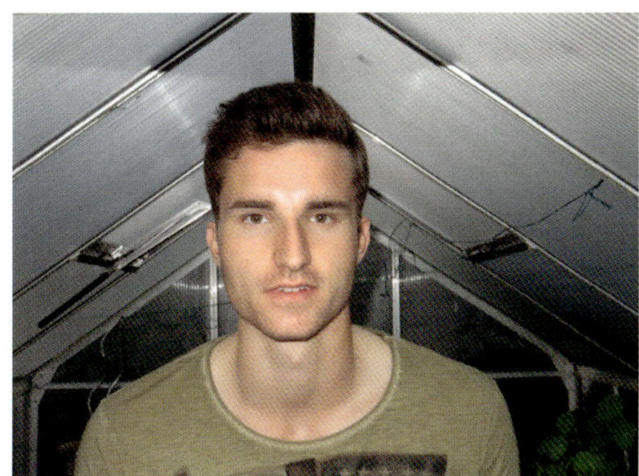

Nachtaufnahmemodus ohne Stativ mit zugeschaltetem Blitz. Trotz kurzer Aufnahmedistanz gab es keinen übersteigerten Blitzeffekt. Die Aufnahme ohne Blitz wirkt natürlicher. Blende 3,5, 1/320 s, ISO 640 (Auto), Mehrfeldmessung, automatischer Weißabgleich, Brennweite 38 mm (6,8).

Verwackeln sowieso ausschließt. Bei Tageslicht wäre man alternativ mit der Zeitvorwahl (Tv) und bewusst kurz gewählter Belichtungszeit vergleichbar gut versorgt.

Nachtaufnahmen ohne Stativ – so heißt diese Funktion – kann man auch unter Stativeinsatz machen, zu Gunsten einer besseren Schärfe bei Nachtaufnahmen mit den langen Brennweiten. Bleibt man bei der Freihandaufnahme, so sind unter ungünstigen Bedingungen Doppelkonturen möglich.

Eine manuelle Alternative bei Nacht ist in den Modi M, P, Av und Tv denkbar, wenn man sich an die Kriterien der Auswahl von Blende, ISO-Empfindlichkeit und Belichtungszeit hält und die Aufnahme mit einem Stativ absichert. Um eine sehr kurze Belichtungszeit einstellen zu können, bevorzugt man den Modus Tv. Achten Sie auf die Anzeige des von der Kamera zugeordneten Blendenwertes. Verfärbt er sich von Weiß nach Orange, so wird vor einer Fehlbelichtung gewarnt. In der Dunkelheit als Gefahr der Unterbelichtung bei kurzen Belichtungszeiten zu verstehen, ist bei voller Helligkeit und eher langer Belichtungszeit die Gefahr einer Überbelichtung gegeben.

Die enorme Lichtstärke des G7 X Objektivs gepaart mit der guten Wiedergabequalität auch in den oberen ISO-Werten und der exzellenten Bildstabilisierung, gibt Ihnen einen breiten Spielraum auch noch unter ungünstigen Lichtbedingungen mit gelungenen Freihandaufnahmen zu glänzen.

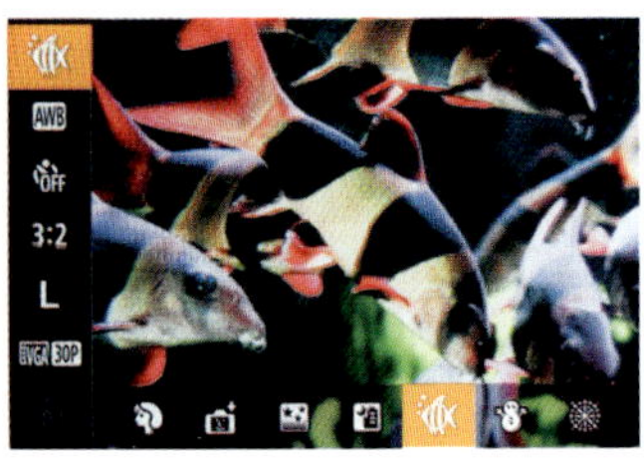

Display-Anzeige nach der Wahl von SCN Unterwasser.

Unterwasser

Wollen Sie mit ihrer PowerShot tauchen gehen, so müssen Sie ihr das Unterwassergehäuse WP-DC54 gönnen. Mit diesem können Sie bis zu einer Tiefe von 40 Meter fotografieren.

Unterscheiden Sie beim Begriff „Unterwasser" bitte zwischen dem Weißabgleich namens „Unterwasser" und der Unterwasser-Funktion im SCN-Modus. Während der Unterwasser-Weißabgleich nur den Weißabgleich gegen zu hohe Blauanteile im Bild vornimmt, versetzt die SCN-Modus Funktion die Kamera in allen wichtigen Details in die sofortige Aufnahme-Bereitschaft.

So spannend und reizvoll die Unterwasserwelt zum Fotografieren auch ist, so sollten Sie sich vorher mit einigen Besonderheiten auseinandersetzen. Sind Sie ein geübter Schnorchler, so finden Sie im niedrigen Wasser bereits viel Interessantes – in entsprechenden Tauchgebieten; in mitteleuropäischen Gewässern hält sich das in Grenzen. Als Schnorchler haben Sie wenig Probleme mit der Helligkeit. Auch die Verblauung, die mit der Tauchtiefe rapide zunimmt, kann Sie noch kalt lassen. Nur der veränderte Brechungsindex wirkt sich auch bereits im flachen Wasser als scheinbare Brennweitenverlängerung aus. Wer fotografisch Jagd auf Fische macht, wird sehr schnell feststellen wie flink sie sind und wie schwerfällig sich ein Fotograf unter Wasser bewegt. Mein Tipp: Machen Sie als Einsteiger zuerst einen Tauchkurs und schaffen sich erst danach ein Unterwassgehäuse an.

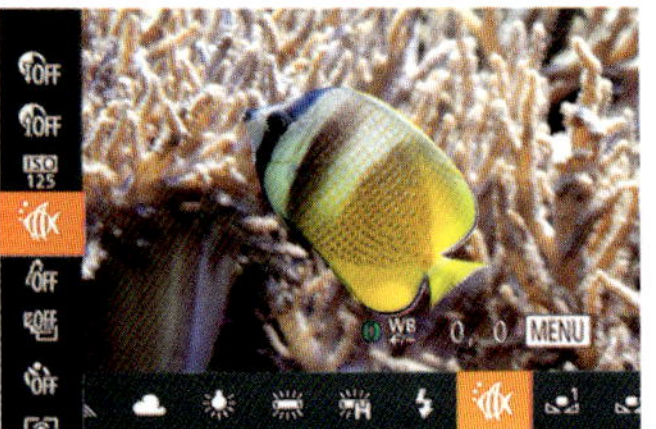

Der Weißabgleich lässt sich zusätzlich anpassen.

Scharfeinstellung unter Wasser

	Unterwasser-makro	Festeinstellung auf kürzeste Brennweite in Kombination mit digitalem Zoom. So nutzen Sie die kurze Naheinstellgrenze des Weitwinkels.
	Schnell	Kurze Reaktionszeit bei Schnappschussgelegenheiten. Fokussiert nicht im Makrobereich.
	Manueller Fokus	Kann als Fixfokus zusammen mit der Weitwinkelstellung und weit geschlossener Blende benutzt sehr hilfreich sein, wenn die Entfernung auf einen mittleren Wert gestellt einen großen Schärfentiefebereich erfasst.

Wasserfest auch an Land

Das stoßfeste Gehäuse WP-DC54 aus Polykarbonat mit einem Objektivfenster aus vergütetem Glas schützt Ihre Kamera nicht nur unter Wasser, sondern auch bei allen Outdoor- und Wassersport-Aktivitäten. Es dient auch als perfekter Schutz vor Spritzwasser, Staub und Feuchtigkeit. Über ein ¼" Stativgewinde lässt sich direkt am Unterwassergehäuse diverses Zubehör, wie zum Beispiel eine Blitzschiene oder Videolampe anbringen. Das Unterwassergehäuse bietet aber auch einen direkten Adapter (Hot-Shoe) für den Einsatz von Unterwasserblitzgeräten oder

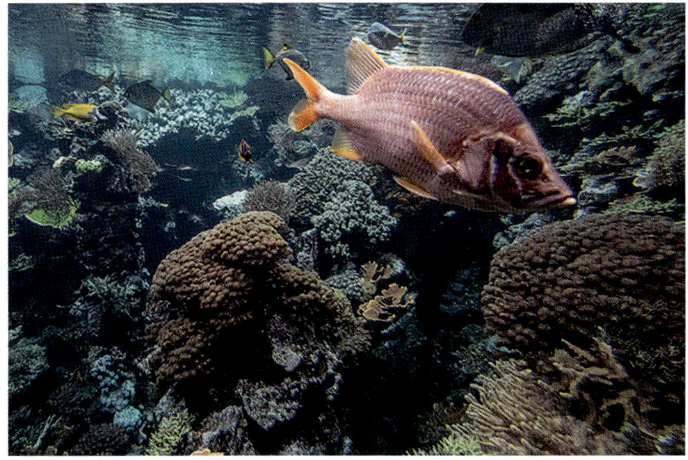

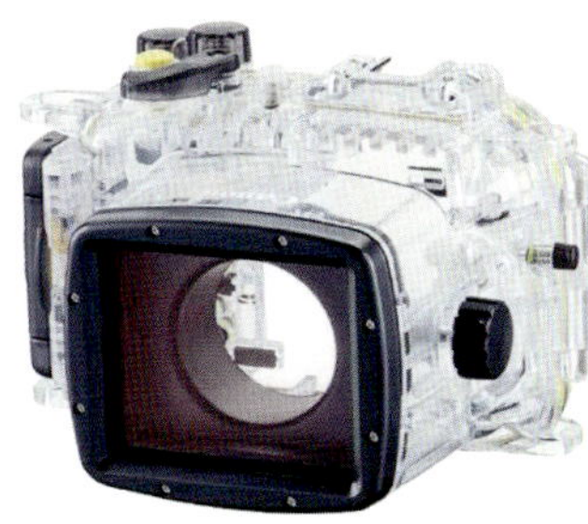

Perfekt bis zur Tiefe von 40 m schützt das Unterwasser-Gehäuse WP-DC54. Links: Dicht unter der Wasseroberfläche können Spiegelungen ins Bild kommen.

Videolampen. Bleibt man den Meerestiefen fern und nutzt den geschilderten „Wasserschutz", so rate ich vom SCN-Modus Unterwasser ab, da dieser nur wenig veränderbar beim Weißabgleich blaue Lichtanteile reduziert.

Unterwasser-Makro

Im Modus Unterwasseraufnahmen können Sie drei Einstellvarianten für die Scharfeinstellung vorwählen. Mit der Unterwasser-Makro-Fokussierung stellt die Kamera auf maximalen Weitwinkel. Aus dieser Einstellung heraus können Sie mit dem Zoomhebel digitale Ausschnitte wählen, mit den bereits mehrfach erwähnten Qualitätsabstrichen.

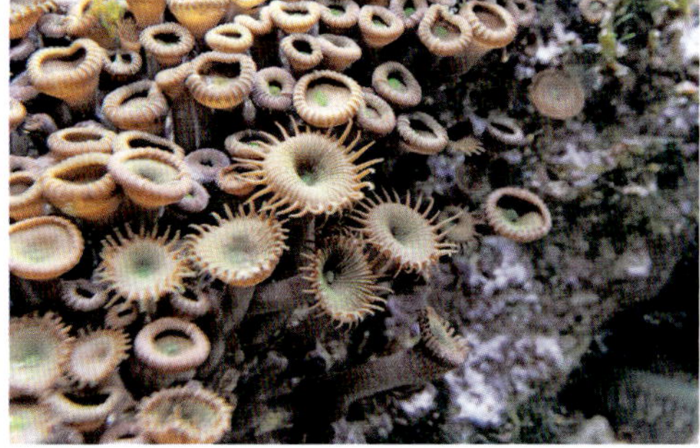

Der Nahbereich erweist sich als wahre Fundgrube für spannende Motive auch für den Anfänger.

Kunstlicht unter Wasser

Auf Grund der sehr schnellen Helligkeitsabnahme mit zunehmender Tauchtiefe wird der Einsatz von Kunstlicht immer wichtiger. Die unter Wasser recht kurze Reichweite des eingebauten Blitzes zwingt somit zu geringen Aufnahmeentfernungen. In größerer Meerestiefe nimmt die Helligkeit ab und das restliche Licht kommt in steigendem Maße aus dem blauen Spektralbereich. Die Reduzierung des natürlichen Lichts auf blaue Lichtanteile in größerer Tauch-Tiefe wird durch Kunstlicht ausgeglichen, in geringeren Tauchtiefen reicht der automatische Weißabgleich. Bedenken Sie auch, dass der Blauanteil bei horizontalen Aufnahmen mit der Distanz zunimmt.

Schnee

„Natürliche Aufnahmen von Szenen im Schnee", lautet die Beschreibung der Funktion „Schnee" im Modus SCN. Wieder erlaubt die Kamera keine weiteren Einstellungen zu einer Individualisierung. Die einzigen Ausnahmen davon sind:

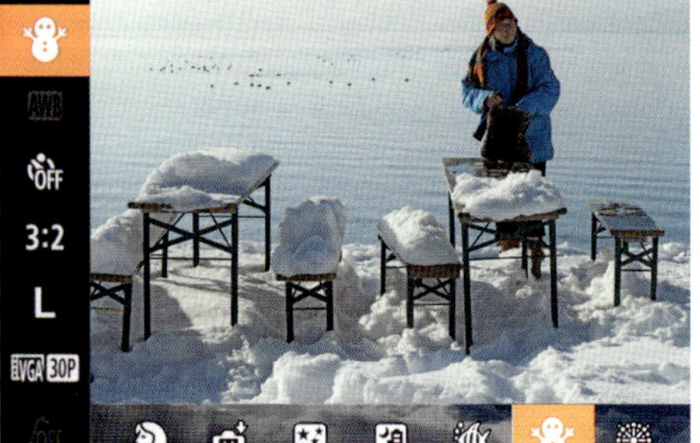

Der SCN-Modus Schnee gleicht die messtechnisch bedingte Unterbelichtung bei großen weißen Flächen aus.

- Wahl von Einzelaufnahme, Reihen-Belichtung, Reihen-Belichtung bei fortgesetzter AF-Fokussierung
- Selbstauslöser-Funktionen
- Seitenverhältnis
- Auflösungsstufe
- AF-Makro, AF-Normal, MF
- Belichtungskorrektur (±)
- Blitz, Aufhellblitz

Die aufgeführten Eingriffe zur Variation betreffen nur mit der Belichtungskorrektur das Belichtungsergebnis, ändern jedoch nichts daran, dass Weiß etwas reichlicher belichtet wird.

Jede herkömmliche Belichtungsmessung sorgt dafür, das Ergebnis einer Messung heller Flächen im Bild auf eine „Helligkeit" von etwa 18% in der Aufnahme zu bringen. Schnee sieht in diesem Fall stets etwas schmutzig-grau aus.

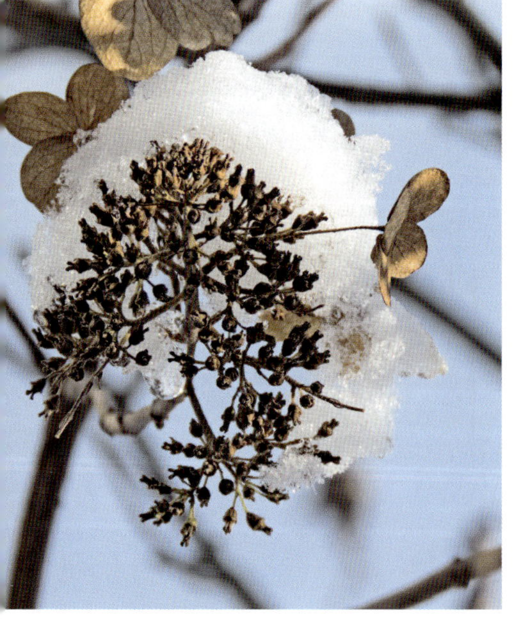

Die Funktion Schnee stimmt die Belichtung so ab, dass der weiße Schnee etwas reichlicher belichtet wird, um unseren augenrichtigen Eindruck von „gleißender Helligkeit" besser zu treffen. Eine leichte Überbelichtung aus Sicht der Belichtungsmessung wird damit zum Prinzip erhoben.

Jedes SCN-Programm reizt stets zum Nachdenken über weitere Nutzungsmöglichkeiten. Genau bedacht ähnelt ein Überangebot Schnee dem hellen Sandstrand oder selbst einer großflächigen, weiß gekalkten Architektur. Auch in diesen Motiven gleicht die Funktion Schnee den „Grauschleier" – die Unterbelichtung – aus.

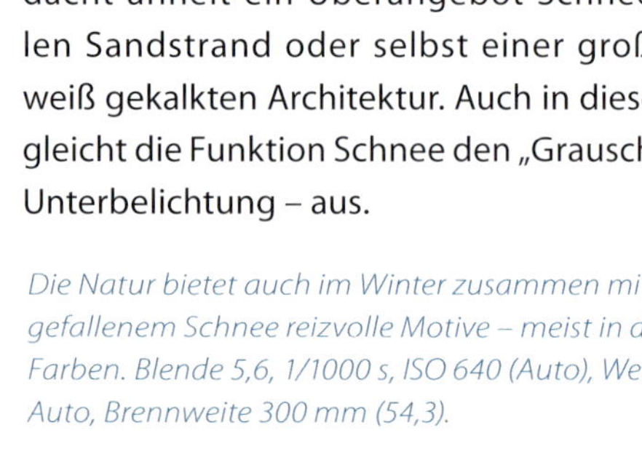

Die Natur bietet auch im Winter zusammen mit frisch gefallenem Schnee reizvolle Motive – meist in dezenten Farben. Blende 5,6, 1/1000 s, ISO 640 (Auto), Weißabgleich Auto, Brennweite 300 mm (54,3).

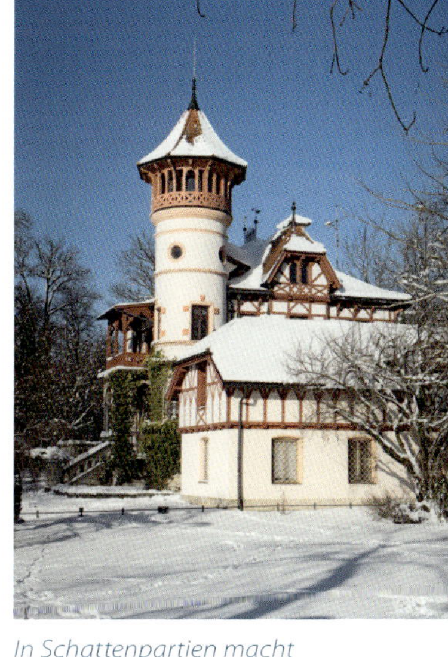
In Schattenpartien macht sich die Reflexion des blauen Himmels besonders stark bemerkbar; der Schneemodus gleicht dies etwas aus.

Eine interessante Alternative zur „Schnee-Automatik" kann man im Einsatz des RAW-Dateiformats sehen. Mit einer Spot-Belichtungsmessung lässt sich der Schnee oder eine helle Wand gezielt anmessen und mittels + 2/3 Lichtwert Belichtungskorrektur zum gut belichteten Ergebnis bringen.

Ein Aufhellen der Schneeflächen können Sie später in der Bildbearbeitung vornehmen. Wichtig ist nur ein ausreichender Rest an Zeichnung, die eine gute Differenzierung der Lichter erlaubt.

Mindestens ebenso wichtig wie eine angemessene Berücksichtigung schneeweißer Helligkeit ist es, auf eine Perspektive zu achten, die Schatten und auch hell glitzernde Helligkeit zulässt. Schatten bringen Struktur in weiße Flächen, sorgen für kontrastierende, plastische Darstellung. Man kann sie mit bloßem Auge feststellen. Unter „glitzernde Helligkeit" verstehe ich die winzigen extrem hellen Pünktchen in einer Schneedecke, die von hoher Reflexion des Lichts an Schneekristallen rührt.

Schatten findet man vermehrt in seitlichem, streifendem Licht, aber auch im Gegenlicht. Glitzernde Kristalle sieht man bei entsprechendem Winkel zur Lichtquelle, da diese Kristalle nach dem Prinzip „Einfallswinkel gleich Ausfallswinkel" das Licht weiterleiten. Im Prinzip im Gegenlicht bei entsprechendem Sonnenstand.

Bei Schneebildern im Gegenlicht rate ich dringend zum Einsatz einer Gegenlichtblende, die das Objektiv bei schrägem Lichteinfall gegen Blendenreflexe schützt.

Nicht weniger schön sind winterliche Fotos, die nach einer kalten Nebelnacht den Raureif an allen Ästen vor blauem Himmel im Gegenlicht erstrahlen lassen. Hier könnte ein Polarisationsfilter angebracht sein, der bei entsprechendem Sonnenstand (Polarisationswinkel) das Himmelsblau verstärkt und Blaustiche durch Reflexion des Himmelsblaus auf den Schneeflächen verringert. Ein weiterer wichtiger Grund sich einen Filteradapter für die G7 X zuzulegen.

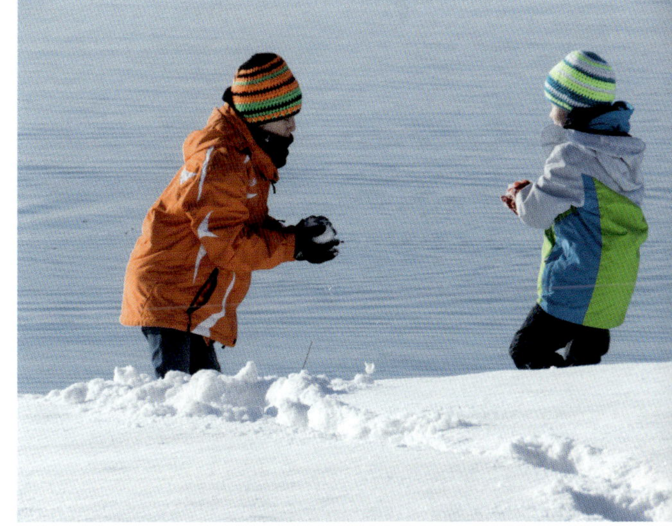
Spielende Kinder im Schnee – ein Fall für das Schneeprogramm

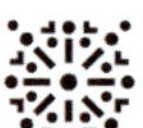

Feuerwerk

Noch einmal geht es um Aufnahmen bei Nacht mit dem Modus SCN und dieses Mal der Funktion „Feuerwerk“. Eine Funktion, die feste Werte einstellt: Blende 8 bei 2 s Belichtungszeit mit dem Wert ISO 100.

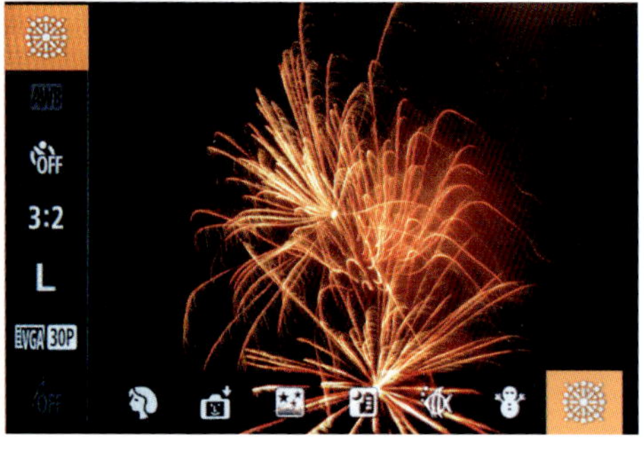

Display-Anzeige nach der Wahl von SCN Feuerwerk.

„Feuerwerkaufnahmen mit lebendigen Farben“, lautet die Beschreibung der Funktion „Feuerwerk“ im Modus SCN. Die Kamera erlaubt keine weiteren Einstellungen zu einer Individualisierung. Die einzigen Ausnahmen davon sind:

- Wahl von Einzelaufnahme, Reihen-Belichtung, Reihen-Belichtung mit Live-Bild ohne LCD-Abschaltung
- Selbstauslöser-Funktionen
- Seitenverhältnis
- Auflösungsstufe
- Belichtungskorrektur (±)

Zweck dieser Einstellung: Durch die Blende 8 soll nächtliches Schwarz dunkel gehalten werden. Zwei Sekunden Belichtungszeit sorgen für das Sammeln von Lichtspuren. ISO 100 garantiert ferner, dass diese Lichtspuren weniger überstrahlen und die Farbigkeit des Feuerwerks betonen.

Die eigene Alternative könnte im Modus „M“ die Voreinstellung von 2 s zur Belichtung und der Blende 8 sein. Eine Vorwahl, bei der die Kamera ebenfalls ISO 100 erzwingt. An Stelle des Weißabgleichs „AWB“ (Automatik) empfehle ich die feste Einstellung auf Tageslicht. Bunte „Kunstlichter“ eines Feuerwerks, vor allem gelbe, goldene und rötliche Farben, gewinnen an Kraft.

Experimente lohnen sich mit der Variation der Belichtungszeit, die jedoch wegen der Entwicklung von Leuchtspuren des Feuerwerks nicht kürzer als 2 s sein sollten. Bedenken Sie, dass in diesem Vorgehen zu jeder langen Belichtungszeit eine Bearbeitungszeit in der Kamera (Rausch-Reduzierung) hinzukommt, die ungefähr noch einmal so lang wie die Belichtung dauert.

Von Vorteil könnte die Verwendung des RAW-Dateiformats sein, das jedoch nur in Verbindung mit einem der Modi M, P, Av oder Tv benutzt werden kann. Lichtspuren im Feuerwerk können im Zentrum der Spur recht hohe Helligkeit besitzen, die auch im RAW-Format über den „Head-Room“ der höchsten Helligkeit hinausschießt und damit keine Zeichnung mehr enthält. Die Ränder solcher Spuren haben jedoch immer genug Zeichnung, die letztlich für intensivere Farbe sorgt.

Hinzu kommt, dass sich nach wenigen Feuerwerk-Minuten „Pulverdampf" ausbreitet, der zusätzlich durch die Farbfontänen

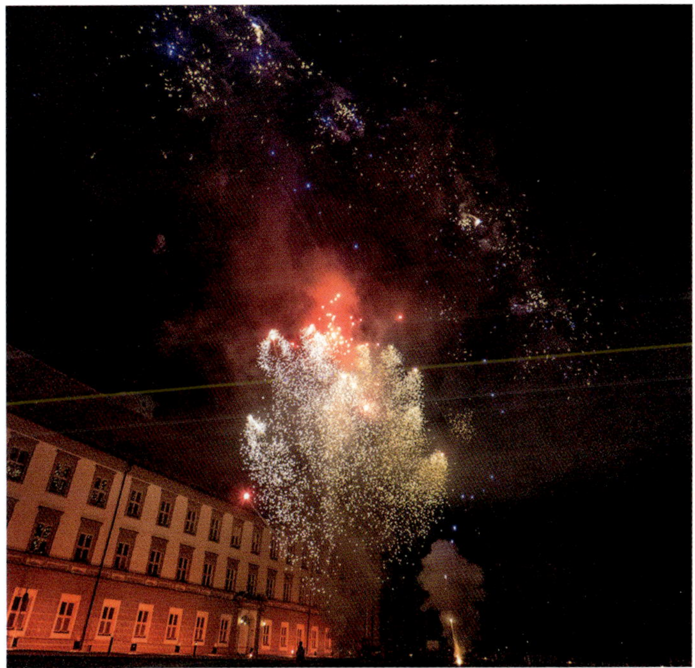

Wer sich zu nahe an das Feuerwerk wagt, der riskiert Pulverdampf und Funkenflug. Was fotografisch gut aussehen kann, regnet in nächster Nähe jedoch zu „Niederschlag" in Form von Staub, der sich auf den Fotografen und seine Kamera legt. Bitte gründlich abstauben, bevor das Objektiv eingefahren wird.

beleuchtet wird. Das farbige Licht färbt dabei die Rauchwolken stimmungsvoll ein. Bei Blende 8 kann man erheblich längere Belichtungszeiten verwenden und Spuren sammeln.

Achten Sie auf sicheren Stand der Kamera auf einem Stativ, das mit einer Positionierungshilfe wie einem „Kinoneiger" ausgestattet sein sollte, der die Kippung nach oben und seitliche Drehung erlaubt. Das ist vor allem wichtig, wenn bodennahe Umgebung aufgezeichnet wird.

Mit der Brennweite lassen sich schöne Effekte erzielen. Weitwinkel für den Horizont betonende Aufnahmen (z.B. an Silvester am Rand der Stadt, wenn überall Raketen aufsteigen) oder mit dem Tele, mit dem man praktisch in die Fontänen eintaucht. Kann man auf den Horizont und irdische Teile verzichten, dann lohnen sich kurze Belichtungen einzelner Lichterfontänen, die man später mit einem guten Bildbearbeitungsprogramm ineinander kopiert.

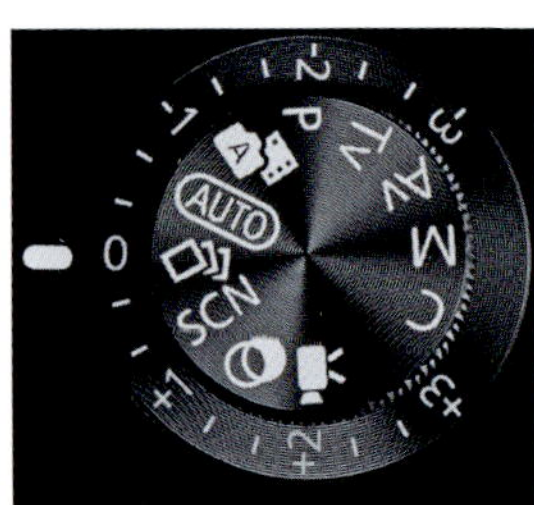

Modus Kreative Aufnahmen

Automatisch kreativ

Mit dem Modus „Kreative Aufnahmen“ wählen Sie am Modus-Wahlrad ein Belichtungsprogramm, das Ihnen eine Auswahl unterschiedlichster Bildeffekte anbietet.

Alle wesentlichen Einstellungen übernimmt die Kamera. Aufnahmen mit dieser Funktion führen zu Verfremdungseffekten aus 46 Filtern. Sie können eine von fünf Gruppen wählen. Unter „Auto“ benutzt die Kamera eine Serie von auch wählbaren Effekt-Gruppen, die nach jeder Auslösung anders gemischt wird. Eine bestimmte Geschmacksrichtung können Sie Ihrer Sechserserie mit der Vorauswahl einer der Effekt-Gruppen „Retro“, „Monochrome“, „Kräftig“ oder „Natürlich“ vorgeben. Eine gezielte Filterwahl ist nicht vorgesehen.

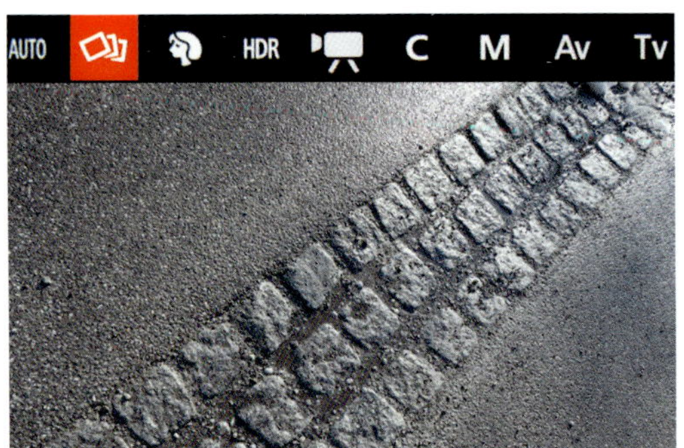

Wählen Sie den Modus Kreative Aufnahmen um der Kamera aus fünf Gruppen unter Verwendung von 46 „Filtern“ die Verfremdung von drei Aufnahmen zu sechs Bildern zu überlassen.

Drei Aufnahmen, sechs Varianten

Die Kamera lässt bei jedem Druck auf den Auslöser dreimal das Auslösergeräusch hören. Es folgt eine Berechnungszeit, bevor auf dem Monitor sechs kleine Bilder angezeigt werden, die aus den einzelnen Aufnahmen errechnet und gestaltet wurden. Danach können Sie sich die einzelnen Bilder in voller Monitorgröße ansehen, da jede der sechs Varianten in einer eigenen Bilddatei auf der Speicherkarte aufgezeichnet wurde.

Für die Variationen wählt die Kamera unterschiedliche Bildformate und verschiedene Effekte und Filter. Neben den aus anderen Funktionen bekannten Filter-Effekten finden sich auch weitere Effekte wie Schwarzweiß-Darstellung mit am Rand unterschiedlich gefärbten Zonen. Dabei werden auch Bildformate benutzt, die nicht in der Standard-Auswahl der Seitenverhältnisse zu finden sind. Effekte kommen hinzu, bei denen Bilder in unterschiedlichen Farben und Zonen verändert werden.

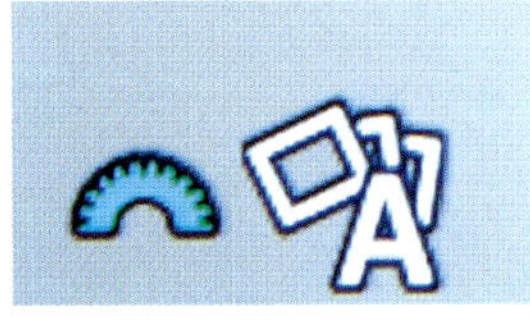
Im Modus „Kreative Aufnahmen“ stehen 5 Effektgruppen zur Auswahl: „Automatik“, „Retro“, „Monochrome“, „Kräftig“ oder „Natürlich“.

Kreativ in Eigenregie

Testen Sie die Kamera auf ihren Einfallsreichtum an Kreativität. Wenn Sie glauben, das automatisierte Angebot ausreichend kennengelernt zu haben, können Sie eigene Versuche über die regulären Modi M, P, Av oder Tv machen.

Halten Sie farbige, verzerrende, transparente Gegenstände vom farbigen Flaschenboden bis zum geschliffenen Sektglas vor das Objektiv, fotografieren Sie durch feinmaschiges Gewebe, das sie noch mit farbigem Streiflicht beleuchten oder suchen Sie sich verzerrende Spiegelungen und so weiter. Sie werden überrascht sein, mit wie vielen Mitteln man der natürlichen Bildwiedergabe ins Handwerk pfuschen kann. Auf die nahezu unerschöpflichen Möglichkeiten, die eine Nachbearbeitung am PC bietet, will ich nur am Rande hinweisen.

Sechs Varianten von drei schnell hintereinander aufgenommenen Fotos. Stets wird die kreative Verfremdung im Rahmen der Vorauswahl unbeeinflussbar durchgeführt.

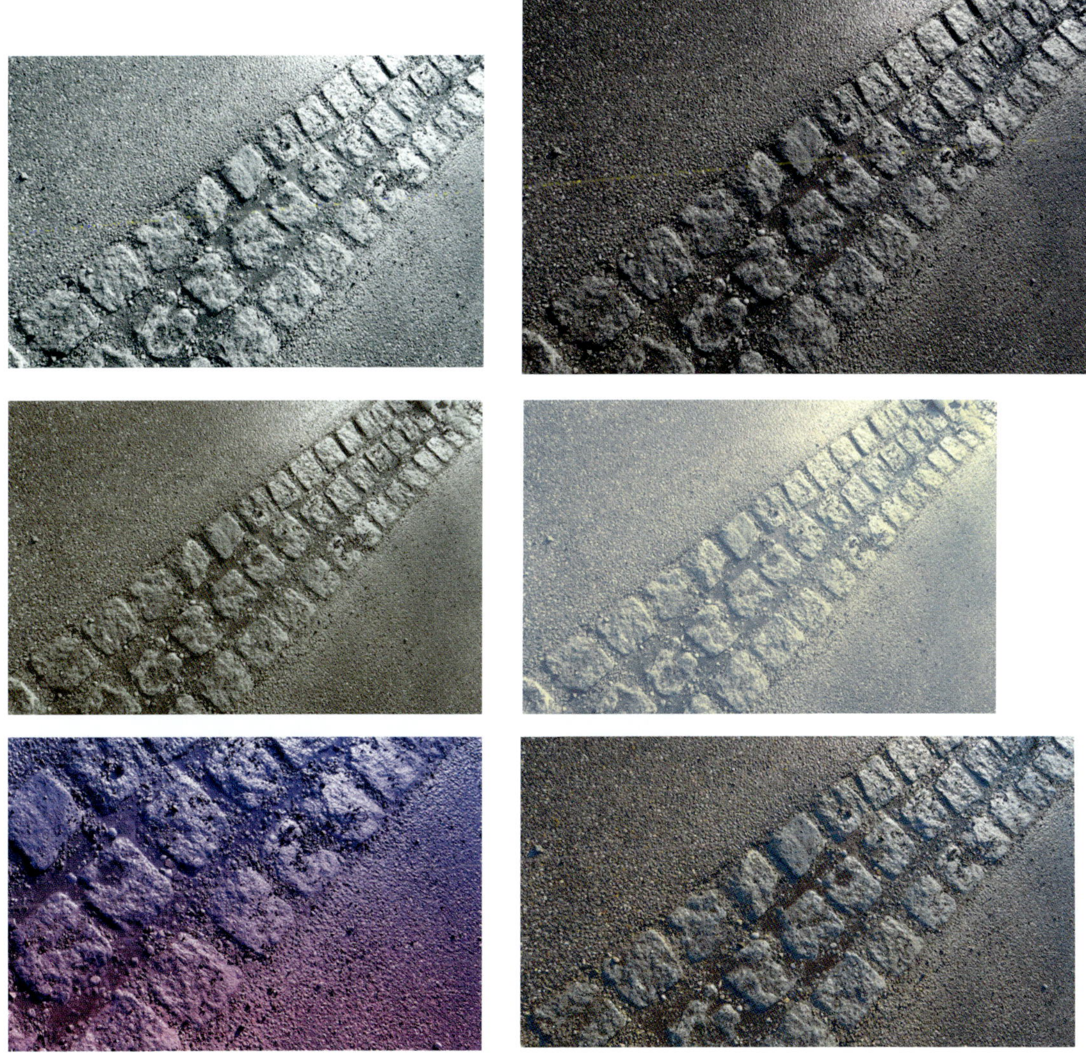

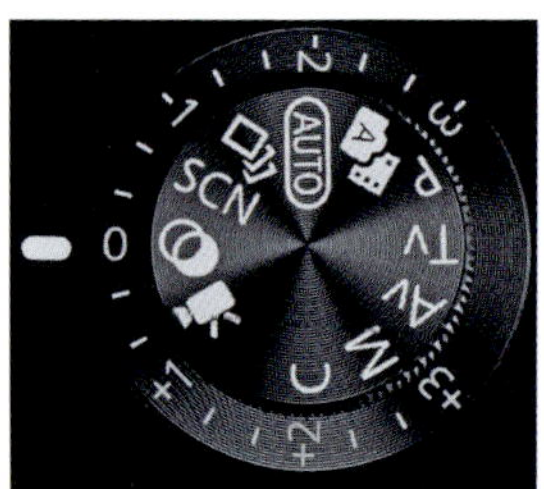

Bildeffekt-Modus

Bildeffekte

Unter einem Symbol aus zwei Kreisen, mit denen auf den zweiten Blick erkennbar wohl Filterscheiben symbolisiert werden, finden Sie am Modus-Wahlrad den Einstieg zu Fotos mit kreativen Filtern.

HDR für Fotos mit hohem Kontrast

Motive mit hohem Kontrast werden einem Ausgleich unterzogen. Nur in vorgegebenen Wirkungen wählbar, wurde der Effekt in der G7 X zu Variationen verschmolzen, die außerhalb der eigentlich unter HDR beabsichtigten einfachen Wirkungen stehen. Ein Einfluss auf mehr Zeichnung in den Lichtern und offenere, hellere Schatten mit Zeichnung, kann nicht genommen werden. Diese ursprünglichen Wirkungen treten hinter den wählbaren Schlagwörtern zurück. Wer eine klassische HDR-Anwendung erwartet, wird sicher etwas enttäuscht sein. Wie man da vorgehen kann, ist in Grundzügen im Kasten auf der gegenüberliegenden Seite beschrieben. Einen ersten Vorgeschmack soll das Beispiel vermitteln, und als Anregung dienen bei sehr kontrastreichen Motiven kleine Belichtungsreihen, die man in Reserve anfertigt um sich die Option offenzuhalten, später einmal eine HDR-Montage anzufertigen.

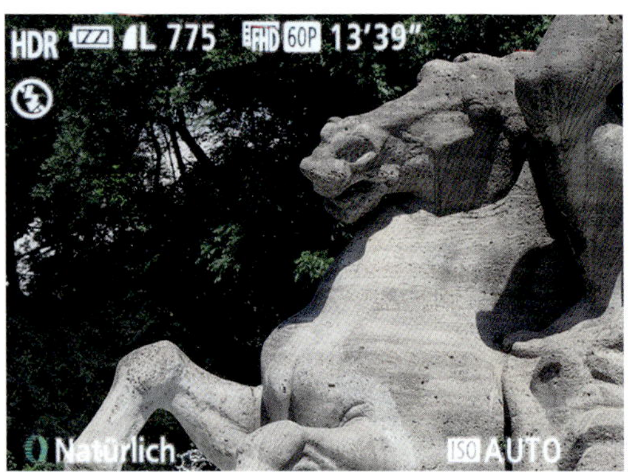

Fünf unterschiedliche HDR-Effekte, unten links im Display eingeblendet, stehen mit dem Wahlrad einstellbar zur Verfügung.

HDR Natürlich

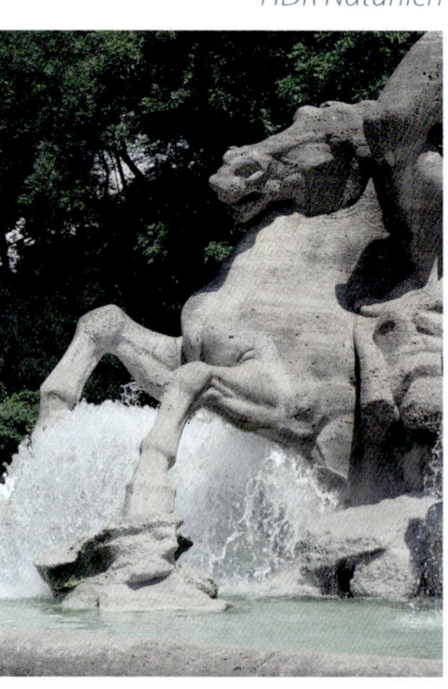

HDR Standard

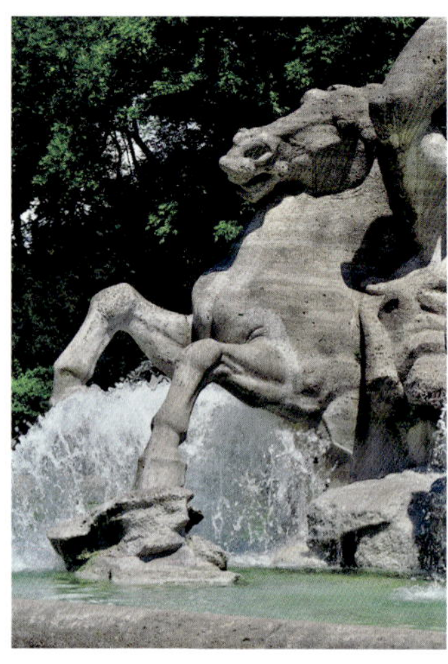

Fünf Varianten des HDR-Effektes. Natürlich, Standard und Gesättigt, Markant und Prägung.

HDR-Bilder klassisch über Belichtungsreihe

HDRI (High Dynamic Range Image) oder eingedeutscht HDR Bild (Bild mit hohem Dynamikumfang), bewältigt extreme Helligkeitsunterschiede. Für die Praxis bedeutet das eine sehr gute Schattenzeichnung und gleichzeitig eine optimale Wiedergabe von Details auch in den Lichtern.

Die praktische Anwendung sieht so aus, dass Sie mehrere Belichtungen von Ihrer Einstellung anfertigen, zwei bis drei Aufnahmen reichen in den meisten Fällen bereits völlig aus, und diese Aufnahmen dann mit einem entsprechenden Nachbearbeitungsprogramm zu einem Bild zusammenfügen. Klingt einfach, ist auch einfach. Dazu einige Tipps: Möglichst stabiles Stativ für die Aufnahmen einsetzen, die Programme können Ausschnittsunterschiede nur sehr bedingt ausgleichen. Bewegte Motive vermeiden; ergibt Geisterbilder.

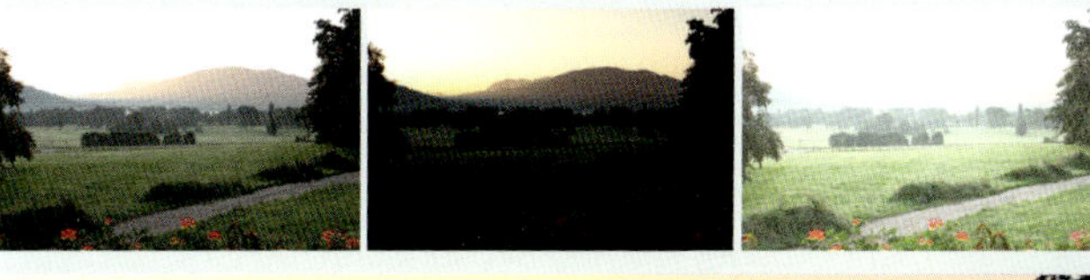

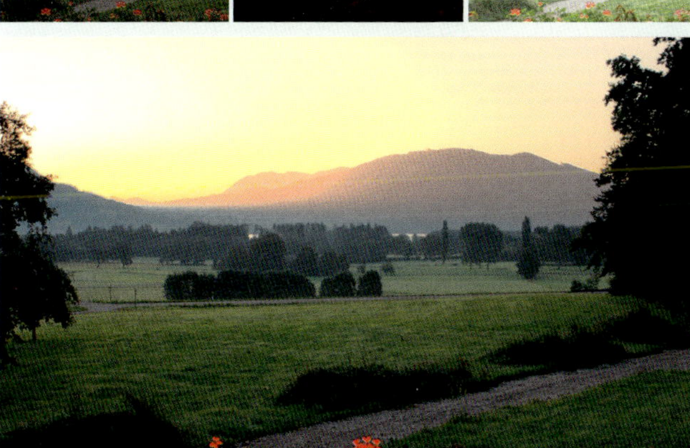

Kamera auf Zeitautomatik (Av) mit vorgewählter Blende stellen und die Belichtungszeit über die Belichtungsreihenautomatik (AEB) variieren oder manuell (M) einstellen. Achten Sie darauf, die Blende innerhalb einer Serie nicht zu verstellen (Unterschiedliche Schärfentiefe irritiert das Bearbeitungsprogramm).

Ausgangsserie für die HDR-Bildbearbeitung. Belichtungsunterschied beträgt jeweils zwei volle Belichtungsstufen (Lichtwerte LW), aufgenommen mit einer automatischen Belichtungsreihe. Bilder unten, die auf 8 Bit Farbtiefe heruntergerechnete 32 Bit HDRI-Datei.

HDR Gesättigt

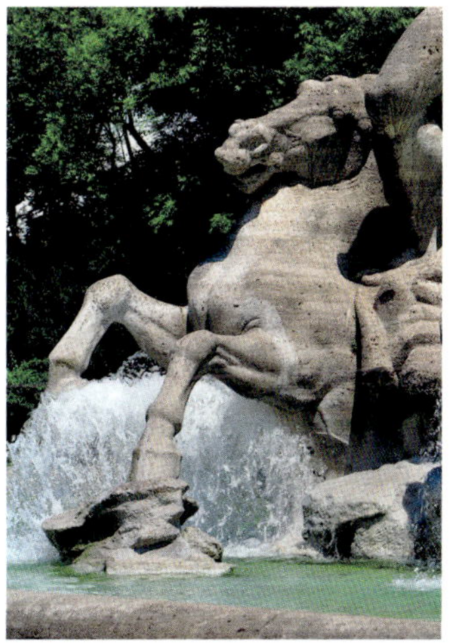

HDR Markant

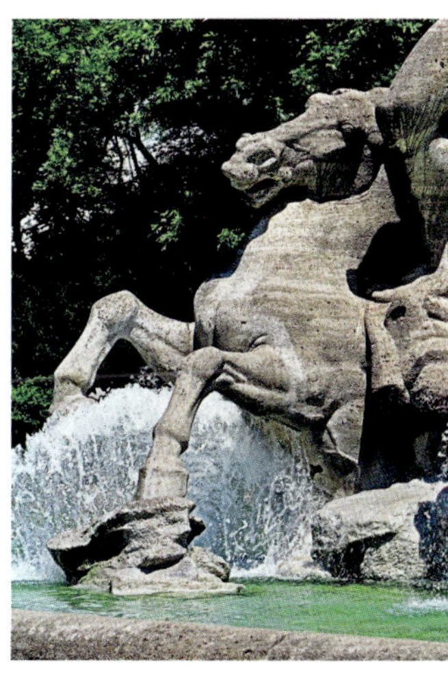

HDR Prägung

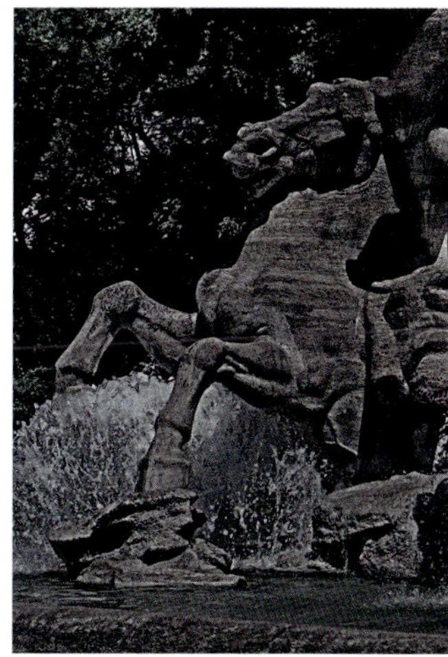

Nostalgisch

Ein Kreativ-Filter, das den natürlichen Alterungsprozess einer Farbfotografie simulieren soll. Über die Ring-Steuerung ist der Effekt in fünf Stufen wählbar, erkennbar an einem kleinen Balkendiagramm links unten im Bild. Anfangs wird die Farbe geschwächt, bis im mittleren Bereich das Foto zu Schwarzweiß verblasst und am Ende in Schwarzweiß auch noch Zwischentöne zu hartem Kontrast reduziert werden.

Beurteilen können Sie den Effekts erst im Wiedergabemodus. Macht die Anwendung etwas umständlich. Anhand der kleinen Bildserie auf dieser Doppelseite ist die Wirkung gut nachvollziehbar. Im Gegensatz zu „Monochrome" lassen sich bei „Nostalgisch" auch sehr harte Schwarzweißbilder erzeugen, was man sehr gut für Aufnahmen bei diesigem Wetter oder zur grafischen Betonung von Gegenlichtmotiven einsetzen kann.

Nostalgie wird mit dieser Funktion auf Schwarzweiß reduziert und vereinfacht. Nicht ganz einleuchtend, wo Schwarzweiß inzwischen als eher elitär gilt und ansatzweise Renaissance erlebt. Nicht vergessen: Nostalgie muss auch im Motiv sichtbar werden. Als Beispiel nenne ich die Mode der Vergangenheit.

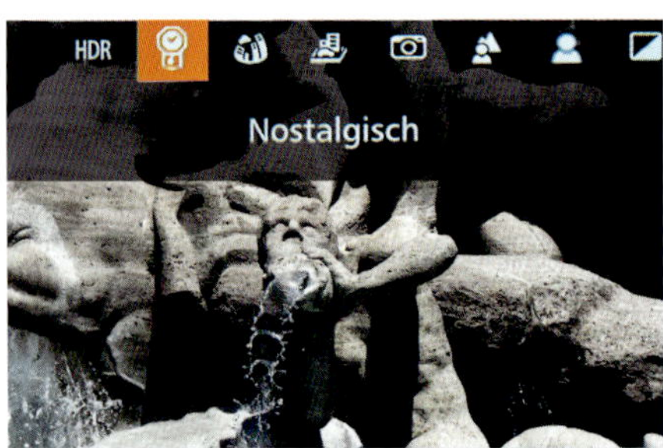

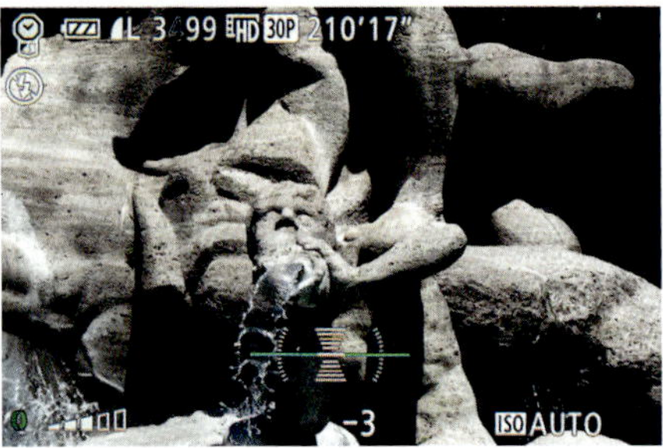

Mit „Nostalgisch" bietet die G7 X eine weitere Methode Bildern Farbe zu entziehen und harte Schwarzweißbilder zu liefern. Die fünf Stufen des Effekts werden links unten im Display angezeigt.

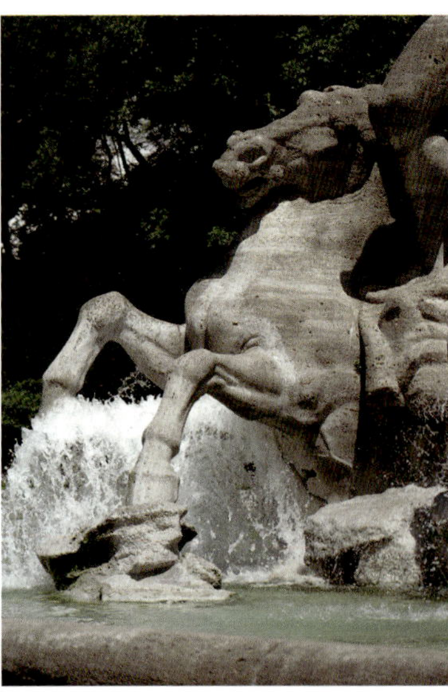

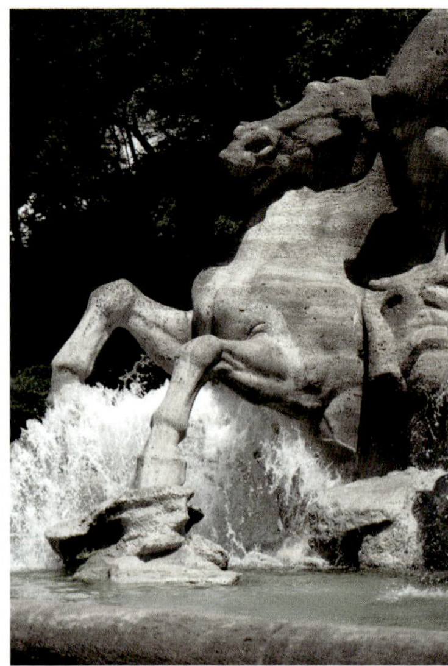

Der Nostalgie-Effekt treibt in fünf Stufen (Abbildungen von Links Stufe 1 bis 5) die Farbe aus dem Bild, bis nur noch hartes Schwarzweiß verbleibt (Das große Bild entspricht der Stufe 4). Als „Alterungsprozess" deklariert, kommen jedoch keine weiteren Fehler historischer Bilder aus dem Schuhkarton hinzu.

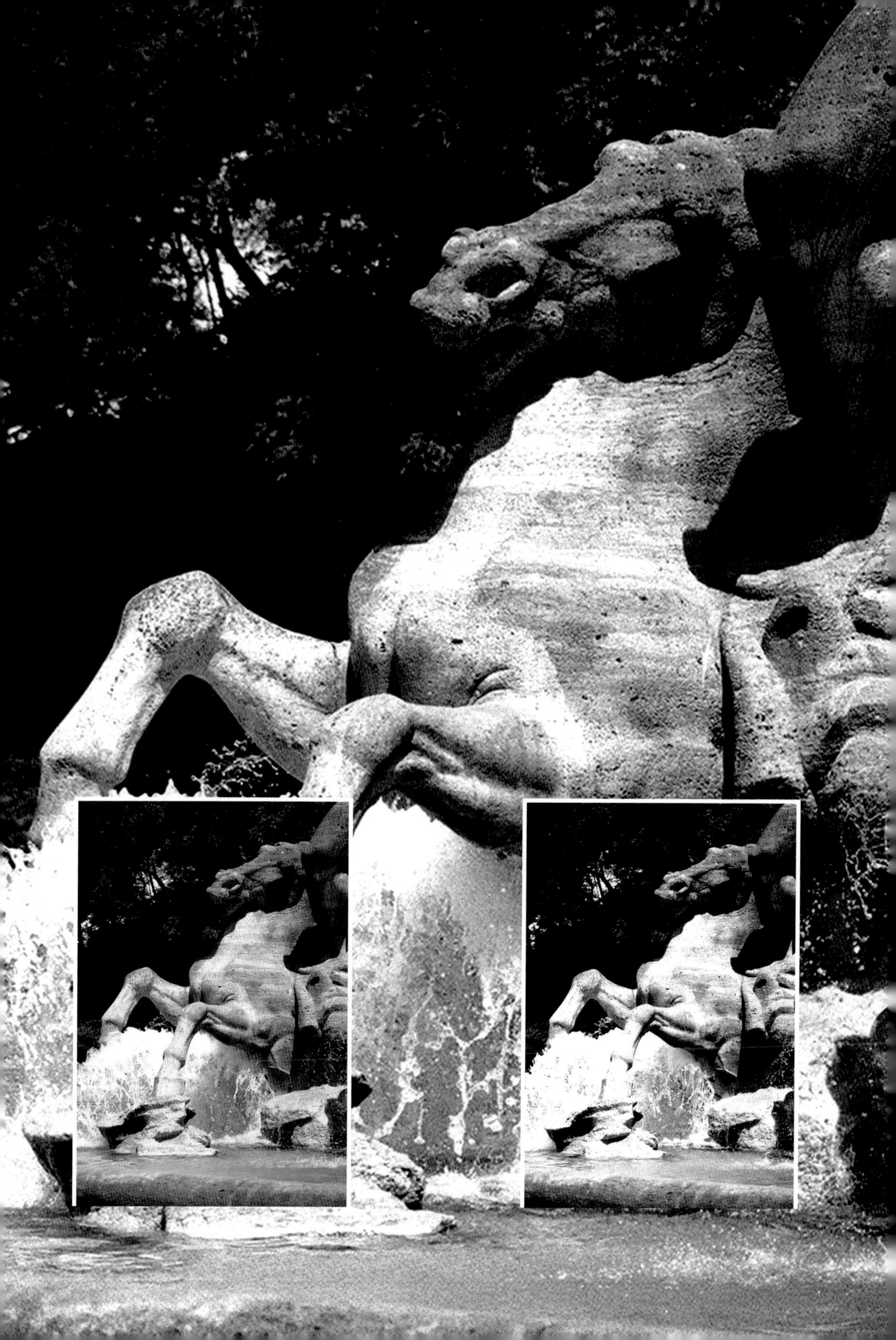

Der Fisheye-Effekt

Mit dem Fisheye-Effekt wird ein Fisheye-Objektiv simuliert, das nicht auf echter Optik sondern auf mathematisch in Formeln gefasste Verformung der Bild-Geometrie beruht. Die Stärke dieser Beeinflussung zwischen schwach, mittel und hoch ist wählbar. Der Effekt lässt sich bei jeder Brennweite anwenden. Bei Weitwinkelaufnahmen im Nahbereich fällt die Wirkung besonders stark aus. Ferner kommt es auf die Haltung bei der Aufnahme, auf die Perspektive und die Position eines Motivs im Bildfeld an.

Im Modus Kreative Filter führt FUNC. SET zum Fisheye-Effekt, der in drei Stufen zur Verfügung steht.

Setzt man im Zentrum an, so ist der Effekt stark abrundend. Nahe dem Rand ergibt sich eine starke Krümmung. Quadratische oder „vieleckige" Objekte im Zentrum nähern sich dem Kreis. Runde Objekte im Zentrum nehmen eine Ballform an.

Alternative zu diesem Effekt wäre ein echtes Fisheye-Objektiv oder ein Fisheye-Vorsatzobjektiv. So manche gute Bildbearbeitungs-Software nutzt diesen Effekt als Filter oder wird mit Funktionen zur Begradigung optischer Verzeichnung eines Objektivs eingesetzt. Software, die den Ausgleich optischer Verzeichnung durch Superweitwinkel-Brennweiten durch Begradigung gerundeter Linien erlaubt, ist prinzipiell auch zum Durchbiegen gerader Linien geeignet.

Fisheye gering,

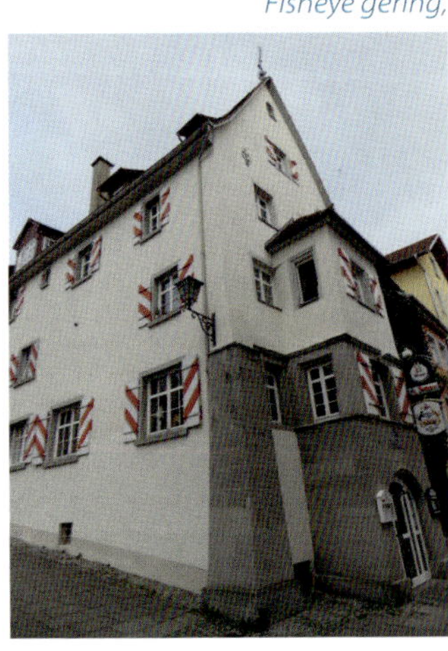

Fisheye mittel

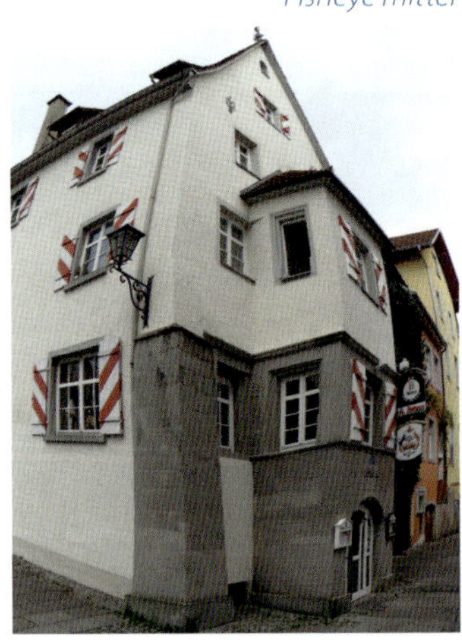

Fisheye stark gebogen

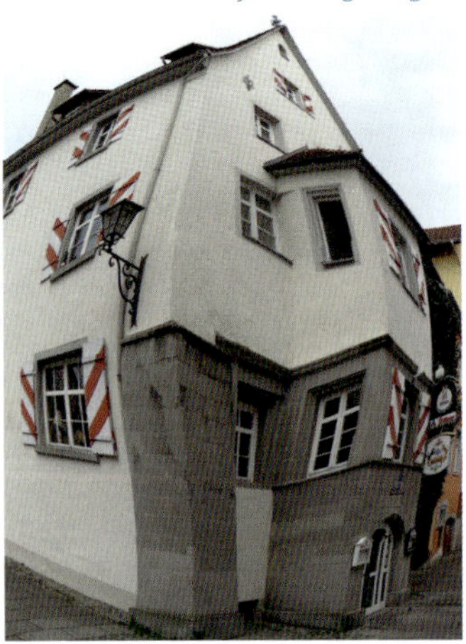

Spielzeugkamera-Effekt

Mit dem Spielzeugkamera-Effekt im Modus „Kreative Filter" wird das Bild einer mangelhaften Kamera insbesondere durch starke Vignettierung der Ecken simuliert. Ein mutiger Ansatz mit einer teuren Kamera in der Hand, „das Licht unter den Scheffel" zu stellen. Von dem etwas irreführenden Begriff einmal abgesehen, kann die Vignettierung dem Bild mehr Tiefe und durch den Schlüssellocheffekt auch etwas Geheimnisvolles verleihen.

Nur der Farbton der monochromen Aufnahme ist zwischen Standard, Warm oder Kalt wählbar. Bis in die Ecken eher dunkle Motive zeigen die Vignettierung am deutlichsten. Himmel oder helle Partien am Rand, schwächen den Vignettierungseffekt ab.

Der Radius der Beeinflussung bleibt unabhängig von der Brennweite gleich, was mit einem realen Zoom-Objektiv nicht unbedingt logisch wäre, doch es kommt ja nur auf den Effekt, auf die Nachahmung an.

Als Alternative führe ich der Vollständigkeit halber wieder eine Bildbearbeitung an. Jede Aufnahme, die einen Effekt unverwischbar einer Aufnahme beifügt, kann prinzipiell ein Bild sein, von dem man später gerne eine unverfälschte Aufnahme hätte. Die Lösung: Entweder später verfremden oder wenigstens nach Einsatz des Effektes eine „normale" Aufnahme zusätzlich belichten. Digitale Kameras haben den Fotografen ja auch vom zögernden Nachdenken über Filmlänge (Kapazität) und Kosten eines Film-Abschnitts befreit.

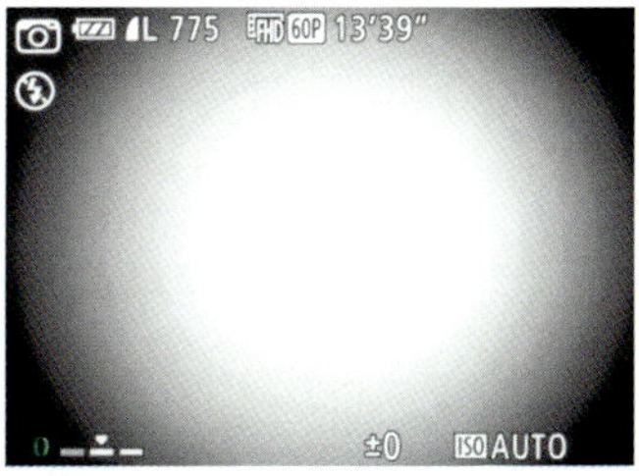

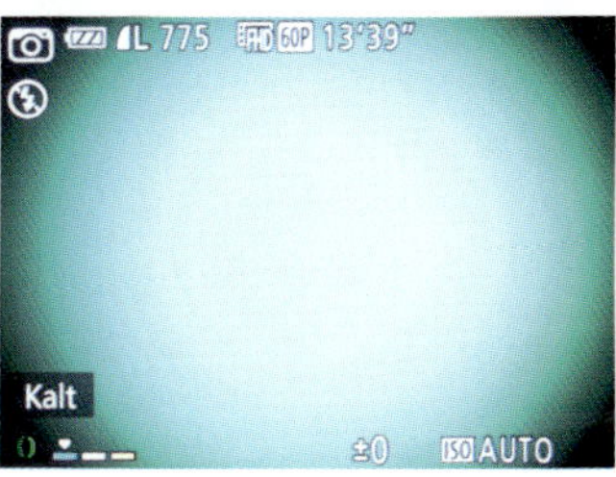

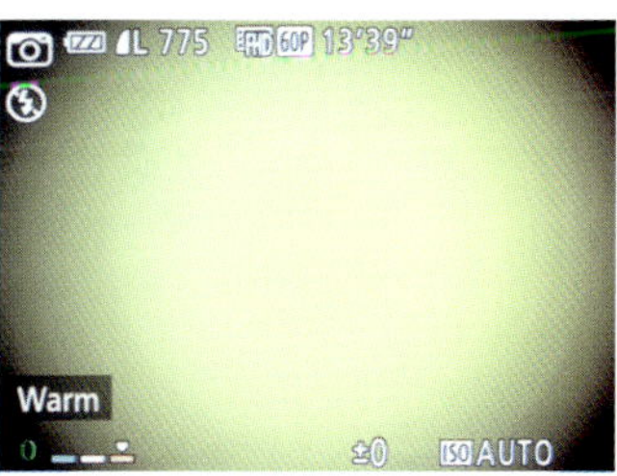

Der Spielzeugkamera-Effekt mit der ausgeprägten Randvignettierung steht in drei Farbtönen zur Verfügung: „Neutral", „Kalt" und „Warm".

Spielzeugkamera Neutral

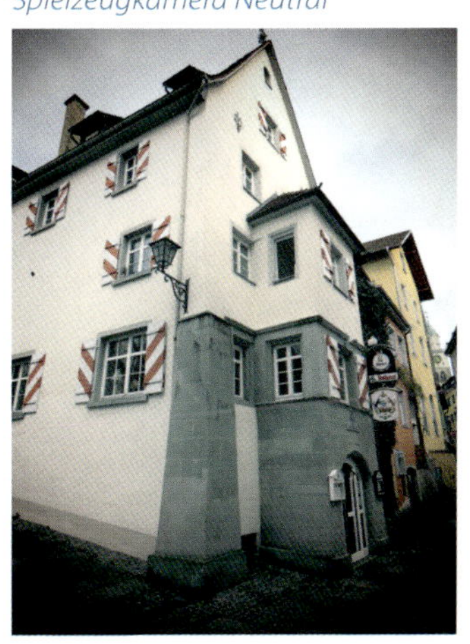

Spielzeugkamera Warm

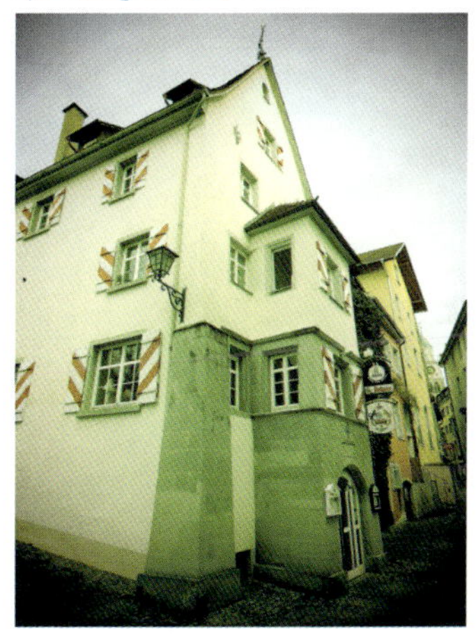

Spielzeugkamera Kalt

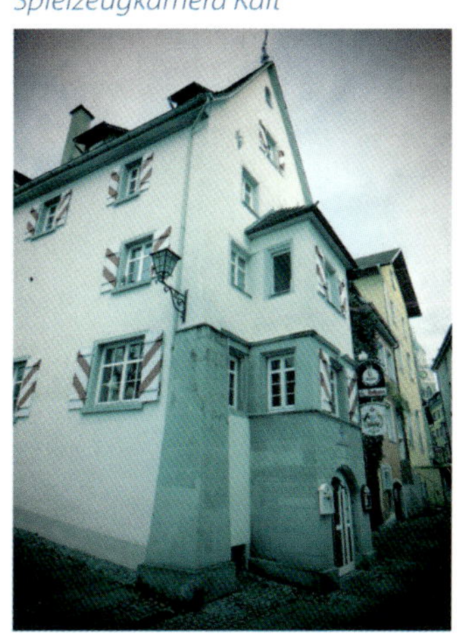

Miniatureffekt

Die Funktion „Miniatureffekt" im Modus „Kreative Filter" wirkt (scheinbar) auf die Schärfentiefe. Große Objekte sollen wie eine „Spielzeug-Eisenbahn" wirken.

Die Zone schärfster Abbildung lässt sich im Bildfeld verschieben (Einstellungs-Wahlrad) und in schmal oder breit verändern (Zoomregler). Ferner kann zwischen waagerechter oder senkrechter Anordnung (FUNC. SET) umgestellt werden. Alle Motivanteile innerhalb des Rahmens werden scharf abgebildet, während außerhalb des Rahmens befindliche Motivanteile zur Unschärfe umgerechnet werden. Der volle Brennweitenbereich kann benutzt werden.

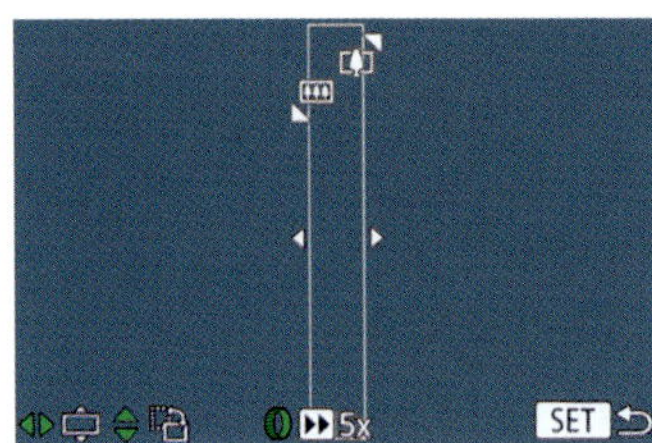

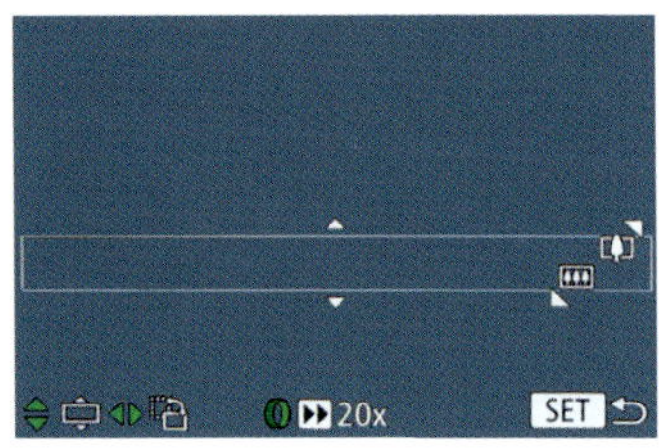

Die Schärfezone ist in der Breite, Positionierung und Ausrichtung veränderbar. Für die Filmwiedergabe gibt es zusätzlich eine Zeitrafferwahl mit einem 5-, 10- oder 20fachen Beschleunigungsfaktor in der Filmwiedergabe; aus einer Minute Aufnahmezeit werden in der Wiedergabe 12, 6 bzw. 3 Sekunden. Das geht aber nur auf Kosten der Filmqualität, die fest vorgegeben ist.

Wer diesen Effekt als täuschende Wiedergabe einer echten Modellbahn-Szene verwenden will, sollte daran denken, dass solche Szenen in der Wirklichkeit immer von einer Position oberhalb der Szene gemacht werden und zum Teil die Einflüsse geringer Schärfentiefe zeigen. Diese Einflüsse mangelnder Schärfentiefe werden recht gut erreicht. Für die Perspektive müssen Sie selbst sorgen.

Für dieses Beispiel wurde ein mittelbreiter waagerechter Streifen als schärfster Bereich gewählt. Der partielle Schärfeeffekt ist zwar gut wirksam, aber nicht optimal auf das Motiv abgestimmt.

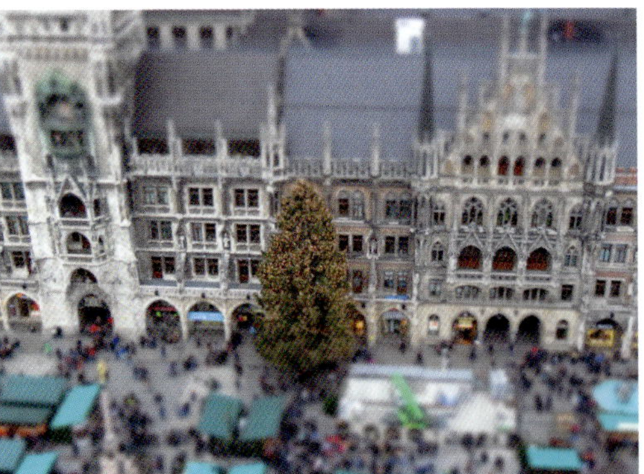

Der hochkant gestellte Schärfebereich ist hier besser auf das Motiv abgestimmt; der Weihnachtsbaum auf dem Christkindlmarkt vor dem Münchner Rathaus konnte so im Ganzen betont werden.

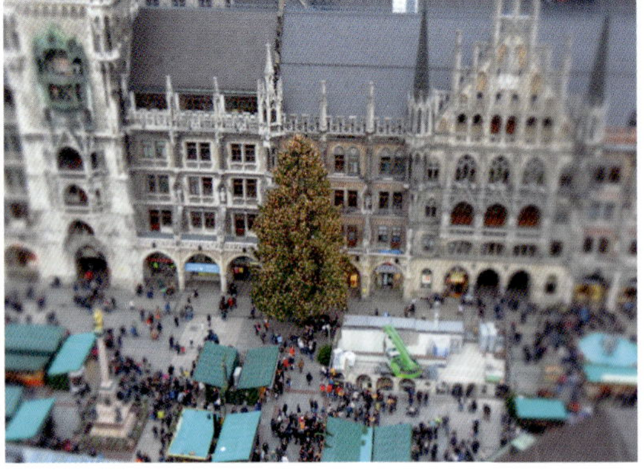

Die Betonung einer scharfen Zone innerhalb unscharfer Bereiche sollte man auch weniger als „Spielzeug-Miniatur-Effekt" sehen, denn als verdeutlichendes Merkmal betrachten. Man macht mit der scharfen Zone nachhaltig auf das Detail im gewählten breiten oder schmalen Streifen aufmerksam. Drei Breiten sind wählbar, die lange Seite führt dabei über das ganze Format. Die Aufmerksamkeit lässt sich nur noch steigern, wenn man die unscharfen Bereiche abdunkelt. Eine Steigerung, die man im Computer bei der Bildbearbeitung nachfügen kann.

Der Wunsch nach einem Movie mit diesem Effekt wird durch zusätzliche Wahl der Movie-Wiedergabe-Geschwindigkeit in 5fach, 10fach oder 20fach unterstützt. Es entsteht ein Zeitraffereffekt.

Wiedergabedauer

Aufnahme	Wiedergabe*
5x	rund 12 s
10x	rund 6 s
20x	rund 3 s

*Wiedergabezeit des Zeitraffer-clips bezieht sich auf eine Minute Aufnahmedauer.

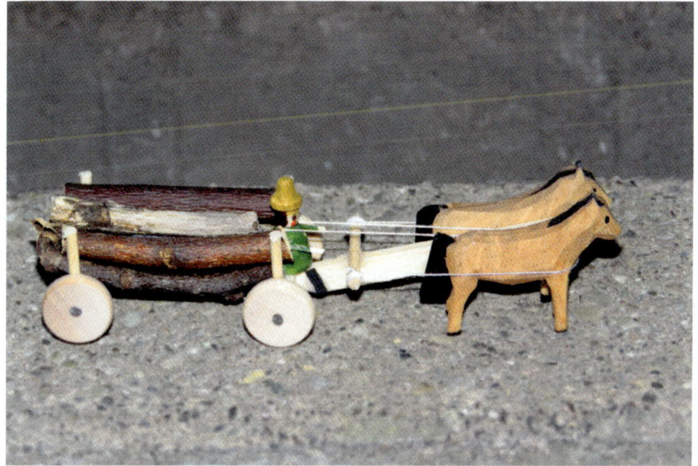

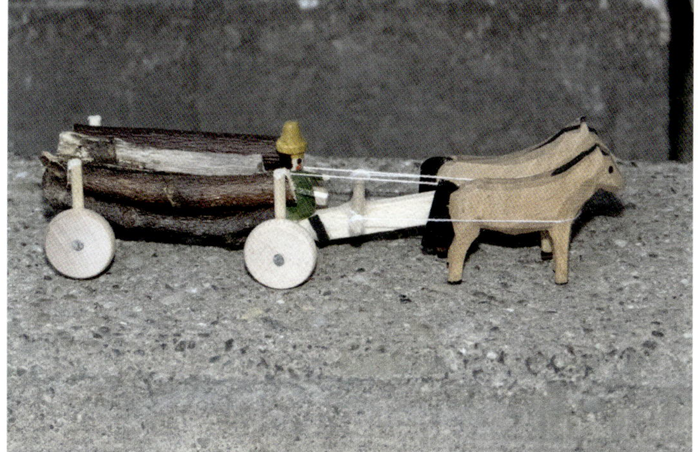

Oben: Minitureffekt mit horizontalem breiten Streifen, der die partielle Schärfe der Table-Top Aufnahme unterstützt, ohne als „Verfremdungseffekt" aufzufallen. Unten: Vergleichsaufnahme mit Programmautomatik mit durchgehender Schärfe im Vordergrund. Aber auch die Hintergrundschärfe zeigt sichtbare Unterschiede. Beide Aufnahmen wurden mit dem eingebauten Blitz beleuchtet. Der Farbunterschied ergab sich aus den programmspezifischen Eigenschaften.

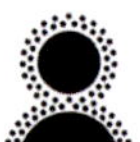

Weichzeichner

Die Funktion „Weichzeichner" im Modus „Kreative Filter" simuliert die Wirkung eines optischen Weichzeichners, wie man sie einst durch optische Weichzeichner-Filterscheiben, durch mit Fett beschmierte Scheiben oder feines Damenstrumpfgewebe erzielte.

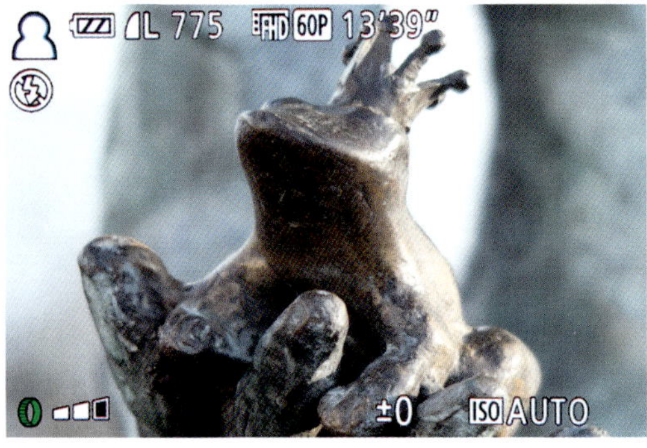

Im Modus Weichzeichner stehen drei Stufen – gering, mittel und stark – zur Verfügung.

Weichzeichner-Aufnahmen lassen sich nicht durch bloßes leichtes Unscharf-Fokussieren simulieren. Sie behalten eine gewisse Schärfe und gewinnen vor allem durch eine mehr oder minder starke Überstrahlung, die man vor allem an kontrastierenden Übergängen zwischen Hell und Dunkel erkennt.

Die G7 X vermag diesen Effekt recht gut zu zeigen, wobei der Fotograf das Bild gering, mittel und stark beeinflussen kann.

Weichzeichner-Aufnahmen haben traditionelle Einsatz-Bereiche im Porträt wie im Stillleben. Auch in der Landschaftsaufnahme können sie für die besondere Stimmung sorgen.

Auf ein klassisches Porträt angewendet, sollte man jedoch die Tradition bewahren, vor allem die Augen ohne zu starken Weichzeichnereinfluss abzubilden. In jedem Fall, im Porträt beispielsweise durch eine Leuchte hinter dem Kopf, kann man durch Lichtsäume den Weichzeichnereffekt verdeutlichen.

Weichzeichnereffekte haben ihren Wert bei Farb- und Schwarzweißbilder gleichermaßen. Da bei der Aufnahme keine Wahl zwischen Farbe oder Schwarzweiß für den Weichzeichner vorgesehen

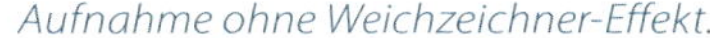

Aufnahme ohne Weichzeichner-Effekt.

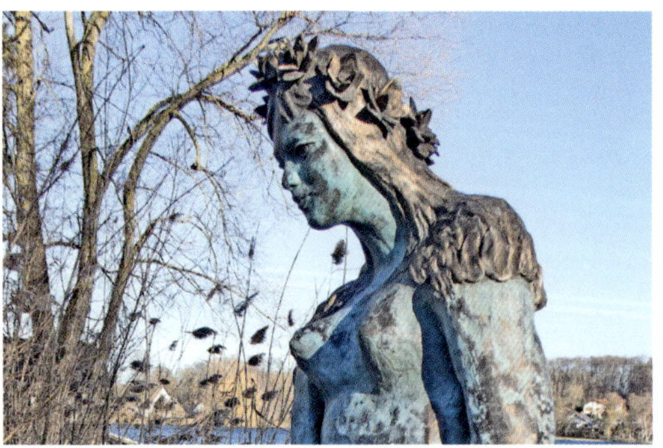

Weichzeichnerstufe „gering"

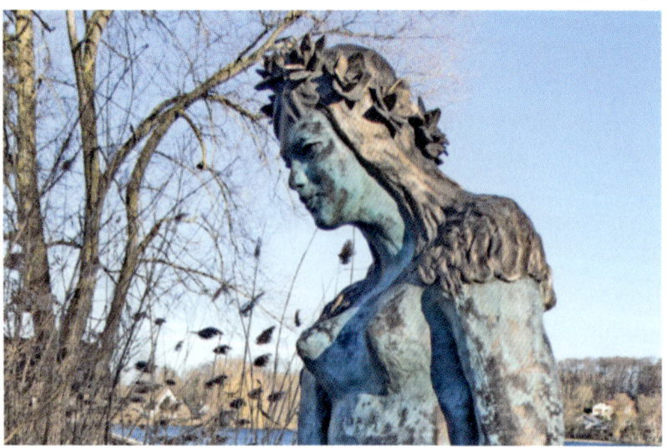

ist, kann man die Farbe mit My Colors im Wiedergabemodus umwandeln oder eben mit einer Bildbearbeitungs-Software später am PC.

Weichzeichnereffekte mit eigenen Mitteln

Wenn wir schon beim Thema sind, so möchte ich auf die nahezu unerschöpflichen kreativen Möglichkeiten mit selbstgebauten Weichzeichnern hinweisen. Die klassische Methode ist die, eine klare Glasscheibe vom Rand her kreisförmig mit transparenter Vaseline oder anderen durchsichtigen Fetten oder Cremes zu beschmieren. Ganzflächig oder mit freiem Bereich in der Mitte (zum Beispiel für Porträtaufnahmen) – das sind sehr effektvolle Mittel. Alternativen sind feinmaschige transparente Stoffe oder feine Drahtgeflechte. Wer auf farbneutrale Effekte Wert legt, sollte nicht zu farbigen Damenstrumpfhosen greifen.

Unscharfer Hintergrund

Ähnlich der Weichzeichnung, jedoch nicht wirklich zu vergleichen, ist die Funktion „Unscharfer Hintergrund“ unter den „kreativen Filtern“. Zwei Aufnahmen werden gemacht, die in der Kamera berechnet werden, bevor ein Bild gespeichert wird. Der scharfe Vordergrund wird scharf beibehalten, der Hintergrund wird durch die Kamera-Software in weiche Unschärfe verwandelt, was recht gut zur plastischen Wirkung eines zentralen Motivs beitragen kann. Der Effekt zeigt die stärkste Wirkung bei ganz geöffneter Blende und möglichst weitem Abstand des Objekts zum Hintergrund.

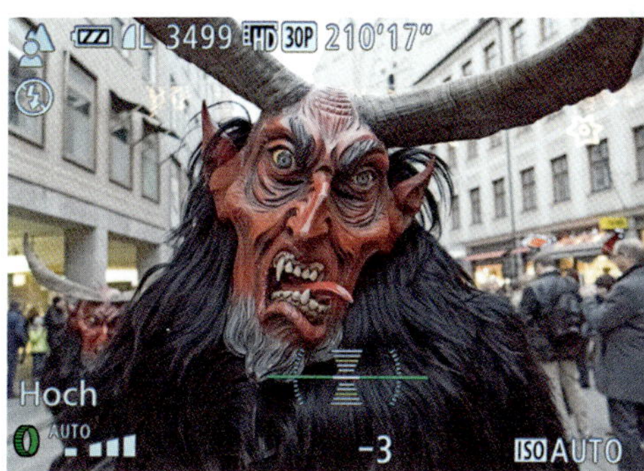

Effektstärke ist über drei Stufen veränderbar.

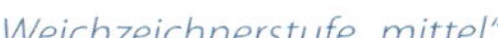

Weichzeichnerstufe „mittel“

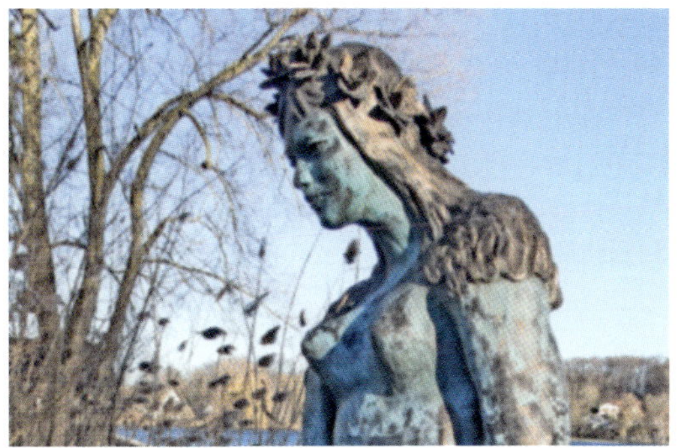

Weichzeichnerstufe „stark“

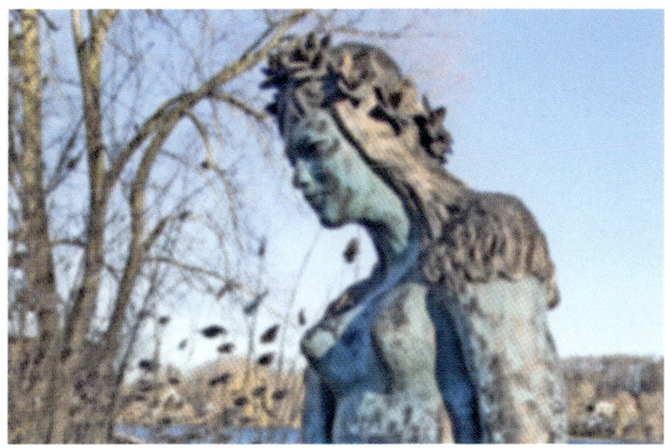

Kreativ Monochrome

Die Funktion „Monochrome" im Modus „Kreative Filter" beraubt ein Bild seiner bunten Farbe, um es in ein in vielen Helligkeitsstufen verändertes monochromes Bild zu wandeln.

Zur weiteren Auswahl steht die Wandlung zu einem schwarzweißen, zu einem sepia-weißen und einem blau-weißen Bild. Entspricht das Schwarzweißbild praktisch der klassischen Schwarzweißfotografie, so sind seine eingefärbten Konkurrenten mit getönten Schwarzweißbildern vergleichbar, die es ebenso schon zu klassischen Schwarzweißzeiten gab.

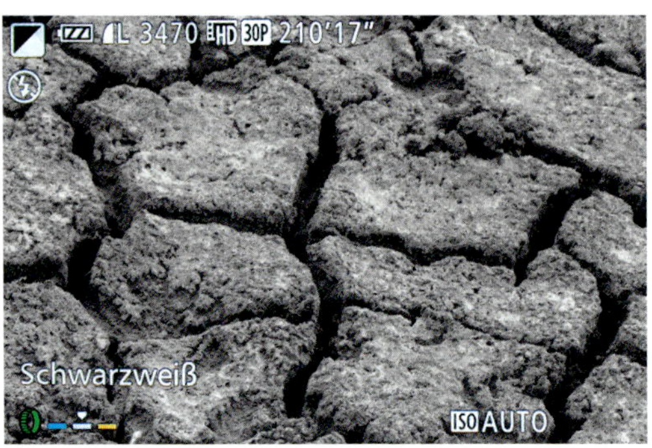

„Schwarzweiß" dürfte der erste Gedanke bei der Wahl von „Kreativ Monochrome" sein. Bilder werden jedoch in einem Farbmodus gespeichert, womit die Kamera nach der Umsetzung zu Helligkeitswerten in der Lage ist, eine einheitliche „Verfärbung" zu benutzen.

Für den Kenner steht im Vordergrund die Frage nach der augenrichtigen Wiedergabe von Farben im Schwarzweißbild, so wie man sie vom panchromatischen Schwarzweißfilm gewohnt war, und die Erinnerung daran, dass Schwarzweißbilder von Farbe nicht profitieren konnten. Schwarzweißbilder leben von Licht und Schatten und den Kontrasten. Schöne Schwarzweißfotos haben stets auch den tiefen Schatten einbezogen – woran sich ein langjähriger Farbfotograf erst einmal wieder gewöhnen muss.

Digitale Farbumsetzung

Die Umsetzung einer Farbaufnahme zu Schwarzweiß erinnert daran, dass in der digitalen Kamera lichtempfindliche Sensoren farbig gefiltertes Licht durch ein Filterraster in den Grundfarben Rot, Grün und Blau aufnehmen. Mit über den Filteradapter montierte Filter können Sie somit Einfluss auf die Lichtzusammensetzung nehmen.

Was bei der G7 X elektronisch nicht umsetzbar ist, ist die Betonung einzelner Farben in der Dichtewiedergabe durch Farbfilter, wie z.B. ein Gelb- oder Rotfilter zur Betonung des blauen Himmels. (Die Komplementärfarbe der Filterfarbe wird absorbiert und somit dunkler wiedergegeben.)

Wer sich mit der Schwarzweißfotografie mit digitalen Mitteln vertieft auseinandersetzen möchte, ein sehr spannendes Thema, wenn man die Bilder dann noch auf hochwertigem Papier ausdrucken lässt, kommt um eine Nachbearbeitung mit einer guten Software nicht herum. Ausgangsmaterial ist dann sinnvollerweise eine RAW-Aufnahme.

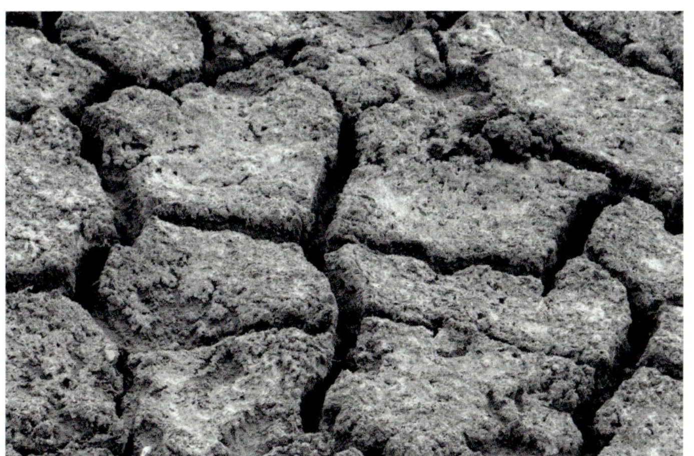

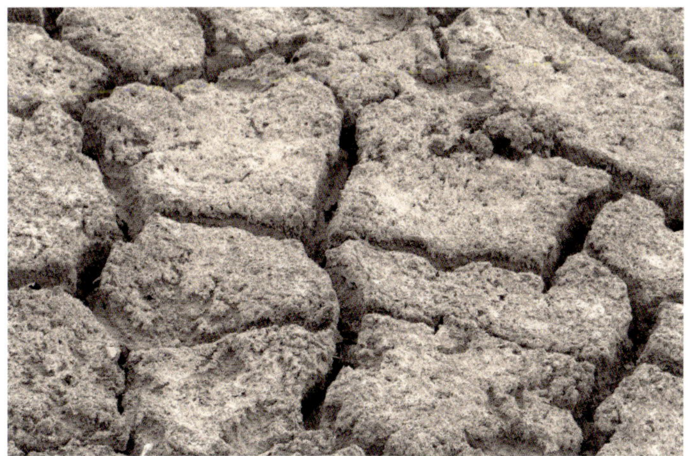

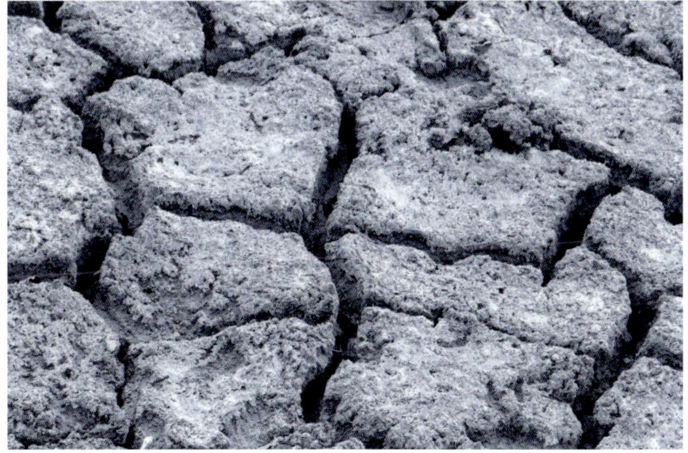

Die monochrome Umsetzung von Farbaufnahmen entfaltet ihre besondere Wirkung bei kontrastreichen Motiven, wie in unserem Beispiel mit der durch Rauhreif weiß überzogenen Baumgruppe vor dunklem Hintergrund. Entscheidend war hier die Belichtung auf die hellen Partien.
Oben: Schwarzweiß
Mitte: Sepia
Unten: Blau

Farbverstärkung

Die Funktion „Farbverstärkung“ im Modus „Kreative Filter“ wandelt natürliche, auch dezente Farbwirkung in plakativ wirkende kräftige Färbung. Ein Bild mit diesem Effekt lässt sich nicht ohne Weiteres mit der kraftvollen Färbung vergleichen, die man durch knappere Belichtung erzielen kann, die immer mit insgesamt dunklerer Abbildung einhergeht. Farben werden stattdessen satter dargestellt, ähneln dem Poster-Effekt und erinnern an plakathafte Wirkung von Miniaturen, wie sie für Modellbahn-Landschaften angeboten werden.

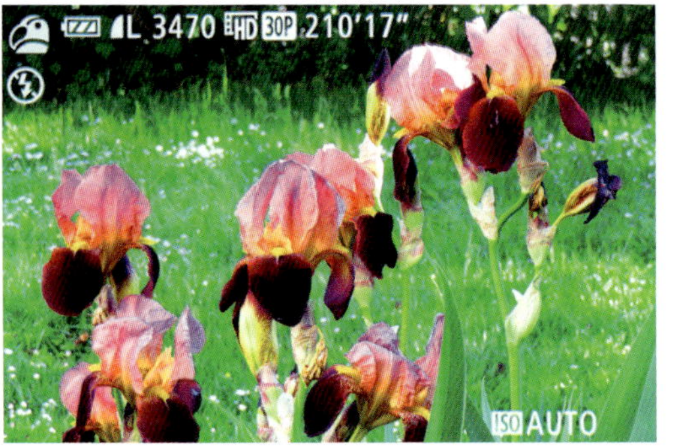

Ein kontrastreiches Motiv zeigt vor allem in den hellsten Stellen die kräftige Einfärbung durch Farbverstärkung, die plakativ und fast aufdringlich werden kann.

Farbe wird durch Farbverstärkung in einer Intensität dargeboten, die man beinahe „aufdringlich“ nennen könnte, was jedoch schon wieder der besondere Reiz dieses Effektes ist. Szenen, die einem Aquarell mit zarten Farben ähneln, erhalten eine kräftige Wirkung. „Normalfarbige“ Motive werden am stärksten gewandelt. Grün wird zu „Giftgrün“, Rot zu „Knallrot“ und Blau zu „Preußischblau“, das einen echten Preußen erblassen ließe. Ähnlich ergeht es allen anderen Farben und Zwischenfarbtönen.

Mit der Farbverstärkung erzielen Sie eine Aufnahme, die Ihr Bildarchiv ergänzt. Auch bei diesem Effekt sollte man eine unverfremdete Aufnahme zur Ergänzung aufnehmen, da die kräftige Färbung später nicht oder nur im Nachbearbeitungsprogramm zurückzuschrauben ist.

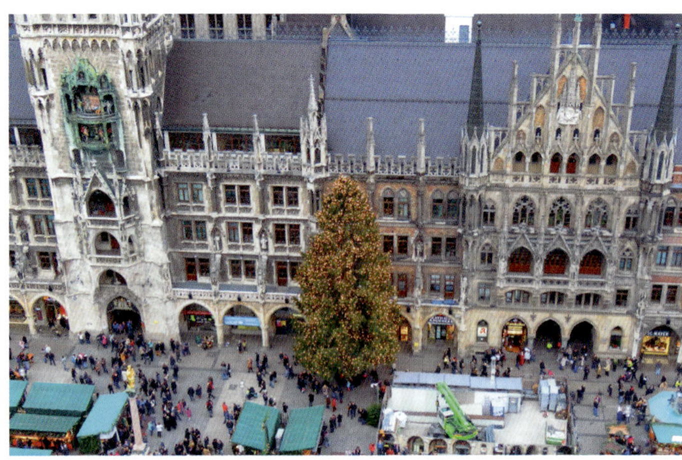

Der Vergleich mit Bild ohne Filtereffekt (Bild oben auf der gegenüberliegenden Seite) zeigt die deutliche Verstärkung der Farben und eine deutlich sichtbare Kontraststeigerung.

Poster

Die Funktion „Postereffekt“ im Modus „Kreative Filter“ hat nichts mit einem Poster als Plakatformat zu tun. Es rührt von „Posterization“ her. In der Bildbearbeitung und im Fotolabor als Tontrennung bekannt. Tontrennung bedeutet, die fein abgestufte Vielfalt an Farben zusammenzufassen und zu reduzieren. Eine Reduzierung, bei der aus vielen Farbstufen nur wenige übrigbleiben. Ähnliche Farben werden zusammengefasst und führen zu einer eher flächig grafisch wirkenden Abbildung.

Poster-Aufnahmen mit der PowerShot G7 X sind eher zurückhaltend. Software erlaubt meist nachhaltigere Wirkung. Trotzdem ist es ein interessanter Versuch, Realität in ein Plakat wie aus der Hand eines Grafikers verfremdet zu bringen.

Vergessen Sie nicht, die ergänzende Real-Aufnahme ohne Verfremdung für die spätere Umsetzung zu machen. Das zusätzliche Bild darf in höchster RAW-Qualität nach Umstellen von JPEG auf RAW entstehen.

Porträts mit Poster-Effekt sind mit Vorsicht zu genießen. Reduzierte Farbzonen könnten bei Hauttönen oder Licht- und Schattenabgrenzung im Gesicht zu fleckigen Farb- und Dichtezonen führen, die leicht entstellend wirken können. Bei markanten Männerporträts aber ein Versuch wert.

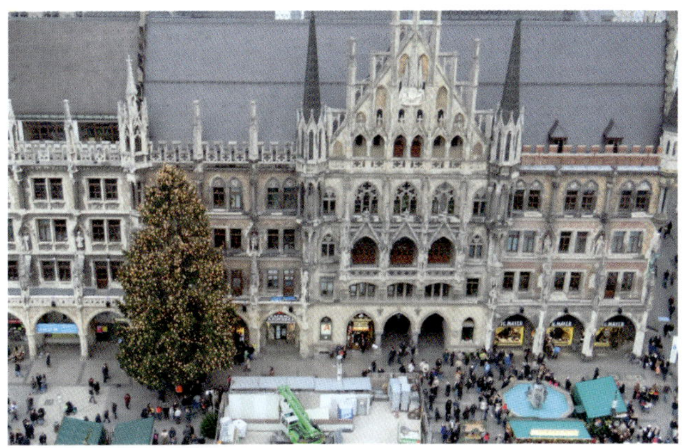

Bild oben eine Aufnahme ohne Filtereffekt zum Vergleich.

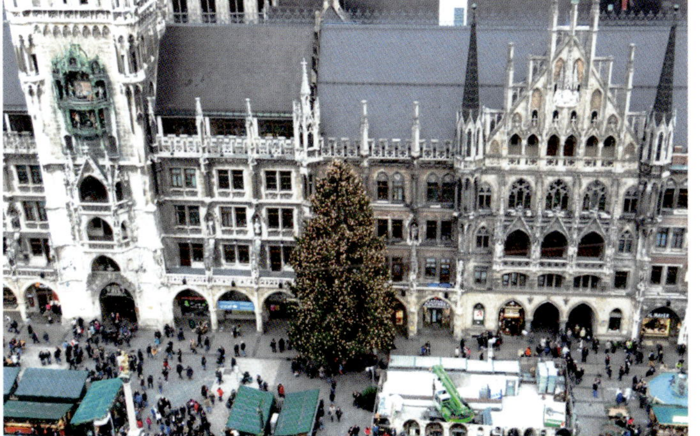

Reale Farbabstufungen werden mit dem Poster-Effekt zu plakativen Farbzonen gewandelt. Es findet wie in der ursprünglichen Tontrennung eine Zusammenfassung der Farben auf Kosten von Farb-Zwischentönen statt.

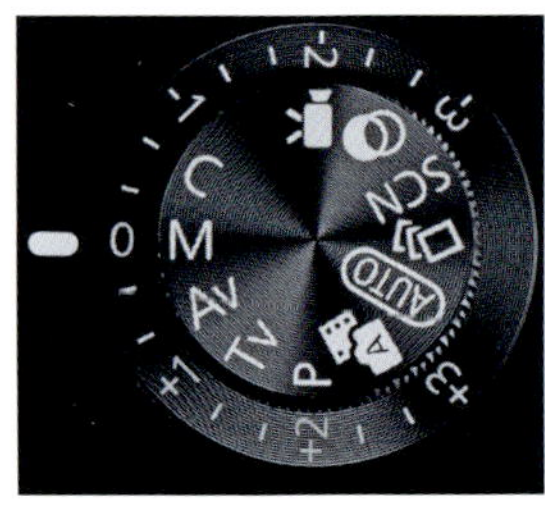

M = Manuell belichten

Mit dem Modus „M“ übernehmen Sie als Fotograf die volle Verantwortung für die korrekte oder eine Ihren Wünschen entsprechende Belichtung. Sie herrschen über Blende, Belichtungszeit und den ISO-Wert in diesem Modus, der die Fototechnik begleitet seit es Kameras gibt. Alle drei gerade eingestellten Werte werden Ihnen im Monitor angezeigt. Neben der ISO-AUTO Wahl stehen alle Werte von ISO 125 bis ISO 12800 zur Verfügung, alle Blendenbereiche die Ihnen die Zoomstellung zulässt (1,8-11 bei Weitwinkel, 2,8-11 bei Tele) und ein Zeitenumfang von 250 Sekunden (mit Einschränkungen, siehe Tabelle) bis 1/2000 Sekunde. Die einstellbaren ISO-, Blenden- oder Zeitstufen entsprechen jeweils 1/3 Lichtwert. Feinere Abstufungen sind in der praktischen Fotografie auch nicht notwendig, da das Auge diese geringfügigen Belichtungsunterschiede nicht oder so gut wie nicht mehr wahrnehmen kann.

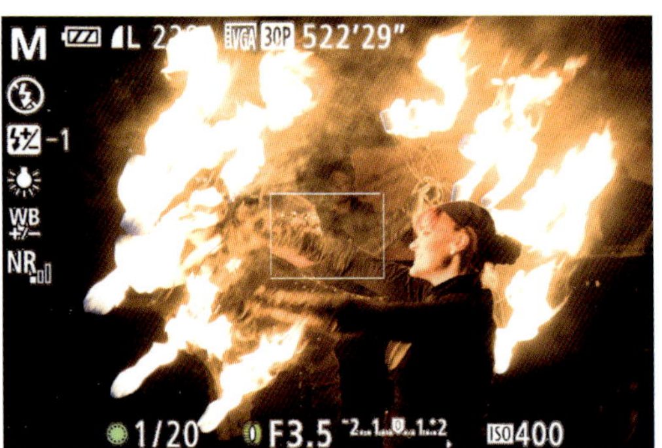

Der Modus „M“ bietet Ihnen die volle Freiheit, die Belichtung so einzustellen, wie Sie es als Fotograf wünschen – egal ob richtig oder falsch.

Verändern Sie zwei oder alle drei Parameter in dieselbe Richtung, so addiert sich die Wirkung z.B. bei je 1/3-Stufe zu einem ganzen Lichtwert, und dann ist die Wirkung schon sehr deutlich.

Ihre G7 X lässt Sie aber auch im M-Modus nicht im Wald stehen. Sie misst auf jeden Fall immer die Belichtungszeit entsprechend

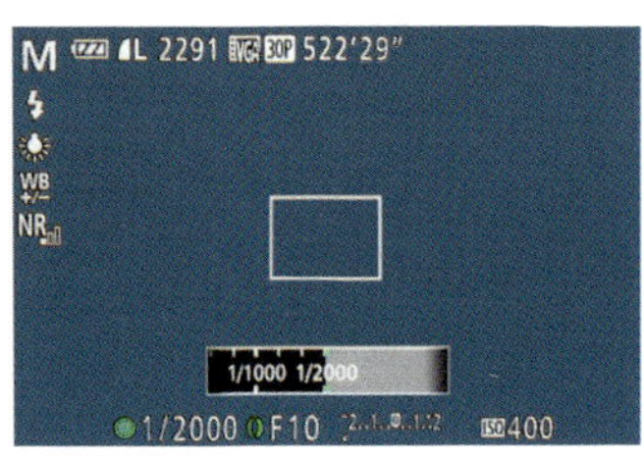

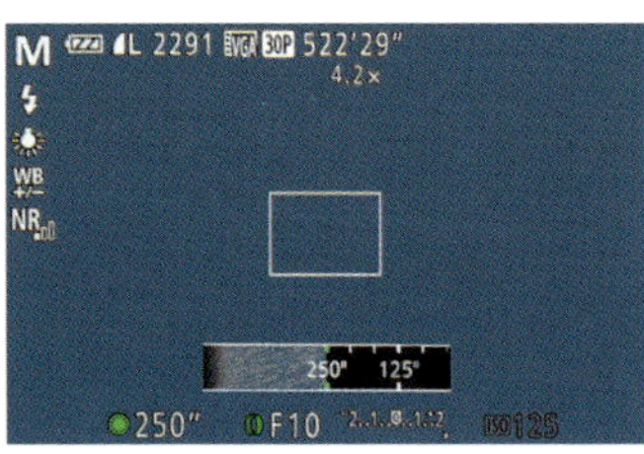

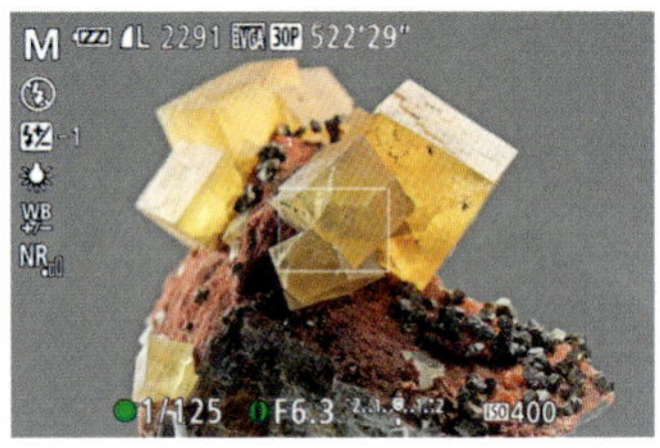

Mit dem Objektivring und dem Einstellrad verstellen Sie mit Hilfe der eingeblendeten Skala den Blendenwert oder die Belichtungszeit. Mit der Korrekturskala darunter verfolgen Sie anhand der kleinen Anzeigenmarkierung den Abgleich zum „0-Wert“ – er entspricht der von der Kamera gemessenen Belichtung. Geht die Abweichung über die ±2 Anzeige hinaus, wird ein kleines Richtungsanzeigesymbol am entsprechenden Ende der Skala eingeblendet. So erkennt man sofort die Richtung in die gegengesteuert werden muss, oder ob eine Über- oder Unterbelichtung droht.

der eingestellten Messmethode und bietet Ihnen über die Belichtungskorrekturskala die Möglichkeit mit den drei Parametern Blende, Zeit und Empfindlichkeit die richtige Belichtung nachzuführen. Über das Wahlrad wählen Sie die Zeit, über die Ringsteuerung die Blende. Wenn Sie diese Zuordnung ändern möchten, drücken Sie die RING FUNC.Taste und ordnen dem Objektivring die Zeitenwahl zu. Die Blende lässt sich dann über das Einstellrad bedienen.

Legen Sie sich die ISO-Einstellung auf einen der programmierbaren Schalter, z.B. auf die Movietaste, dann kommen Sie noch schneller an die ISO-Anpassung.

Wie gesagt, der Fotograf selbst bestimmt im M-Modus über die richtige Kombination von Blende und Zeit. Dabei hilft ihm die Belichtungsmessung und -anzeige der Kamera, für die man aus den drei Möglichkeiten die gewünschte Messmethode wählt. Die Anzeige der Belichtungsmessung erfolgt durch eine kleine Skala am unteren Rand zwischen den Werten für die Blende und der ISO-Wert Anzeige. Die Skala wirkt wie eine Waage. Ein Strich

Verschlusszeiten/ISO

Im M-Modus gibt es Einschränkungen bei der Kombination bestimmter ISO und Zeitkombinationen. Sehr lange Belichtungszeiten und hohe ISO-Einstellungen machen keinen Sinn, sie würden auch zu erhöhten Artefaktestörungen führen.

Verschlusszeiten	ISO
250-40 s	125
30-1,3 s	125-3200
1-1/2000 s	125-12800

Beachten Sie auch die Darstellung auf dem Display. Gerade bei Nachtaufnahmen versucht die Kamera die Belichtung an Tageslicht ähnliche Verhältnisse anzupassen, was meist ein für Nachtaufnahmen zu helles Bild ergäbe.

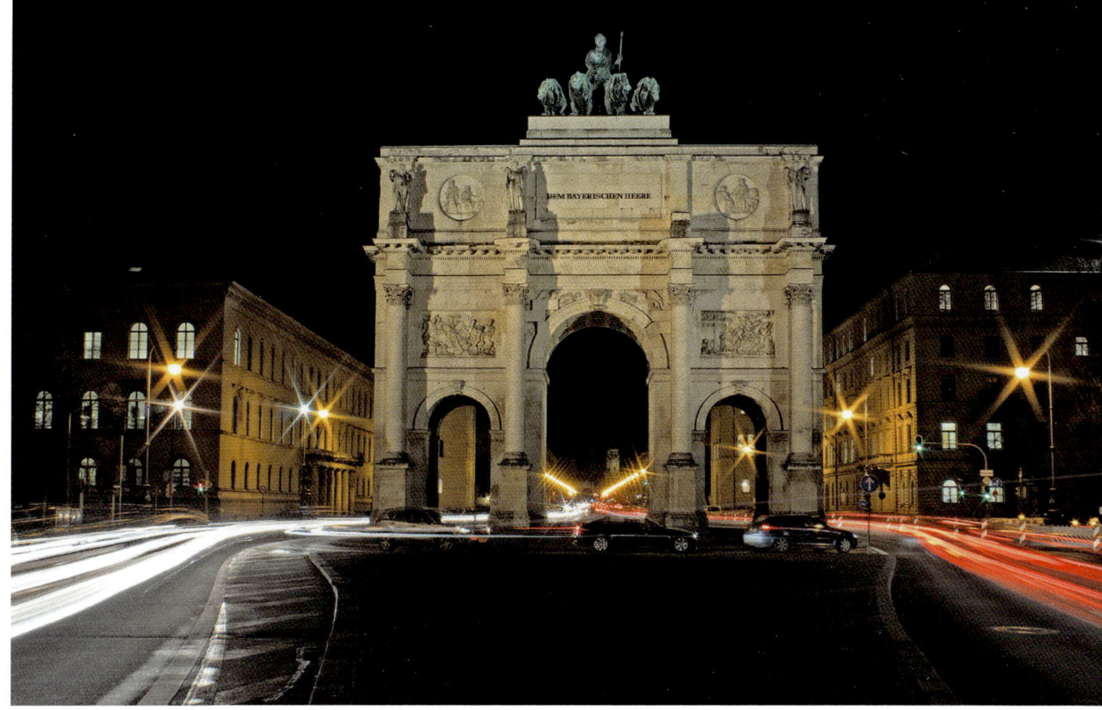

in der Mitte steht für die korrekte, der Messung entsprechende Belichtung. Achten Sie auf den wandernden Strich unterhalb der Skala. In Drittelstufen zeigt er die Abweichung von der Mitte auf der linken Seite für eine knappe Belichtung, zur rechten Seite für eine reichliche Belichtung. „Klebt" der Wanderzeiger am linken Anschlag, dann droht Unterbelichtung. Steht er am rechten Anschlag, dann ist eine Überbelichtung die Folge.

Analog dazu kann man allerdings auch einen Blick auf den Monitor „hinter den Werten" werfen, da die Auswirkung der gewählten Zeit-/Blende-Kombination zeitgleich am Motiv erkennbar wird. Wer im Modus „M" fotografiert, wird auch Blitzaufnahmen

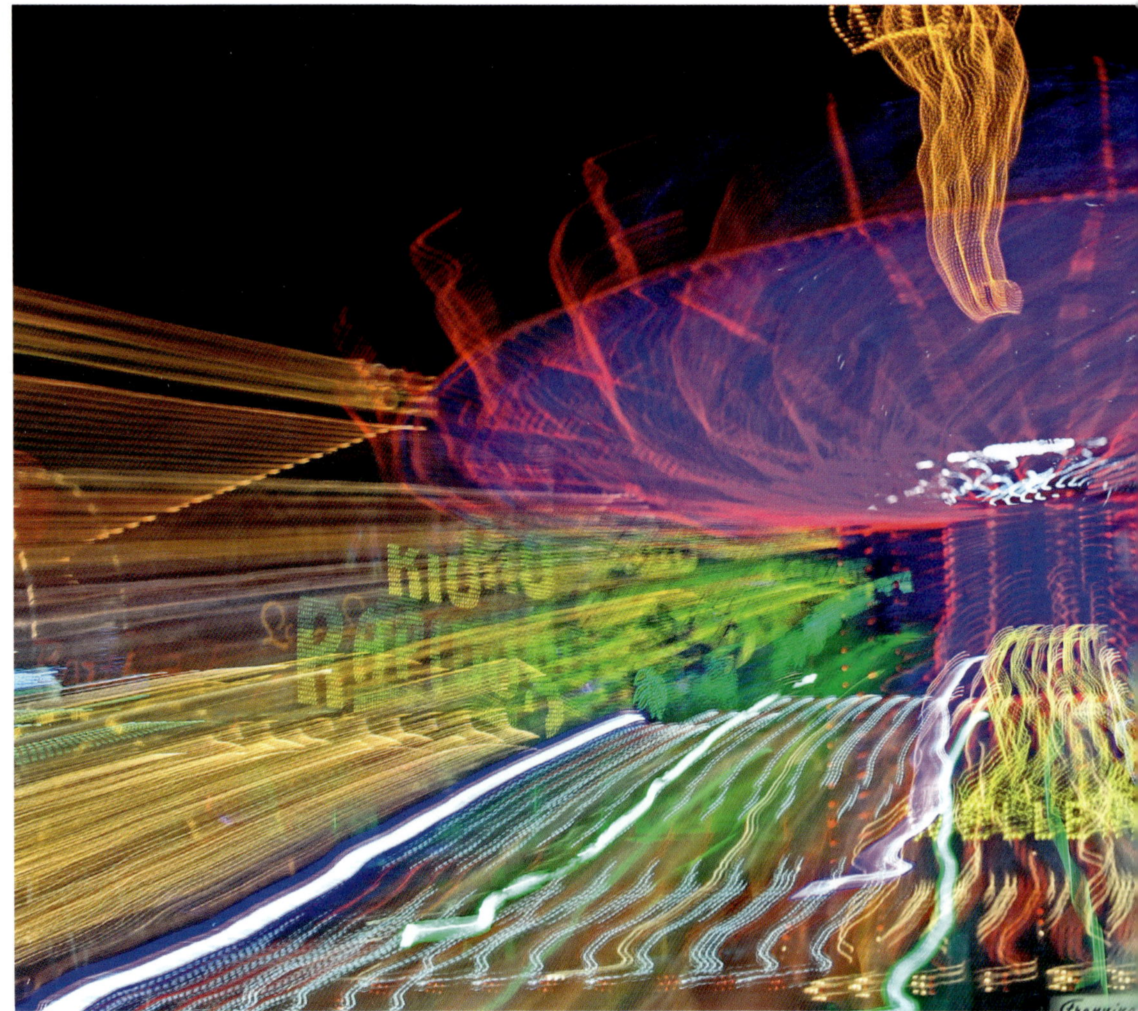

machen wollen. Die verwendete Belichtungszeit bestimmt zwar den Anteil des vorhandenen Lichts für die Belichtung, ändert aber nicht die Intensität des Blitzes; da hilft die manuelle Blitzkorrektur. Die Wirkung des Blitzlichts wird primär vom Aufnahmeabstand bestimmt. Die Wirkung im Zusammenspiel mit dem vorhandenen Licht steuern Sie über die Belichtungszeit, Blitzintensität und die Entscheidung, den Blitz auf den ersten oder zweiten Verschlussvorhang zu zünden; das bedeutet am Anfang oder Ende einer Langzeitbelichtung (Einstellung über das Menü unter „Verschluss. Sync."). Damit bestimmen Sie ob sich die Leuchtspuren vor oder hinter dem sich bewegenden Objekt befinden.

Filmen im M-Modus

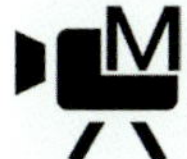

Mit dem manuellen Filmmodus besitzen Sie die freie Entscheidung über Zeit, Blende und ISO-Empfindlichkeit. Die Zeit- oder Blendenskala erreichen Sie über die ±Taste. Abweichungen von der korrekten Belichtung werden in der Belichtungskorrekturskala mit einer Markierung angezeigt.

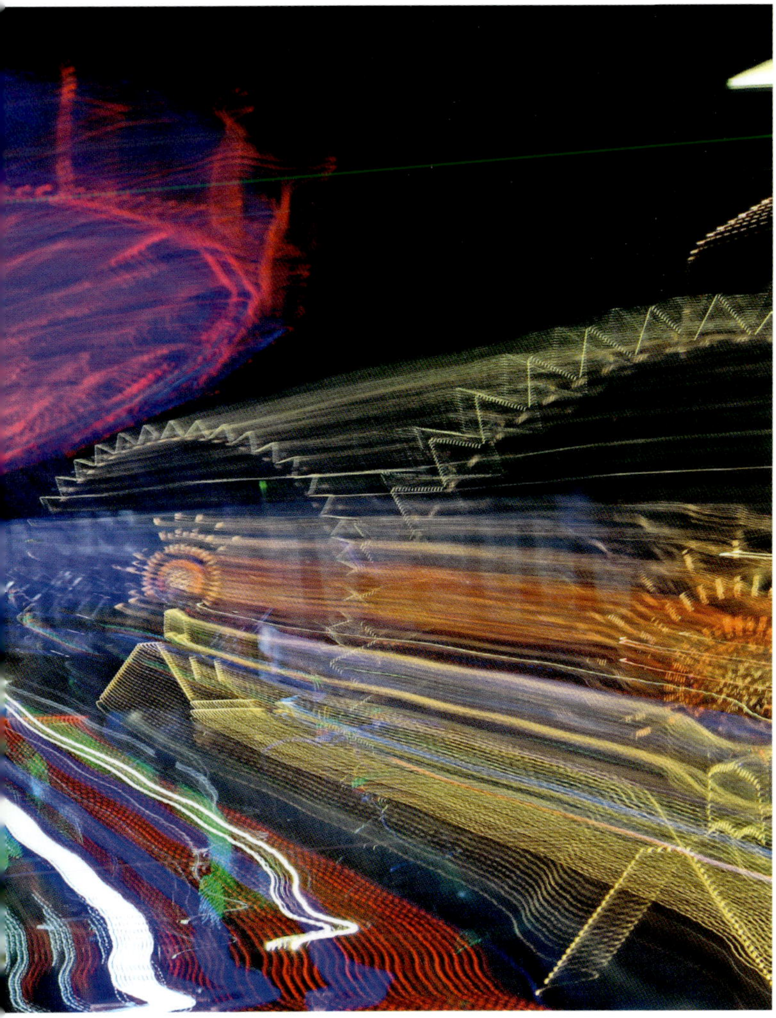

Blitzleistung im M-Modus

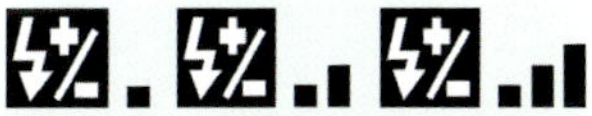

Aktivieren Sie bei ausgeklapptem Blitz über die Multifunktionstaste die Blitzauslösung, wählen solange die Anzeige eingeblendet wird – recht zügig – eine der drei Blitzstufen (gering, mittel, hoch) mit dem Objektivring und drücken die FUNC.SET-Taste zur Bestätigung.

Für fotografische Experimente eignet sich der M-Modus mit der handgesteuerten Langzeitbelichtung besonders gut. Im Beispiel wurde während der Belichtung die Brennweite verändert, dadurch entstand die Strahlenwirkung.

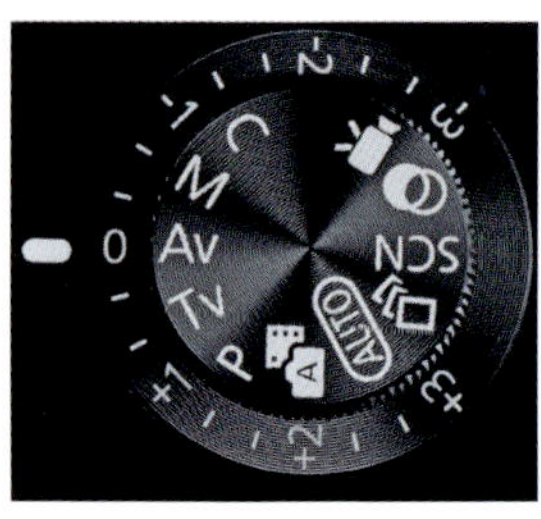

Av = Blendenvorwahl

„Av“ ist die Abkürzung für **A**perture **v**alue priority, auch bekannt unter Blendenvorwahl oder von Canon mit Verschlusszeitautomatik übersetzt oder einfach Zeitautomatik.

Mit dem Modus „Av“ steht ein Programm zur Verfügung, in dem mühelos die Blende vorgewählt werden kann. Sie zwingen Ihre PowerShot auf diese Weise durch Vorbestimmung der Blende zu geringer oder umfangreicher Schärfentiefe. Zum Zeitpunkt der Vorwahl sehen Sie nur den Blendenwert in der Anzeige. Der dazu passende Wert der Belichtungszeit wird erst bei angetipptem Auslöser angezeigt.

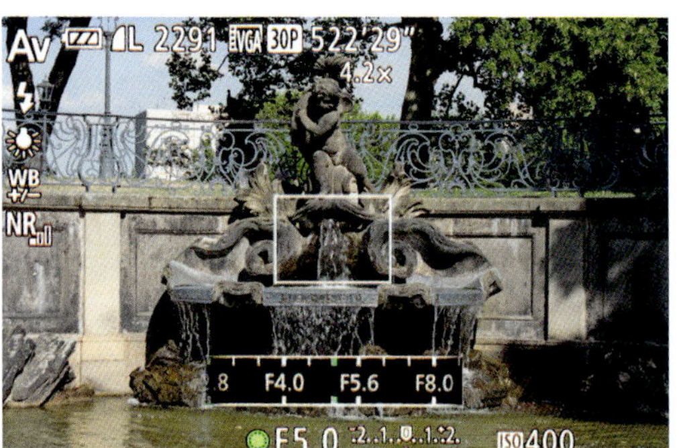

Von nah bis fern ausgedehnte Motive verlangen nach größter Schärfentiefe, die man durch kleine bis kleinste Blendenöffnung zu erreichen versucht. Mit Blendenvorwahl bestimmen Sie und nicht irgend eine Automatik die zu verwendende Blendenöffnung.

Der Bereich der verfügbaren Blendenwerte ist stets auf die kleinste Blende 8 begrenzt. Die größte Blendenöffnung wird durch die gewählte Brennweite eingegrenzt. Steht bei kürzester Brennweite die größte Blendenöffnung, die beste Lichtstärke des Objektivs, zur Verfügung, so nimmt der Wert bei längerer Brennweite stetig ab, bis er bei längster Brennweite die kleinste maximale Lichtstärke erreicht. Sie haben also abhängig von der Brennweite einen Wert zwischen 1:1,8 bis 1:11 zur Verfügung und können bis maximal 1:11 abblenden. Eine breite Spanne um über die Blendeneinstellung mit der Schärfentiefe unterschiedliche Wirkung zu erzielen und mit weit geöffneter Blende bei niedrigem ISO-Wert noch kurze Belichtungszeiten zu ermöglichen. Nutzen Sie die offene Blende um den Effekt der partiellen Schärfe im Bild herauszuarbeiten.

Schärfe in Grenzen

Eine Begrenzung der Schärfentiefe auf das Minimum ist immer dann sinnvoll, wenn sich das zentrale Motiv vor unscharfem Hintergrund besser abheben soll. Maximale Schärfentiefe ist wünschenswert bei übersichtlichen Landschaftsfotos oder auch bei Motiven im Makrobereich. Der Spielraum an Schärfentiefe ist größer bei kurzer Brennweite und am geringsten bei längster Brennweite. Ebenfalls ist die Schärfentiefe bei Fokussierung auf kameranahe Distanz geringer als bei Fokussierung auf „weite Ferne“.

Schärfentiefe maximal

Kleinste Blende fördert die Schärfentiefe, kürzeste Belichtungszeit ist nebst IS gegen Verwacklung die Absicherung gegen verzitterte Aufnahmen. Wählen Sie die kleinste Blende(nzahl) oder technisch gesehen die größte Blendenöffnung, um kurze Zeiten zu erzielen. Die kürzeren Belichtungszeiten können Sie auch durch die Wahl eines höheren ISO-Wertes erzwingen, erkaufen sich damit aber eine Verringerung der Bildqualität.

Erweiterung per ISO-Zahl

Wählen Sie ISO AUTO aus, wenn die fotografische Aufgabe eher flott und unbeschwert vonstatten gehen soll. Legen Sie höchsten Wert auf Bildqualität, dann sollten Sie einen niedrigen ISO-Wert fest vorbestimmen. Für schlechte Lichtverhältnisse können Sie den ISO-Wert erhöhen. Der Blendenbereich ändert sich nicht in diesem Augenblick, doch der Bereich an verfügbaren Belichtungszeiten bewegt sich wieder in den kürzeren Bereich. Die Alternative: Sie bieten einen sicheren Kamerastand auf einem Stativ und fotografieren wackelsicher auch mit längeren Belichtungszeiten.

Für maximale Schärfentiefe Blende auf 11 voreinstellen und die Entfernung bei Landschaftsaufnahmen nicht ganz auf Unendlich einstellen. Wenn die Nachführtechnik nicht möglich ist, manuelle Scharfeinstellung benutzen.

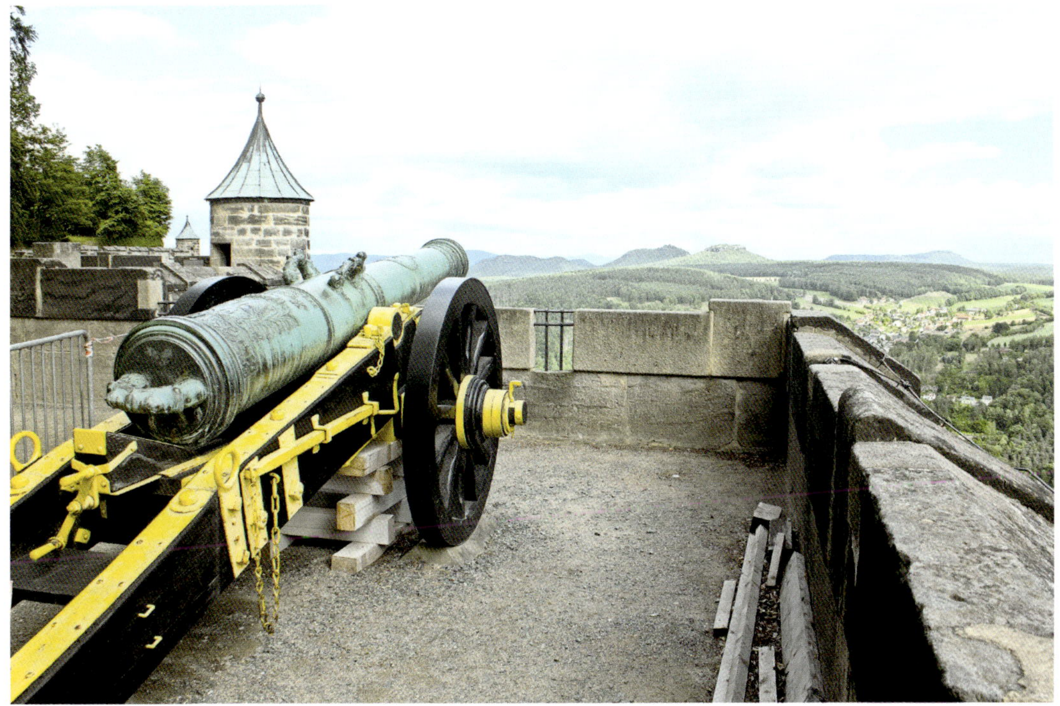

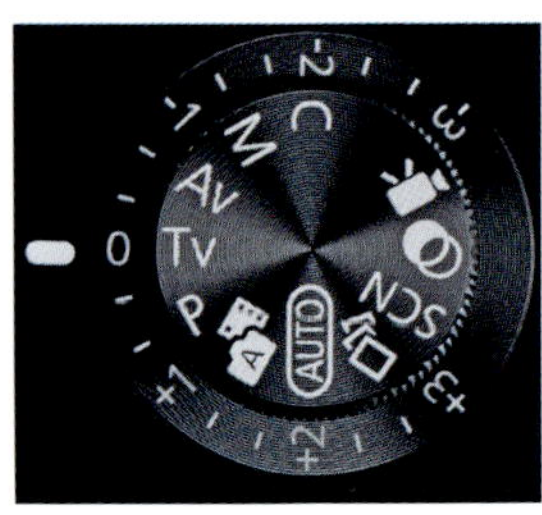

Tv = Zeitvorwahl

Mit der Verschlusszeit entscheiden Sie, ob Ihr Bild scharf oder unscharf abgebildet wird. Bei den verschiedenen SCN-Pprogrammen und Automatik-Einstellungen wird das, soweit es das Licht zulässt, auch berücksichtigt.

Als kreativer Fotograf wollen Sie sich aber nicht immer von der Kamera fremdbestimmen lassen, sondern Ihre ganz persönlichen Vorstellungen realisieren. Bewegung, wie fließendes Wasser, der vorbeirasende Zug, das sich drehende Karussell, wirken dynamischer, wenn sie in einem scharfen Umfeld in ihrer Bewegung unscharf hervorgehoben werden. Sie wollen selbst eine Verschlusszeit vorwählen und entscheiden, ob bewegte Objekte „eingefroren" werden oder ob sie verwischte Konturen erhalten? Mit der Zeitvorwahl „Tv" (Tv = **T**ime **v**alue priority) auch „Blendenautomatik" genannt, wählt die Kamera zur vorgewählten Verschlusszeit die passende Blende. Von Profis meist weniger beliebt, da so die Kontrolle über die Schärfentiefe aus der Hand gegeben wird.

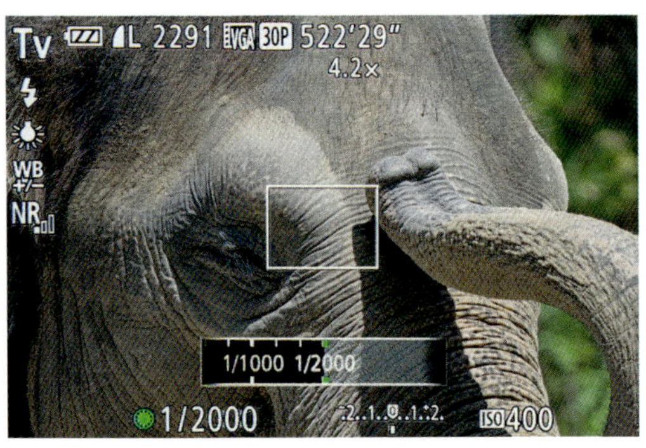

Mit vorgegebener kürzester Belichtungszeit von 1/2000 s sind auch schnellere Bewegungen Ihrer vierbeinigen Modelle im Zoo noch scharf einzufangen. Eine größere Gefahr besteht bei eingestellter ISO-Automatik, dass bei ungünstigeren Lichtverhältnissen ein unnötige hohe ISO-Empfindlichkeit dazugesteuert wird. Stellen Sie einen festen ISO-Wert ein und nutzen Sie zuerst die hohe Lichtstärke Ihres Objektivs.

Wenn Sie in der Blendenautomatik arbeiten, können Sie mit dem Objektivring die Belichtungszeit im Bereich zwischen 20 und 1/2000 Sekunden wählen. Die Belichtungsdaten werden im Sucher und auf dem Display angezeigt. Beim Antippen des Auslösers wird die ermittelte Blende angezeigt. Ist diese orange eingefärbt, warnt die Kamera vor einer möglichen Über- oder Unterbelichtung. Wählen Sie eine kürzere Belichtungszeit oder verringern Sie die Empfindlichkeit, wenn die Kamera nicht auf ISO-Automatik steht, sobald Blende 11 orange aufleuchtet. Verfärbt sich Blende 1,8 bzw. 2,8, verlängern Sie die Zeit oder stellen einen höheren ISO-Wert ein bis die Anzeige weiß leuchtet. Mit im Menü aktiviertem „Safety Shift" führt die Kamera diese Korrektur automatisch durch.

Wollen Sie fotografisch in extreme Lichtbedingungen vorstoßen, zum Beispiel bei Schneeflächen im direkten Sonnenlicht oder anderen stark reflektierenden oder weißen Flächen, dann hilft der eingebaute ND-Filter weiter. Das gilt auch für längere

Belichtungszeiten bei Tageslicht. Die Lösung ist dann bei sehr langen Belichtungszeiten ein Stativ zu verwenden, wenn die ISO-Einstellung auch nicht weiterhilft.

Bewegung ist der Feind scharfer Bilder, der Tv-Modus die geeignete Verteidigungsstrategie. Dabei spielt es keine Rolle, ob eine Bewegung vom Motiv herrührt oder durch Bewegung der Kamera entsteht. Kürzeste Zeiten wirken in beiden Fällen gegen verwackelte Bilder oder verwischte Motive.

Fotos aus freier Hand gewinnen an Schärfe durch Wahl einer kurzen Belichtungszeit. Fotos vom Stativ ermöglichen längere Belichtungszeiten. Dafür muss die IS-Automatik abgeschaltet bleiben. Wackler durch das Auslösen vermeiden Sie durch Einsatz des Selbstauslösers. Mein persönlicher Rat: Nehmen Sie eine Vorlaufzeit von 10 Sekunden, bei der das „Nachbeben" durch die Berührung der Kamera am Auslöser sicher abgeklungen ist. Alternativ dazu eine Fernauslösung mit Ihrem Smartphone über eine WLAN-Verbindung – dazu später mehr.

Sind Belichtungszeiten von etwa 1/30 s oder 1/15 s für eine Bewegung zu lang, kann die „Mitziehtechnik" weiterhelfen. Dazu bewegt man die Kamera in Bewegungsrichtung mit dem Motiv und löst ohne Abbremsen in der Bewegung aus. Trainieren führt zum Erfolg und Sie erwischen auch den vorbeirasenden Ferrari scharf im Bild vor unscharfem, verwischtem Hintergrund – fangen Sie lieber erst mit dem Nachwuchs auf der Schaukel an.

Verfügbare Zeiten

Unabhängig von der Brennweite können Sie als kürzeste Zeit 1/2000 s, als längste Belichtungszeit 20 s wählen. Abhängig vom vorhandenen Licht und einer gewählten festen ISO-Empfindlichkeit wird Ihre Vorwahl der Belichtungszeit der Belichtungsmessung entsprechend im verfügbaren Blendenbereich eingegrenzt. Der Verschlußzeitenbereich ist abhängig von der eingestellten ISO-Empfindlichkeit.

Verschlusszeiten	ISO
15-1,3 s	125-3200
1-1/2000 s	125-12800

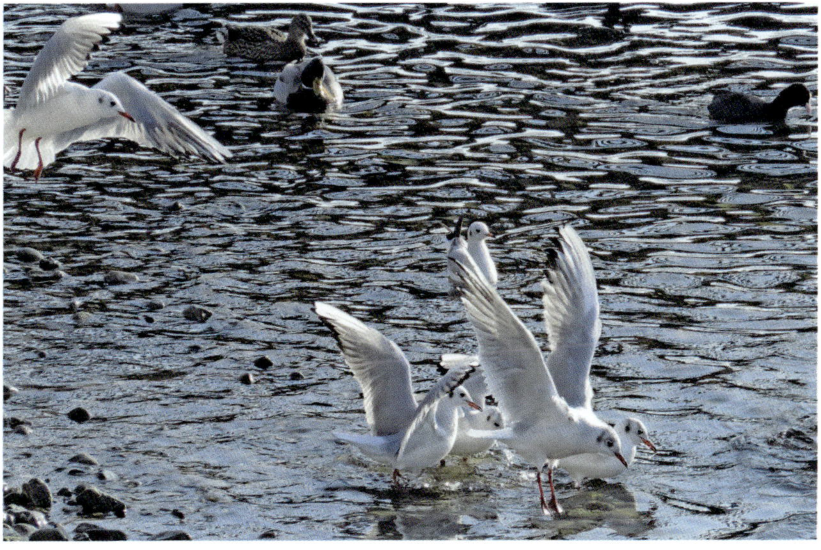

Kurze Zeiten sind bei den extremen Brennweiten der G7 X trotz Unterstützung durch Bildstabilisierung eine Garantie für scharfe Tierschnappschüsse.

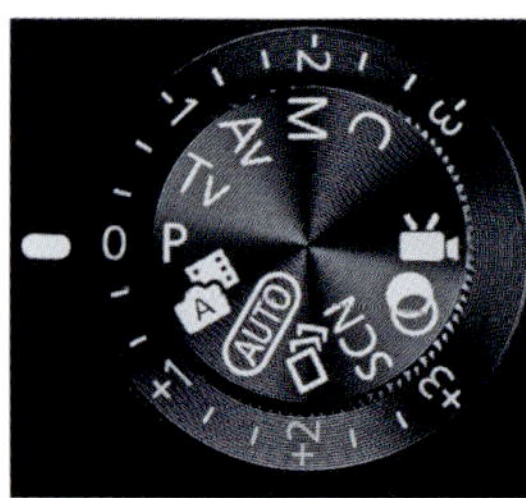

Programmautomatik P bedeutet automatisches Fotografieren auf hohem Niveau mit vielen Optionen einer individuellen Anpassung der Belichtungssteuerung.

P = Programmautomatik

Mit dem Kürzel „P" für den Modus einer vielseitigen Programmautomatik besitzt auch die G7 X eine klassische Automatik, die man bereits von analogen SLR-Kameras her kennt. Selbst Profis greifen öfter auf den Modus „P" zurück, als sie es zugeben. „P" bedeutet den Einsatz einer vielseitigen und zielsicheren Belichtungsautomatik, die zudem in sehr vielen Bereichen individuell anpassbar ist.

Folgt man der Idee des Modus „P", dann passt dazu die Grundeinstellung des ISO-Wertes auf Auto und die Festlegung des Weißabgleichs auf AWB. Auch die Mehrfeld-Messmethode passt nahtlos in die Aufgaben des P-Modus.

Nützliche Abweichungen von den Grundeinstellungen findet man mit der Wahl der Spotmessung als Messmethode. Sie erlaubt gut gezieltes Anpeilen einer Helligkeitszone, die in jedem Fall richtig belichtet werden soll. Sie erlaubt zudem den besten Nutzen in kritischen Motiven, wie ein extrem helles Detail in dunkler Umgebung (Bühnen-Motive). Auch der „Schornsteinfeger vor weißer Wand"

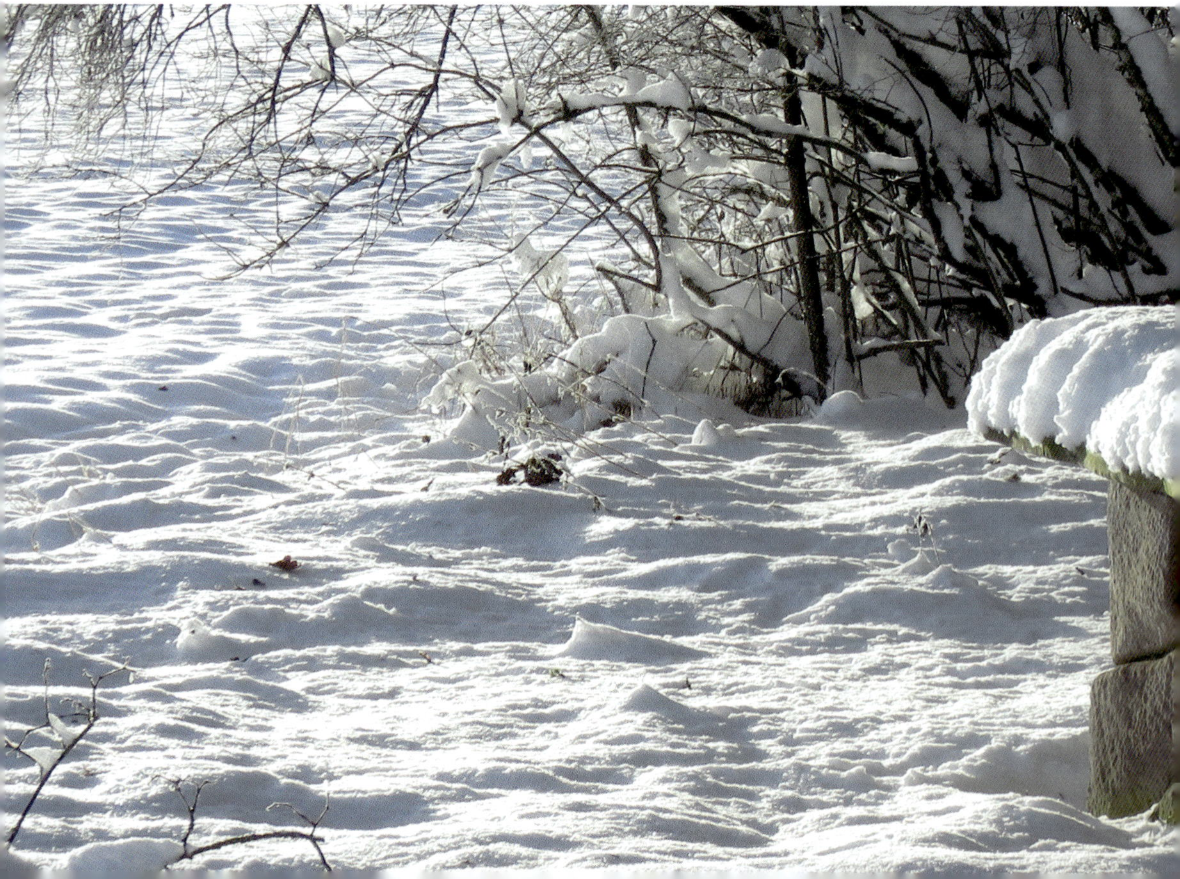

profitiert von der besseren Durchzeichnung der Schwärzen durch ein gezieltes Anmessen der bildwichtigen Partien.

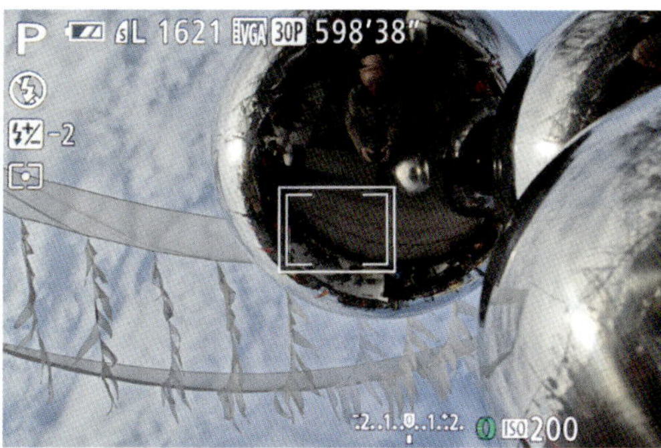

Displayanzeige im P-Modus. Die Programmautomatik erlaubt komfortables automatisches Belichten.

Bei angetipptem Auslöser erfolgt die Messung der Belichtung. Sie lässt sich mit halb gedrücktem Auslöser auch auf einen anderen Bildausschnitt übertragen. Mit der AE-Speicherung können Sie noch einen Schritt weiter gehen und den Belichtungswert in einem internen Speicher kurzfristig ablegen. Sie müssen lediglich bei angetipptem Auslöser auf die RING FUNC.-Taste drücken und so den Belichtungswert speichern. Die Speicherung wird im Display durch ein Sternchen angezeigt. Sie liegt für Ihre nächste Belichtung bereit. Wollen Sie den Wert wieder verwerfen, drücken Sie erneut auf die RING FUNC.-Taste. Der

Die Programmautomatik P verbindet die Vorteile einer Automatik für unbeschwertes Fotografieren mit den zahlreichen Möglichkeiten individueller Voreinstellungen und Korrekturen, wie sie häufig bei Schneeaufnahmen notwendig werden. Blende 5, 1/320 s, ISO 125, mittenbetonte Integralmessung, automatischer Weißabgleich.

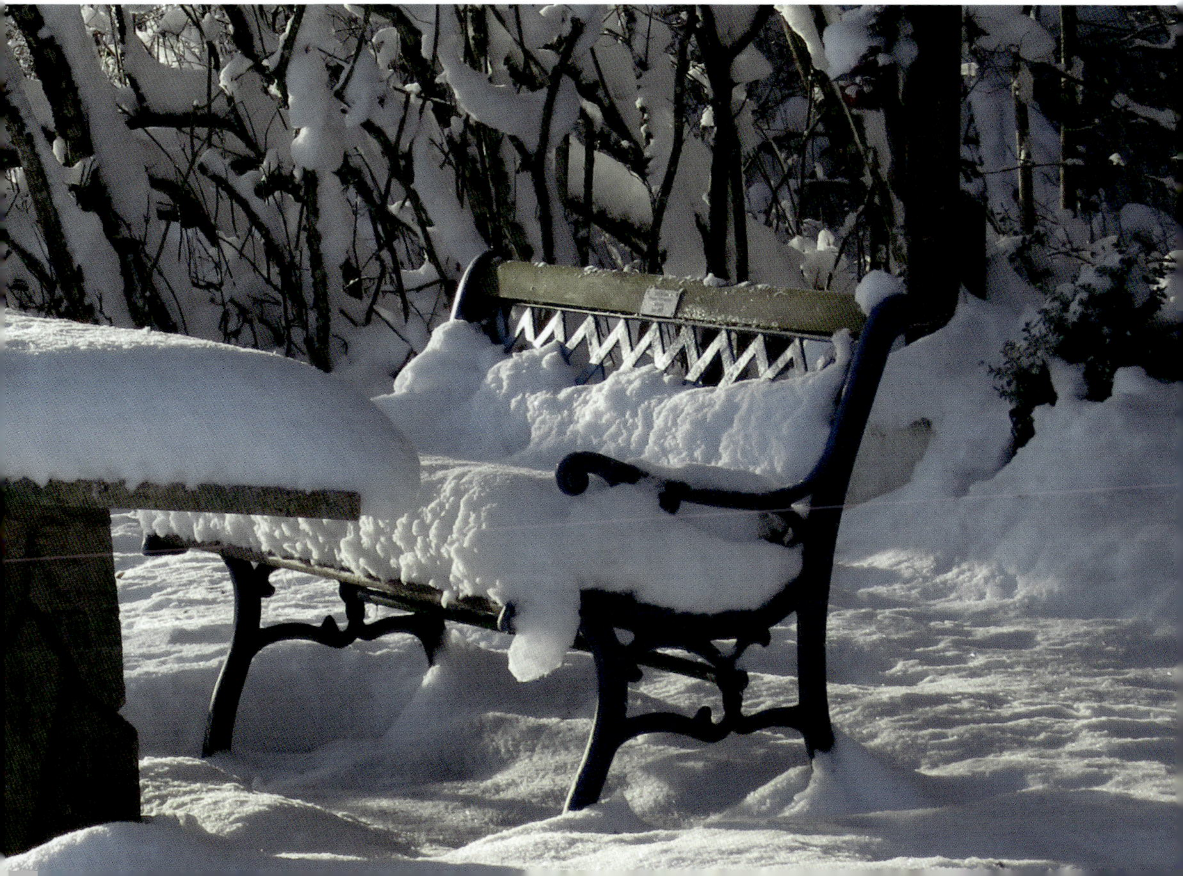

mit der AE-Speicherung erfasste Belichtungswert ist mit der Shift-Funktion über das Wahlrad noch zu beeinflussen. Sie ändern damit die Zeit-Blendenkombination ohne den Belichtungswert anzutasten. Sie schließen zum Beispiel die Blende um eine Stufe, wodurch automatisch die Zeit um eine Stufe verlängert wird, um mehr Schärfentiefe zu nutzen oder durch Öffnen der Blende eine kürzere Belichtungszeit zur Verfügung zu haben.

Auch die Entfernungseinstellung lässt sich in ähnlicher Weise speichern. Bei halb gedrücktem Auslöser drücken Sie am Multifunktionsrad die MF-Taste und die gemessene Entfernung ist gespeichert. Sie erkennen das durch das eingeblendete „MF“. Die Entfernung ist nicht nur gespeichert, Sie können sie auch manuell nachstellen.

Die korrekte Ermittlung der Belichtung im Sinne der fototechnischen Maßstäbe der Kamera muss nicht zwangsläufig mit Ihren Vorstellungen übereinstimmen. Aus diesem Grund bietet Ihnen die G7 X die Funktion einer dauerhaften Belichtungsanpassung. Mit dem Einstellrad unterhalb des Modus-Wahlrades können Sie eine derartige Belichtungskorrektur in Drittelstufen einrichten. Dafür steht eine Spanne von maximal ±3 Belichtungsstufen zur Verfügung.

In beiden Beispielen mit Spotmessung ist die Belichtung exakt auf die auf die Lichter abgestimmt. Links: Blende 3,5, 1/500 s, ISO 125, Weißabgleich, Tageslicht, Spotmessung. Rechts: Blende 5,6, 1/1000 s, ISO 125, Weißabgleich, Tageslicht, Spotmessung.

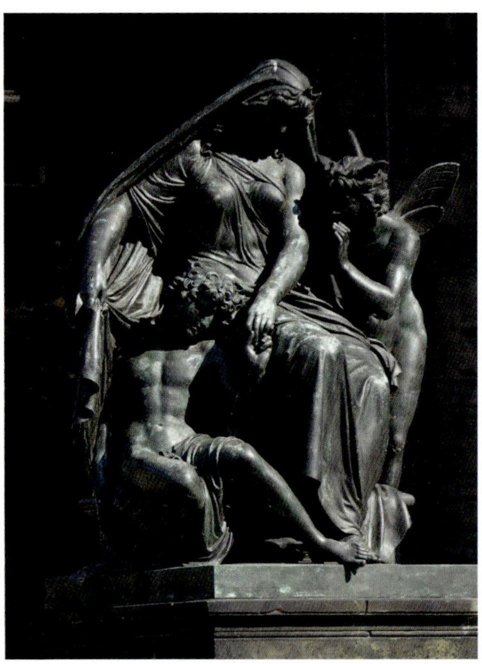

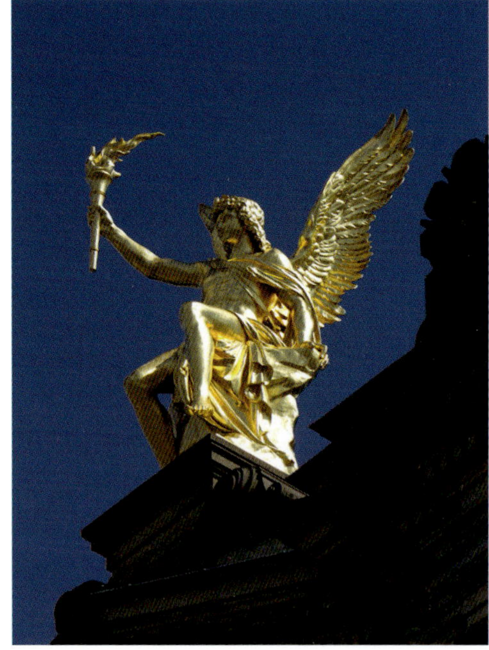

Auch mit der Wahl der Messtechnik gewinnen Sie Einfluss auf die Belichtungssteuerung. Durch ein Umschalten von der Mehrfeld-Messung auf die Spotmessung ändern Sie das Messverhalten von einer großflächigen Durchschnittsmessung auf eine eng begrenzte Messzone, die so ein genaueres Anpassen der Belichtung auf bestimmte Motivbereiche und mit Hilfe der Nachführtechnik schnelle Belichtungskorrekturen zulässt.

Kombinieren Sie den P-Modus mit den Leistungen des eingebauten Blitzgerätes. Im P-Modus können Sie der Blitzbelichtung eine Korrektur im Rahmen von ±2 Belichtungsstufen vorgeben, den Blitz auf den 1. Verschluss (zu Beginn der Belichtung) oder den 2. Verschluss (Blitzbelichtung kurz vor Ende der Belichtung) einrichten und Safety FE wirken lassen. Zuschaltbar ist auch die Funktion gegen rote Augen und das AF-Hilfslicht, das in diesem Moment die Vermeidung roter Augenreflexe unterstützt.

Über die Navigationstaste mit dem Blitz-Symbol bietet sich ferner die Möglichkeit, die automatische Auslösung des Blitzlichts zu bestimmen (Aufhell-Funktion), den Blitz in jedem Fall aufleuchten zu lassen, eine Langzeit-Synchronisation zu verwenden (geblitzte Porträts in der Nähe, Hintergrundlichter in der Nacht durch lange Belichtungszeit) oder dem Blitz das Aufleuchten zu verbieten.

Links: Gegenlicht mit Mehrfeldmessung; rechts mit -1 Belichtungskorrektur. Objektiv mit der Hand vor Streulicht geschützt.

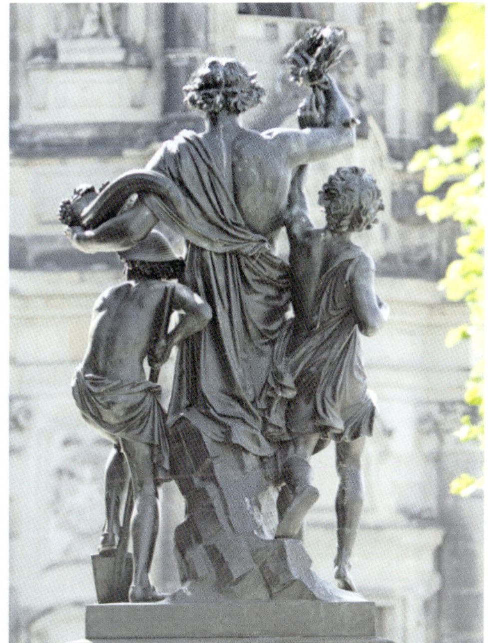

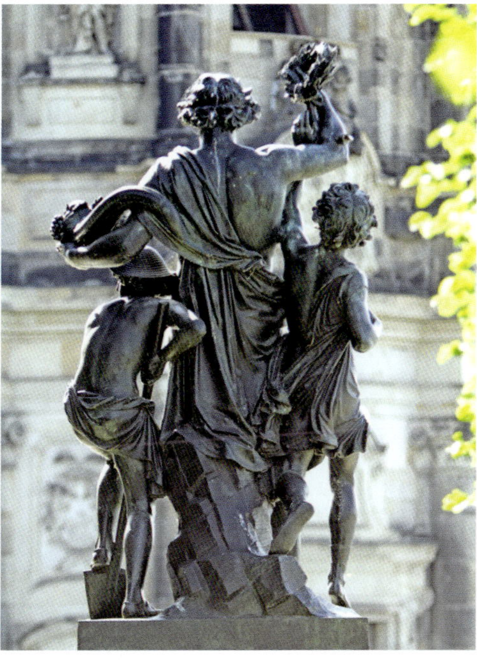

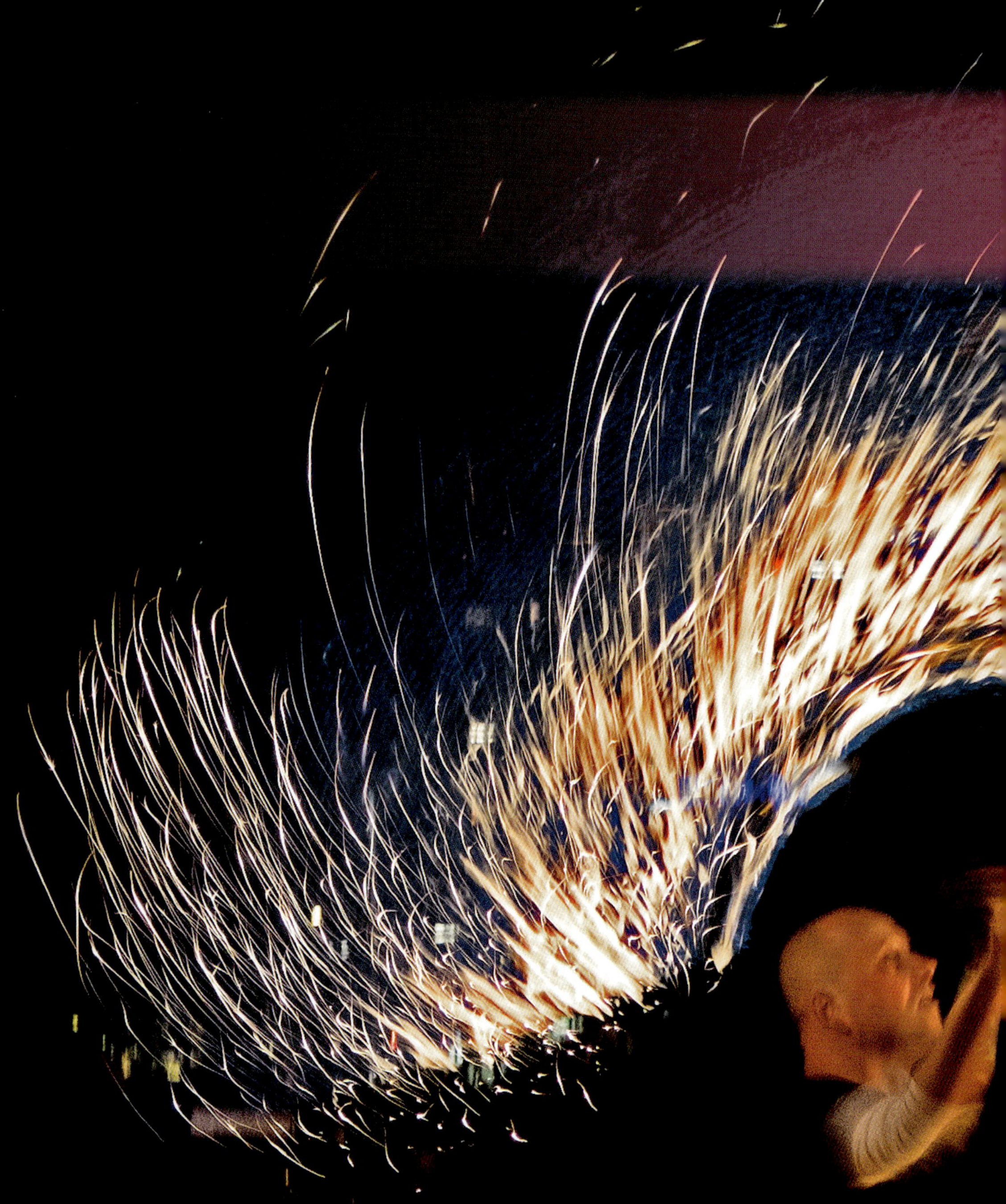

Feuerakrobaten bei der Arbeit. Ein Kompromiss aus Leuchtspuren und Schärfe auf dem Akteur. Eine Aufgabe die nur schwer zu lösen ist, wenn man nicht die Kombination aus Langzeitbelichtung und Blitz einsetzen kann. Im Beispiel konnte ein Moment eingefangen werden, in dem der Künstler auf die Bewegung der Arme konzentriert relativ ruhig verharrte. Brennweite 40 mm, Bl. 2,8, 1/8 s, ISO 400, Mehrfeldmessung, automatischer Weißabgleich.

Künstliches Licht

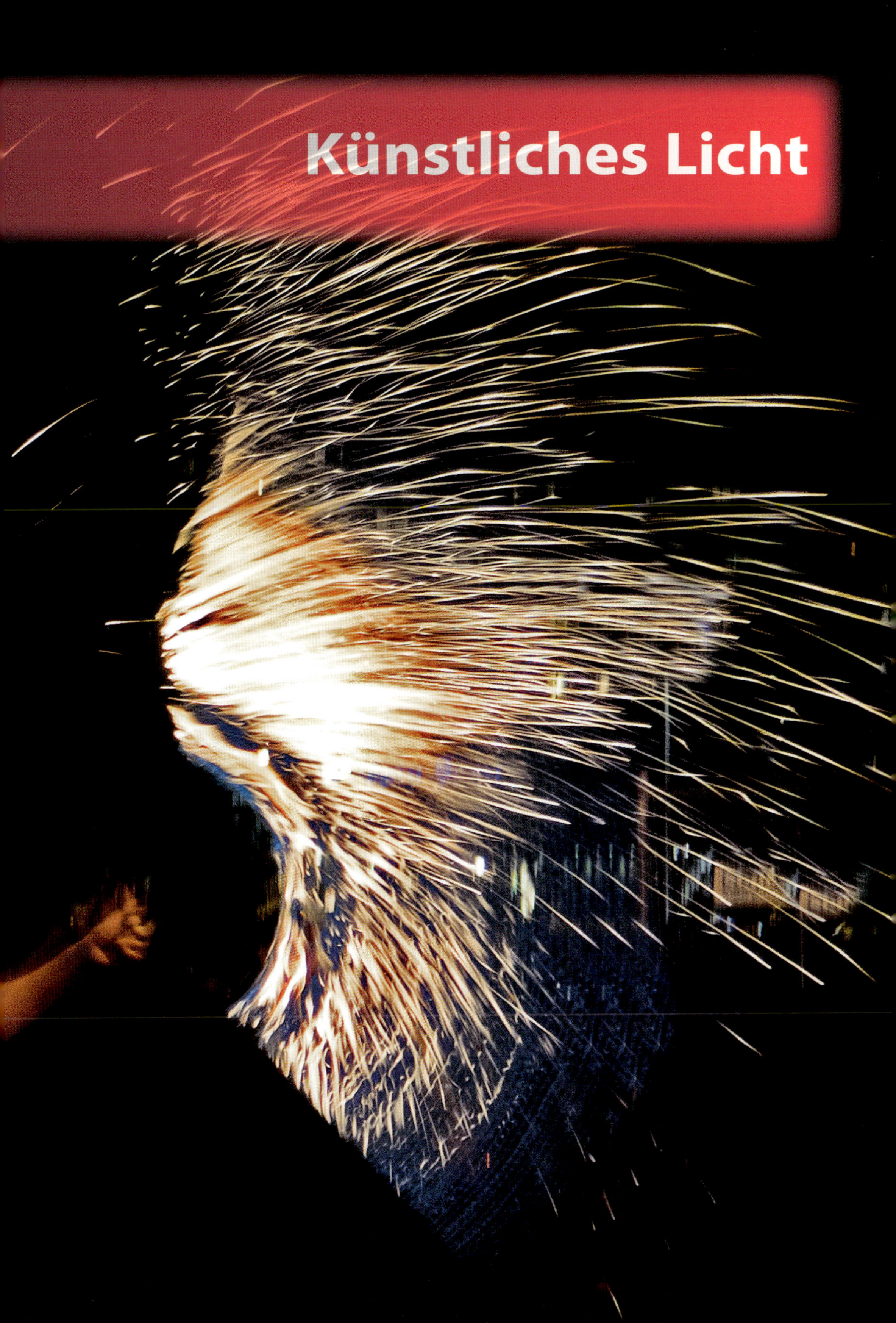

Der eingebaute Blitz

Aufnahmebereit in jeder Situation, bei jedem Licht – selbst in der dunkelsten Höhle. Das garantiert Ihnen der eingebaute Blitz und das AF-Hilfslicht, das vor allem auch bei völliger Dunkelheit die Funktion der Entfernungseinstellung sicherstellt.

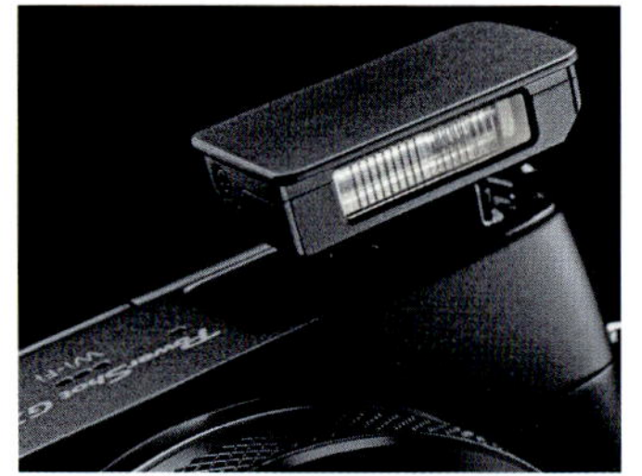

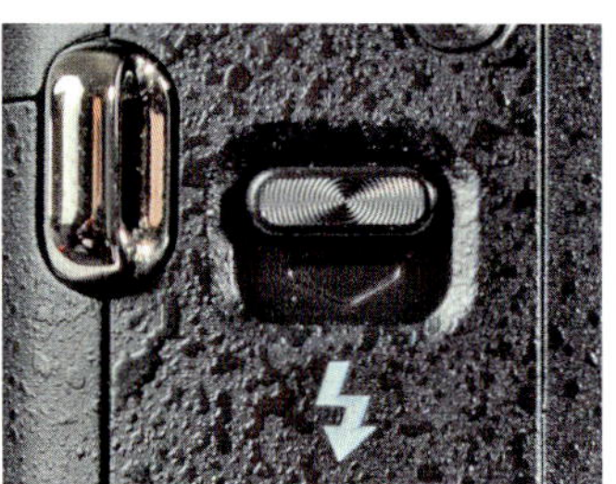

Blitz in Bereitschaft. Man muss jedoch die Ladezeit abwarten und mit dem Blitz-Modus seinen Einsatz erlauben.

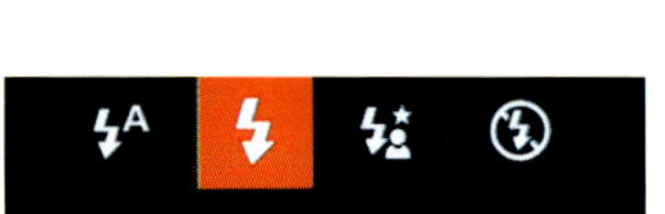

Auswahl der Blitzeinstellungen für das eingebaute Blitzgerät unter Programmautomatik.

Einen Schalter zum Ausfahren des eingebauten Blitzgeräts finden Sie seitlich links am Gehäuse Ihrer G7 X. Der hochgeklappte Blitz ist einsatzbereit, wenn Sie ihn vorher über das Multifunktionsrad (Blitzsymbol) und entsprechende Blitzeinstellung aktiviert hatten.

Auch im Blitzmodus werden je nach verwendetem Programm unterschiedliche Blitzfunktionen angeboten. Die größte Auswahl steht der Programmautomatik „P" zur Verfügung. Im Sportprogramm, Feuerwerksaufnahmen, HDR und natürlich auch im Filmmodus ist die Blitzfunktion nicht verfügbar. In den Programmen Av, Tv, und M lässt sich der Blitz nur auf „immer" oder „aus" stellen. In den übrigen Programmen steht die Automatik und bei den meisten noch zusätzlich die Einstellung auf „immer" bereit.

Wollen Sie die Zuschaltung des Blitzlichtes der Kameraautomatik überlassen, dann wählen Sie die Blitzeinstellung mit dem A im Blitzsymbol. Der Blitz leuchtet nur dann auf, wenn Blende, Zeit und ISO-Empfindlichkeit nicht mehr ausreichen, ein verwacklungsfreies Bild zu erzeugen. Im kürzeren Brennweitenbereich wird der Blitz ab 1/30 s aktiviert und mit 1/60 s ausgelöst. Das macht er zwar auch bei langen Brennweiten und Unendlicheinstellung, nur erhalten Sie dann kaum brauchbare Bilder.

Statt einer Beschreibung der Lichtleistung mit Leitzahlen wird für die G7 X die Reichweite des eingebauten Blitzgerätes angegeben. Es gilt eine Reichweite zwischen 50 cm und 7 m bei Nutzung des Weitwinkel- sowie zwischen 40 cm und 4 m des

Blitzmodi

Blitz zündet immer

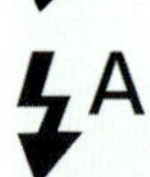
Blitz wird automatisch bei Bedarf zur Aufhellung beziehungsweise Belichtung gezündet.

Blitz ist abgeschaltet, auch wenn er gerade aus dem Gehäuse in Bereitschaft gestellt wurde.

Langzeitsynchronisation sorgt für die Blitzbelichtung als Ergänzung zu vorhandenem Licht

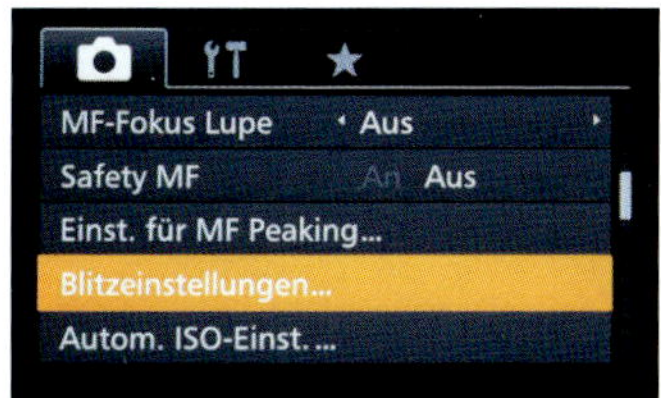

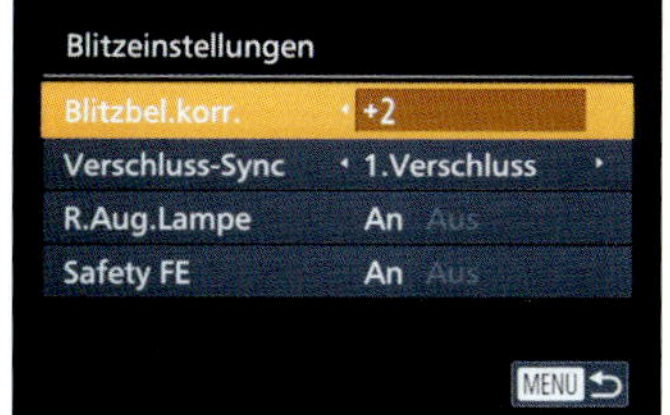

Unter Blitzeinstellungen im Aufnahmemenü kann die Blitzleistung in 1/3 Stufen im Bereich von ±2 Belichtungseinheiten angepasst (siehe Aufnahmeserie auf Seite 186), die Blitzauslösung auf den ersten oder zweiten Verschlussvorhang gelegt, die Rote Augen Lampe aktiviert und Safety FE ein- oder ausgeschaltet werden. Um die doch etwas umständliche Bedienung über das Blitzmenü abzukürzen, drücken Sie auf die Blitztaste am Multifunktionsrad und sofort die Menütaste. So landen Sie direkt bei „Blitzeinstellungen".

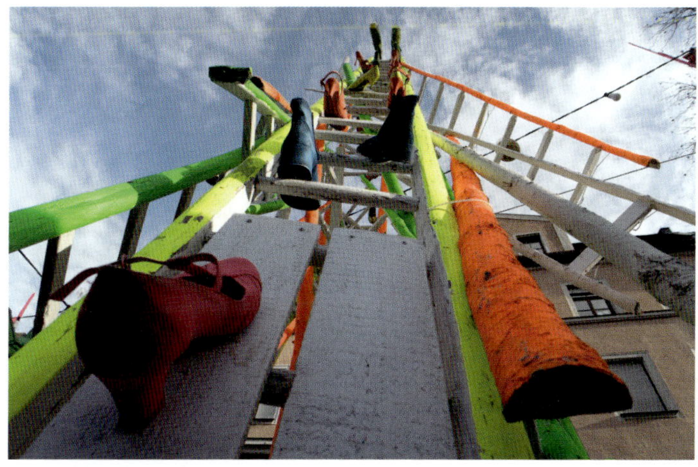

Ohne Blitz, Programmautomatik P, Blende 4, 1/1250 s, ISO 200, Mehrfeldmessung, automatischer Weißabgleich, Brennweite 24 mm.

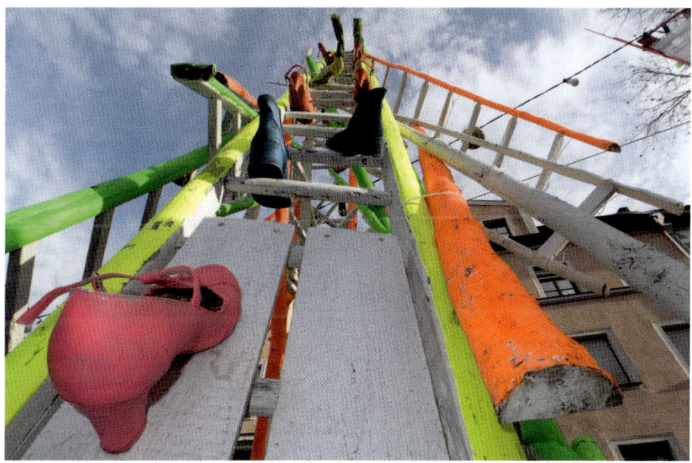

Mit Blitz, Programmautomatik P, Blende 11, 1/200 s, ISO 200, Mehrfeldmessung, automatischer Weißabgleich, Brennweite 24 mm.

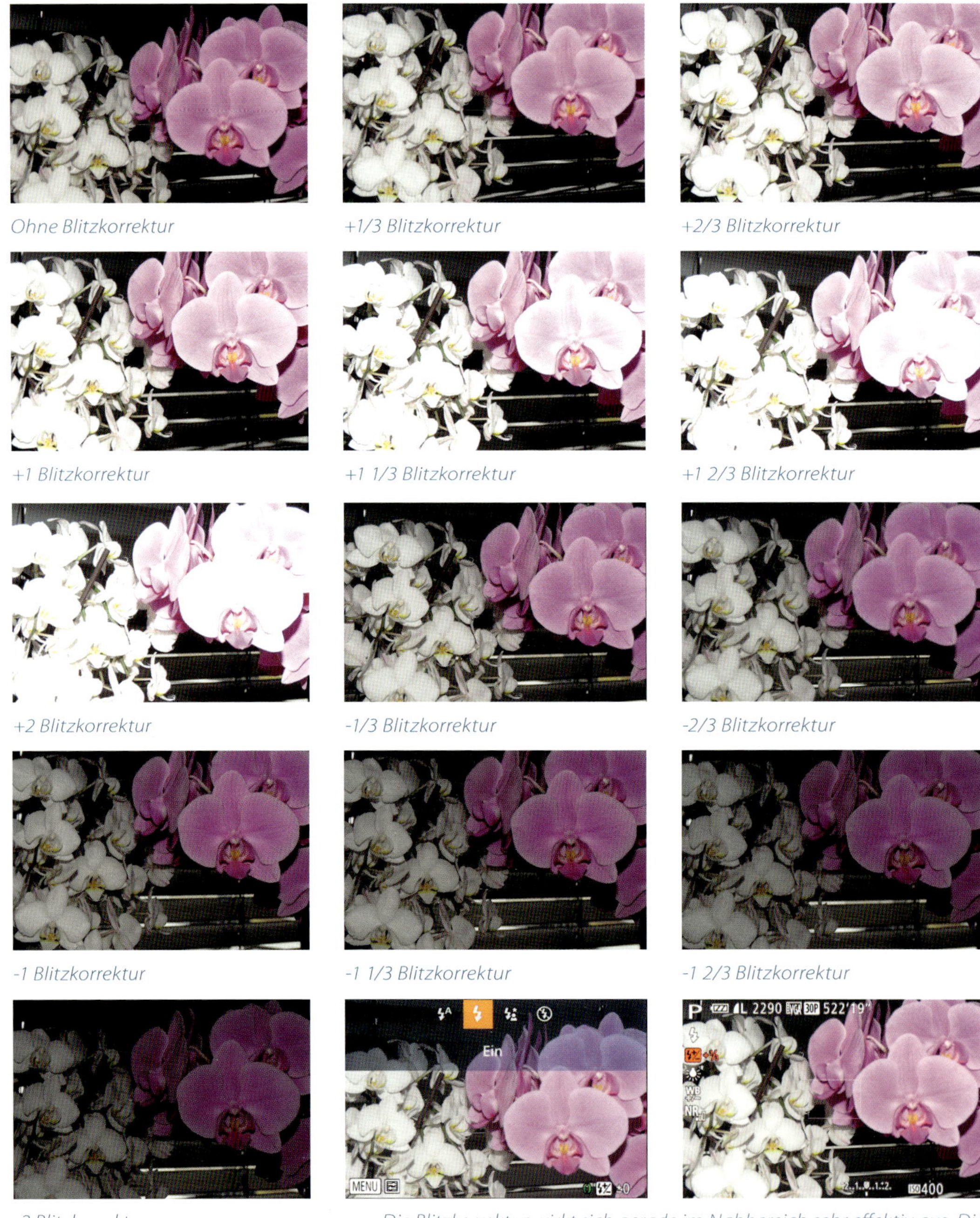

Ohne Blitzkorrektur

+1/3 Blitzkorrektur

+2/3 Blitzkorrektur

+1 Blitzkorrektur

+1 1/3 Blitzkorrektur

+1 2/3 Blitzkorrektur

+2 Blitzkorrektur

-1/3 Blitzkorrektur

-2/3 Blitzkorrektur

-1 Blitzkorrektur

-1 1/3 Blitzkorrektur

-1 2/3 Blitzkorrektur

-2 Blitzkorrektur

Die Blitzkorrektur wirkt sich gerade im Nahbereich sehr effektiv aus. Die Steuerung erfolgt über den Objektivring. Der eingestellte Wert wird orange unterlegt im Display angezeigt.

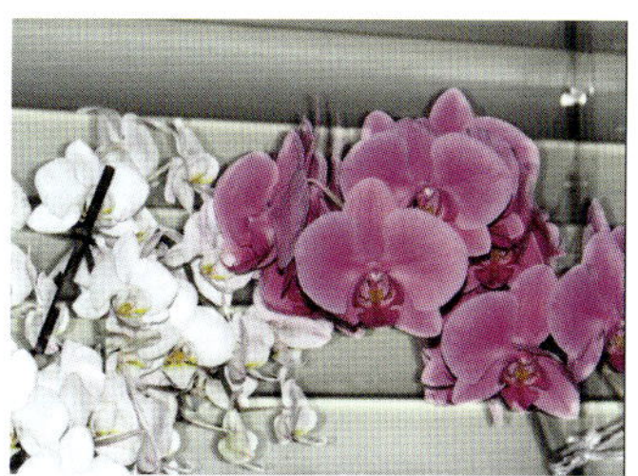

Belichtung auf den zweiten Verschlussvorhang.

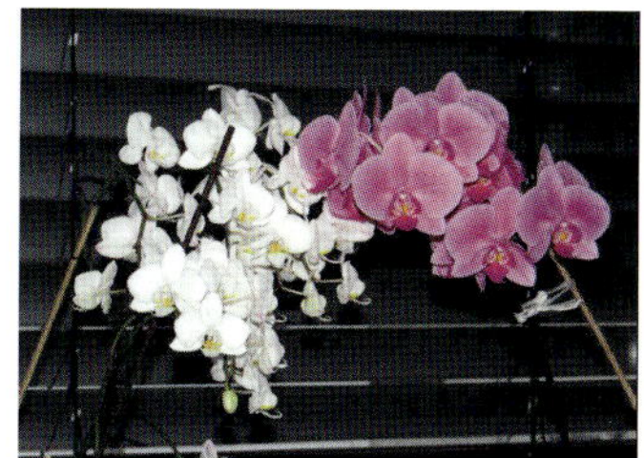

Belichtung auf den ersten Verschlussvorhang.

Vergleich Langzeit- mit Kurzzeitbelichtung. Im linken Bild macht sich das Restlicht auf den Farbcharakter des Bildes deutlich bemerkbar (Bl 8, 1/5 s, ISO 100). Der Hintergrund im rechten Bild wird durch die Kurzzeitbelichtung deutlich dunkler abgebildet (Bl 5, 1/60 s, ISO 200).

Telebereichs. Die Einschränkungen im Nahbereich finden ihre Erklärung in der Vignettierung des Lichts durch das Objektiv. Der Arbeitsbereich des eingebauten Blitzgerätes variiert, wenn man die Möglichkeiten nutzt, die Leistung des Blitzgerätes anzupassen oder die Blitzbelichtungskorrektur zu verwenden. Es steht eine Blitzbelichtungskorrektur im Rahmen von ±2 Belichtungsstufen zur Verfügung.

Blitzleistung im Vordergrund

Die ISO-Empfindlichkeit und die verfügbare Blende spielen ebenfalls eine Rolle, wenn eine Blitzaufnahme belichtet wird. Hier könnte man sich mit schier endlosen Tabellen beschäftigen, was dank Automatik vermeidbar ist.

Viele Begleiterscheinungen spielen bei der Wirkung eines Blitzlichts eine Rolle. So kann Blitzlicht im Innenraum zwischen hellen Wänden durch die Reflexion mehr bewirken. Im Freien hingegen „verliert" sich das Blitzlicht in der Nacht in der Dunkelheit.

Bemerkenswert ist dennoch, dass Blitzlicht von der digitalen Kamera sehr gut ausgenutzt wird. So kann man immer wieder sehen, dass auch noch in größerer als der zu erwartenden Distanz Blitzlicht die Dunkelheit transparent macht. Helle Motivdetails in naher Distanz sind zugleich schnell überstrahlt.

Blitzen im Nahbereich

Schnell kann es im Nahbereich bei Distanzen von bis zu einem Meter zu einer Überbelichtung durch das frontal zum Motiv scheinende Blitzlicht kommen. Die G7 X hat dagegen die Begrenzung der Blitzleistung in den Modi M, Av und Tv zu bieten. In diesen Modi hat man die Wahl zwischen Automatik bei Anpassung in Drittelstufen oder Manuell bei Vorwahl der Blitzleistung auf

Safety FE

Die aktive Belichtungskontrolle mit Safety FE zum Zeitpunkt der Aufnahme gewährleistet eine optimierte Anpassung von Blende und Zeit an die Lichtbedingungen mit zugeschaltetem Blitz.

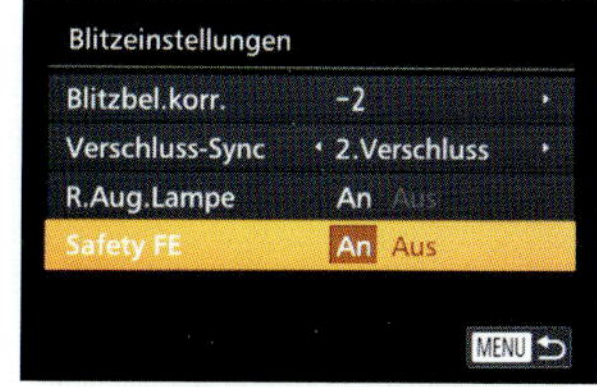

gering, mittel oder hoch. Alle Wahlmöglichkeiten müssen über das Aufnahme-Menü unter Blitzsteuerung und anschließende Einstellungen vorgenommen werden.

Für das Blitzen auf kürzeste Distanz, Blitzen auch im Makro-Bereich, sollte man wissen, dass durch das Objektiv Bereiche im Bildfeld abgeschattet werden können.

Langzeitsynchronisation

Über die Blitztaste am Einstellungsrad (▶) können Sie die Langzeitsynchronisation wählen. Diese Taste reagiert nur, wenn der Blitz manuell ausgefahren wurde.
Langzeitsynchronisation sorgt für die Blitzbelichtung als Ergänzung zu vorhandenem Licht (Blitzaufnahmen in Nachtszenen). Lichtspuren, die von der langen Belichtungszeit erfasst werden, könnten verwackelt werden, weswegen ich stabilen Halt am besten mittels Stativ empfehle.

Blitzlicht-Synchronisation

Das Blitzgerät kann über den gesamten Belichtungszeiten-Bereich genutzt werden. Mit einigen Ausnahmen, die bei den verschiedenen Belichtungsprogrammen unterschiedlich sind. Lange Belichtungszeiten sind kein Hindernis für den Blitz, der zu Anfang der Belichtung ausgelöst wird.

Dasselbe Prinzip gilt auch, wenn man die Langzeit-Synchronisation benutzt. Bietet ein Belichtungsprogramm als kürzeste Belichtungszeit 1/2000 s an, dann zwingt der Blitz die Kamera zur Umstellung auf die kürzest erlaubte Belichtungszeit (Synchronisationszeit) von 1/2000 s. Synchronisation bedeutet dabei nichts anderes als eine Absicherung, dass das volle Blitzlicht nutzbar ist, solange der Verschluss der Kamera geöffnet ist und das Blitzlicht wirklich den Sensor erreicht.

Blitzbelichtungsspeicherung FE

Wenn der Blitz in Standardstellung bereit ist, können Sie den Auslöser antippen, das Motiv scharfstellen und zugleich auf die RING FUNC.-Taste drücken, um in diesem Moment einen Messblitz auszulösen. Einflüsse durch den Abstand zum Motiv sowie dessen Reflexionsvermögen werden somit automatisch auf TTL-Weise (Through The Lens) berücksichtigt und als Belichtungswert für die folgende Aufnahme in der Kamera gespeichert. Im Display zeigt ein Stern die Speicherung an. Die Speicherung wird nach erfolgter Belichtung sofort gelöscht. Wollen Sie die Speicherung verwerfen, drücken Sie erneut die RING FUNC.-Taste und die Sternchenanzeige erlöscht.

Manuelle Blitzeinstellung in drei Stufen

Auf diese Möglichkeit sind wir bereits auf Seite 177 bei der Abhandlung über den M-Modus näher eingegangen.

Blitz extern

Die Powershot G7 X zeichnet sich durch ihr lichtstarkes Objektiv und hohe ISO-Empfindlichkeit aus, beste Voraussetzungen ohne voluminöse künstliche Lichtquellen auszukommen. Das Thema Schattenaufhellung lässt sich weitgehend mit Hilfe des eingebauten Blitzes meistern.

Unbestritten, es gibt Gelegenheiten, bei denen noch mehr künstliches Licht das fotografische Leben erleichtert. Und wenn wir dabei ans Filmen denken, kommen wir weg vom Blitz hin zur leichten batteriebetriebenen LCD-Leuchte. Auf diese Möglichkeit kommen wir gleich noch zu sprechen. Sie stellt auch für die Stehbildfotografie eine sehr gute Lösung dar.

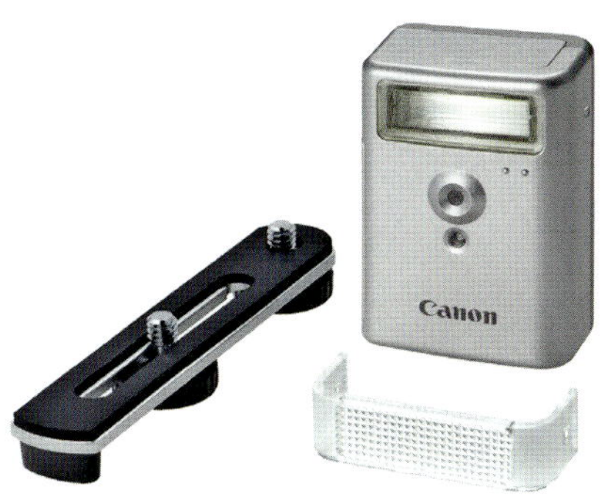

High Power Flash HF-DC2 von Canon, ein Slave-Blitz der über den eingebauten Blitz teitgleich ausgelöst wird. Stromversorgung über CR123A Batterie oder wiederaufladbare Lithium-Akku, Leitzahl 18 (bei Brennweite 50 mm und ISO 100). Blitzschiene und Weitwinkelstreuscheibe (bis 24 mm Brennweite) gehören zum Lieferumfang.

Zurück zum externen Blitz der in unzähligen Varianten angeboten wird, die aber in den meisten Fällen über einen Blitzschuh oder ein Kabel mit der Kamera verbunden werden. Beides kann die G7 X aber nicht anbieten.

Eine Lösung gibt es von Canon, den High Power Flash HF-DC2. Es handelt sich um einen Slave-Blitz, der über den in der Kamera eingebauten Blitz gezündet wird. Über eine mitgelieferte Schiene am Stativgewinde befestigt, bildet er eine feste Einheit mit der Kamera. Unbeschwert von störenden Kabeln zeigt das kleine Kraftpaket seine Stärke als zweite Lichtquelle fernab der Kamera. Voraussetzung ist nur „Sichtkontakt" zum Kamerablitz. Mit seiner Leitzahl 18 leuchtet er auch größere Räume aus, mit der vorsetzbaren Streuscheibe sind auch 24-mm-Weitwinkelaufnahmen kein beleuchtungstechnisches Problem. Mit Strom versorgt wird der Power Flash über Batterien.

Metz mecablitz 28 CS-2 digital

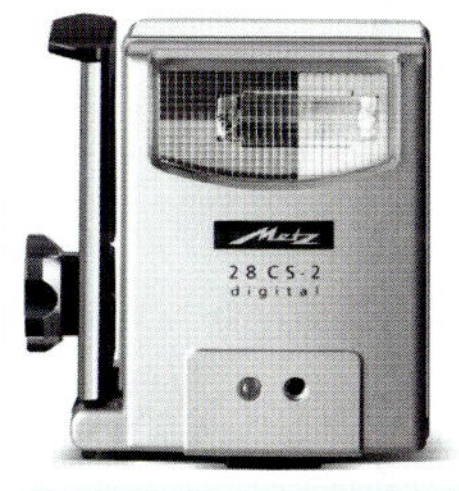

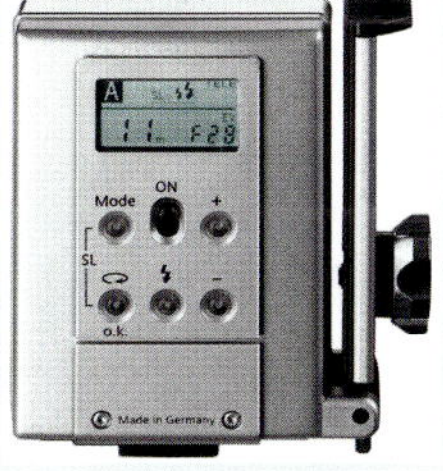

mecablitz 28 CS-2 digital, ebenfalls ein Slave-Blitzgerät, das mit einer am Blitz befestigten, ausklappbaren Blitzschiene von der Firma Metz angeboten wird. Mit Weitwinkel-Streuscheibe und einem Televorsatz bestens anpassbar.
Leitzahl mit Televorsatzscheibe: 28
ohne Vorsatzscheibe: 22
mit Weitwinkelvorsatzscheibe: 16
manuelle Anpassung der Lichtleistung über ± Tasten

Dauerlicht für Foto und Film

Für eine Filmaufnahme unverzichtbar, für ein Foto zum Gestalten mit Licht frei einsetzbar, ist ein „Dauerbrenner" eine wichtige Bereicherung für nahezu jede fotografische Aufgabe.

Welcher Dauerbrenner darf es sein?

Vom Hochleistungsscheinwerfer bis zu Kerzenlicht oder auch einer spiegelnden oder reflektierenden Fläche, steht als frei platzierbares Dauerlicht eine ganze Reihe von Lösungen parat.

Der sparsame Umgang mit dem Leistungsbedarf (dem Stromverbrauch) einer Zusatzbeleuchtung sollte an erster Stelle stehen. Halogen-Leuchten kleiner Leistung sind gut geeignet. Ebenso gut, vielleicht sogar besser geeignet, sind moderne LED-Lampen. Oft aus Batterie oder Akku zu speisen, muss man für die LED-Leuchten nicht die nächste Steckdose suchen.

Kerzenlicht als Dauerlicht bringt natürlich eher die romantische Note eines Fotos oder einer Filmaufnahme ins Spiel. Reflektierende Flächen wirken als Gegenpol einer Lichtquelle zu jeder Tageszeit wie auch unter künstlicher Beleuchtung als Zusatz-Lichtquelle. Ohne dauerhafte Zusatzkosten. Sinnvoll angeordnet bringt ein Reflektor eine ganze Menge Licht in den Schatten und ersetzt mindestens eine halbe Lichtquelle – ganz ohne Strombedarf. Viele Filmleuchten sind zur Befestigung über einen Blitzschuh beziehungsweise Zubehörschuh an der Kamera vorgesehen. Da die G7 X darüber nicht verfügt, können Sie sich mit einer Blitzschiene behelfen, beabsichtigen Sie Lampe und Kamera zu einer handlichen Einheit zusammenzufügen.

Gestalten mit Licht

Gerade die „Dauerbrenner" erinnern an viele Vorteile externer Lichtquellen. Blitzgeräte sind ebenso gut platzierbar, doch ihre Wirkung erkennt man erst in der fertigen Fotografie. Dauerlicht kann man unter stetiger Kontrolle so lange umstellen, bis aus dem Blickwinkel der Kamera das gewünschte „Licht gemacht" wurde.

Das Einsatzspektrum von Dauerlicht ist nahezu unbegrenzt. Für den Film ist eine Dauerleuchte unverzichtbar. Vor allem bei mobilen Aufnahmen setzt man Dauerleuchten nahe der Kamera ein. Dem Studiobetrieb vergleichbarer Einsatz, auch mit mehr als einer Leuchte, lohnt sich für Porträts ebenso wie für den weiten Bereich von Stillleben oder Sachaufnahmen. Letztere wohl gerade für alle interessant, die im Internet ein Produkt oder Angebot ins rechte Licht rücken wollen. Sammler oder Liebhaber besonders schöner Sammelobjekte können ihre Lieblingsstücke für das eigene Bildarchiv ebensogut fotografieren.

LED-Videoleuchten

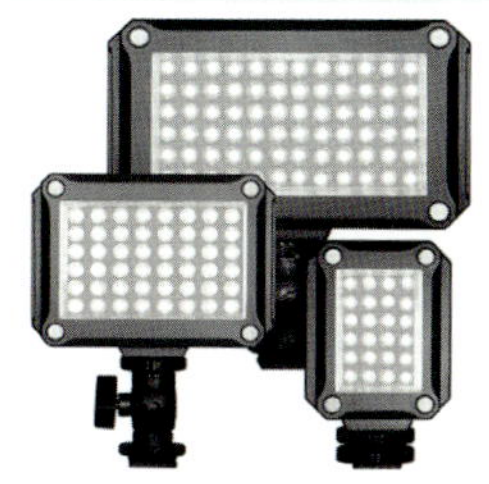

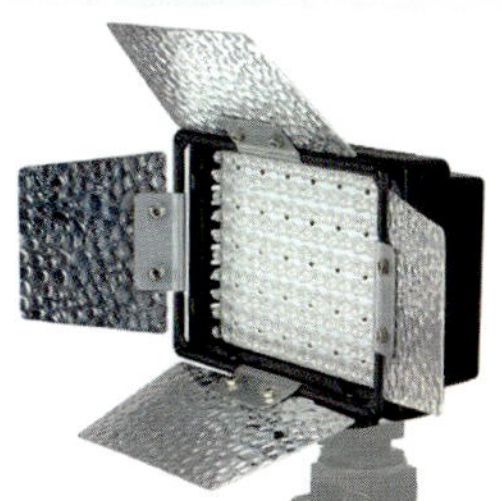

Video-Flächenleuchten mit LED-Technik werden in vielen Leistungsstufen angeboten. Wer sie häufig einsetzt, sollte auf Akkutauglichkeit achten. Links: Leuchten von Metz, auch kombinierbar; rechts: NanGuang-Leuchte.

Mit Licht modellieren

Wichtig sollte stets eine Grundbeleuchtung sein, die eine gesamte Szene auch in den Schatten erkennbar macht. Ein Führungslicht von der Seite (aus Tradition von links) erfüllt einen Teil dieser Aufgabe.

Aus einer diesem Führungslicht gegenüberliegenden Position kann die Aufhellung wirken, zum Beispiel tiefe Schatten aufzuhellen. Ganz nebenbei erwähnt, wirken Objekte mit Höhe, Breite und Tiefe nun auch plastischer. Das gilt für ein Porträt genauso wie für ein Bild einer Statue oder auch ein Sammlerstück vom Diamantring bis zur Waschmaschine – die plastische Wirkung nimmt zu.

Als Aufheller eignen sich dem Objekt entsprechend große helle Flächen. Von der weißen Pappe oder einer Styroporplatte bis zu käuflichen Aufhellern. Aluminiumfolien, leicht geknittert für weichere Reflexion, und selbst eine aus dem Auto-Verbandskasten ausrangierte Rettungsdecke können für den Zweck herhalten. Aluminium reflektiert „kalt". Die goldfarbene Rettungsdecke bringt eine wärmere Lichtwirkung.

Bei Kerzenschein

„Einseitiges" Licht, wie auf den Seiten zuvor, führt zu sehr großem Kontrast und ist ein sehr starker Effekt. Übrigens: Selbst Aufnahmen bei Kerzenlicht mit der Lichtquelle im Bild wirken nicht nur romantisch. Sie ergeben ebenfalls einen starken Effekt, bei dem sogar auffallen kann, wie das Licht in der Entfernung stetig abnimmt. Der Lichtquelle nahe Objekte werden überstrahlt, weiter entfernt kommen Bereiche guter oder optimaler Belichtung, bevor das Licht sanft in Dämmerschein und Dunkelheit übergeht.

Licht und Stimmung

Licht sorgt für „Stimmung" und kann als Teil kreativer Beeinflussung gesehen werden. Doch denken Sie bei „Stimmung" und „Licht" nicht nur an „candle-light-dinner".

Licht ist vorhanden – wenigstens am Tag – und lässt sich einsetzen. Licht verändert sich über den Tagesablauf. Das lässt sich nutzen, indem man auf die richtige Stunde, den richtigen Sonnenstand und Schattenfall wartet.

Nicht zuletzt lässt sich Licht auch beeinflussen. Mit einem Aufhellblitz oder reflektierenden Flächen zu jeder Zeit. Beides in freier Natur jedoch nur in begrenztem Maß und auf eher nahe Objekte beschränkt.

Den größten Einfluss auf Licht als gestalterisches Mittel können Sie im überschaubaren Umfeld nehmen. Im Studio oder auch im privaten Bereich und in einem Winkel eines Zimmers, in dem man für die rechte Voraussetzung sorgt. Ohne Beiwerk, wie in diesen Beispielen, oder auch mit dem Beiwerk, in dem man einen Menschen darstellen kann oder ein Porträt einmal ganz anders als sonst gestaltet.

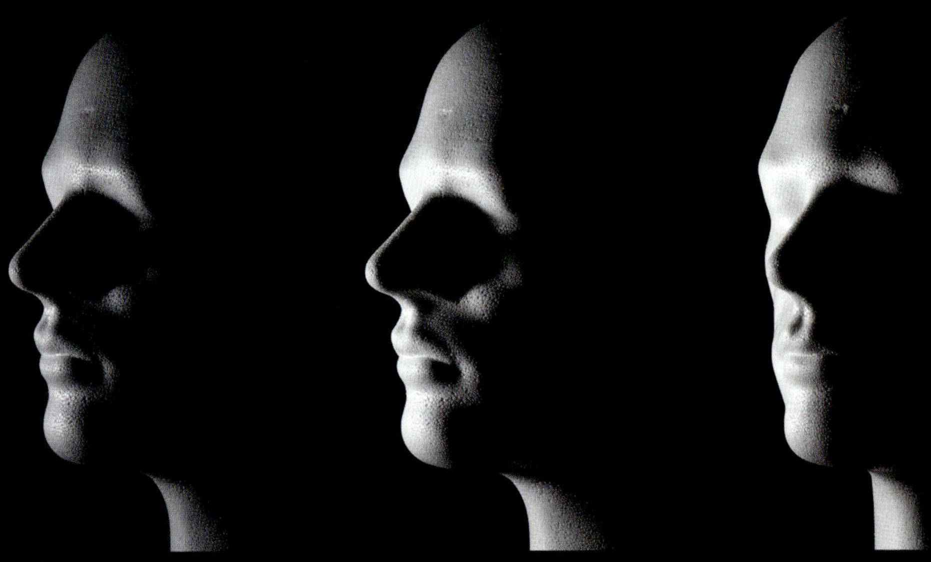

Extremes „Streiflicht" seitlich im rechten Winkel zur Aufnahmeachse der Kamera angeordnet, sorgt für die Betonung eines Teils einer Silhouette. Außerdem findet noch eine Betonung von Strukturen statt. Eine Betonung, die man für den Eindruck von „plastischer", nahezu dreidimensionaler Wirkung auszunutzen weiß.

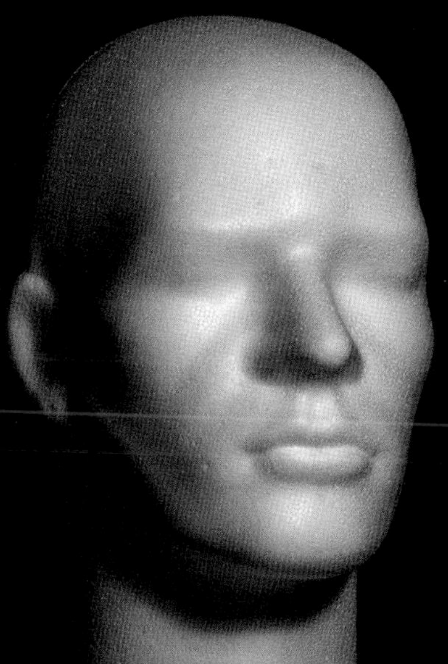

Die „Schwarzweiß-Wirkung" der Bildbeispiele geht vom Motiv aus: weißes Styropor, schwarzer Schatten. Farbe wäre jedoch kein Hindernis und bekäme ebenfalls eine sehr deutliche zusätzliche Wirkung.

Natürlich soll die Anregung an dieser Stelle nicht auf Köpfe beschränkt verstanden werden. Jede andere fotografische Idee kann vom Gestalten mit und durch Licht profitieren – man braucht nur einen Raum, in dem man über Stimmung, Licht und Schatten selbst bestimmen kann.

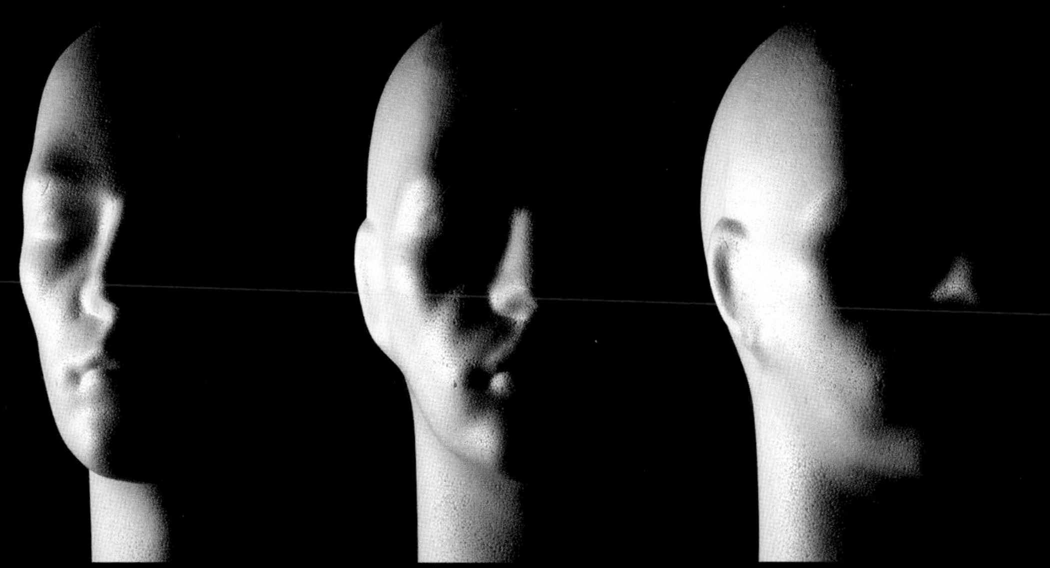

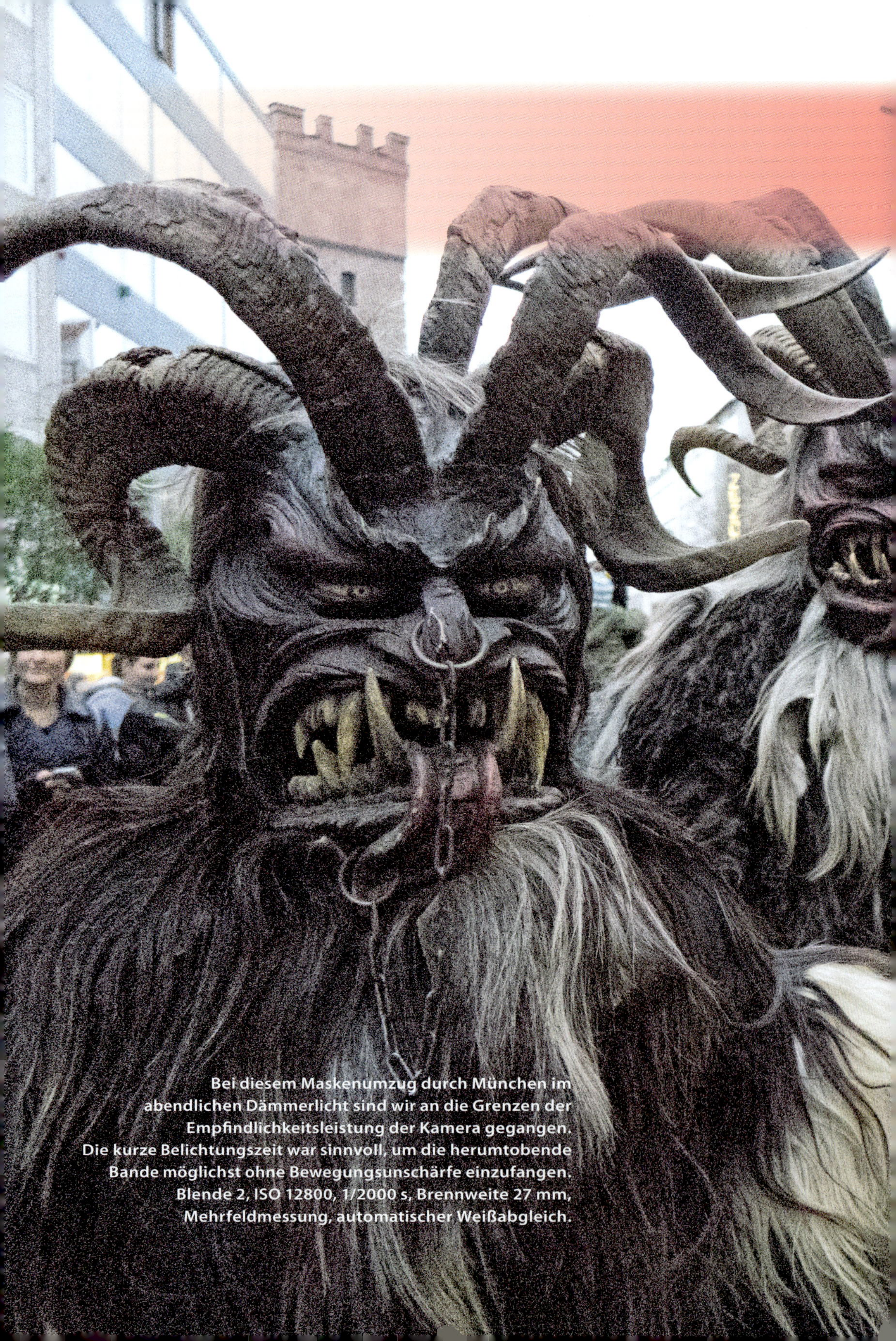

Bei diesem Maskenumzug durch München im abendlichen Dämmerlicht sind wir an die Grenzen der Empfindlichkeitsleistung der Kamera gegangen. Die kurze Belichtungszeit war sinnvoll, um die herumtobende Bande möglichst ohne Bewegungsunschärfe einzufangen. Blende 2, ISO 12800, 1/2000 s, Brennweite 27 mm, Mehrfeldmessung, automatischer Weißabgleich.

Videos mit der G7 X

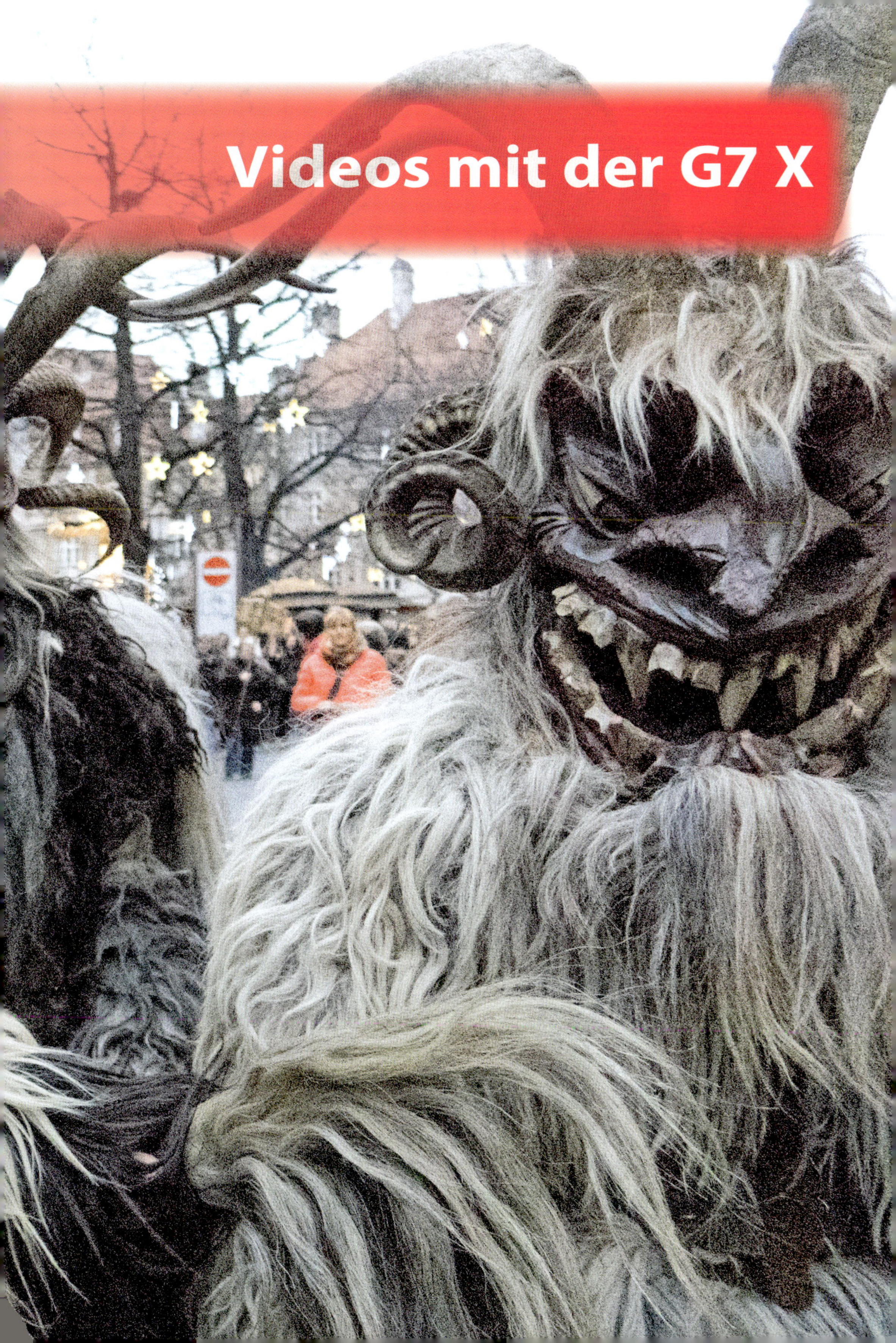

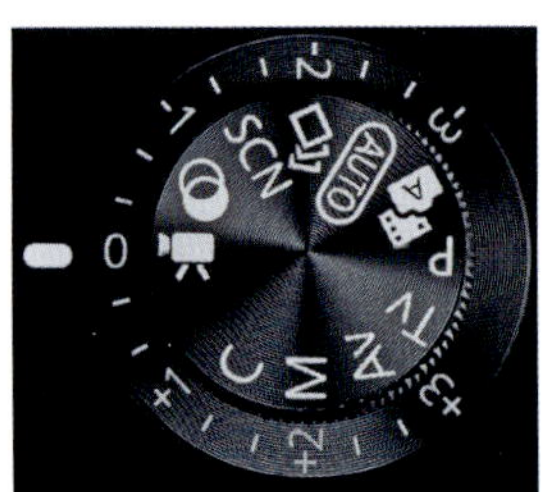

Am Modusrad auf das Filmkamerasymbol gestellt, wird der Moviemodus aktiviert und drei Aufnahmearten angeboten.

Videoclips

Ein Kamera-Symbol am Modus-Wahlrad macht den Fotografen zum Filmer. Der „Moviemodus" ist gewählt. Neben dem „herkömmlichen" Videoformat erlaubt die Kamera die Wahl des iFrame Formats. Drei Videoformate herkömmlicher Norm sind verfügbar:

FHD 30P: Das Full HD Format mit dem Seitenverhältnis 16:9 bei einer Auflösung von 1920 x 1080 Pixel mit 30 Bildern in der Sekunde.

HD 30P: Das HD-Format mit dem Seitenverhältnis 16:9 bei einer Auflösung von 1280 x 720 Pixel mit 30 Bildern in der Sekunde.

VGA 30P: Format mit einem Seitenverhältnis 4:3 bei einer Auflösung von 640 x 480 Pixel mit 30 Bildern in der Sekunde.

iFrame wird als in der Auflösung nicht veränderbares Format von Canon als FHD 30P ausgewiesen. Das von der Firma Apple entwickelte iFrame Format erleichtert in seiner Dateistruktur die Filmbearbeitung auch in schwächer ausgestatteten Computern. Es ist in seiner eigenen Norm allerdings mit 960 x 540 Pixel definiert, womit das Seitenverhältnis ebenfalls mit 16:9 eingehalten wird. Apple Computer, Apple iPad und iPhone sind die richtigen Ziele – alle anderen verlangen nach kompatiblen Geräten oder kompatibler Software. Damit dürfte zumeist die Entscheidung leicht fallen, beim sehr weit verbreiteten „normalen Standard" zu bleiben.

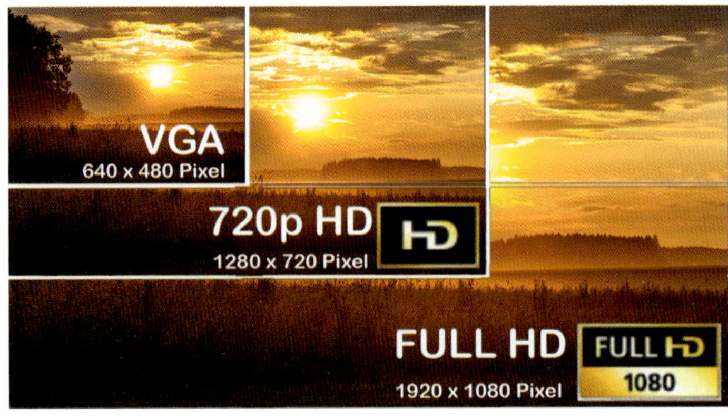

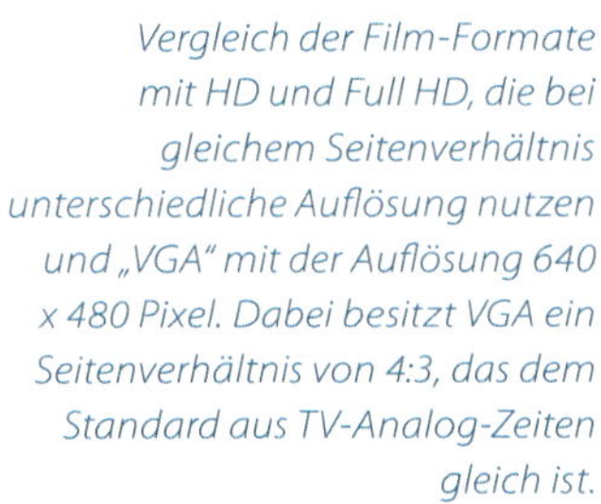

Vergleich der Film-Formate mit HD und Full HD, die bei gleichem Seitenverhältnis unterschiedliche Auflösung nutzen und „VGA" mit der Auflösung 640 x 480 Pixel. Dabei besitzt VGA ein Seitenverhältnis von 4:3, das dem Standard aus TV-Analog-Zeiten gleich ist.

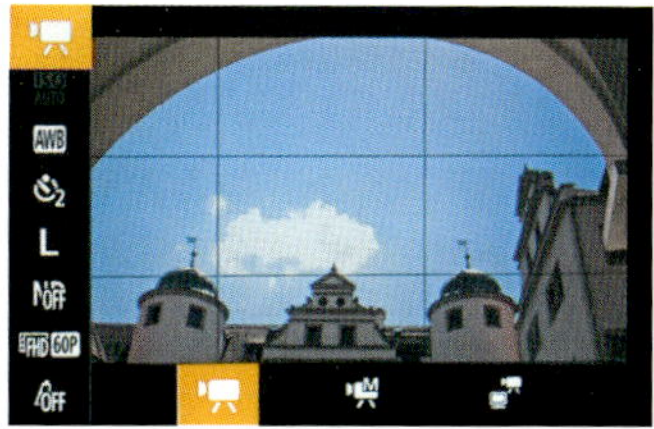

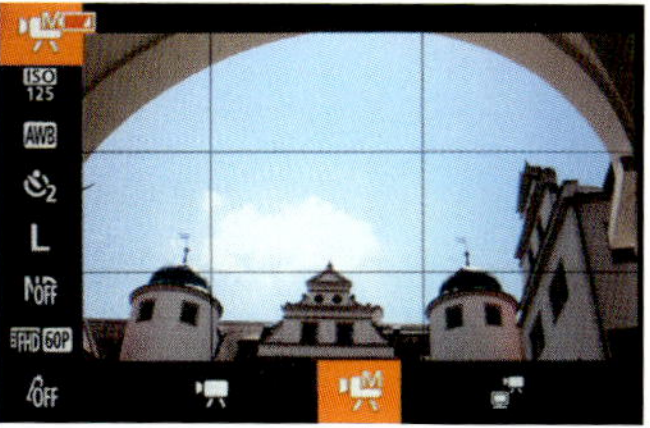

Neben dem Standardmodus mit all seinen Automatikfunktionen bietet die Videofunkton auch eine manuelle Steuerung und den iFrame-Modus. Im mittleren Bild wird links oben die Warnung für den leeren Akku eingeblendet.

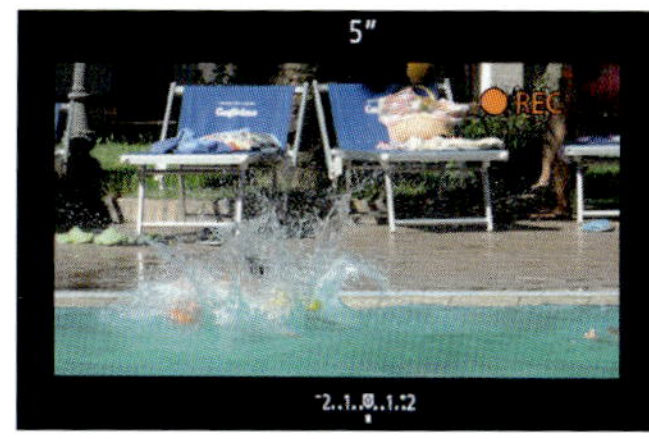

Die aktive Videoschaltung erkennt man am eingeblendeten roten Punkt und „REC". Die Aufnahmezeit wird synchron in der Kopfzeile angezeigt.

Formatgerecht wird die Anzeige begrenzt. Das Seitenverhältnis führt den Dimensionen in Bildpunkten in FHD und HD entsprechend zur 16:9 Anzeige bei voller Monitor-Breite und oben und unten schwarzer Abgrenzung für das richtige Seitenverhältnis.

Die Wahl des Standardformats mit 640 x 480 Bildpunkten, in der G7 X als „VGA" bezeichnet, führt zum klassischen Fernsehformat 4:3 . Abhängig von der Kapazität der Speicherkarte wird die zu erwartende Aufzeichnungsdauer angezeigt.

Filmtechnik im Detail

Die bis zu dieser Stelle detailliert angeführten Daten zu Auflösung, Seitenverhältnis und Filmfrequenz sind der möglichen Auswahl entsprechend vollständig. Nur der Buchstabe „P" am Ende der Technik-Daten verlangt noch nach einer Erklärung. Er steht für „progressive" und bedeutet, dass Bilder an das Wiedergabe-Gerät in vollem Format gesendet werden. Die Alternative, der Buchstabe „i" am Ende, würde das „Interlaced"-Verfahren, auch als „Zeilensprung"-Verfahren bekannt, bedeuten. Ein Bild also, das sich in zwei Hälften aus den jeweils geraden und ungeraden Zeilen eines TV-Bildes zusammensetzt.

Die Zahl „30" hat ebenfalls eine Bedeutung: 30 Bilder pro Sekunde entsprechen dem NTSC-Verfahren. Nach dem hierzulande verwendeten PAL-Verfahren für die Fernsehbild-Übertragung müsste also eine Umsetzung stattfinden. Für die richtigen Signale sorgt die Kamera, die Sie beim Anschließen an einen Fernseher über das Menü lediglich auf „PAL" oder „NTSC" einstellen müssen. Ihre G7 X kann beides. Unterschiede für den Videoschnitt (Filmschnitt) mit einem Computer spielen keine Rolle, da die gebräuchliche Software eine notwendige Konvertierung ebenfalls anbietet oder „automatisch" durchführt.

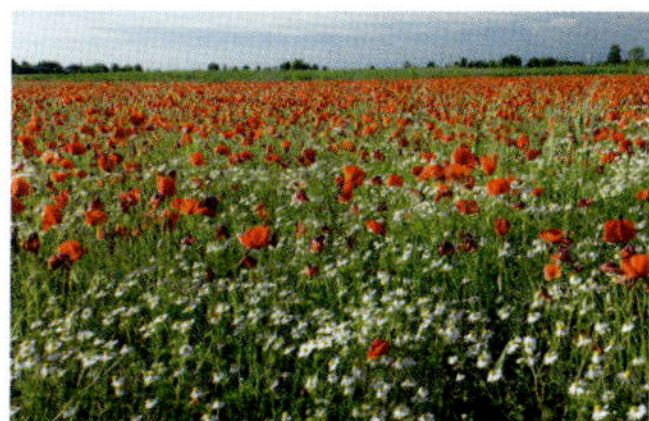

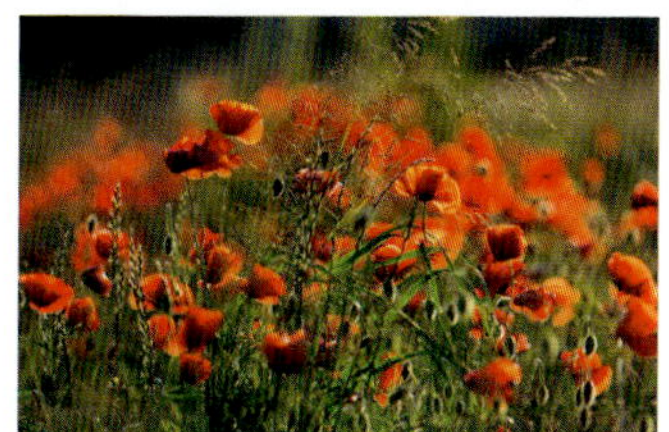

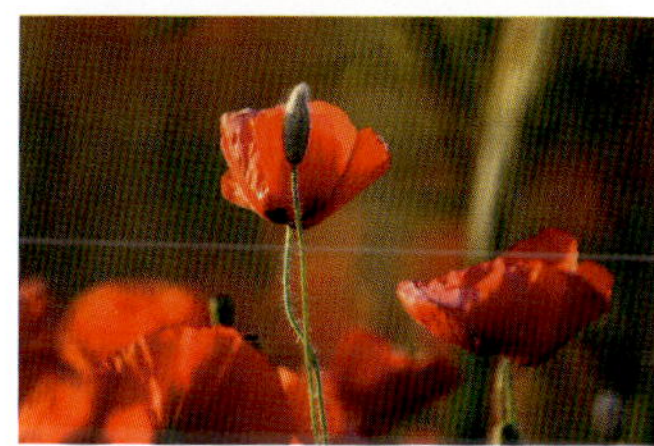

Eine Zoom-Fahrt von kurzer zu langer Brennweite lenkt die Aufmerksamkeit des Betrachters auf ein Detail, das man ihm als wichtig präsentieren will.

Film schneiden

Wenn man einen Film schneiden möchte, muss man die Wiedergabe aufrufen. Aus den Symbolen wählt man die Schere.

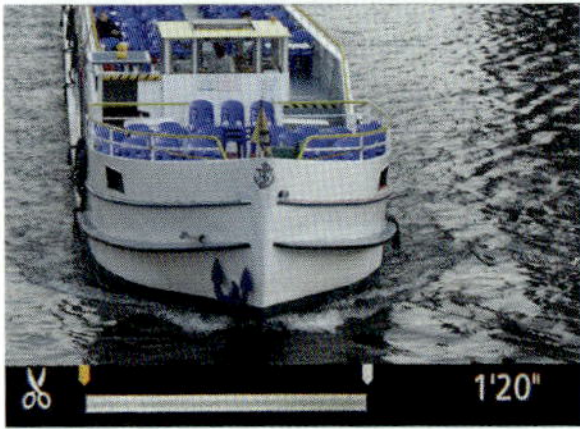

Mit Hilfe der Symbole am Anfang und Ende des Balkens werden Anfang und Ende des Bildschnitts gewählt. Die Zeitangabe hilft, dass der Schnitt nicht zu kurz gerät.

Auslöser-Falle

Wenn der Movie-Auslöser mit einer anderen Funktion belegt wurde als mit dem Filmkamera-Symbol, dann kann nur nach vorheriger Wahl des Moviemodus am Modus-Wahlrad gefilmt werden. Ist der Movie-Auslöser mit dem Filmkamera-Symbol belegt, dann startet und stoppt er eine Filmaufzeichnung auch in anderen Belichtungsmodi und stellt dann auch Funktionen wie My Colors zur Wahl.

Vom Clip zum Dokumentarfilm

Die direkte Verbindung für eine hochwertige Wiedergabe wird durch den HDMI Ausgang der Kamera zu einem HDMI Fernseher ermöglicht. Das Datei-Format MP4 ist in guter Computer-Software mühelos zu verarbeiten. Damit liegt die Wiedergabe der Film-Clips aus der Kamera auf einem TV-Bildschirm nahe. Soll ein etwas anspruchsvollerer „Dokumentarfilm“ entstehen, so bietet sich Filmschnitt und Vertonung mit Computerhilfe an.

Mit den Formaten Full HD und HD steht in einer Computer-Software jede Möglichkeit der Filmbearbeitung zu abendfüllenden Formaten bereit. Wer auf Full HD verzichten muss, der kann mittels Konvertierung die Clips zu angepasstem Format vom TV-Bildschirm bis zum Smartphone-Format umsetzen. Es entstehen ansehnliche Filme; vor allem wenn man mit hoher Qualität aufzeichnet, bekommt man auch in niedriger Auflösung gute Bildqualität.

Die Arbeit mit Vertonung, Bild- und Ton-Überblendung bietet weitere Verfeinerung einer gekonnten Filmgestaltung. Dank Stereomikrofon mit Windschutzfunktion in der Kamera lässt sich auch die Vertonung mit authentischen Ton-Clips vervollkommnen.

Filmen

Filme sind lebendige Bilder, die den vom Foto gezeigten Höhepunkt durch den chronologischen Ablauf davor und danach erweitern. Sogar mit Ton, wenn möglich in Stereo. Mit dem Druck auf ein Knöpfchen beginnt die Aufzeichnung eines Ereignisses mit etwas anderen Mitteln als denen der Fotografie. Mit einem zweiten Druck auf dasselbe Knöpfchen wird die Aufzeichnung beendet und zur Datei darf man jetzt „Film-Clip“ sagen.

Es ist ein Film, doch eine Filmgeschichte muss damit noch lange nicht entstanden sein. Zeit für ein paar Erinnerungen an die technischen Möglichkeiten und mögliche Ziele. Auf der technischen Seite zählen Eigenschaften wie:

- Belichtung, Einfluss der Blende
- Fester Standpunkt (Stativ) oder entfesselte Kamera
- Bewegung im Bild, Bewegung mit der Kamera
- Licht und Beleuchtung
- Close-Up, die Aufnahme aus nächster Nähe
- Totale – die Übersicht
- Schwenk und Zoom-Fahrt – der Blick auf Details

Das technische Potenzial ist die Voraussetzung für gestalterische Freiheit, wenn ein Film nicht nur chronologische Abfolge von Ereignissen sein soll. Selbst die chronologische Abfolge kann nur als Rohmaterial einer Tages- oder Wochenschau bezeichnet werden. Bereits an dieser Stelle kann man an die Verwendung einer Filmaufnahme denken, um weitere Aufgaben aufzulisten:

- Auswahl von Clips, Zusammenstellung und Abfolge
- Filmschnitt, Vertonung

Mit den genannten Eingriffen lässt sich bereits eine gelungene, zur Story verarbeitete „Tagesschau" schneiden. Sie rafft einen Ablauf zu kompakter Wiedergabe, lässt Verschiebungen und Wiederholungen zu und greift damit zu Mitteln moderner, journalistischer Aufbereitung. Sie „Film" zu nennen ist kein Widerspruch zur Verwendung der Technik, doch ein Film in Anlehnung an das, was als abendfüllender Film im Kino zur Unterhaltung, im Fernsehen zur Information oder im Nachmittagsprogramm als Seifenoper läuft, ist es noch lange nicht. Es ist Zeit, sich über Inhalt, Form und Zweck eines Films Gedanken zu machen. Es gibt nun einmal feste und erweiterbare Vorstellungen vom Genre eines Films.

Die Zeit ist ein Maßstab

Jeder Film sollte Regeln unterworfen werden. Jedes Ereignis hat die Zeit zum Maßstab. Clips entstehen in chronologischem Ablauf. Höhepunkte kann man durch betonten Einsatz einzelner Clips setzen und durch den Ton verstärken. Wiederholungen können eine Story beeinflussen, dabei ist auch die Rückblende ein gern verwendetes Stilelement einer filmischen Aufbereitung.

Regie ist die Umsetzung in angemessene Spannung oder Entspannung einer Geschichte. Dabei kann der Regisseur gehörig dem Autoren, der Dramaturgie ins Handwerk pfuschen, doch da Sie alle Jobs in die Hand nehmen, haben Sie die Chance zur gütlichen Einigung. Regie können Sie im laufenden Ereignis führen. Sie können aber auch am Schneidetisch noch die führende Hand eines Regisseurs einbringen. Schließlich ist es immer ein „author's cut".

Nimmt man die Zeit als Maßstab der Entwicklung einer filmischen Story, so bleibt die Erzählung sachlich. Nutzt man den Filmstil einer „Rückblende", dann beginnt man mit einer Art Manipulation des Zuschauers.

Zeitraffer

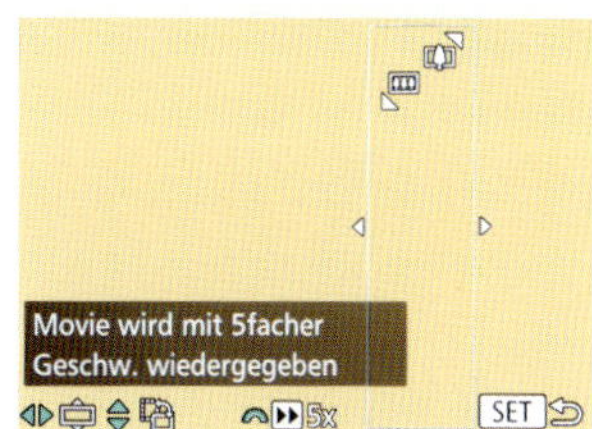

Unter „Kreativfilter" wird der „Miniatureffekt" angeboten, der ein Filmen mit Zeitraffereffekt ermöglicht. Sie können vor der Aufnahme festlegen, ob die Wiedergabegeschwindigkeit um das fünf-, zehn- oder 20fache erhöht wird. Aufnahmegeschwindigkeit verringert sich auf 6, 3, oder 1,5 Bilder/s. Eine Minute Aufnahmezeit schrumpft dann auf 12, 6, oder 3 Sekunden zusammen.
Eine weiterer Zeitraffer bietet „Sternen-Zeitraffer-Movie" mit einem Einstellintervall bis zu 128 Sekunden.

Smart-Auto Filme

Filmen im Smart-Auto Modus profitiert von der Vielfalt der individualisierten Automatik.
21 Aufnahmesituationen sind es, die beim Filmen unter Smart-Auto für bessere Filmqualität genutzt werden.

Filmbearbeitung

Mit dem Thema Filmbearbeitung möchte ich weniger die dramaturgische Aufbereitung von Clips ansprechen, sondern Ihnen einen kleinen Einblick in die für den Filmschnitt sinnvollen Mittel und Handgriffe geben.

Es ist Zeit, an Unterschiede zu denken, die durch das eingeschränkte Angebot bei der Verarbeitung in der Kamera und einer Bearbeitung am Computer bestehen. Für Filme bietet die G7 X einen Schnitt an, der primär dem Kürzen einer zu lang geratenen Szene dient. Ausreichend, wenn man nur die Wiedergabe von Filmen direkt aus der Kamera auf dem Display oder einem TV-Bildschirm vorhaben sollte.

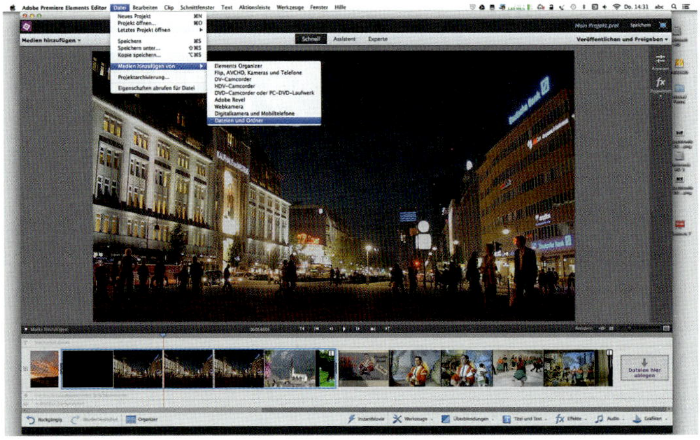

Aus einer Clip-Sammlung mehr zu machen als „laufende Schnappschüsse", setzt eine leistungsfähigere Software wie „Adobe Premiere Elements" voraus. Im Bündel mit Photoshop Elements noch preiswerter.

Screenshot von Adobe Premiere Elements, eine preiswerte Video-Software zur Bearbeitung und Vertonung eines Films.

Einen fertigen Film für das Display und die Speicherkapazität eines bestimmten Gerätes, vom kleinen Handy bis zum großen Flat-Screen, perfekt zu wandeln, verlangt nach einer sehr leistungsfähigen Software wie iSkysoft iMedia Converter Deluxe. Dieses kennt praktisch alle Ausgabe-Geräte, Modell und Auflösung beim Namen und kann zudem mit eigenen Gerätedaten auf kommende Exoten angepasst werden.

Clip-Sammlung

Naheliegende Themen lassen sich in nahezu allen Bereichen des privaten Lebens finden. Familiennah mit Clips aus dem Alltag, vom Wochenende, von Ausflügen oder Festlichkeiten. Lassen Sie den chronologischen Ablauf Ihr Drehbuch-Autor sein.

Datum und Zeit, verbunden mit den Filmdateien, sind im ersten Moment nach der Übertragung zum Computer Ihr Leitfaden. Fügen Sie Datum und Zeit den Namen der einzelnen Dateien bei oder setzen Sie eine Nummerierung mit reichlicher Stellenzahl an den

Anfang des automatisch vergebenen Dateinamens. Systematisieren Sie Ihr Filmarchiv aus vielen Clips, wobei Anlass, Datum und Ort wichtige Anhaltspunkte bei der späteren Suche sind.

Irgendwann ist die Vielfalt der Information kaum noch in den Griff zu bekommen. Deswegen empfehle ich, neben einer ordnenden Hierarchie aus Dateinamen und einer Struktur aus Verzeichnissen und Unterverzeichnissen wenigstens eine einfache Datenbank-Software zu nutzen, in der man Dateinamen und zahlreiche Suchbegriffe zusammenführen kann. Diese fast optimale Archivierung kommt für Filmer in Frage, die schon zu Anfang absehen können, viele Clips aufzunehmen.

Groß ist das Risiko bei häufigem Zoom-Einsatz, einen Film aus häufigem Wechsel zwischen Weitwinkel und Tele mischen zu müssen. Bewegung sollte im Bildausschnitt herrschen, nicht nur oder zusätzlich mit Kamera und Brennweiten-Variation. Schwenk oder Zoom-Fahrt nutzt man bei statischen Motiven, wie bei einem Panorama. Mit diesem Wissen kann man schon bei der Aufnahme für eine Clip-Sammlung sorgen, die später besser aneinanderzufügen ist.

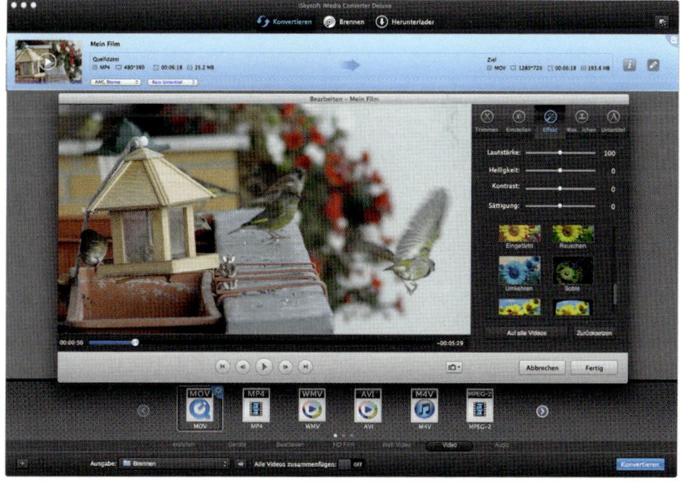

Screenshot von iMedia Deluxe von iSkysoft, eine Filmbearbeitung, die zahlreiche Funktionen für Änderung eines Bildausschnitts, Anpassung von Schärfe, Helligkeit und Kontrast und zur Beifügung von Effekten bietet. Am Ende aller Eingriffe steht die Wandlung zu passenden Formaten von Full HD, 4K-Technik bis hinab zum kleinsten Handy.

Denken Sie bei allen Clips auch an den Ton. Ein halber Satz durch zu spät gestartete Aufnahme lässt sich schneiden. Etwas „Luft" im Bild und Ton vor dem Ereignis erleichtert den Schnitt. Nachvertonung kann nützlich sein, doch hier ist O-Ton und Nachvertonung einfühlsam zu mischen oder aneinanderzufügen.

Ein großes Problem kann auch aus den unvermeidbaren Nebengeräuschen bei einer Filmaufnahme entstehen. In aller Regel Nebengeräusche, die eher aus der Umgebung einer Szene herrühren als aus der im Bild sichtbaren Szene allein. Nebengeräusche aus der Kamera kommen hinzu. Die einfachere Lösung ist, im Zweifel auf den Originalton zu verzichten und für eine andere akustische Untermalung zu sorgen. Damit wird der Ton zum Film fast zu einer ganz eigenen Aufgabe, doch zur schönen Film-Szene gehört nun einmal auch der gute Ton.

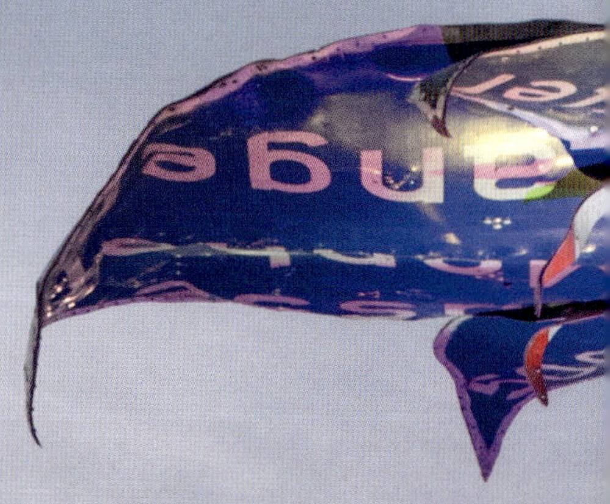

Plastik auf dem Tollwood, das alljährlich in der Adventszeit auf der Theresienwiese in München stattfindet. Blende 2,5, 1/100 s, ISO 400, Mehrfeldmessung, automatischer Weißabgleich. Aufnahme entstand nach Sonnenuntergang im knappen Restlicht, die Plastik wurde bereits mit Scheinwerfern angeleuchtet.

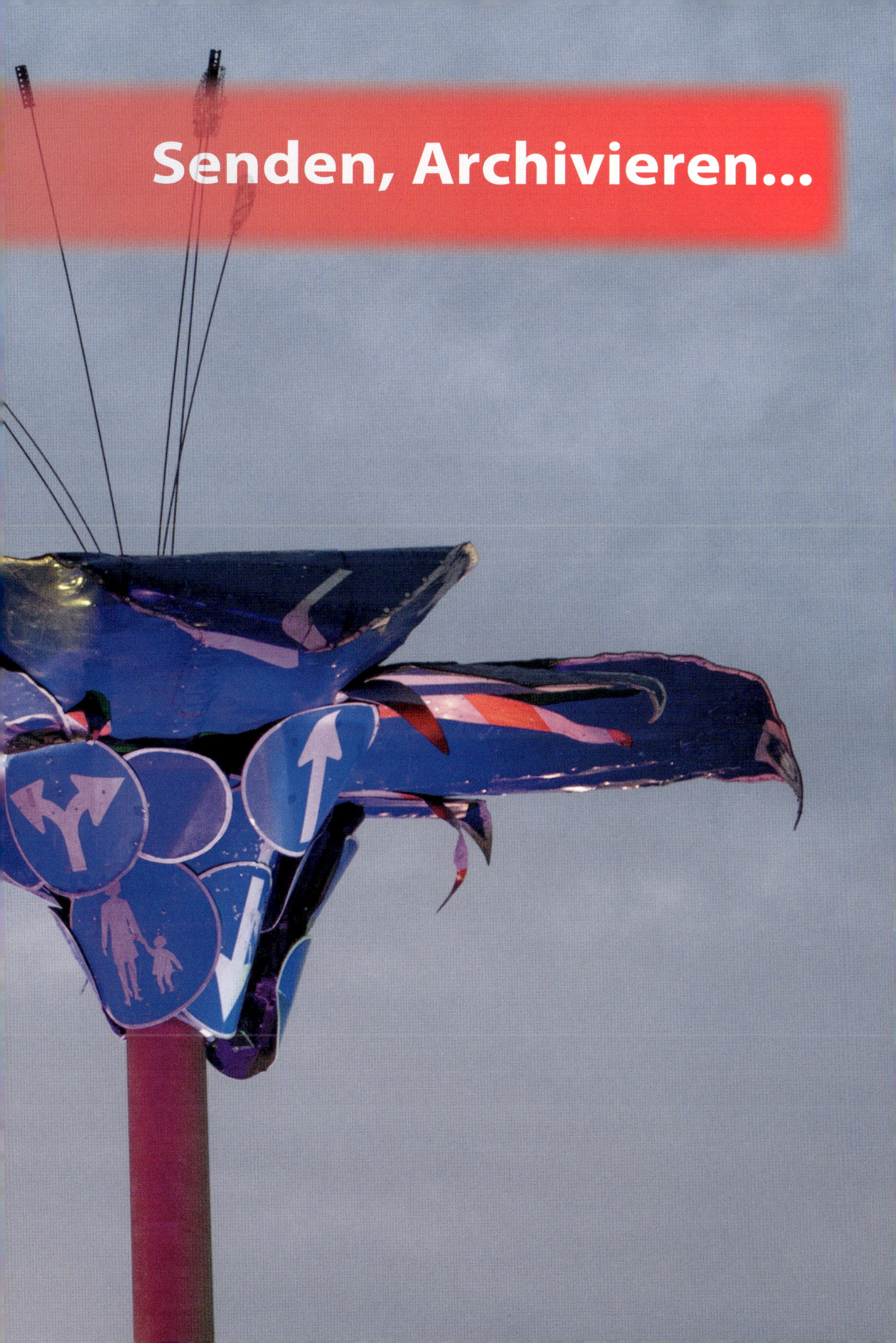
Senden, Archivieren...

Drahtlos verbunden

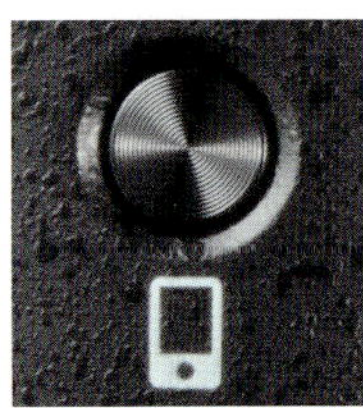

Funkverbindungstaste für den schnellen Griff zur drahtlosen Verbindung zu externen Geräten.

Vor die nahezu grenzenlose Kommunikationsfreudigkeit und ein breites Angebot an Möglichkeiten hat die Technik die Hürde des Einrichtens gestellt. Anregung kann es an dieser Stelle „im Prinzip" geben, denn Regeln und Abweichungen bei allen Geräten, vor allem aber bei der Vielzahl „externer" Geräte, müssen auch nach Anleitung mit diesen anderen Geräte abgestimmt werden.

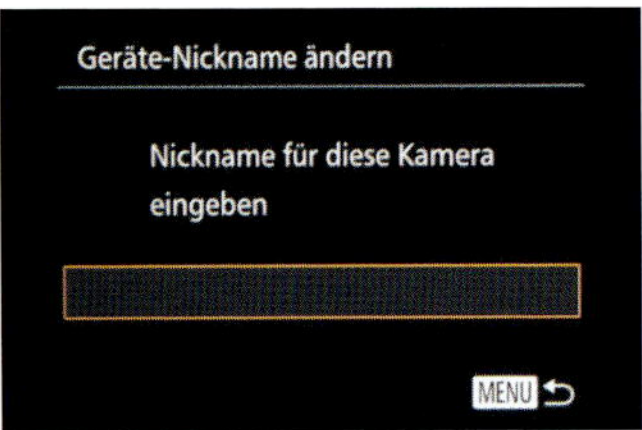

Der erste und wichtigste Punkt betrifft die Vergabe eines „Nicknamen", unter dem die Kamera in externen Geräten im WLAN erkannt wird. Wieder wird ▶ benutzt, um die folgenden Eingabe-Menüs zu erreichen. Den Nickname können Sie im Menü „WLAN-Einstellungen" auch wieder ändern.

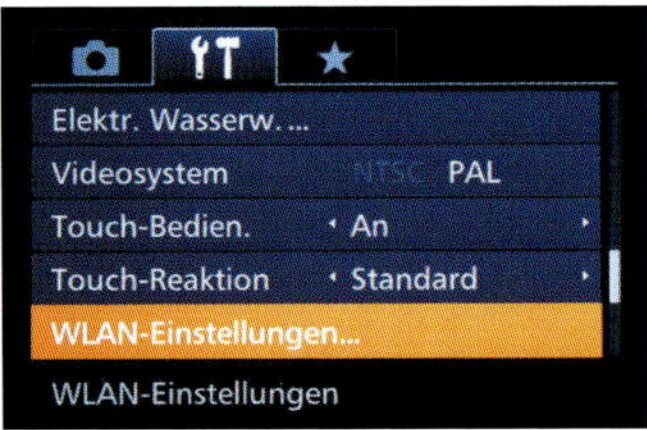

Im Einstellmenü werden die WLAN-Grundeinstellungen angeboten.

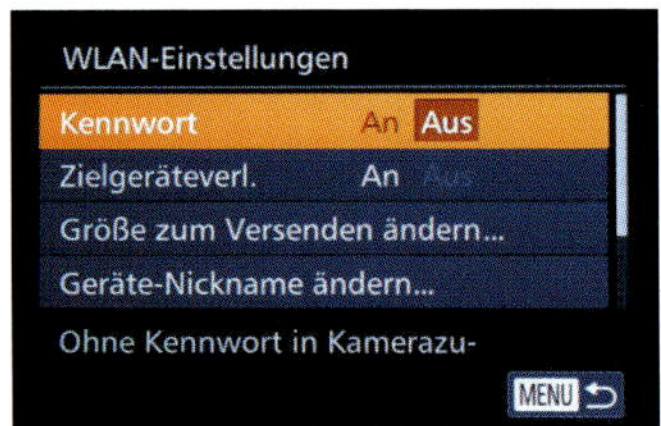

Das Kennwort dient zur zusätzlichen Sicherheit für die Verbindung mit Ihrem Smartphone.

Bevor die Kamera kommunizieren kann und darf, muss sie selbst vorbereitet werden. Wichtigstes Detail an dieser Stelle: Geben Sie Ihrer G7 X einen Namen, einen „Nicknamen", wie er Ihnen vom Prinzip aus vielen Internet-Nutzungen vom Verkaufsportal bis zu facebook geläufig sein dürfte.

Der Nickname bleibt Ihrer Kamera erhalten, solange Sie ihr nicht einen neuen Namen geben. Den Nicknamen merken sich in der Regel alle Geräte, mit denen sich Ihre Kamera erst einmal verbunden hat. Das erlaubt es, bei einer erneuten Verbindung zu einem externen Gerät flott zu suchen, schnell zu erkennen und damit die Kommunikation auch schneller zu beginnen.

Als nächsten Schritt sollte man sich die Einrichtung von Software auf Smartphone, Computer und Tablet vornehmen. Für den Computer am besten das ganze Software-Paket von Canon, für Tablet und Smartphone die CameraWindow App von Canon. CameraWindow, den Einstieg für Bilder-Download aus der Kamera und die Fernbedienung nebst verschiedenen Einstellungsmöglichkeiten gibt es auch für PC und Mac.

Sie haben einen „Zugriffspunkt"? Das sollte Ihr Router sein, der WLAN besitzt (Sende-/Empfangsteil). Auf Ihrem Computer wird zudem der Browser benötigt. Die G7 X kann auf unterschiedliche

Weise Kontakt mit der Außenwelt aufnehmen. Drahtlos per WLAN über die WLAN-Technik des Routers als Zugriffspunkt, der als Vermittler zu weiteren mit ihm verbundenen Geräten fungiert. Beachten Sie bitte, dass zwei Zugriffspunkte nebeneinander nicht unbedingt reibungslos laufen müssen. Das liegt vor allem an den Zugriffspunkten und dabei an den Fähigkeiten, die diese besitzen. Computer, Smartphone und Tablet lassen sich auch als Zugriffspunkt einrichten. Gleichzeitig können diese Geräte nicht mit einem anderen Zugriffspunkt Kontakt haben, weswegen in den genannten Geräten für die Funktion als Zugriffspunkt der eigene WLAN-Zugriff abgeschaltet wird. Generell gilt, dass die genannten Geräte natürlich die Technik bieten müssen, um als Hotspot (Zugriffspunkt) zu dienen. Neuere Geräte sollten das können, wobei sich die Einrichtung wieder einmal unterscheiden kann.

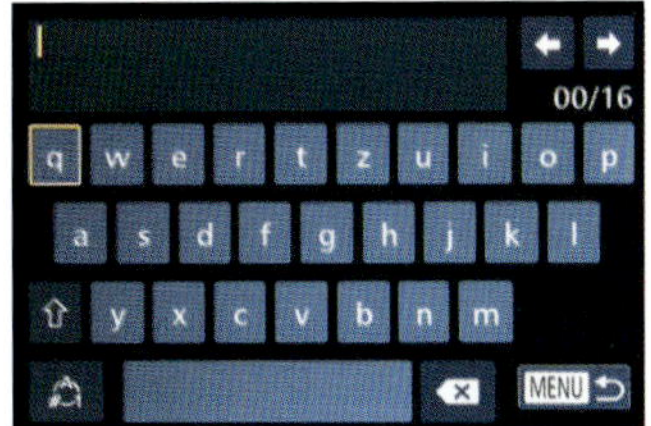

Tastatur-Anzeige im Display. Die Navigation zu den Tasten erfolgt über das Einstellungs-Wahlrad mit einem Druck auf die Navigationstasten ◀ ▶ und ▲ ▼. Über das Symbol links unten schaltet man zwischen Buchstaben und Zahlen sowie Sonderzeichen um. Rechts neben der langen Leertaste ist die Löschtaste für das jeweils letzte Zeichen. Beenden der Eingabe über die MENU-Taste der Kamera zur vorhergehenden Anzeige.

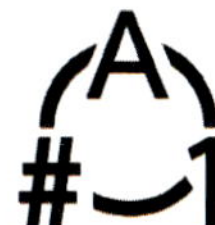

Symbol zum Wechsel zwischen Buchstaben, Zahlen und Symbolen.

Symbol zur Umschaltung auf Großbuchstaben.

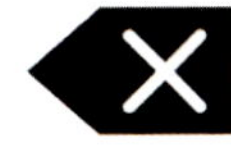
Löschtaste – Zeichen links vom Cursor wird gelöscht.

Verbindungsalternativen

Mit USB-Kabel und NFC stehen der Kamera zwei weitere Möglichkeiten der Verbindung zur Verfügung. Über den Draht in Form eines USB-Kabels oder per „NFC", sofern ein Smartphone oder Tablet diese neuere Kontakt-Möglichkeit bietet. Ein „Bodycheck" ist dafür nötig, denn Smartphone und Kamera müssen sich berühren. Mit der Schmalseite der Kamera dort, wo das N-Symbol aufgedruckt ist. Dies ist eine eindeutige Lokalisierung. Mit dem Smartphone an einer Stelle, die Ihnen der Hersteller des Smartphones verraten haben sollte. Wenn nicht, hilft nur versuchen. Manchmal hilft ein Verdrehen der Geräte gegeneinander.

NFC – die neueste Drahtlos-Verbindung

NFC oder „Near Field Communication" soll wohl die „Killer-Technik" für direkte Übertragungswege wie Bluetooth sein. Bluetooth steht den NFC-Absichten mit größerer Reichweite im Wege. NFC sendet und empfängt nur bei direkter Nähe, quasi bei „Körperkontakt".

NFC – bei uns erst in wenigen Handy-Modellen technisch realisiert – wurde speziell für bargeldlose Zahlung entwickelt. „Mobile Payment" als „Geldbörse" im Handy setzt für diesen Zweck immer noch das Handy voraus. „Zahlen mit der Kamera" ist (noch) nicht zu befürchten. Datenübertragung geht jedoch generell und so sollte die Kamera Ihr Handy erkennen, Ihr NFC-fähiges Handy die Kamera, bevor Bilder aus der Kamera auf kürzeste Distanz aus der Kamera hinüber in Ihr Handy „fliegen".

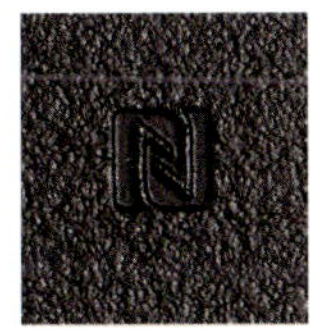
Der NFC-Kontaktbereich für die schnelle Verbindung mit dem Smartphone befindet sich im Kameraboden.

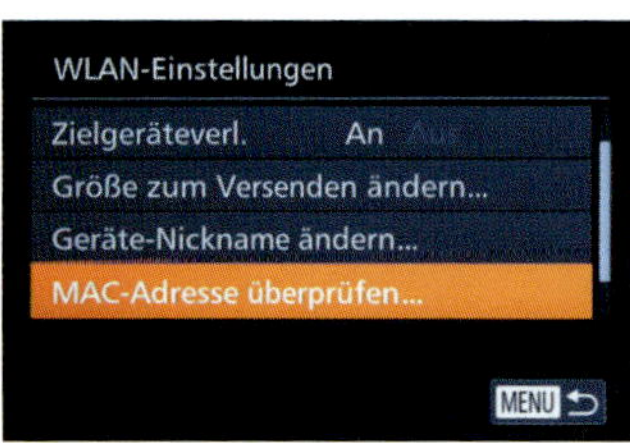

Anzeige der MAC-Adresse der Kamera. Diese könnte für WLAN bzw. Computer-Einstellungen wichtig werden. Sie gilt für jedes Gerät und bezieht sich nicht auf Apple (Mac) Computer.

WLAN und Wi-Fi

Mit dem nächsten Schritt kommen Sie der Benutzbarkeit noch näher. Richten Sie den WLAN-Zugang oder den direkten Drahtlos-Zugang ein. Dazu müssen Sie wissen, wie sich Ihr Zugriffspunkt nennt und benötigen ferner das „Passwort" Ihres Zugriffspunktes. Benutzen Sie am Einstellrad der Kamera den blauen „Sendemast", der nur im Wiedergabe-Modus der Kamera aktiv ist. Die Kamera zeigt Ihnen anfangs zwei Display-Layouts. Zum einen eine Auswahl der Symbole für Kamera, Handy, Computer, Drucker und eine Wolke (cloud). Zum anderen (später) eine Liste, in der erkannte und in der Kamera gemerkte Geräte mit deren Nicknamen angezeigt werden.

Hinter jedem der zuvor genannten Symbole steht ein Zugang zu einem Gerät, sobald dieses erst einmal erkannt und eingetragen wurde. Auch über die eigene Handy-Taste nahe dem Modus-Wahlrad ist eine Schnell-Verbindung möglich.

WLAN oder Wi-Fi?

Die Deutung eines Unterschiedes zwischen „WLAN" und „Wi-Fi" lässt Unsicherheit aufkommen? Ihre PowerShot benutzt WLAN im Menü bei der Wahl der deutschen Sprache und nutzt im englischsprachigen Menü den Begriff „Wi-Fi" an seiner Stelle. Tatsächlich kann man an vorhandenem Computer-Equipment, wie zum Beispiel einem Drucker erkennen, dass WLAN-fähige Drucker die Einrichtung beziehungsweise Verbindung zu einem Computer über einen Zugangspunkt (WLAN-Router) ausgehend vom Computer (Treiber, Einrichtungsprogramm) finden.

Wi-Fi – Drucken ohne Umwege

Wi-Fi hingegen erfordert für den direkten Zugang zu beispielsweise einem Drucker das „Knöpfchendrücken" in kurzem Zeitabstand an beiden Geräten. Meist ein Wi-Fi Symbol am Drucker in Form einer Taste. Kamera und Drucker erkennen sich dann gegenseitig und nach Abschluss beziehungsweise Bestätigung kann ohne Umweg über einen Router-Zugangspunkt das Bild aus der Kamera direkt in den Drucker befördert werden, um als Papierbild vom Drucker entlassen zu werden.

Wer diese Prozedur als Vereinfachung empfindet, der sollte sich jetzt mit den Druck-Funktionen der Kamera beschäftigen. Zu überlegen bliebe dennoch, ob einmaliges Übertragen der Bilder an den Computer nicht doch größere Freiheiten für eine Bearbeitung und den im Computer größeren Möglichkeiten der Aufbereitung in vielen Drucker-spezifischen Besonderheiten bietet. Das Bild ist außerdem zur Archivierung dann schon einmal am sinnvollen Platz und kann gedruckt, mit Freunden geteilt, ins Internet „gepostet" werden und steht jeder qualitätsbewussten, kreativen oder Fun-Variation zur Verfügung.

Suchen und Finden

Bei der Wahl eines der Symbole folgt eine Suche zu einem Zugriffspunkt beziehungsweise einem Gerät. Einerseits kann man über den Computer-Browser eine Verbindung mit der Kamera einrichten, die zum Canon iMage Gateway führt und sich auf demselben Weg mit dem Canon iMage Gateway verbinden und weitere Zugänge einrichten. Andererseits sorgt CameraWindow auf Computer, Handy und Tablet dafür, dass die Kamera diese Programme findet und startet. Die Übertragung von Bildern aus der Kamera an ein externes Gerät ist eine der wichtigen Aufgaben.

Konnektivität ist Trumpf

Bilder entstehen zu lassen, ist die grundsätzliche Eigenschaft der Kamera. Bilder direkt auf kürzestem Weg an Empfänger zu vermitteln, ist der Gewinn in der modernen digitalen Kamera mit WLAN, Direktverbindung und weiteren elektronischen Brücken. Das Handy als Wegbereiter mag dazu beigetragen haben, dass Fotografieren und Fotos mit Freunden zu teilen so viel leichter geworden ist.

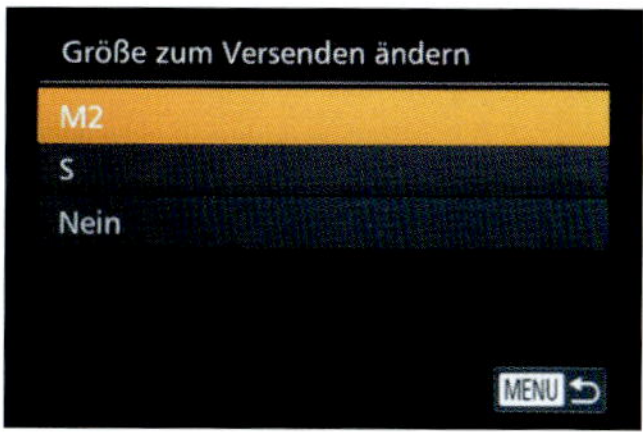

"Kleingehackt" geht die Übertragung auch von größeren Bildmengen blitzschnell.

Die Praxis der Nutzung auf vielen Wegen der „Konnektivität" nehme ich zum Anlass, an den besseren Umgang mit den Möglichkeiten zu erinnern. Höchste Bildqualität ist die Vorgabe für die Nutzung der Bilder in gedruckter Form als Foto-Abzug, als Poster oder in einem eigenen Fotobuch. Geringste Dateigröße zur schnellen Übertragung an ein anderes Handy, an einen Freund in Form einer Email oder als optische Begleitung einer „getwitterten" Kurznachricht steht nur scheinbar dem Wunsch nach bester Qualität im Wege. Nutzen Sie die Fähigkeiten Ihrer Kamera, intern einen Schnappschuss in bester Qualität schnell auf eine kleinere Datei umzusetzen, die spielend schnell auf den drahtlosen Weg gebracht werden kann. Kopie und Original bleiben in der Kamera gespeichert erhalten.

Smartphone-Schnappschüsse

CameraWindow, ein Programm das Sie sich auf der Canon Seite herunterladen können, ist der Software-Schlüssel zur drahtlosen Aufnahme mit der G7 X. Smartphone, Tablet oder Computer werden so zum Fernauslöser mit eigenem Blick auf das, was der Bildchip der Kamera gerade sieht. Auf diese Weise wird Ihr Smartphone oder Tablet zum externen Kamera-Monitor mit etlichen Anzeige- und Bedienungselementen, die sonst nur die Kamera selbst zeigt und zur Verfügung stellt. Noch mehr hat man davon, wenn man ein Tablet mit seinem erheblich größeren Display benutzt.

Kein Zweifel: Die Kamera muss sicher stehen, möglichst auf einem stabilen Stativ. Wählen Sie den Bildausschnitt möglichst mit einer langen Brennweite so, dass sich Wichtiges im Zentrum befindet. Die Brennweite können Sie verändern, jedoch nicht die Blickrichtung.

Eine weitere Funktion von CameraWindow dreht sich um Ortsdaten. Ihr Smartphone oder Tablet sollte dazu fähig sein, geografische Daten, GPS-Daten, zu liefern. Achten Sie darauf, dass GPS eingeschaltet ist. Der Auftrag an CameraWindow, diese Daten zu verfolgen, versetzt Sie in die Lage, Ihren Bildern in der Kamera Ortsdaten anzufügen.

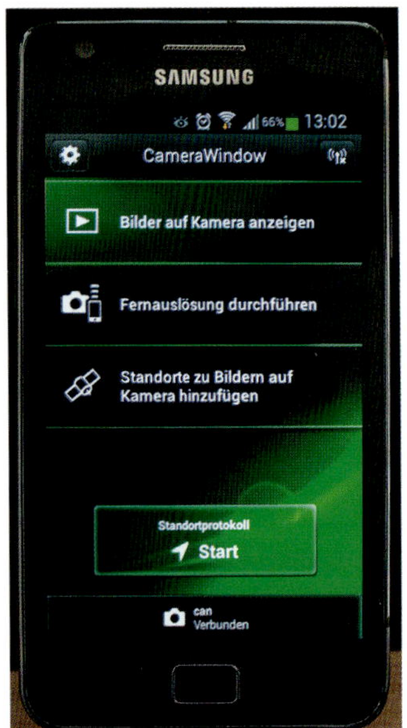

Menü-Bildschirm von CameraWindow auf einem Smartphone. Sie bekommen Zugriff auf Anzeige und Übertragung von in der Kamera befindlichen Bildern. Unter Fernauslösung werden die Funktionen zu Anzeige, Bedienung und Auslösung geboten. Letzter Punkt ist die GPS-Nutzung des Smartphones, um Standort-Daten den Bildern in der Kamera zuzufügen. Die Kamera übernimmt die GPS-Koordinaten zu Bilddateien nur, kann sie anzeigen, ist jedoch auf volle GPS-Funktion des Smartphones oder Tablets angewiesen.

Smartphone oder Tablet

CameraWindow auf einem Smartphone gibt diesem Handy als Fernauslöser mit Live-Blick auf das, was die Kamera gerade sieht, einen besonderen Reiz. CameraWindow auf dem Tablet lässt noch mehr Freude aufkommen, weil das Sucherbild aus der Distanz die Vergrößerung erfährt, die das große Tablet-Display bietet.

In jedem Fall erlaubt ein Zoomregler unterhalb der Anzeige auf Tablet und Smartphone die Anpassung der Brennweite zwischen Weitwinkel und Tele. Daher rührt auch mein Rat, die Kamera auf das Zentrum einer möglichen Szene auszurichten. Am besten aus der Sicht der Tele-Brennweite heraus. Das verhindert, dass beim Zoomen in die Tele-Nähe das Motiv aus dem Blickfeld verschwindet. Der umgekehrte Weg – vom Tele zum Weitwinkel – verliert ein zentrales Motiv auf diese Weise nie, außer Ihr Zielobjekt verlässt flinken Fußes selbst das weite Feld der 24-mm-Weitwinkelsicht. Nach der Aufnahme ist der Fernauslöser-Schnappschuss in der Kamera gesichert und gespeichert. Das Sucherfenster im Smartphone oder Tablet verfolgt live das Geschehen.

Wollen Sie Ihre Aufnahmen auch im Handy zur Verfügung haben, so müssen Sie die Übertragungsfunktion von CameraWindow nutzen. Eine Prozedur, die jedoch von der augenblicklichen Live-Beobachtung ablenkt. Die Übertragung läuft allerdings erstaunlich schnell.

Smartphone-Fernbedienung

Auf den ersten Blick lässt die hier besprochene Fähigkeit zur Fernbedienung der Kamera Freude aufkommen. Dem steht (vielleicht) die Tatsache entgegen, dass für diese Funktion ein Zugangspunkt wie ein WLAN-Router benötigt wird. Die Vielzahl der Geräte (Smartphone, Tablet) nebst ihrer Betriebssysteme erlaubt jedoch nicht die nähere Beschäftigung mit dieser Hotspot-Funktion.

Abhilfe beim Hotspot-(Zugangspunkt)-Problem könnte in der sehr individuell gelösten Fähigkeit mancher neueren externen Geräte liegen, die eine Verbindung zu einem Zugangspunkt erlauben und auch selbst als Zugangspunkt eingerichtet werden können. Der eigene WLAN-Zugriff des externen Geräts wird abgeschaltet, sobald es als Hotspot arbeitet. Leider muss ich auf Handy-Fachliteratur, Handy-Anleitung und die Praxis mit Ihrem Tablet oder Smartphone verweisen, da an dieser Stelle nicht Regeln und Ausnahmen der externen Handys, Tablets und Computer berücksichtigt werden können.

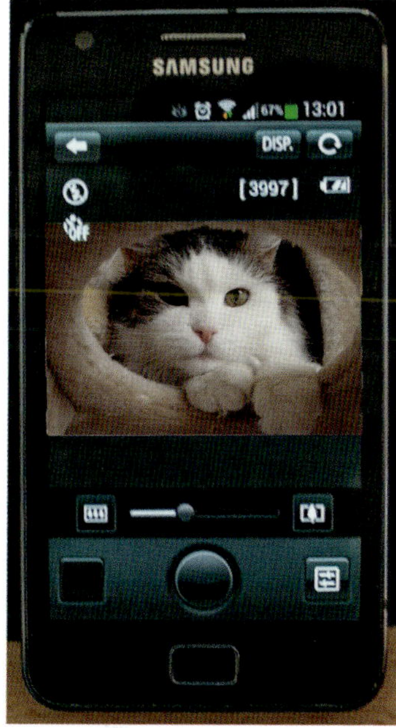

Aufnahmebereitschaft von CameraWindow auf einem Smartphone. Erkennbare Anzeige zu Batterie-Ladezustand der Kamera und Tasten wie DISP. sowie Blitz-Status und Selbstauslöser. Im unteren Bereich ein Schieberegler für das Zoom und in der Mitte unten der Auslöser.

Einen möglicherweise tröstlichen Tipp will ich dennoch geben. Die hier abgebildeten Beispiele deuten ja schon darauf hin, dass ich die Praxis natürlich selbst herausfinden wollte und ein Smartphone vom Typ Samsung Galaxy 2 dafür eingesetzt habe. Mit etwa zwei Jahren nicht gerade das neueste Modell, durch das Betriebssystem Android 4.2.2 nahe am aktuellen Stand, ist es dank Bluetooth, WLAN und NFC auf recht viele Verbindungsmöglichkeiten eingerichtet. Auch der Einsatz als Hotspot ist realisiert. Eigentlich wird das Handy damit zum Vermittler zwischen dem Internet und einem anderen Gerät wie Handy, Tablet oder Kamera. Es hat selbst in dieser Funktion keinen Zugriff auf das Internet. Über CameraWindow, die App von Canon, funktioniert jedoch nun die drahtlose Verbindung zwischen Kamera und Smartphone für die Fernbedienung der Kamera und die Bildübertragung aus der Kamera. Hat man seine fernbedienten Wünsche abgeschlossen, kann man sich ja wieder regulär mit dem Handy über WLAN aus dem Internet versorgen oder über die Telefonverbindung ins Internet gehen.

Sortieren und Archivieren

Das Aufnahme-Datum

Digitale Fotodateien werden mit einem in der Kamera festgelegten Namen und dem momentanen Datum gespeichert. Meist nummeriert und auf 10000 fortlaufende Nummern begrenzt, beginnt die Wiederholung nebst möglicher Verwechslung danach. Mit der Datei aufgezeichnete Datumsangaben werden verändert, sobald die Datei im Computer aufgerufen und erneut gespeichert wird. In der Datei enthaltene Angaben (z.B. Exif-Daten) können verloren gehen.

Verzeichnis-Hierarchie

- Verzeichnis „Bilder 2014“ als Sammelverzeichnis für Monats-Unterverzeichnisse.
- Monats-Unterverzeichnis „01“ bis „12“ als Sammler für Tages-Unterverzeichnisse.
- Tages-Unterverzeichnisse wie „2014-04-10“ (10. April 2014). Die Reihe Jahr-Monat-Tag im Namen sorgt für korrekte Sortierung, die führende Null sorgt für korrekte Einordnung von Monat und Tag.
- Dateinamen erhalten das Datum und dazu die von der Kamera vergebene Nummer.

Beginnen Sie am besten mit den ersten drei digitalen Fotos ein persönliches System der Sortierung und Archivierung. An dieser Stelle kann ich nur ein System anregen.

Das Aufnahmedatum ist wichtigstes Suchkriterium, wenn man sich nach Jahren wenigstens ungefähr an den Zeitraum erinnert, in dem das Bild gemacht wurde. Die Vergabe des Dateinamen mit chronologischer Angabe ist die „haltbarste“ Lösung. Mit der Reihenfolge Jahr, Monat, Tag und der von der Kamera vergebenen Dateinummer werden Dateinamen unverwechselbar.

Diese Datei-Hierarchie sichert das Datum, verhindert doppelte Dateinamen und verrät die Herkunft auch nach einer Verschiebung der Datei zu anderen Verzeichnissen.

Hilfreich kann bei dieser Organisation eine Software auf dem Computer sein, mit der man viele Dateinamen auf einen einzigen Knopfdruck umbenennt. Software wie „Rename Master“ auf dem PC oder „A better finder rename“ mit dem Mac.

Das Original muss erhalten bleiben

Das digitale Original eines Fotos ist das authentische Archivstück. Heben Sie dieses Original auf, so wie es der Kamera entnommen wurde. JPEG Bilder lassen sich auch in Zukunft zu einem besseren Bildtyp wandeln, während Archiv-JPEG-Original Platz spart. RAW-Dateien sollte man als RAW bewahren, obwohl diese Dateien viel größer sind. Sie bewahrt alle Details für immer.

Bearbeiten Sie ohne Ausnahme eine Kopie. Setzen Sie JPEG zu einem verlustfreien Format wie TIFF um. Jede erneute Speicherung im JPEG-Format sorgt für zunehmende Qualitätsverluste. Ein bearbeitetes Bild wird im neuen Format mit einem Zusatz wie „B-001“ versehen. Im Klartext wäre das „Bearbeitung Nummer 1“.

Dateinamen sind immer zu kurz für genug Informationen zur gezielten Suche nach dem Bildinhalt. Es besteht die Gefahr, dass man unterschiedliche Begriffe für ein und dasselbe verwendet. Zur Absicherung der Suche kann man sich einen Katalog an Begriffen ausdenken. Sie können in den vorgesehenen Meta-Daten eines Bildes untergebracht werden. Dem Archiv-Original zugefügt, bleiben sie auch bearbeiteten Bildern erhalten. Die Eingabe kann mühsam sein. Wer viel fotografieren wird, der sollte früh überlegen, eine Datenbank wie Extensis Portfolio einzusetzen.

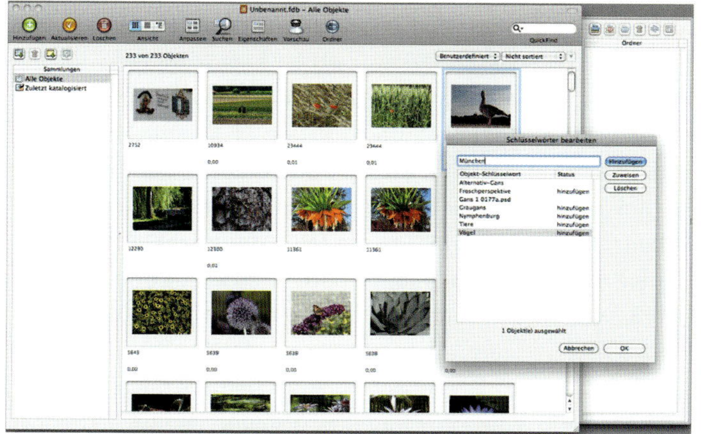

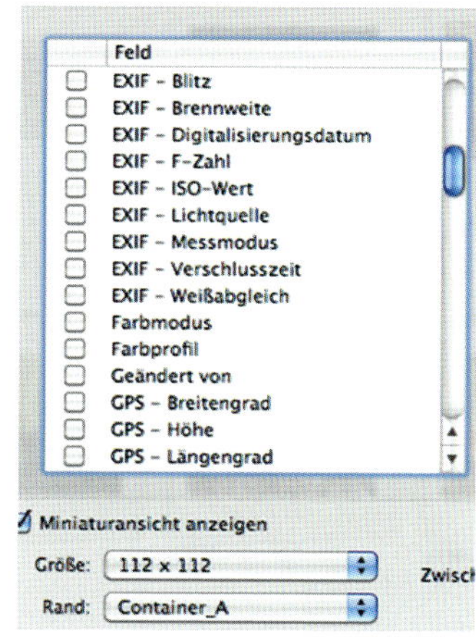

Links: Fotos aus dem Archiv werden als „Dia“ mit wählbaren Informationen angezeigt. Die Anzeige lässt sich als Kontaktbogen auf einem Drucker ausgeben. Dazu die Eingabemaske für Suchbegriffe. Daneben: Kleiner Auszug aus den zur Anzeige wählbaren Daten mit allen heute bekannten Meta-Daten der Bilder plus eigenen Suchbegriffen (Schlüsselwörtern).

Archivierung mit Datenbank-Hilfe

Eine sinnvolle Archivierung besteht aus chronologischer Verzeichnis-Hierarchie zur Ablage der Originale und einer Datenbank-Software, die praktisch unbegrenzte Zuordnung von Suchbegriffen erlaubt. Extensis Portfolio ist so eine Datenbank. Sie gewinnt alle Informationen aus den Bilddateien, ergänzt den Katalog mit einem kleinen Bild und legt alles in der recht kleinen Datenbank-Datei ab. Jederzeit kann ein Bild mit Suchbegriffen näher beschrieben werden. Leistungen wie der Druck eines „Kontaktbogen“ erhöhen den Nutzen ebenso wie der Aufruf des Originals zur Bearbeitung, der bestens funktioniert, wenn Datenbank und Originale auf einer externen Festplatte benachbart sind. Befinden sich die Originale auf einem entfernten Datenträger, so wird in diesem Moment aufgefordert, den Datenträger mit „dem Namen xxx“ einzulegen.

Archivierung und Sicherung

Archiv und Sicherung werden zu einem einzigen Thema, wenn man seine Originale auf Datenträgern wie CD oder DVD unterbringt. Von der Kapazität der Datenträger hängt ab, ob eine CD für einen ganzen Jahrgang reicht oder mit mindestens etwa 4,7 GB eine DVD besser geeignet ist.

Eine CD fasst viele Bilddateien bei durchschnittlich schnellem Zugriff. Suche und Zugriff auf DVD kann bei sehr vielen Bilddateien zeitaufwändig sein. Damit bleibt zu überlegen, ob man eine Sicherung von mehr als 600 MB Bilddateien auf mehrere CD-Scheiben verteilt. JPEG-Dateien sind besser auf der CD aufgehoben. Für die größeren RAW-Dateien bietet sich die DVD an. In beiden Fällen wird der Umfang an Verzeichnis-Einträgen auf dem Datenträger geringer, was der schnelleren Suche zugute kommt.

Sehr wichtig ist die Vergabe eines unterscheidbaren Begriffs für jede eingesetzte CD oder DVD, da eine Datenbank den Datenträger-Namen bei der Suche als Fundort angibt und somit schneller Zugriff gesichert ist. Für eine ökonomische Ausnutzung kann man Bilddateien auf der Festplatte in der vorgeschlagenen Verzeichnis-Hierarchie sammeln, bis eine gute Ausnutzung der gewählten Datenträger-Kapazität gewährleistet ist.

Fotos präsentieren

Praktisch nur ein Weg führt in die Kamera hinein, aber viele Wege führen heraus. Der allereinfachste, indem man die Kamera mit einem Drucker verbindet und die Druckfunktionen der Kamera zur Ausgabe nutzt. Ähnlich der Weg, mittels WLAN oder NFC die Bilder zu verschicken oder an ein NFC-taugliches Gerät zu übergeben. Selbst die kameragesteuerte Diaschau ist eine einfach realisierbare Präsentation.

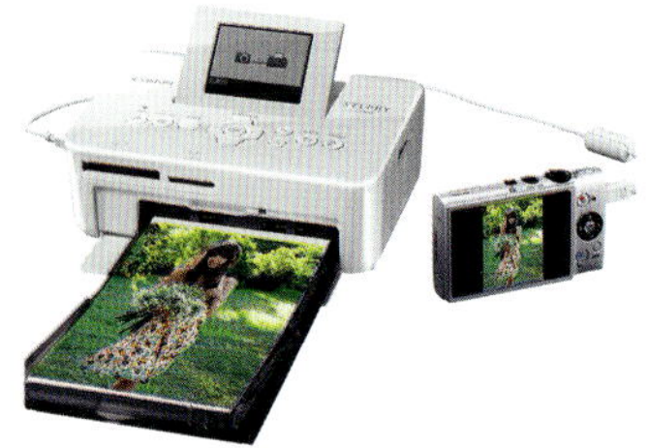

Selphy-Thermodrucker

Bilder drucken

Sobald die Bilder in einem Computer gelandet sind, wird es jedoch richtig interessant. Da das Thema Bildbearbeitung an anderer Stelle im Mittelpunkt steht, will ich gleich an die vielen Varianten der Präsentation erinnern. Vorab mit dem Druck der Bilder. Für die qualitativ beste Ausgabe stehen Thermo-Sublimationsdrucker wie Canons Selphy-Modelle zur Verfügung – sie hießen bereits Selphy als noch niemand ahnte, was einmal aus „selfie“ werden sollte. Ähnlich hochwertig sind gute Farblaser, die in Bezug auf Verbrauchsmaterial (Toner) auf den ersten Blick teuer, in der Umrechnung auf das einzelne Bild aber durchaus preiswert arbeiten.

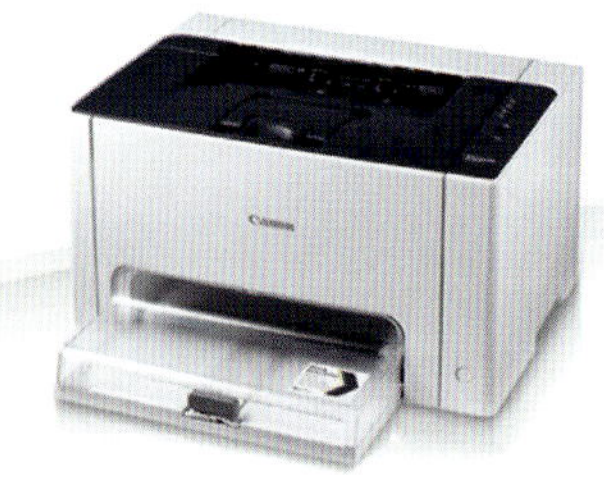

Canon Farb-Laserdrucker

Kurz darauf folgen die Tintenstrahl-Drucker; mit einer Vielzahl an Papier-Varianten nicht immer leicht in den Griff zu bekommen, aber unter anderem auch je nach Modell fähig, beispielsweise selbstgebrannte CDs (printable) mit eigenem Bild in eigenem Design zu zieren und zauberhafte Klebe-Etiketten zu gestalten (Klebe-Material ist dafür nicht in jedem Fall und in jedem Laser sinnvoll).

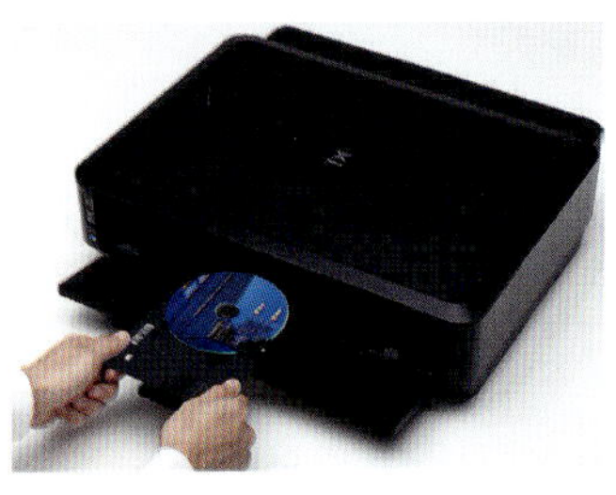

Canon Pixma iP 7250 als Musterbeispiel eines Tintenstrahl-Druckers, der auch printable CDs bedrucken kann.

Soviel zu Qualität und Eignung der Geräte. Die Wahl eines passenden Papiers ist ein eigenes Thema, wobei man je nach Drucker von einfachem Papier bis zu hochwertigem Papier vielfache Auswahl hat und in jedem Fall auch auf das Gewicht des Papiers achten muss. Praktisch jeder Drucker vermag 80-Gramm-Papier zu bedrucken, nicht jeder Drucker spielt auch bei dickem Papier mit. Papiere mit beispielsweise 220 Gramm bleiben dann vielleicht in den Transportwalzen stecken und bekommen im wahrsten Sinne nicht „die Kurve“.

Des weiteren sollte man auf die Oberfläche achten. Matte Oberflächen bleiben hinter glänzenden oder hochglänzenden Oberflächen zurück, die in aller Regel besonders farbfrische und brillante Fotos bringen.

Dienstleister-Angebote

Bleiben wir beim Druck, dann fallen mir sofort die „Dienstleister" ein, die im Prinzip vor keinem Material zurückschrecken. Nettestes und sehr persönliches Geschenk kann ein Fotobuch sein, in dem man nebst kurzen Texten seine besten Bilder präsentiert.

Dienstleister bedrucken Riesen-Wandposter, kleine und große Tassen, Geldbörsen, Schlüsselanhänger, Frühstücksbrettchen, Kalender – das Alphabet der Foto-Geschenkartikel lässt sich nahezu grenzenlos für alle Lebenslagen fortsetzen, wie ein Blick in das Internet zeigt. Dort finden Sie naheliegende wie auch sehr ungewöhnliche Lösungen.

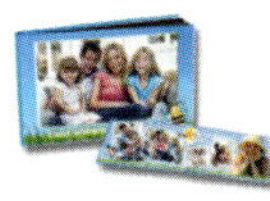

Fotobücher Hardcover

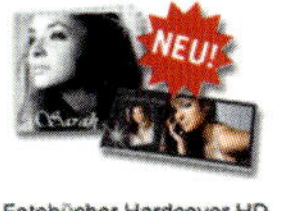

Fotobücher Hardcover HD-Glanz

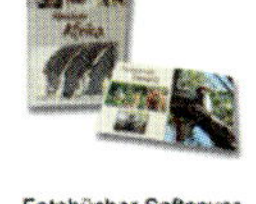

Fotobücher Softcover

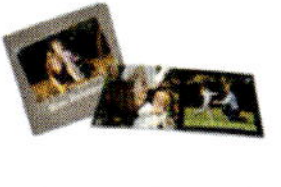

Fotobücher Softcover HD-Glanz

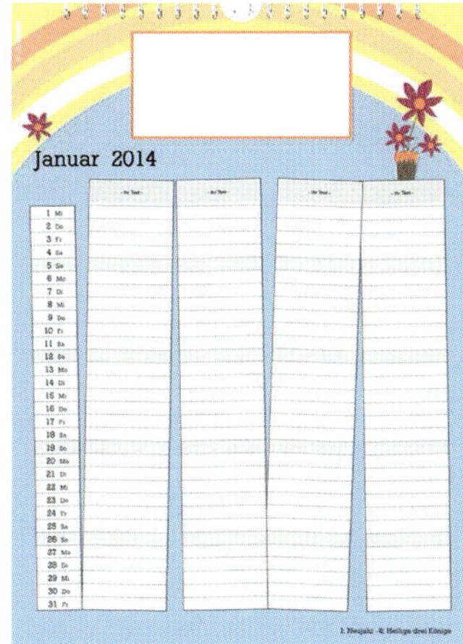

Vorlage zum Einsetzen eines Fotos in der Mitte oben. Links: CeWe-Angebote an Fotobüchern. Unten: Editier-Software, in die man nur seine Bilder und Texte einfüllen muss.

Bei der Nennung der Drucker-Varianten möchte ich einen Typ nicht vergessen, der gerade in Mode kommt: der 3D-Drucker. Auch für den persönlichen Einsatz zu bekommen, macht er aus entsprechend aufbereiteten Fotos Raummodelle in kleinem Maßstab. 3D zum Anfassen also – und wen Sie so alles in Spielzeugformat verwandeln könnten, verlangt wohl nicht nach einer Anregung.

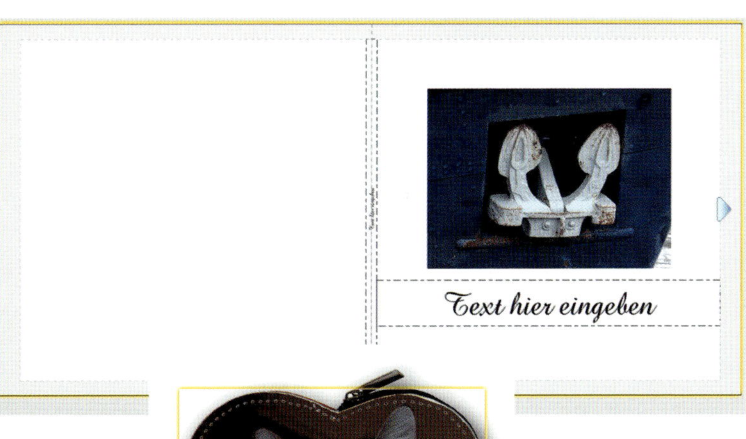

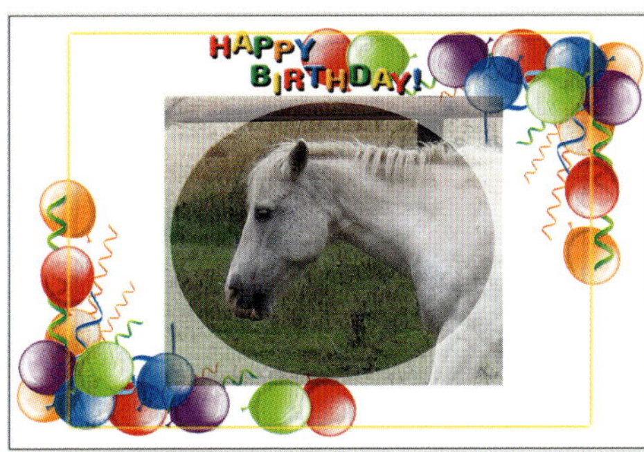

Geldbörse (oben), Tischmatte oder auch Mauspads erweitern das Angebot an mit persönlichen Fotos gestaltbaren Dingen beim Dienstleister.

Technische Daten

BILDSENSOR	
Typ	1,0-Zoll-Typ Back Illuminated CMOS
Pixel effektiv	ca. 20,2 MP, Seitenverhältnis: 3:2 (Bildverarbeitung kann zu einer Verminderung der Pixelanzahl führen)
Pixel effektiv/ gesamt	ca. 20,9 MP
Farbfilter	RGB-Primärfarben
BILDPROZESSOR	
	DIGIC 6 mit iSAPS-Technologie
OBJEKTIV	
Brennweite	8,8-36,8 mm (äquivalent zu KB 24-100 mm)
Zoom	optisch: 4,2fach ZoomPlus: 8,4fach, digital ca. 4fach (mit Digital-Telekonverter ca. 1,6fach oder 2,0fach – abhängig vom gewählten Aufnahmeformat) kombiniert ca. 17fach
Lichtstärke	1:1,8 - 2,8
Aufbau	11 Linsen in 9 Gruppen (davon 1 beidseitige asphärische Linse, 1 einseitig asphärische UA-Linse und 1 einseitig asphärische Linse und 1 UD-Linse)
Bildstabilisator	ja (Lensshift-System), ca. 3 Stufen [13]. Intelligent IS mit 5-achsigem optimiertem Dynamic IS
SCHARFSTELLUNG	
Typ	TTL
AF-System/-Messfelder	31-Punkt-AiAF (Gesichtserkennung oder Touch-AF mit Motiv- und Gesichtsauswahl und -nachführung), Spot-AF (zentral oder alle Positionen verfügbar)
AF-Funktionen	Einzelbild, Reihenbilder, Servo AF/AE (Bestimmte Einstellungen können die Verfügbarkeit einschränken), Touch AF
AF-Messfeldwahl	Größe (normal/klein)

AF-Messwert-speicherung	ja, mit individuell einstellbaren Tasten
AF-Hilfslicht	ja
Manuelle Scharfstellung	ja, plus MF Peaking
Fokusreihen	ja
Naheinstellgrenze	ca. 5 cm (Weitwinkel) ab Objektivvorderseite, ca. 40 cm (Tele) ab Objektivvorderseite
BELICHTUNG	
Messverfahren	Mehrfeldmessung (verknüpft mit Gesichtserkennung), mittenbetonte Integralmessung, Spotmessung (Mitte oder Touch-AF)
AE-Speicherung	ja, mit individuell einstellbaren Tasten
Belichtungs-korrektur	±3 Blenden in Drittelstufen, manuelle und automatische Korrektur des Dynamikumfangs; automatische Schattenkorrektur; ND-Filter (3 Stufen)
Belichtungsreihen (AEB)	1/3–2 Blenden in Drittelstufen
ISO-Empfindlichkeit	125, 160, 200, 250, 320, 400, 500, 640, 800, 1000, 1250, 1600, 2000, 2500, 3200, 4000, 5000, 6400, 8000, 10000, 12800 (ISO-Empfindlichkeit bestimmt den empfohlenen Belichtungsindex) AUTO ISO: 125-3200 (max. ISO-Empfindlichkeit und Wechselrate können eingestellt werden)
VERSCHLUSS	
Verschlusszeiten	1-1/2000 s (Werkseinstellung) 250-1/2000 s (Gesamtbereich; abhängig vom gewählten Aufnahmemodus)

WEISSABGLEICH	
Typ	TTL
Einstellungen	Auto (inkl. Gesichtserkennung Weißabgleich), Tageslicht, Schatten, Wolkig, Kunstlicht, Leuchtstoff, Leuchtstoff H, Blitz, Custom 1, Custom 2 Mehrbereich-Weißabgleich im Modus Smart-Auto; Weißabgleichkorrektur; Weißabgleich im Unterwasser-Modus, Farbanpassung im Sterne-Modus
Farbmatrix	sRGB
LC-DISPLAY	
Typ	klappbares 7,5 cm (3,0 Zoll) PureColor II G Touchscreen-LCD (TFT), 3:2 Seitenverhältnis, ca. 1.040.000 Bildpunkte, kapazitiv
Bildfeldabdeckung	ca. 100%
Helligkeit	einstellbar in 5 Stufen, Quick-Bright LCD
BLITZ	
Modi	Automatik, manueller Blitz Ein/Aus, Langzeitsynchronisation
Langzeit-synchronisation	ja, kürzeste Verschlusszeit: 1/2000 s
Rote-Augen-Reduzierung	ja
Blitzbelichtungs-korrektur	±2 Blenden in Drittelstufen, Gesichtserkennung FE, Safety FE, Smart-Blitzbelichtung
Blitzbelichtungs-speicherung	ja
Manuelle Blitzeinstellung	3 Stufen mit internem Blitz
Synchronisation auf den zweiten Verschlussvorhang	ja
Blitzbereich (integrierter Blitz)	Weitwinkel: 50 cm – 7,0 m Tele: 40 cm – 4,0 m
Externe Blitzgeräte	Canon High Power Flash HF-DC2

AUFNAHME	
Auslösemodus	Einzelbild, Auto-Auslösemodus, Reihenaufnahme, Reihenaufnahme mit AF, Selbstauslöser
Reihenaufnahmen	ca. 6,4 B/s für bis zu 692 Aufnahmen (Für super-schnelle fortlaufende Reihenaufnahmen ist eine SDHC/SDXC UHS Speicherkarte der Klasse 1 erforderlich; die ununterbrochene Anzahl von Aufnahmen ist abhängig vom Motiv.); mit AF: ca. 4,4 B/s ohne Blitz. (abhängig von Geschwindigkeit, Kapazität und Komprimierung der Speicherkarte); im Live-View-Modus: ca. 4,8 B/s ohne Blitz. (abhängig von Geschwindigkeit, Kapazität und Komprimierung der Speicherkarte)
Fotoeffekte	My Colors (My Colors Aus, Kräftig, Neutral, Sepia, Schwarz/Weiß, Diafilm, Hellerer Hautton, Dunklerer Hautton, Kräftiges Blau, Kräftiges Grün, Kräftiges Rot, Custom Farbe)
Modi	Smart Auto (58 Aufnahmesituationen), Programmautomatik, Blendenautomatik, Zeitautomatik, Manuell, Custom, Hybrid Auto, Creative Shot, Special-Scene-Modi (Porträt, Intelligente Aufnahme, (Lächeln-, Blinzel-, Gesichts-Timer), Sterne (Sternennachtaufnahme, Sternenspuren, Sternen-Porträt, Sternen-Zeitraffer-Movie), Nachtaufnahme ohne Stativ, Unterwasser, Schnee, Feuerwerk, Kreativfilter (HDR, Nostalgisch, Fisheye-Effekt, Miniatur-Effekt, Spielzeugkamera-Effekt, Hintergrundunschärfe, Weichzeichner, Monochrome, Farbverstärkung, Poster-Effekt), Movie

Aufnahmemodi (Movie)	Smart-Auto (21 Aufnahmesituationen), Standard, Programmautomatik, Manuell, Porträt, Miniatur-Effekt, Monochrome, Farbverstärkung, Poster-Effekt, Schnee, Feuerwerk, iFrame Movie, Superzeitlupen-Movie
AUFNAHMEPIXEL/ KOMPRIMIERUNG	
Bildgröße	3:2 – (RAW, L) 5.472 x 3.648, (M1) 4.320 x 2.880, (M2) 2.304 x 1.536, (S) 720 x 480
Kompression	RAW, Superfein, Fein
Movies	(Full-HD) 1.920 x 1080, 60 B/s, 30 B/s (HD) 1.280 x 720, 30 B/s (L) 640 x 480, 30 B/s Sternen-Zeitraffer-Movie (Full-HD) 30/15 B/s Miniatur-Effekt (HD, L) 6 B/s, 3 B/s, 1,5 B/s
	Miniatur-Effekt (HD, L) 6 B/s, 3 B/s, 1,5 B/s Hybrid Auto (HD) 30 B/s iFrame Movie (Full-HD) 30 B/s
Movielänge	**Full-HD und HD** bis zu 4 GB oder 29 Min. 59 s (Maximale Aufnahmedauer ist nur mit Speicherkarten der folgenden Geschwindigkeitsklassen möglich. *HD:* 1280 x 720, Klasse 4 oder höher. *Full-HD:* 1.920 x 1.080, Klasse 6 oder höher *iFrame:* 1.280 x 720, Klasse 6 oder höher.) **L** bis zu 4 GB oder 60 Min. (abhängig von Geschwindigkeit, Kapazität und Komprimierung der Speicherkarte). **Sternen-Zeitraffer-Movie** bis zu 128 s.

DATEIFORMAT	
Fotos	JPEG (Exif 2.21 [Exif Print] kompatibel)/Designregel für Camera File System, kompatibel mit Digital Print Order Format [DPOF] Version 1.1 kompatibel, RAW, RAW+JPEG
Movies	MP4 [Movie: MPEG-4 AVC/ H.264, Audio: MPEG-4 AAC-LC (Stereo)], iFrame
DRUCKEN	
Canon Drucker	Canon SELPHY Fotodrucker und Canon Tintenstrahldrucker mit PictBridge-Unterstützung
PictBridge	ja (via USB oder WLAN)
SONSTIGES	
GPS	GPS über Mobilgerät (in Kombination mit einem kompatiblen Smartphone)
Rote-Augen-Korrektur	ja, bei Aufnahme und Wiedergabe
My Camera/My Menu	Individualisierung von My Menu verfügbar
My Category	Bildmarkierungsfunktion
Intelligenter Orientierungssensor	ja
Histogramm-Anzeige	ja, in Echtzeit
Lupenfunktion bei Wiedergabe	ca. 2 – 10fach
Selbstauslöser	ca. 2 oder 10 Sekunden, individuell einstellbar
SCHNITTSTELLEN	
Computer	USB Hi-Speed (MTP, PTP) DIGITAL Anschluss
Sonstiges	HDMI-Minibuchse, Audio-/ Videoausgang (PAL/NTSC)

Computer/ Sonstiges	WLAN (IEEE802.11 b/g/n), nur 2,4 GHz, mit NFC-Unterstützung (Die Verwendung von WLAN kann in bestimmten Ländern oder Regionen eingeschränkt sein. WLAN-Unterstützung kann je nach Region und System variieren. Weitere Informationen finden Sie unter: www.canon-europe.com/ wirelesscompacts)
SPEICHERKARTE	
Typ	SD, SDHC, SDXC (kompatibel mit UHS Speicherkarte der Klasse 1)
UNTERSTÜTZTE BETRIEBSSYSTEME	
PC und Mac OS	Windows 8/8.1/7 SP1 Mac OS X 10.8/10.9 für WLAN-Verbindung zu einem PC: Windows 8/8.1/7 SP1 Mac OS X 10.8.2 oder höher als 10.9
SOFTWARE	
Bildbetrachtung/ Druck	ImageBrowser EX
Sonstiges	CameraWindow, PhotoStitch, Karte
Bildbearbeitung	Digital Photo Professional (für RAW-Bilder)
STROM-VERSORGUNG	
Akku	Lithium-Ionen-Akku NB-13L (Akku und Ladegerät im Lieferumfang enthalten)
Akkureichweite	ca. 210 Aufnahmen, Eco-Modus: ca. 310 Aufnahmen ca. 240 Min. Wiedergabe

Netzadapter	optional als Zubehör erhältlich: Netzadapter ACK-DC110
ZUBEHÖR	
Kamerataschen/ Tragegurte	Kameratasche DCC-11870, PowerShot Zubehörtasche
Unterwasser-/ Allwettergehäuse	Unterwassergehäuse (bis 40 m Tauchtiefe) WP-DC54
Externe Blitzgeräte	Canon High Power Flash HF-DC2
Stromversorgung und Akkuladegeräte	Netzadapter ACK-DC110, Ladegerät CB-2LHE
Sonstiges	USB-Kabel IFC-400PCU, Canon AV-Kabel AVC-DC400ST
ALLGEMEINE ANGABEN	
Betriebsumgebung	ca. 0 - 40 °C, 10 - 90 % relative Luftfeuchtigkeit
Abmessungen (B x H x T)	ca. 103,0 x 60,4 x 40,4 mm
Gewicht	ca. 304 g (einschließlich Akku und Speicherkarte)

Stichwortverzeichnis

S

T

U

V

W

Z